DEEP WORK
डीप वर्क

कैल न्यूपोर्ट

वॉव पब्लिशिंग्स द्वारा प्रकाशित श्रेष्ठ पुस्तकें

१. **इन पुस्तकों द्वारा आध्यात्मिक विकास करें**

- निःशब्द संवाद का जादू - जीवन की १११ जिज्ञासाओं का समाधान
- विचार नियम - आपकी कामयाबी का रहस्य
- ली गीता ला - लीला और गीता का अनोखा संगम और प्रारंभ
- गीता यज्ञ - कर्मफल और सफल फल रहस्य
- गीता संन्यास - कर्मसंन्यासयोग
- ईश्वर से मुलाकात - तुम्हें जो लगे अच्छा वही मेरी इच्छा
- संतों में संत तुकाराम महाराज - अभंग रहस्य और जीवन चरित्र
- भक्ति का हिमालय द मीरा - जीवन चरित्र और भक्ति भाव रहस्य
- समर्पण का अद्भुत राजमार्ग - पूर्ण त्याग और अर्पण शक्ति का जादू
- संत एकनाथ - जीवन चरित्र और बहुमूल्य शिक्षाएँ
- भक्ति के भक्त - रामकृष्ण परमहंस
- सत् चित्त आनंद - आपके 60 सवाल और 24 घंटे

२. **इन पुस्तकों द्वारा स्वमदद करें**

- संपूर्ण लक्ष्य - संपूर्ण विकास कैसे करें
- अवचेतन मन की शक्ति के पीछे आत्मबल
- नींव नाइन्टी - नैतिक मूल्यों की संपत्ति
- सुखी जीवन के पासवर्ड - कैसे खोलें दुःख, अशांति और परेशानी का ताला
- प्रेम नियम - प्लास्टिक प्रेम से मुक्ति
- सुनहरा नियम - रिश्तों में नई सुगंध
- नास्तिकता से मुक्ति - उलटा विश्वास सीधा कैसे करें
- इमोशन्स पर जीत - दुःखद भावनाओं से मुलाकात कैसे करें
- मन का विज्ञान - मन के बुद्ध कैसे बनें

३. **इन पुस्तकों द्वारा हर समस्या का समाधान पाएँ**

- स्वास्थ्य त्रिकोण - स्वास्थ्य संपन्न
- खुशी का रहस्य - सुख पाएँ, दुःख भगाएँ : ३० दिन में

४. **इन आध्यात्मिक उपन्यासों द्वारा जीवन के गहरे सत्य जानें**

- मृत्यु पर विजय - मृत्युंजय
- स्वयं का सामना - हरक्युलिस की आंतरिक खोज

DEEP WORK

डीप वर्क

''कैल न्यूपोर्ट भारी शोरगुल के बीच एक स्पष्ट सुनाई देनेवाली आवाज हैं, जिनके काम में विज्ञान और जोश, दोनों का संगम है।''

सेथ गॉडिन, लिंचपिन के लेखक

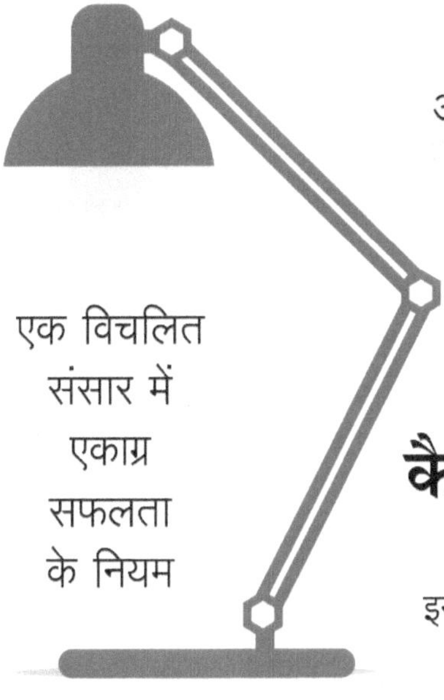

'दिलचस्प और अर्थपूर्ण'

वॉल स्ट्रीट जर्नल

एक विचलित संसार में एकाग्र सफलता के नियम

कैल न्यूपोर्ट

'सो गुड दे कान्ट इग्नोर यू' के लेखक

डीप वर्क

एक विचलित संसार में एकाग्र सफलता के नियम

कैल न्यूपोर्ट

प्रकाशक : वॉव पब्लिशिंग्ज् प्रा. लि. पुणे

मुद्रक : ट्रिनिटी अकादमी, फॉर कॉर्पोरेट ट्रेनिंग लि., पुणे

प्रथम आवृत्ती : जून 2020

रीप्रिंट : जनवरी 2025

अनुवादक : अभिषेक शुक्ला

ISBN : 978-93-90132-03-4

'Deep Work' इस अंग्रेजी पुस्तक का हिंदी अनुवाद

Deep Work
by Cal Newport

विषय सूची

प्रस्तावना

ज्यूरिख झील के उत्तरी किनारे पर सेंट गैलन के स्विस प्रांत में बोलिंगेन नाम का एक गाँव है। सन 1922 में मनोचिकित्सक कार्ल युंग ने एकांत में समय बिताने के लिए इस गाँव में एक भवन का निर्माण शुरू कराया। उन्होंने इस निर्माण कार्य की शुरुआत दो मंजिला पत्थर का घर बनवाकर की। इस घर को उन्होंने 'टावर' का नाम दिया। इसके बाद जब वे भारत यात्रा पर गए, तो उन्होंने एक विशेष चलन पर गौर किया कि भारतीय लोग अपने घर में ध्यान करने के लिए एक कमरा अलग से रखते हैं। इस यात्रा से लौटने के बाद उन्होंने 'टावर' नामक अपने घर का विस्तार करते हुए, उसमें एक निजी कार्यालय का निर्माण कराया। इस स्थान के बारे में युंग का कहना था, 'मैं यहाँ बिलकुल अकेला होता हूँ और इसकी चाभी हमेशा अपने साथ रखता हूँ; मुझसे पूछे बिना किसी को भी यहाँ आने की अनुमति नहीं है।'

पत्रकार मेसन क्यूरी ने अपनी किताब डेली रिचुअल्स में विभिन्न स्रोतों की मदद से कार्ल युंग की मनोचिकित्सा संबंधी कार्य से जुड़ी आदतों का एक खाका खींचा है। क्यूरी बताते हैं कि 'टावर' में युंग रोज सुबह सात बजे जागते थे और नाश्ते के बाद अपने निजी कार्यालय में दो घंटे तक पूरी एकाग्रता के साथ लेखन कार्य करते थे। फिर दोपहर के समय वे आमतौर पर या तो ध्यान करते या फिर आसपास के ग्रामीण इलाकों में टहलने निकल जाते। 'टावर' में बिजली की सुविधा नहीं थी इसलिए दिन के आखिर में जैसे-जैसे अंधेरा बढ़ता, वहाँ रोशनी के लिए तेल के लैम्प और घर को गर्म रखने के लिए चिमनी जला दी जाती। अंततः रात दस बजे तक युंग सोने चले जाते। टॉवर में रहने के बारे में उनका कहना था, 'इस घर में मुझे शुरू से ही आराम और शांति का बड़ा प्रबल एहसास होता रहा है।'

बोलिंगेन के इस भवन को छुट्टियाँ बिताने के लिए बनाए गए घर के रूप में देखना स्वाभाविक है, लेकिन अगर हम इसे युंग के उस दौर के कॅरियर के संदर्भ में देखें, तो यह स्पष्ट हो जाता है कि उन्होंने अपने कामकाज से भागने के लिए इस घर का निर्माण नहीं कराया था। सन 1922 में युंग ने जब यह संपत्ति खरीदी, तब उनके पास छुट्टियाँ लेने का समय ही नहीं था। इसके सिर्फ एक साल पहले सन 1921 में उन्होंने 'साइकोलॉजिकल टाइप्स' शीर्षक से एक बेहद प्रभावशाली किताब लिखी थी। इस किताब ने युंग और उनके एक जमाने के दोस्त व मार्गदर्शक सिग्मंड फ्रायड (जिन्हें आज मनोविश्लेषण के पितामह के रूप में जाना जाता है) के बीच लंबे समय से बढ़ रहे मतभेदों को और तीखा बना दिया था। 1920 के जमाने में सिग्मंड फ्रायड के विचारों से असहमत होना बड़ा ही साहसी कदम था। अपनी इस किताब को बौद्धिक समर्थन देने के लिए यह ज़रूरी था कि युंग चौकस रहें और आगे भी कई जोरदार लेख व किताबें लिखते रहें। अपने इन्हीं प्रयासों के चलते वे विश्लेषणात्मक मनोविज्ञान की बुनियाद रख सके, जिसे आज मनोविज्ञान के क्षेत्र में युंग की विचारधारा या दर्शन के रूप में जाना जाता है।

यह स्पष्ट है कि ज्यूरिख में युंग अपने मरीजों को परामर्श व छात्रों को व्याख्यान देने में व्यस्त रहते थे। पर वे इस व्यस्तता मात्र से खुश नहीं थे। अचेतन मन को जिस रूप में जाना और समझा जाता था, युंग उसे बदलना चाहते थे। अपने इस लक्ष्य को पूरा करने के लिए युंग अपनी व्यस्त शहरी जीवनशैली में जितना सोच-विचार कर पा रहे थे, उन्हें उससे कहीं ज़्यादा गहन और सावधानीपूर्वक ढंग से सोच-विचार करने की ज़रूरत थी। स्पष्ट है कि युंग अपने कामकाज से भागने के लिए बोलिंगेन स्थित उस घर में नहीं जाते थे बल्कि वे तो अपने व्यावसायिक जीवन के विकास के लिए ऐसा करते थे।

आगे चलकर कार्ल युंग बीसवीं शताब्दी के सबसे प्रभावशाली विचारकों में से एक के तौर पर प्रसिद्ध हुए। बेशक उनकी इस सफलता के पीछे कई कारण हैं, पर इस किताब में प्रस्तुत करने के लिए मेरी दिलचस्पी उनके निम्नलिखित कौशल में सबसे ज़्यादा है, जिसने निश्चित ही उनकी उपलब्धियों में एक महत्वपूर्ण भूमिका निभाई थी –

गहन कार्यः ध्यान भटकानेवाली स्थितियों से दूर, एकाग्रता की अवस्था में की गई व्यावसायिक गतिविधियाँ, जो आपकी मानसिक क्षमताओं को सबसे उच्चतम स्तर पर ले जाती हैं। इन प्रयासों से नए मूल्य की रचना होती है, आपके कौशल में सुधार आता है और इनकी नकल करना मुश्किल होता है।

अपनी वर्तमान बौद्धिक क्षमता से मूल्य की आखिरी बूँद को भी निचोड़कर निकालने के लिए गहन कार्य की ज़रूरत होती है। मनोविज्ञान और तंत्रिका विज्ञान के क्षेत्र में दशकों तक हुए शोधों के चलते आज हम यह जानते हैं कि गहन कार्य के दौरान जो गहन मानसिक परिश्रम होता है, वह आपकी क्षमताओं को बेहतर बनाने के लिए ज़रूरी है। दूसरे शब्दों में कहें, तो गहन कार्य ठीक वैसा ही प्रयास है, जो बीसवीं सदी की शुरुआत में अकादमिक मनोचिकित्सा जैसे कठिन क्षेत्र में एक अलग पहचान बनाने के लिए आवश्यक था।

'गहन कार्य' को यह नाम मैंने ही दिया है। कार्ल युंग ने अपने काम के लिए इन शब्दों का उपयोग नहीं किया होगा पर इस अवधि में उनके कार्य उसी व्यक्ति जैसे थे, जो 'गहन कार्य' में अंतर्निहित अवधारणा को वाकई समझता हो। युंग ने अपने व्यावसायिक जीवन में गहन कार्य को बढ़ावा देने के लिए ही उस जंगली इलाके में पत्थर का घर बनवाया था – इस निर्माण कार्य के लिए काफी समय, ऊर्जा और धन की ज़रूरत थी। इसके चलते वे अपने तात्कालिक कार्यों से ज़रा दूर भी हो गए थे। जैसा कि मेसन क्यूरी लिखते हैं – युंग अपने चिकित्सा कार्य में आमतौर पर जितना समय देते थे, नियमित रूप से बोलिंगेन जाने के चलते उसमें कमी आ गई थी। 'हालाँकि उनके कई मरीज उन पर निर्भर थे, लेकिन फिर भी युंग बोलिंगेन की यात्राओं के लिए समय निकालने से हिचकते नहीं थे।' गहन कार्य को प्राथमिकता देना भी एक किस्म का बोझ ही था, लेकिन फिर भी युंग के लिए दुनिया बदलने का अपना लक्ष्य पूरा करने के लिए यह ज़रूरी था।

अगर आप प्राचीन और हालिया इतिहास की प्रभावशाली शख्सियतों के जीवन का अध्ययन करेंगे, तो पाएँगे कि वे सब गहन कार्य को लेकर वचनबद्ध थे। उदाहरण के लिए युंग से कई दशक पहले सोलहवीं सदी के निबंधकार मिशेल डी माँटेन्या, अपने निजी पुस्तकालय में बैठकर काम करते थे, जिसे उन्होंने अपने फ्रांसीसी किले की दीवारों के सामने स्थित दक्षिणी टॉवर पर बनवाया था। वहीं मार्क ट्वेन ने अपना मशहूर उपन्यास 'द एडवेंचर्स ऑफ टॉम सॉयर' का अधिकांश

हिस्सा न्यूयॉर्क के क्वारी फॉर्म के एक छप्पर के नीचे बैठकर लिखा था, जहाँ वे गर्मियों का समय बिताने गए थे। ट्वेन का यह अध्ययन कक्ष उनके मुख्य घर से इतना अलग-थलग था कि जब उनके परिवार के सदस्यों को ट्वेन को भोजन के लिए पुकारना होता, तो ट्वेन का ध्यान खींचने के लिए उन्हें हॉर्न बजाना पड़ता था।

आइए इतिहास के उस दौर से आगे बढ़कर हालिया समय में आते हैं। ज़रा मशहूर फिल्म लेखक और निर्देशक वुडी एलन पर विचार करें। सन 1969 से 2013 के बीच, चौवालीस साल की अवधि में वुडी एलन ने चौवालीस फिल्में बनाईं, जिन्हें ऑस्कर पुरस्कारों में तेईस नामांकन मिले – कलात्मक उत्पादकता की उनकी यह सफलता वाकई आश्चर्यजनक है। इस पूरी अवधि में एलन ने कभी भी अपने पास कोई कंप्यूटर नहीं रखा। इलेक्ट्रॉनिक उपकरणों से उनका ध्यान भटके, इसके बजाय उन्होंने हमेशा अपनी फिल्मों की पटकथा लिखने के लिए एक जर्मन टाइपराईटर ओलम्पिया MP3 का इस्तेमाल किया। कंप्यूटर्स को इस तरह खारिज करने के मामले में एलन भी सैद्धांतिक भौतिक विज्ञानी पीटर हिग्स की श्रेणी में आते हैं, जो अपना कामकाज दुनिया से पूरी तरह कटकर और इतना अलग-थलग रहकर करते थे कि जब उन्हें नोबेल पुरस्कार मिला, तो उनसे बात करने के लिए बेचैन पत्रकार उन्हें ढूँढ़ नहीं पा रहे थे। दूसरी ओर लेखिका जे.के. रोलिंग कंप्यूटर का इस्तेमाल तो करती हैं पर हैरी पॉटर उपन्यास श्रृंखला लिखते समय वे सोशल मीडिया से बिलकुल गायब थीं – संयोग की बात ये है कि सोशल मीडिया का उदय भी इसी अवधि में हुआ था और यह तकनीक मीडिया शख्सियतों के बीच फौरन लोकप्रिय हो गई थी। आखिरकार सन 2009 की शरद ऋतु में जब रोलिंग अपना अगला उपन्यास 'द कैजुअल वेकेंसी' लिख रही थीं, तो उनके स्टाफ ने उनके नाम से एक ट्विटर अकाउंट बना दिया। लेकिन अगले डेढ़ साल में उनका सिर्फ एक ही ट्वीट आया, जो कुछ इस प्रकार था, 'यह मेरा असली अकाउंट है, लेकिन अभी मैं आप लोगों के साथ अधिक संवाद नहीं कर पाऊँगी क्योंकि फिलहाल पेन और कागज ही मेरी प्राथमिकता हैं।'

निश्चित ही गहन कार्य सिर्फ ऐतिहासिक या टेक्नोफोबिक[1] लोगों तक ही सीमित नहीं है। माइक्रोसॉफ्ट के सीईओ बिल गेट्स के बारे में मशहूर है कि वे

---

[1] तकनीक से घबराने या उसके प्रति संदेहवादी नज़रिया रखनेवाले

साल में दो बार अपना समय 'थिंक वीक्स' में बिताते थे। आमतौर पर इसके लिए वे किसी झील के किनारे बनी कॉटेज में जाकर खुद को हर किसी से बिलकुल अलग-थलग कर लेते। इस दौरान कुछ और करने के बजाय वे सिर्फ किताबें पढ़ते और बड़े-बड़े विचारों पर मनन-चिंतन करते। सन 1995 में ऐसे ही एक थिंक वीक के दौरान बिल गेट्स ने 'इंटरनेट टाइडल वेव' शीर्षक से एक मशहूर स्मृति-पत्र लिखा, जिसने उनकी कंपनी माइक्रोसॉफ्ट का ध्यान नेटस्पेस कम्यूनिकेशन की ओर खींचा, जो उस दौर की एक नई और तेजी से बढ़ती हुई कंपनी थी। इसी विषय से जुड़ी एक विडंबना ये है कि इंटरनेट युग की हमारी मशहूर अवधारणा की रचना में सहयोगी रहे साइबरपंक (साइंस फिक्शन की एक शैली) लेखक नील स्टीफेन्सन तक इलेक्ट्रॉनिक माध्यम से पहुँचना करीब-करीब असंभव होता है - उनसे संपर्क करने के लिए उनकी वेबसाइट पर कोई ई-मेल एड्रेस नहीं है बल्कि एक लेख मौजूद है, जिसमें बताया गया है कि नील स्टीफेन्सन क्यों जानबूझकर सोशल मीडिया से दूर रहते हैं। अपनी इस अनुपस्थिति की व्याख्या उन्होंने एक बार कुछ इस तरह की थी: 'अगर मैं अपने जीवन को कुछ यूँ व्यवस्थित करूँ कि मेरे पास एक साथ ढेर सारा समय हो और कोई चीज़ मेरा ध्यान न भटकाए तो मैं इस समय का उपयोग अपने उपन्यास लिखने में करूँगा। लेकिन अगर मेरा ध्यान लगातार भटकता रहे, तो फिर मेरे पास अपने लिखे उपन्यासों की जगह सिर्फ ढेर सारे ई-मेल ही होंगे, जो मैंने दूसरों को भेजे होंगे।'

प्रभावशाली लोगों के बीच गहन कार्य की इस सर्वव्यापकता (हर जगह पर होना) पर जोर देना इसलिए महत्वपूर्ण है क्योंकि यह अधिकांश आधुनिक नॉलेज वर्कर्स[2] के व्यवहार से बिलकुल विपरीत है - यह एक ऐसा समूह है, जो गहनता में जाने का महत्त्व तेजी से भुलाता जा रहा है।

गहन कार्य से नॉलेज वर्कर्स के दूर होने का स्पष्ट कारण है, नेटवर्क टूल्स। यह एक व्यापक श्रेणी है, जिसके अंतर्गत ई-मेल और एसएमएस जैसी संचार सेवाएँ, ट्विटर और फेसबुक जैसे सोशल मीडिया नेटवर्क्स और बज़फीड व रेडिट जैसी आकर्षक इन्फोटेनमेंट (एंटरटेनमेंट और इन्फॉरमेशन यानी मनोरंजन व सूचना

---

[2] ऐसे कर्मचारी जिनकी मुख्य पूँजी उनका ज्ञान होता है, जैसे प्रोग्रामर, डॉक्टर, इंजीनियर, अकाउंटेंट, आर्किटेक्ट, वैज्ञानिक और वकील वगैरह

का मिलाजुला संस्करण) वेबसाइट्स आती हैं। कुल मिलाकर इन टूल्स का चलन में आना और साथ ही स्मार्टफोन्स और कंप्यूटर्स के जरिये इन टूल्स तक लोगों की आसान पहुँच ने अधिकांश नॉलेज वर्कर्स का ध्यान भटका दिया है। सन 2012 में मैनेजमेंट कंसल्टिंग कंपनी मैकिन्सी के एक अध्ययन से पता चला कि वर्तमान में एक औसत नॉलेज वर्कर सप्ताह में अपने कुल कामकाजी समय में से इलेक्ट्रॉनिक कम्यूनिकेशन और इंटरनेट सर्चिंग में 60 फीसदी समय बिताता है। और तो और, वह अपने कुल समय में से 30 फीसदी समय तो सिर्फ ई-मेल्स पढ़ने और उनका जवाब देने में ही बिता देता है।

भटके हुए ध्यान की अवस्था में रहकर गहन कार्य करना संभव नहीं होता। क्योंकि गहन कार्य के लिए बिना किसी रुकावट के देर तक सोच-विचार करने की ज़रूरत होती है। हालाँकि ऐसा नहीं है कि आधुनिक नॉलेज वर्कर्स सिर्फ मौज-मस्ती ही करते रहते हैं। दरअसल वास्तविकता यह है कि वे आज भी हमेशा की तरह ही व्यस्त रहते हैं। पर इस विसंगति का कारण क्या है? दरअसल एक अन्य चीज़ - जो वास्तव में गहन कार्य का ही समकक्ष है - उससे ये सारे कारण स्पष्ट हो जाते हैं :

सतही कार्य : मानसिक-मेहनत रहित, सहकार-शैली के कार्य जो अक्सर भटके हुए ध्यान की अवस्था में किए जाते हैं। ये ऐसे कार्य हैं, जो संसार में अधिक नया मूल्य पैदा नहीं करते और इन्हें दोहराना या इनकी नकल करना आसान होता है।

दूसरे शब्दों में कहें, तो नेटवर्क टूल्स के इस युग में नॉलेज वर्कस के गहन कार्य का स्थान, कुछ सतही विकल्प लेते जा रहे हैं - निरंतर ई-मेल्स भेजना व प्राप्त करना, मानों वे स्वयं नेटवर्क राउटर्स का इंसानी रूप हों। इसके साथ ही वे बीच-बीच में ध्यान भटकानेवाले ब्रेक्स भी लेते रहते हैं। जिसके चलते व्यापार के लिए नई रणनीति बनाने या एक महत्वपूर्ण अनुदान हासिल करने के लिए आवेदन लिखने जैसे बड़े कार्य निरंतर खंडित होकर, भटके हुए ध्यान की उस धूल में खो जाते हैं, जो कमतर गुणवत्ता का उत्पादन करती है। ऐसे कार्यों को गहन सोच के साथ बेहतर ढंग से किया जा सकता है। ऊपर से ऐसे प्रमाण भी सामने आ रहे हैं, जिनके अनुसार सतहीपन की ओर इस तरह बढ़ना कोई ऐसी चीज़ नहीं है, जिसे आसानी से बदला जा सकता हो। उन्मत्त सतहीपन की अवस्था में पर्याप्त समय बिताने से गहन कार्य करने की आपकी क्षमता स्थाई रूप से घट जाती है।

सन 2008 में अमेरिकी पत्रिका 'द एटलांटिक' में प्रकाशित एक मशहूर लेख में पत्रकार निकोलस कार्र ने स्वीकार किया कि 'ऐसा लगता है, जैसे इंटरनेट धीरे-धीरे मेरी एकाग्र होने और चिंतन करने की क्षमता को खत्म कर रहा है और मैं ऐसा इकलौता व्यक्ति नहीं हूँ, जिसे ऐसा महसूस हो रहा है।' बाद में कार्र ने अपनी किताब 'द शैलोज' में इस विचार पर विस्तार से प्रकाश डाला। उनकी यह किताब प्रतिष्ठित पुलित्जर पुरस्कार के निर्णायक दौर में पहुँची। स्वाभाविक है कि द शैलोज लिखने के लिए कार्र को जबरन ही दूर जंगल में बने एक केबिन में जाकर रहना पड़ा ताकि शहरी जीवन से खुद को काटकर शांति से अपनी किताब पर काम कर सकें।

यह कोई नया विचार नहीं है कि नेटवर्क टूल्स हमारे कार्य को गहनता से सतहीपन की ओर ले जा रहे हैं। निकोलस कार्र की किताब द शैलोज तो बस हालिया दौर में आई उन किताबों की श्रृंखला का शुरुआती उदाहरण भर है, जो हमारे मस्तिष्क और कामकाज संबंधी आदतों पर इंटरनेट के प्रभावों का आंकलन करती है। इस श्रृंखला की अन्य किताबें हैं, विलियम पॉवर्स की हैमलेट्स ब्लैकबेरी, जॉन फ्रीमैन की द टाइरनी ऑफ ई-मेल और एलेक्स सूजुंग-किन पैंग की द डिस्ट्रैक्शन एडिक्शन। ये सभी किताबें लगभग इस बात से सहमत नज़र आती हैं कि नेटवर्क टूल्स न सिर्फ उस कार्य से हमारा ध्यान भटका रहे हैं, जिसके लिए निर्बाध एकाग्रता की ज़रूरत पड़ती है, बल्कि साथ ही वे हमारी ध्यान केंद्रित करके रखने की क्षमता को भी कमजोर कर रहे हैं।

इन प्रमाणों को देखते हुए, अब मैं इस किताब में अपनी इस दलील को सही साबित करने का और प्रयास नहीं करूँगा। मुझे उम्मीद है कि आप इस बात से सहमत हैं कि नेटवर्क टूल्स गहन कार्य पर नकारात्मक प्रभाव डालते हैं। साथ ही मैं इस बदलाव के दूरगामी सामाजिक परिणामों को बतानेवाली कोई विशेष दलील भी नहीं दूँगा क्योंकि ऐसे तर्क-वितर्क से अक्सर आपस में मनमुटाव होने की आशंका रहती है। इस बहस के दो पक्ष हैं। पहला पक्ष जेरोन लैनियर और जॉन फ्रीमैन जैसे लोगों का है, जो तकनीक के प्रति संदेहवादी नज़रिया रखते हैं। उनकी आशंका ये है कि इनमें से अधिकतर टूल्स - कम से कम अपने वर्तमान स्वरूप में - समाज को नुकसान पहुँचाते हैं। जबकि इस बहस का दूसरा पक्ष क्लाइव थॉम्सन जैसे लोग हैं, जो तकनीक को लेकर आशावादी नज़रिया रखते हैं।

उनका तर्क है कि नेटवर्क टूल्स बेशक समाज में बदलाव ला रहे हैं पर ये बदलाव ऐसे हैं, जो हमें बेहतर बनाते हैं। उदाहरण के लिए हो सकता है कि गूगल का उपयोग हमारी याद्दाश्त को कमजोर बना रहा हो, लेकिन एक वास्तविकता ये भी है कि अब हमें तेज याद्दाश्त की कोई ज़रूरत भी नहीं है क्योंकि आज हम जो कुछ भी जानना चाहें, गूगल की मदद से उसे पलभर में खोज सकते हैं।

इस दार्शनिक बहस को लेकर मेरा अपना कोई रुख नहीं है। मेरी दिलचस्पी तो इससे जुड़ी एक थीसिस में है, जो कहीं अधिक व्यावहारिक और वैयक्तिक रवैया रखती है: सतहीपन की ओर बढ़ रही हमारी कार्यसंस्कृति (भले ही आप इसे दार्शनिक रूप से अच्छा मानते हों या बुरा) ऐसे कुछेक लोगों के लिए बड़े पैमाने पर एक आर्थिक और व्यक्तिगत अवसर है, जो इस चलन से बचने और गहनता को प्राथमिता देने की क्षमता को पहचानते हैं - कुछ साल पहले एक युवा सलाहकार जेसन बेन ने इसी अवसर का पूरा लाभ उठाया था।

यह पता लगाने के कई तरीके हैं कि वर्तमान अर्थव्यवस्था में आप कितने मूल्यवान व्यक्ति हैं। जेसन बेन को इस बात का पता तब लगा, जब वित्तीय सलाहकार के रूप में नौकरी शुरू करने के कुछ ही समय बाद उन्हें एहसास हुआ कि उनकी अधिकांश व्यावसायिक जिम्मेदारियों को 'फूहड़ ढंग से तैयार की गई' एक माइक्रोसॉफ्ट एक्सेल स्क्रिप्ट के जरिये स्वचालित रूप से पूरा किया जा सकता है।

जिस कंपनी ने बेन को काम पर रखा था, वह जटिल सौदे करनेवाले बैकों के लिए रिपोट्र्स बनाती थी (मुझे दिए एक इंटरव्यू में बेन ने अपने काम के बारे में मज़ाकिया लहजे में कहा था कि 'यह बड़ा ही उकताहटभरा काम था')। इन रिपोटर्स को तैयार करने के लिए खुद बैठकर ढेर सारी एक्सेल स्प्रेडशीट्स पर डाटा के साथ हेरफेर करना पड़ता था। शुरू-शुरू में बेन को सिर्फ एक रिपोर्ट से जुड़े डेटा के साथ हेर-फेर करने में छह घंटे का समय लग जाता था। (कंपनी के सबसे कुशल दिग्गज यह काम इससे आधे समय में पूरा कर लेते थे।) बेन इस चीज़ से कतई संतुष्ट नहीं थे।

बेन याद करते हुए बताते हैं, 'वित्तीय मामलों के बारे में मैंने जो कुछ भी सीखा था, उसके हिसाब से मुझे यह प्रक्रिया बेहद भद्दी और थका देनेवाली लगी।' उन्हें पता था कि माइक्रोसॉफ्ट एक्सेल में मैक्रोज़ नाम का एक फीचर होता

है, जो यूजर्स को सामान्य कार्यों को स्वचालित ढंग से पूरा करने की सुविधा देता है। बेन ने इस विषय पर कुछ लेख पढ़े और जल्द ही एक नई वर्कशीट तैयार कर ली, जो इन मैक्रोज़ की एक पूरी श्रृंखला के साथ जुड़ी हुई थी। यह डाटा में हेरफेर करने की छह घंटे लंबी प्रक्रिया को सिर्फ एक क्लिक में पूरा कर सकती थी। पहले एक रिपोर्ट तैयार करने में बेन को पूरा दिन लग जाता था, जबकि अब वे यह काम सिर्फ आधे घंटे में पूरा कर सकते थे।

बेन एक बुद्धिमान व्यक्ति हैं। उन्होंने एक प्रतिष्ठित कॉलेज (वर्जीनिया यूनिवर्सिटी) से अर्थशास्त्र की डिग्री हासिल की है। अपने जैसे कई युवा छात्रों की तरह ही वे भी अपने कॅरियर के मामले में काफी महत्वाकांक्षी थे। पर जल्द ही उन्हें एहसास हो गया कि उनकी ये महत्वाकांक्षाएँ कभी कुंठा में तब्दील हो सकती हैं क्योंकि सिर्फ एक एक्सेल मैक्रो उनके मुख्य व्यावसायिक कौशल की जगह ले सकता है। इसीलिए उन्होंने तय किया कि उन्हें खुद को और अधिक मूल्यवान बनाना होगा। इस बारे में कुछ समय तक जानकारियाँ इकट्ठा करने के बाद आखिरकार बेन एक निष्कर्ष तक पहुँचें: उन्होंने अपने परिवार से कह दिया कि 'वे एक्सेल स्प्रेडशीट का इंसानी रूप बनने की अपनी यह नौकरी छोड़कर एक कंप्यूटर प्रोग्रामर बनेंगे।' हालाँकि हर बड़ी योजना की तरह ही, बेन की इस योजना के रास्ते में भी एक अड़चन थी: जेसन बेन को कंप्यूटर प्रोग्रामिंग के कोड्स लिखने के बारे में कुछ पता नहीं था।

एक कंप्यूटर वैज्ञानिक होने के नाते मैं इस बात की पुष्टि कर सकता हूँ कि कंप्यूटरों को प्रोग्राम करना एक मुश्किल काम है। अधिकांश डेवलपर्स इस क्षेत्र में अपनी पहली नौकरी हासिल करने से पहले चार साल तक कॉलेज में इस विद्या के गुर सीखते हैं – और इसके बाद उन्हें व्यावसायिक रूप से अच्छी स्थिति में पहुँचने के लिए खासी प्रतिस्पर्धा का सामना करना पड़ता है। जेसन बेन के पास इतना समय नहीं था। वित्तीय क्षेत्र के अपने पेशे की वास्तविकता का एहसास होने के बाद वे नौकरी छोड़कर अपने अगले कदम की तैयारी के लिए वापस अपने घर आ गए। उनके माता-पिता इस बात से खुश थे कि बेटे के पास भविष्य की एक योजना है, लेकिन वे इस बात से कतई खुश नहीं थे कि अब शायद बेन को लंबे समय तक घर पर खाली बैठना होगा। बेन को एक मुश्किल कौशल सीखना था और वह भी जल्द से जल्द।

इस बिंदु पर आने के बाद बेन के सामने भी वही समस्या आ खड़ी हुई, जिसके चलते अधिकांश नॉलेज वर्कर्स अपने वर्तमान कॅरियर में फँसे रहते हैं और अपेक्षाकृत अधिक लाभदायी कॅरियर्स की ओर कदम नहीं बढ़ा पाते। कंप्यूटर प्रोग्रामिंग जैसी जटिल चीज़ सीखने के लिए मुश्किल अवधारणाओं पर गहन और निरंतरता से एकाग्र होकर काम करना ज़रूरी होता है - यह उसी किस्म की एकाग्रता है, जिसके लिए मनोचिकित्सक कार्ल युंग ज्यूरिख झील के जंगली इलाके में बने अपने घर टावर में एकांत में समय बिताने जाते थे। दूसरे शब्दों में इसे गहन कार्य कहते हैं। हालाँकि अधिकांश नॉलेज वर्कर्स - जैसा कि मैंने इस प्रस्तावना के शुरुआती हिस्से में बताया था - गहन कार्य करने की अपनी क्षमता खो चुके हैं। बेन भी इस मामले में कोई अपवाद नहीं थे।

वित्तीय सलाहकार की अपनी नौकरी छोड़ने से कुछ समय पहले ही बेन ने अपने बारे में बताते हुए कहा था, 'मैं हर समय इंटरनेट से चिपका रहता था और अपने ई-मेल्स चेक करता रहता था; मैं खुद को ऐसा करने से रोक ही नहीं पाता था; यह मेरे लिए एक किस्म की मज़बूरी बन गई थी।' गहनता को लेकर अपनी कठिनाई पर जोर देते हुए बेन ने मुझे एक ऐसे प्रोजेक्ट के बारे में बताया, जो उस वित्तीय कंपनी का सुपरवाइजर उनके पास लेकर आया था। बेन के अनुसार, 'कंपनी के अधिकारी चाहते थे कि मैं एक व्यावसायिक योजना तैयार करूँ।' जबकि बेन को व्यावसायिक योजना तैयार करना आता ही नहीं था। इसलिए उन्होंने तय किया कि वे पाँच वर्तमान व्यावसायिक योजनाओं का अध्ययन करेंगे, फिर उनकी आपस में तुलना करेंगे और उनके बीच के फर्क को समझने की कोशिश करेंगे। यह एक अच्छा विचार था, लेकिन बेन की एक समस्या थी कि वे खुद को एकाग्र नहीं रख पा रहे थे। आज बेन स्वीकार करते हैं कि इस अवधि के दौरान कई दिन तो ऐसे थे, जब वे अपना हर पल (अपने कुल समय का 98 फीसदी) इंटरनेट सर्फिंग करते हुए बिता देते थे। व्यावसायिक योजना तैयार करने का वह प्रोजेक्ट कभी पूरा नहीं हो सका, जो कॅरियर के शुरुआती दौर में अपनी एक पहचान बनाने का अच्छा अवसर था।

जब बेन ने अपनी नौकरी छोड़ी, तब तक वे गहन कार्य को लेकर अपनी कठिनाइयों से अच्छी तरह परिचित हो चुके थे। इसलिए जब उन्होंने कंप्यूटर कोड्स लिखने सीखना शुरू किया, तो उन्हें पता था कि इसके साथ-साथ उन्हें

अपने मन को गहनता में जाना भी सिखाना होगा। उनका तरीका कठोर लेकिन प्रभावी था। 'मैंने खुद को एक कमरे में बंद कर लिया। उस कमरे में कोई कंप्यूटर नहीं था। वहाँ सिर्फ किताबें, नोटकाड्र्स और एक हाईलाइटर था।' वहाँ वे कंप्यूटर प्रोग्रामिंग की उन किताबों की ज़रूरी बातों को हाइलाइट करते, उनमें प्रस्तुत विचारों को नोटकाड्र्स पर नोट करते और फिर जोर-जोर से उनका अभ्यास करते। इलेक्ट्रॉनिक उपकरणों से दूर यह समय शुरू-शुरू में बेन को काफी कठिन लगा, लेकिन उन्होंने खुद को इसके अलावा कोई और विकल्प ही नहीं दिया। कंप्यूटर प्रोग्रामिंग की उन किताबों में बताई गई चीज़ों को सीखना उनके लिए ज़रूरी था और उन्होंने यह सुनिश्चित किया कि उस कमरे में ऐसी कोई चीज़ न हो, जो उनका ध्यान भटका सके। धीरे-धीरे उनकी एकाग्रता बेहतर होने लगी और आखिरकार एक समय ऐसा आया, जब वे हर रोज लगातार पाँच घंटे तक, बिना ध्यान भटके, पूरी एकाग्रता के साथ इस नए कौशल को सीखने में जुटे रहते। वे याद करते हुए बताते हैं कि 'इस अवधि में मैंने खुद को कमरे में बंद रखकर कुल अठारह किताबों का अध्ययन किया।'

दो महीने तक खुद को कमरे में बंद रखकर अध्ययन करने के बाद बेन ने डेव बूटकैम्प में भाग लिया। यह वेब एप्लिकेशन प्रोग्रामिंग पर सप्ताह में सौ घंटे चलनेवाला एक क्रैश कोर्स है और अपनी कठिनता के लिए बड़ा प्रसिद्ध है। (प्रोग्राम पर शोध करते समय बेन को एक छात्र मिला, जो प्रिंस्टन यूनिवर्सिटी से पीएचडी कर चुका था। उसने डेव बूटकैम्प की व्याख्या कुछ इस प्रकार की, 'मैंने अपने जीवन में कभी इतनी मुश्किल चीज़ पर काम नहीं किया था।') चूँकि बेन ने पहले ही इसकी अच्छी खासी तैयारी कर ली थी, साथ ही उन्होंने हाल ही में गहन कार्य करने की अपनी क्षमता को भी बेहतर बना लिया था, इसीलिए इस बूटकैम्प में भी उन्होंने उत्कृष्ट प्रदर्शन किया। इस बारे में उनका कहना था, 'कुछ लोग यहाँ बिना किसी तैयारी के ही चले आते हैं। फिर वे ध्यान केंद्रित नहीं कर पाते और न ही उनकी सीखने की गति तीव्र होती है।' बेन के साथ इस कोर्स में जितने छात्रों ने भाग लिया था, उनमें से सिर्फ आधे ही इसे तयशुदा अवधि में पूरा कर सके। बेन ने न सिर्फ इसे पूरा किया बल्कि अपनी कक्षा में वे सर्वोत्तम छात्र भी रहें।

बेन ने जो गहन कार्य किया, वह उनके लिए लाभदायक साबित हुआ। जल्द

ही उन्हें सैन फ्रांसिस्को के एक टेक स्टार्ट-अप में डेवलपर की नौकरी मिल गई, जिसकी वेंचर फंडिग 25 मिलियन डॉलर्स थी। छह महीने पहले जब बेन ने वित्तीय सलाहकार की अपनी नौकरी छोड़ी थी, उस समय उनकी सालाना कमाई मात्र 40 हजार डॉलर्स थी पर अब इस नई नौकरी में कंप्यूटर डेवलपर के रूप में उन्हें सालाना एक लाख डॉलर्स मिल रहे थे - यह ऐसी रकम थी, जिसका बेन के कौशल के साथ-साथ बढ़ते जाना लगभग तय था और सिलिकॉन वैली के बाजार में इस बढ़ोत्तरी की कोई आखिरी सीमा नहीं होती।

पिछली बार जब मेरी बेन से बात हुई, तो वे अपनी नई नौकरी में तेजी से उन्नति कर रहे थे। गहन कार्य के नए-नए उपासक बने बेन ने अपने ऑफिस के पास ही एक अपार्टमेंट किराए पर ले लिया था। जिससे उनके लिए हर रोज सुबह-सुबह अपने सहकर्मियों से पहले ऑफिस पहुँचना और बिना ध्यान भटके काम करना संभव हो गया। उन्होंने मुझे बताया, 'जब मेरा दिन अच्छा गुजर रहा होता है, तो मुझे दिन की पहली मीटिंग शुरू होने से पहले ही एकाग्र होकर काम करने के लिए करीब चार घंटे का समय मिल जाता है। इसके बाद अक्सर दोपहर में भी एकाग्र होकर काम करने के लिए करीब तीन से चार घंटे मिल जाते हैं। और यहाँ एकाग्र होने का मतलब सचमुच एकाग्र होना है: कोई ई-मेल नहीं, कोई हैकर न्यूज[3] नहीं, सिर्फ और सिर्फ प्रोग्रामिंग, बस।' जो व्यक्ति खुद यह स्वीकार कर चुका हो कि वह अपनी पिछली नौकरी में दिन का 98 फीसदी समय सिर्फ इंटरनेट सर्फिंग करते हुए बिता दिया करता था, ऐसे व्यक्ति में यह बदलाव आना अपने आपमें वाकई अचरज की बात है।

जेसन बेन की कहानी हमें एक महत्वपूर्ण सबक सिखाती है: गहन कार्य लेखकों और बीसवीं सदी के शुरुआती दौर के दार्शनिकों का अतीत के प्रति प्रेम नहीं है बल्कि यह एक ऐसा कौशल है, जो वर्तमान में बहुत मूल्यवान है।

इस मूल्य या महत्त्व के दो कारण हैं। इनमें से पहला सीखने से जुड़ा हुआ है। आज हम एक ऐसी अर्थव्यवस्था में जी रहे हैं, जो तेजी से बदलती कुछ जटिल व्यवस्थाओं पर निर्भर है। उदाहरण के लिए बेन ने जो विभिन्न कंप्यूटर लैंग्वेज सीखीं, उनमें से कुछ का तो दस साल पहले तक कोई अस्तित्व ही नहीं था। और

[3] तकनीकी क्षेत्र में काम करनेवालों के बीच मशहूर एक खबरिया वेबसाइट

इस बात की पूरी संभावना है कि आज से दस साल बाद वे इतनी पुरानी हो जाएँगी कि किसी काम की नहीं रहेंगी। ठीक इसी तरह जिस व्यक्ति ने 1990 के दौर में मार्केटिंग के क्षेत्र में काम शुरू किया था, उसे संभवत: उस समय कोई अंदाजा नहीं रहा होगा कि आज के दौर में उसे डिजिटल एनालिटिक्स (डिजिटल विश्लेषण) में भी महारथ हासिल करनी पड़ेगी। इसीलिए हमारी अर्थव्यवस्था में मूल्यवान बने रहने के लिए आपको जटिल चीज़ें तेजी से सीखने की कला पर महारथ हासिल करनी होगी। इसके लिए गहन कार्य की ज़रूरत होती है। अगर आप यह क्षमता विकसित नहीं करेंगे, तो संभव है कि आप लगातार हो रही इस तकनीकी उन्नति के मामले में पीछे रह जाएँ।

गहन कार्य के मूल्यवान होने का दूसरा कारण ये है कि डिजिटल नेटवर्क क्रांति के प्रभाव सकारात्मक भी होते हैं और नकारात्मक भी। अगर आप कुछ ऐसा निर्माण करते हैं, जो वाकई उपयोगी है, तो उसे अपनानेवालों (उदाहरण के लिए नियोक्ता या ग्राहक) की संख्या में कोई सीमा नहीं होती - जिससे आपका लाभ बहुत ज़्यादा बढ़ जाता है। वहीं अगर आप दोयम दर्जे की चीज़ों का उपत्पादन कर रहे हैं, तो इसका अर्थ है कि आप मुश्किल में हैं क्योंकि तब आपके ग्राहकों के लिए ऑनलाइन जाकर उसका बेहतर विकल्प ढूँढ़ना बहुत आसान होगा। आप भले ही एक कंप्यूटर प्रोग्रामर हों, लेखक हों, मार्केटर हों, सलाहकार हों या उद्योजक, आपकी स्थिति भी कार्ल युंग जैसी है, जो सिग्मंड फ्रायड को मात देना चाहते थे। आपकी स्थिति जेसन बेन जैसी भी है, जो एक नए स्टार्ट-अप में अपनी जगह बनाने की कोशिश में लगे थे। सफलता हासिल करने के लिए आपको अपनी क्षमता के हिसाब से सर्वश्रेष्ठ चीज़ का उत्पादन करना होगा - यह ऐसा कार्य है, जो गहनता की माँग करता है।

गहन कार्य की बढ़ती ज़रूरत एक नई चीज़ है। औद्योगिक अर्थव्यवस्था में कुशल श्रमिकों और व्यावसायिक लोगों का एक छोटा सा वर्ग हुआ करता था, जिसके लिए गहन कार्य महत्वपूर्ण था। पर एकाग्र होने की क्षमता विकसित किए बिना ही अधिकांश श्रमिकों का काम चल जाता था। उन्हें मशीनों का संचालन करने के बदले भुगतान दिया जाता था - जब तक उन्होंने यह काम किया, तब तक इसमें कोई खास बदलाव भी नहीं आया। यह दशकों तक चलता रहा। पर जैसे-जैसे हम सूचना युग की अर्थव्यवस्था की ओर बढ़ रहे हैं, वैसे-वैसे हमारी

आबादी में नॉलेज वर्कर्स की संख्या बढ़ रही है और गहन कार्य एक मुख्य करेंसी बनता जा रहा है – भले ही अधिकांश लोग इस वास्तविकता को समझ न पा रहे हों।

दूसरे शब्दों में कहें, तो गहन कार्य कोई पुराने जमाने का अनुचित होता जा रहा कौशल नहीं है। बल्कि यह हर उस व्यक्ति के लिए एक महत्वपूर्ण क्षमता बनती जा रही है, जो वैश्विक स्तर पर प्रतिस्पर्धी बन चुकी और उचित प्रदर्शन करने में असफल व्यक्ति को हराकर सूचना आधारित अर्थव्यवस्था में आगे बढ़ना चाहता हो। वास्तव में असली प्रगति उन लोगों के लिए आरक्षित नहीं है, जो आसानी से फेसबुक चला सकते हैं (यह एक सतही कार्य है, जिसकी नकल करना बड़ा आसान है)। बल्कि यह प्रगति तो उनके लिए आरक्षित होगी, जो किसी सेवा का संचालन करने में सक्षम वितरण-व्यवस्था को आसानी से तैयार कर सकते हों (ये निश्चित रूप से एक गहन कार्य है, जिसकी नकल करना कतई आसान नहीं है)। गहन कार्य इतना महत्वपूर्ण होता है कि व्यवसाय लेखक एरिक बार्कर के शब्दों में कहें तो – हम इसे 21वीं सदी की महाशक्ति के रूप में भी देख सकते हैं।

अब तक हम इस विचार के दो पहलू देख चुके हैं – पहला है, गहन कार्य की बढ़ती कमी और दूसरा है, इसका बढ़ता मूल्य – जिन्हें हम संयुक्त रूप से एक ऐसे विचार के तौर पर देख सकते हैं, जो इस किताब में बताई हर चीज़ को आधार प्रदान करता है।

गहन कार्य की अवधारणा : गहन कार्य करने की क्षमता तेजी से दुर्लभ होती जा रही है। साथ ही हमारी वर्तमान अर्थव्यवस्था में गहन कार्य का मूल्य भी तेजी से बढ़ रहा है। परिणामस्वरूप जो लोग अपने अंदर यह कौशल विकसित करेंगे और उसे अपने कामकाजी जीवन का केंद्र बना लेंगे, वे निश्चित ही प्रगति करेंगे।

इस किताब के दो लक्ष्य हैं और किताब में प्रस्तुत दो भागों में इन लक्ष्यों को प्राप्त करने की कोशिश की गई है। पहला लक्ष्य – जिसका संबंध इस किताब के भाग-1 से है – आपको इस बात का विश्वास दिलाना है कि गहन कार्य की अवधारणा सत्य है। जबकि दूसरा लक्ष्य – जिसका संबंध किताब के भाग-2 से है – आपको यह सिखाना है कि अपने मस्तिष्क को प्रशिक्षण देकर और गहन कार्य को अपने व्यावसायिक जीवन के केंद्र में रखने के लिए अपनी कामकाज

संबंधी आदतों को बदलकर, आप इस वास्तविकता का लाभ कैसे उठा सकते हैं। हालाँकि इन भागों की गहराई में जाने से पहले मैं आपको यह बताना चाहूँगा कि मैं खुद गहनता का उपासक कैसे बना।

पिछले एक दशक में मैंने अपने अंदर मुश्किल चीज़ों पर ध्यान केंद्रित करने की क्षमता विकसित करने के लिए गहन प्रयास किए हैं। मेरी इस दिलचस्पी के मूल को समझने के लिए आपका यह जानना ज़रूरी है कि मैं एक सैद्धांतिक कंप्यूटर वैज्ञानिक हूँ और मैंने अपने डॉक्टरेट प्रशिक्षण में एम.आई.टी. के मशहूर थ्योरी ऑफ कंप्यूटेशन ग्रुप में अपनी क्षमताओं का प्रदर्शन किया है। यह ग्रुप ऐसे व्यावसायिक वातावरण की तरह है, जहाँ एकाग्र होने की क्षमता को एक महत्वपूर्ण व्यावसायिक कौशल माना जाता है।

इस अवधि के दौरान मैं एक मैकआर्थर 'जीनियस ग्रांट' विजेता के साथ अपना ग्रेजुएट स्टूडेंट ऑफिस साझा कर रहा था। वे एक प्रोफेसर थे और उन्हें इतनी कम उम्र में एम.आई.टी. में नियुक्ति मिल गई थी कि तब वे कानूनी रूप से एल्कोहल का सेवन करने की अधिकृत उम्र के भी नहीं थे। इस सिद्धांतकार को विद्वानों के समूह के केंद्र में चुपचाप बैठकर किसी व्हाइटबोर्ड पर की गई मार्किंग को घूरते हुए देखना मेरे लिए एक आम बात थी। ऐसा घंटों तक चलता रहता। मैं दोपहर में अपना लंच करने जाता और खा-पीकर जब वापस आता, तब भी वे सब व्हाइटबोर्ड को घूर रहे होते। इस प्रोफेसर तक पहुँचना मुश्किल काम है। वे ट्विटर पर भी नहीं हैं और अगर वे आपसे परिचित नहीं हैं, तो आपके ई-मेल का जवाब देंगे, इस बात की संभावना भी कम ही है। पिछले साल उन्होंने सोलह रिसर्च पेपर (शोध पत्र) प्रकाशित किए थे।

मेरे पढ़ाई के दिनों के वातावरण में इसी प्रकार की प्रबल एकाग्रता व्याप्त रहती थी। इसीलिए इस बात पर किसी को हैरानी नहीं होनी चाहिए कि मैं भी गहनता को लेकर जल्द ही वचनबद्ध हो गया था। मैंने कभी कोई फेसबुक या ट्विटर अकाउंट नहीं बनाया। अगर मेरे ब्लॉग को छोड़ दें, तो मैं कभी किसी सोशल मीडिया वेबसाइट पर नहीं रहा। सोशल मीडिया से मेरी यह दूरी मेरे दोस्तों और उन विभिन्न प्रचारकों को कतई पसंद नहीं आती है, जिनके साथ मैंने अब तक काम किया है। मैं वेब सर्फिंग नहीं करता और देश-दुनिया की अधिकांश खबरें मुझे या तो एन.पी.आर. (नेशनल पब्लिक रेडियो) से मिलती हैं या फिर वॉशिंग्टन पोस्ट

अखबार से, जो रोज सुबह मेरे घर आता है। आमतौर पर मुझसे संपर्क करना भी मुश्किल होता है: मेरी वेबसाइट में मेरा कोई निजी ई-मेल एड्रेस नहीं दिया गया है और सन 2012 तक तो मैं स्मार्टफोन भी नहीं रखता था (दरअसल मुझे स्मार्टफोन इसलिए लेना पड़ा क्योंकि मेरी गर्भवती पत्नी ने मुझसे स्पष्ट शब्दों में कह दिया था कि बच्चा पैदा होने से पहले मेरे हाथों में एक फोन आ जाना चाहिए)।

दूसरी ओर गहनता के प्रति मेरी वचनबद्धता से मुझे काफी लाभ हुआ। कॉलेज के बाद अगले एक दशक की अवधि में मैंने चार किताबें लिखीं, पीएचडी की, ढेर सारे अकादमिक रिसर्च पेपर लिखे और जॉर्जटाउन यूनिवर्सिटी में प्रोफेसर के तौर पर नियुक्ति हासिल की। फिर भी इस दौरान ऐसा बहुत कम ही हुआ है, जब मैंने शाम को पाँच या छह बजे के बाद भी काम किया हो। इसके बावजूद मेरी उत्पादकता अच्छी-खासी रही।

ऐसे शिड्यूल के हिसाब से जीना इसलिए संभव हो सका क्योंकि मैंने अपने जीवन में सतहीपन को कम करने के लिए खासे प्रयत्न किए। साथ ही मैंने सुनिश्चित किया कि ऐसा करने से मेरे पास जो अतिरिक्त समय बचे, उसका सर्वश्रेष्ठ इस्तेमाल करूँ। मैं अपने दिनभर की योजना सावधानी से चुने गए गहन कार्यों के इर्द-गिर्द ही बनाता हूँ और जिन सतही कार्यों को नज़रअंदाज करना संभव नहीं होता, उन्हें पूरा करने के लिए भी अपने शिड्यूल में जगह बनाकर रखता हूँ। सप्ताह में पाँच दिन, हर रोज तीन से चार घंटे तक बिना ध्यान भटके, सावधानीपूर्वक एकाग्र होकर अच्छे-खासे परिणाम हासिल किए जा सकते हैं।

गहनता के प्रति मेरी वचनबद्धता के चलते मुझे गैर-व्यावसायिक लाभ भी मिले हैं। कामकाज के बाद शाम को घर लौटने से लेकर अगली सुबह काम शुरू होने तक आमतौर पर मैं कंप्यूटर को हाथ भी नहीं लगाता (अगर मैं कंप्यूटर का इस्तेमाल करता भी हूँ, तो सिर्फ अपनी ब्लॉग पोस्ट्स लिखने के लिए, जो मैं आमतौर पर रात को अपने बच्चों के सोने के बाद ही लिखना पसंद करता हूँ)। कामकाज के बाद भी बीच-बीच में ई-मेल चेक करने या फिर सोशल मीडिया पर समय बिताने के बजाय इस प्रकार पूरी तरह संपर्क से कट जाना मेरे लिए वाकई कारगर साबित हुआ है। क्योंकि इसके चलते मुझे शाम को अपनी पत्नी और दो बच्चों के साथ समय बिताने का मौका मिला। इसके अलावा मुझे इस दौरान इतनी सारी किताबें पढ़ने का समय मिला कि उनकी संख्या जानकर आप हैरान

रह जाएँगे। दूसरे शब्दों में कहूँ, तो जीवन में ध्यान भटकानेवाली चीज़ों की कमी होने के कारण मुझे बेचैनीभरी उस मानसिक ऊर्जा का बोझ नहीं उठाना पड़ता, जो लोगों के दैनिक जीवन में तेजी से व्याप्त होती जा रही है। मुझे बोर होने में कोई समस्या नहीं है। यह वाकई आश्चर्यजनक रूप से लाभकारी कौशल साबित हो सकता है – खासकर वॉशिंग्टन डी.सी में गर्मियों की अलसाई हुई रात में रेडियो पर किसी नेशनल गेम की कमेन्ट्री सुनते हुए।

इस किताब को सर्वश्रेष्ठ ढंग से कुछ इस प्रकार परिभाषित किया जा सकता है : यह गहनता के प्रति मेरे आकर्षण को और उन रणनीतियों को औपचारिक रूप देकर उनका वर्णन करने का एक प्रयास है, जिनसे मुझे अपने इस आकर्षण पर काम करने में मदद मिली है। इस सोच को मैंने कुछ हद तक अपने शब्दों में उतारा है ताकि आपको गहन कार्य के इर्द-गिर्द अपने जीवन को एक नई शक्ल देने में मदद मिले – पर यह बात सिर्फ यहीं तक सीमित नहीं है। अपने इन विचारों को स्पष्ट करने में मेरी दिलचस्पी इसलिए भी है ताकि मैं आगे भी इसका विकास कर सकूँ। गहन कार्य की अवधारणा को पहचानने से मुझे अपने जीवन में उन्नति करने में मदद मिली है। हालाँकि मुझे लगता है कि मैं अब तक मूल्य-उत्पादन की अपनी संपूर्ण क्षमता तक नहीं पहुँच पाया हूँ। जब आप इस किताब के अध्यायों में प्रस्तुत विचारों और नियमों को जानने-समझने और अपनाने का प्रयास कर रहे होंगे, उस समय आप इस बात को लेकर निश्चिंत हो सकते हैं कि मैं खुद भी इन्हीं का अनुसरण करता हूँ यानी सतहीपन को बेरहमी से कम करते जाना और कड़ी मेहनत करते हुए अपनी गहनता की तीव्रता को बढ़ाना। (किताब के उपसंहार में आप जानेंगे कि मैं इसमें कितना सफल रहा हूँ।)

जब कार्ल युंग मनोचिकित्सा के क्षेत्र में क्रांति लाना चाहते थे, तो उन्होंने जंगली इलाके में एक भवन का निर्माण कराया। बोलिंगेन टावर नामक युंग का यह घर एक ऐसा स्थान था, जहाँ वे गहन सोच-विचार करने की अपनी क्षमता को बनाकर रख सकते थे और फिर इसी कौशल का उपयोग कर तेजस्वी मौलिकता से समृद्ध ऐसा कार्य कर सकते थे, जिसने अंततः दुनिया को बदलकर रख दिया। आगे के पन्नों में मैं आपको इस बात के लिए मनाने की कोशिश करूँगा कि हम भी अपने व्यक्तिगत बोलिंगेन टावर्स निर्मित करें, भटके हुए ध्यानवाले इस संसार

में सच्चे मूल्य-उत्पादन की क्षमता विकसित करें और पिछली पीढ़ियों की सबसे उत्पादक और महत्वपूर्ण शख्सियतों द्वारा स्वीकार्य इस सत्य को पहचान सकें कि गहन जीवन ही एक अच्छा जीवन है।

भाग 1

विचार

1

गहन कार्य महत्वपूर्ण है

नेट सिल्वर, डेविड हैनसन और जॉन डॉएर की सफलता

सन 2012 के चुनावों का दिन जैसे-जैसे करीब आ रहा था, न्यूयॉर्क टाइम्स की वेबसाइट पर ट्रैफिक बढ़ता जा रहा था। राष्ट्रीय महत्त्व के मौकों पर यह एक सामान्य बात है। हालाँकि इस बार मामला ज़रा अलग था। इस ट्रैफिक का एक बड़ा हिस्सा - कुछ रिपोर्ट्स के अनुसार करीब 70 फीसदी से भी ज़्यादा - वेबसाइट के एक विशेष पेज को विजिट कर रहा था, जो अपने आपमें हैरानी की बात थी। ऐसा नहीं था कि इस पेज पर देश की सबसे बड़ी खबर छपी हो या किसी पुलित्ज़र पुरस्कार विजेता लेखक की टिप्पणी प्रकाशित हुई हो। बल्कि यह तो बस एक ब्लॉग पेज था, जिसे चलानेवाले का नाम था नेट सिल्वर। वे बेसबॉल के आँकड़ों की गहन जानकारी रखनेवाले व्यक्ति थे, पर अब उन्होंने चुनाव के नतीजों का पूर्व अनुमान लगाना शुरू कर दिया था। इसके बाद एक साल से भी कम समय के भीतर ई.एस.पी.एन. और ए.बी.सी. न्यूज ने नेट सिल्वर को एक बड़ा प्रस्ताव देकर न्यूयॉर्क टाइम्स से छीन लिया (हालाँकि न्यूयॉर्क टाइम्स ने सिल्वर को अपने संस्थान में रोकने के लिए दस लेखकों का स्टाफ उपलब्ध कराने की पेशकश भी की, जो ब्लॉग चलाने में उनकी सहायता करता पर फिर भी बात नहीं बनी)। ई.एस.पी.एन. और ए.बी.सी. न्यूज ने सिल्वर को जो प्रस्ताव दिया था, उसमें उन्हें खेलकूद से लेकर मौसम तक और नेटवर्क न्यूज सेगमेंट से लेकर एकेडमी अवॉर्ड्स के टेलीकास्ट तक, हर मामले में महत्वपूर्ण भूमिका निभाने का मौका मिल रहा था। हालाँकि नेट सिल्वर द्वारा व्यक्तिगत तौर पर तैयार किए गए, हाथ से चलनेवाले मॉडल्स के कार्यप्रणाली की कठोरता बहस का विषय है। लेकिन कुछ लोग ऐसे भी हैं, जो इस बात से इनकार करते हैं कि यह 35 वर्षीय डाटा-विशेषज्ञ सन 2012 में हमारी अर्थव्यवस्था में एक विजेता बनकर उभरा था।

ऐसे ही एक अन्य विजेता हैं, डेविड हेनिमियर हैनसन। वे कंप्यूटर प्रोग्रामिंग की दुनिया में एक सितारे की हैसियत रखते हैं। उन्होंने 'रूबी ऑन रेल्स' नामक वेबसाइट का डेवलपमेंट फ्रेमवर्क तैयार किया था। यह फ्रेमवर्क ही आज ट्विटर और हुलू जैसी दुनिया की सबसे मशहूर वेबसाइट्स के लिए आधार का काम करता है। फिलहाल डेविड हैनसन एक प्रभावशाली डेवलपमेंट फर्म बेसकैम्प में साझेदार हैं, जिसे 2014 तक 37 सिग्नल्स के नाम से जाना जाता था। हालाँकि हैनसन कभी बेसकैम्प या अन्य स्रोतों से होनेवाली अपनी कमाई या लाभ के बारे में बात नहीं करते, पर उनकी जीवनशैली देखकर यह अंदाजा लगाना मुश्किल नहीं है कि उनके लिए ये सब आर्थिक रूप से काफी फायदेमंद साबित हो रहा है। तभी तो वे अपना ज़्यादातर समय शिकागो, मेलीबू और स्पेन के मार्बेला में कार रेस ड्राइविंग का आनंद लेते हुए बिताते हैं।

हमारी अर्थव्यवस्था में एक स्पष्ट विजेता का तीसरा और आखिरी उदाहरण हैं जॉन डॉएर, जो एक अमेरिकी पूँजी निवेशक हैं और सिलिकॉन वैली के एक मशहूर वेंचर कैपिटल फंड क्लिनर पार्किंस एंड बायर्स में साझेदार हैं। डॉएर ने वर्तमान तकनीकी क्रांति को प्रबल बनानेवाली कंपनियों, जैसे ट्विटर, गूगल, अमेजॉन, नेटस्केप और सन माइक्रोसिस्टम्स को फंड उपलब्ध कराया है। अपने इस निवेश से उन्हें बहुत फायदा हुआ है। इन शब्दों को लिखे जाने तक जॉन डॉएर की कुल संपत्ति 3 बिलियन डॉलर से भी ज्यादा हो चुकी थी।

नेट सिल्वर, डेविड हैनसन और जॉन डॉएर अपने जीवन में इतने सफल क्यों हुए? इस सवाल के दो जवाब हैं। पहले जवाब को माइक्रो (सूक्ष्म) जवाबों की श्रेणी में रखा जा सकता है, जो इन तीनों के उन व्यक्तित्व संबंधी लक्षणों और रणनीतियों पर केंद्रित है, जिन्होंने इस तिकड़ी को सफल बनाया। जबकि दूसरा जवाब मैक्रो (स्थूल) जवाबों की श्रेणी में आता है, जो इन तीनों के व्यक्तित्व से ज़्यादा, इनके कार्य की प्रकृति पर केंद्रित है। यूँ तो ये दोनों ही दृष्टिकोण, इन हस्तियों की सफलता के कारणों को समझने के लिए महत्वपूर्ण हैं, पर मैक्रो (स्थूल) जवाब हमारी इस चर्चा के लिए अधिक उचित साबित होंगे। क्योंकि वे हमारी वर्तमान अर्थव्यवस्था से होनेवाले फायदों पर बेहतर प्रकाश डालते हैं।

अर्थशास्त्री एरिक ब्रिंजोल्फसन और एन्ड्रयू मैकफी

मैक्रो (स्थूल) दृष्टिकोण को समझने के लिए हम दो एम.आई.टी. अर्थशास्त्रियों एरिक ब्रिंजोल्फसन और एन्ड्रयू मैकफी की बात करेंगे, जिन्होंने 2011 में प्रकाशित हुई अपनी प्रभावशाली किताब 'रेस अगेंस्ट द मशीन' में इसका एक महत्वपूर्ण पहलू प्रस्तुत किया कि तमाम प्रभावशाली घटकों के बीच यह डिजिटल तकनीक का उदय ही है, जिसके चलते श्रम बाजारों में अनपेक्षित बदलाव आ रहे हैं। इस किताब के शुरुआती हिस्से में ही ब्रिंजोल्फसन और मैकफी स्पष्ट कर देते हैं कि 'हम एक महान नवीनीकरण के शुरुआती दौर से गुज़र रहे हैं। हमारी प्रौद्योगिकी बहुत तेजी से बेहतर हो रही है, लेकिन हमारे कई हुनर और संगठन पीछे छूटते जा रहे हैं।' इस तरह पीछे छूटना कई कर्मचारियों के लिए बुरी खबर है। जैसे-जैसे मशीनें बेहतर हो रही हैं, वैसे-वैसे मशीन और इंसानी क्षमता के बीच का फर्क कम होता जाता है। आज हर क्षेत्र की कंपनियों द्वारा 'नए लोगों' को नियुक्त करने से ज़्यादा उनकी जगह 'नई मशीनरी' स्थापित करने की संभावना बढ़ती जा रही है। संचार और सहकार्य संबंधी प्रौद्योगिकी में आ रही निरंतर बेहतरी से सुदूर स्थानों पर बैठकर काम करना पहले से कहीं ज़्यादा आसान हो गया है। इसीलिए अब कंपनियाँ सुदूर स्थानों पर बैठे प्रतिभाशाली लोगों को प्रमुख जिम्मेदारियाँ आउटसोर्स कर रही हैं – जिससे स्थानीय प्रतिभा को बेरोजगारी का सामना करना पड़ रहा है।

हालाँकि वैश्विक रूप से देखा जाए, तो स्थिति इतनी गंभीर भी नहीं है। जैसा कि ब्रिंजोल्फसन और मैकफी जोर देकर कहते हैं, नवीनीकरण का यह महान युग हर क्षेत्र की नौकरियाँ कम नहीं कर रहा बल्कि उन्हें विभाजित कर रहा है। पर इस नई अर्थव्यवस्था में जैसे-जैसे मशीनें हुनरमंद लोगों की जगह ले रही हैं या उस हुनर विशेष से जुड़ा काम आउटसोर्सिंग से पूरा करना आसान होता जा रहा है, वैसे-वैसे लोगों को नुकसान का सामना भी करना पड़ रहा है। हालाँकि इस नई व्यवस्था में ऐसे भी कई लोग होंगे, जो न सिर्फ बचे रहेंगे बल्कि तेजी से प्रगति भी करेंगे – क्योंकि वे अधिक मूल्यवान हो जाएँगे (और इसीलिए उन्हें पहले की तुलना में अब कहीं ज़्यादा फायदा होगा)। अर्थव्यवस्था की यह नई स्थिति सामने रखनेवालों में ब्रिंजोल्फसन और मैकफी अकेले नहीं हैं। उदाहरण के लिए, सन 2013 में अमेरिका के वर्जीनिया प्रांत में स्थित जॉर्ज मैसन यूनिवर्सिटी के अर्थशास्त्री टायलर कोवेन ने 'एवरेज इज ओवर' शीर्षक से एक किताब प्रकाशित

की, जो डिजिटल डिवाइड[1] की इसी मान्यता को दोहरा रही थी। पर जो चीज़ ब्रिंजोल्फसन और मैकफी के विश्लेषण को विशेष रूप से उपयोगी बनाती है, वह ये है कि उन्होंने तीन ऐसे विशिष्ट समूहों की पहचान की है, जो इस डिजिटल डिवाइड के उजले पक्ष का हिस्सा बनेंगे और इस जटिल मशीनी युग में भारी लाभ कमाएँगे। कोई आश्चर्य नहीं कि सिल्वर, हैनसन और डॉएर इन्हीं तीन विशिष्ट समूहों से संबंध रखते हैं। तो चलिए, इन तीनों विशिष्ट समूहों पर चर्चा करके यह समझने की कोशिश करते हैं कि ये अचानक इतने मूल्यवान कैसे हो गए।

हाई-स्किल्ड वर्कर्स (उच्च स्तरीय कौशलवाले कर्मचारी)

ब्रिंजोल्फसन और मैकफी इस समूह को हाई-स्किल्ड वर्कर्स (उच्च स्तरीय कौशलवाले कर्मचारी) कहते हैं। नेट सिल्वर इसी समूह का साक्षात रूप हैं। रोबोटिक्स (रोबोट संबंधी विज्ञान) और वॉइस रिकग्निशन (ध्वनि पहचान) जैसी तकनीकी प्रगति के चलते लो-स्किल्ड वर्कर्स (निम्न स्तरीय कौशलवाले कर्मचारियों) का काम स्वचालित होता जा रहा है। पर जैसा कि ये अर्थशास्त्री जोर देकर कहते हैं, 'डाटा विजुअलाइजेशन, एनालिटिक्स, हाई-स्पीड कम्युनिकेशन और रैपिड प्रोटोटाइपिंग जैसी अन्य प्रौद्योगिकियों ने अपेक्षाकृत अधिक अमूर्त व डाटा-चालित तार्किकता के योगदान को बढ़ा दिया है, जिससे इन क्षेत्रों की नौकरियों का महत्त्व बढ़ गया है। दूसरे शब्दों में कहें, तो जिन लोगों के अंदर तेजी से जटिल होती जा रही मशीनों के साथ काम करने और उनसे महत्वपूर्ण परिणाम हासिल करने की योग्यता होगी, उनकी उन्नति तय है। टायलर कोवेन ने इस वास्तविकता का सार और अधिक स्पष्ट शब्दों में प्रस्तुत किया है, 'बड़ा सवाल यह होगा कि आप जटिल मशीनों के साथ काम करने योग्य हैं या नहीं?'

नेट सिल्वर के लिए विशाल डाटाबेस में डाटा फीड करना और फिर उसकी मदद से कंप्यूटर एल्गोरिद्म पर आधारित अपनी रहस्यमयी पूर्व अनुमान प्रणाली (जिसे तकनीकी भाषा में मोंटे कार्लो सिमुलेशन कहा जाता है) द्वारा परिणाम हासिल करना सहूलियतभरा काम है। इस लिहाज से वे स्वयं भी एक उच्च स्तरीय कौशलवाले कर्मचारी हैं। जटिल मशीनें सिल्वर की कामयाबी के रास्ते की बाधा नहीं हैं बल्कि उनकी कामयाबी का एक साधन हैं।

---

[1] जिन लोगों की पहुँच कंप्यूटर व इंटरनेट तक है और जिनकी पहुँच इन चीज़ों तक नहीं है, उनके बीच का फर्क।

द सुपरस्टार्स (शिखर पर बैठे सितारे)

डेविड हेनिमियर हैनसन – जो स्वयं एक शानदार कंप्यूटर प्रोग्रामर हैं – दूसरे समूह का उदाहरण प्रस्तुत करते हैं, जिसे द सुपरस्टार्स (शिखर पर बैठे सितारे) का नाम दिया गया है। ब्रिंजोल्फसन और मैकफी का अनुमान है कि हमारी नई अर्थव्यवस्था में इस समूह के लोग खूब उन्नति करेंगे। हाई-स्पीड डाटा नेटवर्क और ई-मेल व ऑनलाइन वीडियो चैटिंग सॉफ्टवेयर्स ने ज्ञान के कई क्षेत्रों में क्षेत्रीयता को पूरी तरह नष्ट कर दिया है। उदाहरण के लिए आजकल एक प्रोग्रामर को स्थाई रूप से नौकरी पर रखने, उसे सारे कर्मचारी-लाभ देने और ऑफिस खोलने के लिए जगह का इंतजाम करने का कोई मतलब नहीं बनता क्योंकि यह सब करने के बजाय आप हैनसन जैसे दुनिया के सबसे अच्छे प्रोग्रामर्स में से किसी एक को भुगतान करके उसकी सेवाएँ सिर्फ तब तक के लिए ले सकते हैं, जब तक कि आपका प्रोजेक्ट पूरा नहीं हो जाता। ऐसी स्थिति में शायद आपको कम खर्च में बेहतर परिणाम मिल सकते हैं। वहीं हैनसन को हर साल आपके जैसे कई ग्राहकों के लिए काम करने का मौका मिल सकता है, जो उनके लिए भी काफी फायदेमंद है।

भले ही आपका ऑफिस अमेरिका के डे मोएन शहर में स्थित हो और हैनसन आपसे कोसों दूर स्पेन के मारबेला शहर में बैठकर काम कर रहे हों। लेकिन अब इससे आपकी कंपनी को कोई फर्क नहीं पड़ता क्योंकि संचार और सहकार्य संबंधी प्रौद्योगिकी में हुई प्रगति ने इस तरह काम करना सहज बना दिया है। (हालाँकि इससे निम्नस्तरीय-कौशलवाले उस स्थानीय प्रोग्रामर को ज़रूर फर्क पड़ता है, जो डे मोएन में रहता है और एक स्थिर वेतनवाली नौकरी की तलाश में है।) ठीक यही चलन उन क्षेत्रों में भी देखने को मिल रहा है, जहाँ प्रौद्योगिकी के चलते सुदूर स्थानों पर बैठकर उत्पादक काम करना संभव है, जैसे कंसल्टिंग, मार्केटिंग, डिजाइन और लेखन वगैरह। जब प्रतिभा का बाजार वैश्विक स्तर पर सभी के लिए उपलब्ध होता है, तो उस बाजार की चोटी पर मौजूद लोग प्रगति करते हैं, जबकि बाकी सबको नुकसान उठाना पड़ता है।

अर्थशास्त्री शेरविन रोसेन ने सन 1981 में अपने प्रभावशाली रिसर्च पेपर में इस प्रकार के बाजारों के पीछे सक्रिय गणित की पहचान की। ऐसे बाजारों को तकनीकी रूप से 'विनर-टेक-ऑल' मार्केट कहा जाता है, जहाँ चोटी पर बैठे

विजेता सारा लाभ खुद ले जाते हैं। उनकी रिसर्च से सामने आई सबसे प्रमुख बात यह थी कि प्रतिभा को 'अपूर्ण प्रतिस्थापन' (imperfect substitution) के एक स्पष्ट कारक के रूप में देखा जा सकता है। इसे उन्होंने अपने फार्मूले में 'क्यू' (अंग्रेजी भाषा के अक्षर) राशि माना था। रोसेन ने इसका वर्णन कुछ इस प्रकार किया है : 'औसत दर्जे के कई गायकों का प्रदर्शन, किसी एक उत्कृष्ट गायक के अकेले प्रदर्शन के बराबर नहीं होता।' दूसरे शब्दों में कहें, तो प्रतिभा कोई ऐसी चीज़ नहीं है, जिसे आप थोक में खरीदकर आपस में मिलाएँ और अपने मनचाहे प्रतिभा-स्तर पर पहुँच जाएँ : उत्कृष्ट या सर्वश्रेष्ठ होने के अपने लाभ होते हैं। इसीलिए अगर आप किसी ऐसे बाजार में हैं, जहाँ उपभोक्ता की पहुँच हर कलाकार तक है और उन सभी की क्यू राशि का मूल्य स्पष्ट है, तो उपभोक्ता सर्वश्रेष्ठ का ही चयन करेगा। भले ही सर्वश्रेष्ठ प्रतिभा का कौशल, दूसरे नंबर पर मौजूद प्रतिभा के कौशल से थोड़ा सा ही ज़्यादा हो, तब भी बाजार का सबसे बड़ा हिस्सा सुपरस्टार (चोटी पर बैठे सितारे) को ही हासिल होगा।

1980 के दशक में इस 'सुपरस्टार प्रभाव' का अध्ययन करने के लिए रोसेन ने फिल्मी सितारों और संगीतकारों को उदाहरण के तौर पर देखा। क्योंकि उनका बाजार स्पष्ट था, जैसे सिनेमाहॉल और म्यूजिक स्टोअर्स, जहाँ विभिन्न कलाकारों तक दर्शकों और श्रोताओं की पहुँच बराबर होती है। ये ऐसे बाजार हैं, जहाँ दर्शक और श्रोता उनकी कला को अच्छी तरह परखकर यह निर्णय ले सकते हैं कि उन्हें उन कलाकारों की कला का आनंद लेने के लिए पैसे खर्च करने हैं या नहीं।

संचार और सहकार्य संबंधी प्रौद्योगिकी के उदय ने कई स्थानीय बाजारों को समान रूप से वैश्विक बाजारों में तब्दील कर दिया है। आज अगर एक छोटी कंपनी एक कंप्यूटर प्रोग्राम खरीदना चाहती है या पब्लिक रिलेशन कंसल्टेंट ढूँढ़ रही है, तो इसके लिए उसके पास प्रतिभाओं का एक पूरा अंतर्राष्ट्रीय बाजार मौजूद है। ठीक वैसे ही जैसे म्यूजिक स्टोअर्स की बढ़ती संख्या ने एक छोटे से कस्बे में रहनेवाले संगीत प्रशंसक को यह मौका दिया कि वह स्थानीय संगीतकारों के बजाय दुनिया के सर्वश्रेष्ठ म्यूजिक बैंड्स के एलबम खरीद सके। दूसरे शब्दों में कहें, तो रोसेस ने आज से 30 साल पहले जो पूर्वानुमान लगाया था, आज 'सुपरस्टार प्रभाव' उससे कहीं ज़्यादा व्यापक स्तर पर लागू होता दिख रहा है। आज हमारी अर्थव्यवस्था में ऐसे लोगों की संख्या बढ़ती जा रही है, जिन्हें अपने

कार्यक्षेत्र में रॉकस्टार की हैसियत रखनेवालों से सीधी प्रतिस्पर्धा करनी पड़ रही है।

द ओनर्स (मालिकाना हक रखनेवाले)

हमारी अर्थव्यवस्था में तेजी से विकसित होनेवाला तीसरा समूह उन लोगों का है, जिनके पास इस महान नवीनीकरण का संचालन करनेवाली नई प्रौद्योगिकी में निवेश करने के लिए पूँजी है। अमेरिकी पूँजी निवेशक जॉन डॉएर इस समूह का जीता-जागता उदाहरण हैं। कार्ल मार्क्स के उदय के बाद हम यह समझ गए कि पूँजी तक आपकी पहुँच होने से आपको एक बड़ी बढ़त मिल जाती है। हालाँकि यह भी सच है कि कोई-कोई समय-अवधि ऐसी होती है, जो अन्य समय-अवधियों से ज़्यादा बढ़त दिलवा देती है। जैसा कि ब्रिंजोल्फसन और मैकफी बताते हैं, 'युद्ध के बाद यूरोप एक ऐसे बुरे दौर का उदाहरण बन गया था, जो धन के ढेर पर बैठा है पर जहाँ तेजी से होनेवाला मुद्राप्रसार और आक्रामक करों के चलते पुरानी संपत्तियाँ आश्चर्यजनक गति से विलीन हो रही हैं (जिसे हम 'डॉन्टन ऐबी प्रभाव' कह सकते हैं)।'

युद्ध के बाद के दौर से विपरीत, महान नवीनीकरण का मौजूदा दौर पूँजी तक अपनी पहुँच बनाने के लिए विशेष रूप से अच्छा समय है। ऐसा क्यों है, इसे समझने के लिए सबसे पहले उस सौदेबाजी के सिद्धांत (बार्गेनिंग थ्योरी) को याद करना होगा, जो निर्धारित आर्थिक सोच का मुख्य घटक है। यह सिद्धांत तर्क देता है कि जब पूँजी निवेश और श्रम के संयोजन के जरिए पैसा कमाया जाता है, तो मोटे तौर पर जितना निवेश किया गया होता है, उतना ही लाभ मोटे तौर पर लौटाया भी जाता है। जैसे-जैसे डिजिटल प्रौद्योगिकी ने कई उद्योगों में श्रम की ज़रूरत को कम कर दिया है, वैसे-वैसे जटिल मशीनों के मालिकों तक वापस जानेवाले लाभ का प्रमाण बढ़ रहा है। वर्तमान अर्थव्यवस्था में एक व्यापार पूंजीवादी (वेंचर कैपिटलिस्ट) इंस्टाग्राम जैसी कंपनी की फंडिंग भी कर सकता है, जो आखिरकार 1 बिलियन डॉलर्स में बिकी, जबकि उसमें सिर्फ 13 कर्मचारी काम करते थे। भला इतिहास में ऐसा कब हुआ है, जब इतने कम श्रम का मूल्य इतना ज़्यादा लगाया गया हो? श्रम के इतने छोटे से योगदान पर जटिल मशीनों के मालिकों के पास या इंस्टाग्राम के मामले में वेंचर इन्वेस्टर के पास - जिस गति से धन वापस जाता है, अतीत में उसकी कोई और मिसाल नहीं मिलती।

कोई आश्चर्य की बात नहीं कि अपनी पिछली किताब के लिए मैंने जिस वेंचर कैपिटलिस्ट का इंटरव्यू लिया था, उसने ज़रा चिंता जताते हुए स्वीकार किया था कि 'आज हर कोई मेरी जगह लेना चाहता है।'

चलिए अब ज़रा इन सभी तथ्यों को समेटकर एक स्पष्ट दृष्टिकोण से देखते हैं: मेरे सर्वेक्षण के अनुसार, वर्तमान आर्थिक सोच का तर्क यह है कि अभूतपूर्व प्रगति और प्रौद्योगिकी से पड़नेवाला प्रभाव, बड़े पैमाने पर हमारी अर्थव्यवस्था का पुनर्गठन या नवीनीकरण कर रहा है। इस नई अर्थव्यवस्था में तीन समूह ऐसे होंगे, जिन्हें विशेष लाभ होगा: एक तो वे लोग जिन्हें कुशलता व रचनात्मकता के साथ जटिल मशीनों पर काम करना आता होगा; दूसरे वे, जो अपने काम में उत्कृष्ट होंगे और तीसरे वे, जिनके पास पूँजी होगी।

साफ-साफ कहें, तो इस महान नवीनीकरण की पहचान ब्रिंजोल्फसन, मैकफी और कोवेन जैसे अर्थशास्त्रियों ने की थी। यह कोई इकलौता महत्वपूर्ण आर्थिक चलन नहीं है और न ही इससे पहले उल्लेखित किए गए वे तीन समूह, इकलौते ऐसे समूह हैं, जिन्हें इस नए दौर में लाभ होगा। पर इस किताब में जिस मसले पर चर्चा की जा रही है, उसके लिहाज से काम की बात ये है कि ये चलन भले ही इकलौता चलन न हो, पर फिर भी यह बहुत महत्वपूर्ण है और इसी तरह ये समूह भले ही इकलौते समूह न हों, पर इनकी उन्नति तय है। इसीलिए अगर आप इनमें से किसी भी समूह का हिस्सा बन सकते हैं, तो इसमें कोई दोराय नहीं है कि आप उन्नति करेंगे। हालाँकि अगर आप इन समूहों का हिस्सा नहीं हैं, तब भी आपकी उन्नति संभव है, पर आपकी स्थितियाँ इन समूहों के सदस्यों से कहीं ज़्यादा अनिश्चित और जोखिमभरी होंगी।

अब हमें जिस प्रश्न का जवाब देने की ज़रूरत है, वह स्पष्ट है: विजेताओं के इस समूह में शामिल कैसे हुआ जाए? मैं आपके बढ़ते उत्साह को कम नहीं करना चाहता। लेकिन फिर भी मुझे सबसे पहले यह स्वीकार करना होगा कि मेरे पास ऐसा कोई रहस्य नहीं है, जिसे जानकर आप फटाफट पूँजी जुटाने में कामयाब हो जाएँगे और अगले जॉन डॉएर बन जाएँगे (क्योंकि अगर वाकई मुझे ऐसा कोई रहस्य पता होता, तो इस बात की उम्मीद बहुत कम है कि मैं उसे किसी किताब में लिखकर पूरी दुनिया से साझा करता)। हालाँकि अगर इस एक समूह को छोड़

दिया जाए, तो विजेताओं के दो अन्य समूह आपकी पहुँच में हैं। आगे हम इसी विषय पर चर्चा करेंगे कि उन दो समूहों तक कैसे पहुँचा जाए।

नई अर्थव्यवस्था में विजेता कैसे बनें

मैंने ऐसे दो समूहों की पहचान की है, जो उन्नति के लिए तैयार हैं और जिनके बारे में मेरा यह दावा है कि उन तक पहुँचा जा सकता है: पहला समूह उन लोगों का है, जो जटिल मशीनों के साथ रचनात्मक ढंग से काम कर सकते हैं और दूसरा समूह उन लोगों का है, जो अपने कार्यक्षेत्र में किसी सितारे की हैसियत रखते हैं। आजकल के बढ़ते डिजिटल डिवाइड के बीच मौजूद इन आकर्षक क्षेत्रों में पहुँचने का रहस्य क्या है? मेरा मानना है कि इसके लिए वे दो मुख्य योग्यताएँ बहुत महत्वपूर्ण हैं, जिनका उल्लेख आगे किया गया है।

नई अर्थव्यवस्था में प्रगति करने के लिए ज़रूरी दो मुख्य योग्यताएँ

1. मुश्किल चीज़ों पर फौरन महारथ हासिल करने की योग्यता
2. शानदार गुणवत्ता और तेज गति के साथ उत्पादन करने की योग्यता

चलिए, अपनी चर्चा की शुरुआत पहली योग्यता से करते हैं। सबसे पहले तो हमें यह याद रखना होगा कि ट्विटर व आईफोन जैसी सीधे उपभोक्ता का सामना करनेवाली प्रौद्योगिकियों द्वारा उपलब्ध कराए गए बेहद सरल और सहजज्ञान संबंधी उपभोक्ताओं के अनुभवों (यूजर एक्सपीरियंस) ने हमें काफी बिगाड़ दिया है। हालाँकि ये उपभोक्ता उत्पाद हैं, न कि कोई गंभीर उपकरण: आज के महान नवीनीकरण का संचालन करनेवाली ज़्यादातर जटिल मशीनों को समझना और उन पर महारथ हासिल करना बहुत मुश्किल काम है।

अब ज़रा नेट सिल्वर पर विचार करें, जिन्हें हमने पिछले पन्नों पर एक ऐसे व्यक्ति के उदाहरण के रूप में देखा था, जो जटिल प्रौद्योगिकी के साथ अच्छी तरह काम करने के चलते उन्नति कर रहा है। अगर हम उनकी कार्यप्रणाली की गहराई में जाएँ, तो हमें पता चलेगा कि चुनाव परिणामों का डाटा-आधारित पूर्व अनुमान लगाना, वास्तव में इंटरनेट सर्च बॉक्स में 'किस प्रत्याशी को ज़्यादा वोट मिलेंगे' जैसे शब्द लिखने जितना आसान नहीं होता। बल्कि उन्हें तो चुनाव परिणामों का एक बड़ा डाटाबेस (250 मतदान सर्वेक्षणों से प्राप्त हज़ारों चुनावों का डाटाबेस) बनाकर रखना पड़ता है। इस डाटाबेस को स्टैटाकॉर्प नामक कंपनी द्वारा

निर्मित एक मशहूर सांख्यिकीय विश्लेषण प्रणाली में डालते हैं, जिसे स्टैटा के नाम से जाना जाता है। ऐसे उपकरणों के संचालन में महारत हासिल करना आसान नहीं होता। उदाहरण के लिए नेट सिल्वर जिस किस्म का आधुनिक डाटाबेस इस्तेमाल करते हैं, अगर आप खुद उस पर काम करना चाहते हैं, तो इसके लिए आपको सबसे पहले आगे दिए गए कमांड्स सीखने और समझने होंगे:

```
CREATE VIEW cities AS SELECT name, population, altitude
FROM capitals UNION SELECT name, population, altitude
FROM non_capitals;
```

इस प्रकार के डाटाबेस से मनचाही जानकारी प्राप्त करने के लिए 'एस.क्यू.एल.' नामक कंप्यूटर प्रोग्रामिंग लैंग्वेज का इस्तेमाल किया जाता है। डाटाबेस में जमा हुई सूचना का इस्तेमाल करने के लिए इस लैंग्वेज की मदद से ऐसा ही कोई कमांड भेजना पड़ता है। ऐसे डाटाबेस में कोई हेरफेर या बदलाव कैसे किया जाए, यह समझना काफी बारीक काम है। उदाहरण के लिए यहाँ प्रस्तुत कमांड असल में एक 'दृश्य' तैयार करता है: एक वर्चुअल डाटाबेस टेबल, जो डाटाबेस में मौजूद विभिन्न टेबल्स से डाटा निकालकर एक जगह रखती है और फिर उसे एस.क्यू.एल. के कमांड्स की मदद से किसी साधारण टेबल की तरह संबोधित किया जा सकता है। ऐसे दृश्य कब और कैसे निर्मित करने हैं, यह तय करना काफी मुश्किल काम है। यह उन कई चीज़ों में से एक है, जिस पर महारत हासिल करने के बाद ही आप किसी असली डाटाबेस से कोई उचित परिणाम निकाल सकते हैं।

अब ज़रा नेट सिल्वर द्वारा इस्तेमाल की जानेवाली दूसरी प्रौद्योगिकी - स्टैटा - पर विचार करें। यह एक शक्तिशाली सॉफ्टवेयर है। निश्चित ही यह कोई ऐसी चीज़ नहीं है, जिसे आप अपने सहजज्ञान द्वारा हल्के-फुल्के ढंग से सीख सकें। उदाहरण के लिए आगे ऐसे फीचर्स का वर्णन किया जा रहा है, जिन्हें इस सॉफ्टवेयर के सबसे ताजा संस्करण में जोड़ा गया है: 'स्टैटा 13 में कई नए फीचर्स जोड़े गए हैं, जैसे ट्रीटमेंट इफेक्ट (निर्वाह प्रभाव), मल्टीलेवल जी.एल.एम. (बहुस्तरीय जी.एल.एम.), पॉवर एंड सैंपल साइज (शक्ति और नमूने का आकार), जनरलाइज्ड एस.ई.एम. (सामान्यीकृत एस.ई.एम.), फोरकास्टिंग (पूर्वानुमान), इफेक्ट साइज (प्रभाव का आकार) प्रोजेक्ट मैनेजर (परियोजना प्रबंधक) लॉंग स्ट्रिंग्स एंड बी.एल.ओ.बी. (लंबे तार और बी.एल.ओ.बी.) और भी बहुत कुछ।' सिल्वर इस जटिल सॉफ्टवेयर को - सामान्यीकृत एस.ई.एम.

और बी.एल.ओ.बी. के साथ अंतर्बद्ध (इंटरलॉकिंग) हिस्सोंवाले जटिल नमूने बनाने के लिए इस्तेमाल करते हैं: कस्टम मापदंडों पर आयोजित विभिन्न परावर्तन, जिन्हें फिर ऐसे कस्टम भार के रूप में संदर्भित किया जाता है, जो संभावित अभिव्यक्ति व इसी प्रकार की अन्य प्रक्रियाओं में इस्तेमाल होते हैं।

आपके सामने यह तकनीकी विवरण प्रस्तुत करने का उद्देश्य है, इस बात पर जोर देना कि जटिल मशीनों के साथ काम करना या उन पर महारत हासिल करना बहुत मुश्किल काम है।[2] इसीलिए जो लोग इन मशीनों के साथ अच्छी तरह काम करना जानते हैं, उनके समूह में शामिल होने के लिए यह ज़रूरी है कि आप कठिन चीज़ों पर महारत हासिल करने की अपनी क्षमता को और बढ़ाएँ। और चूँकि इन प्रौद्योगिकियों में बहुत तेजी से बदलाव आते हैं, इसीलिए कठिन चीज़ों पर महारत हासिल करने की प्रक्रिया कभी खत्म नहीं होती। आपको इसे जल्द से जल्द और बार-बार करने में सक्षम होना चाहिए।

जाहिर है कि जटिल चीज़ों को फौरन सीखने की यह क्षमता सिर्फ जटिल मशीनों के साथ अच्छी तरह काम करने भर के लिए ज़रूरी नहीं है; बल्कि यह किसी भी क्षेत्र का सुपरस्टार (शिखर पर बैठा सितारा) बनने में भी एक महत्वपूर्ण भूमिका निभाती है। फिर चाहे वे क्षेत्र प्रौद्योगिकी से संबंधित हों या नहीं। उदाहरण के लिए एक विश्व स्तरीय योग प्रशिक्षक बनने के लिए ज़रूरी है कि आप जटिल शारीरिक कौशलों में महारत हासिल करें। इसी तरह चिकित्सा के क्षेत्र में प्रगति करने के लिए ज़रूरी है कि आप संबंधित चिकित्सा प्रक्रियाओं पर हुए ताजा शोधों के अनुसार नई चुनौतियों के लिए खुद को फौरन तैयार करें। संक्षेप में कहें, तो अगर आप सीख नहीं सकते, तो उन्नति भी नहीं कर सकते।

नई अर्थव्यवस्था में उन्नति करने के लिए आपको जो दो मुख्य योग्यताएँ बताई गई थीं, अब उनमें से दूसरी योग्यता पर विचार करते हैं यानी शानदार

---

[2] कंपनियाँ प्रौद्योगिकियों की जटिल वास्तविकताओं का फायदा उठाकर आगे बढ़ती हैं। ये वास्तविकताएँ अब आम हो चुके इस विचार की विसंगति पर जोर देती हैं कि सरलीकृत उत्पादों तक सीधी पहुँच - खासकर स्कूलों में - किसी न किसी तरह लोगों को एक आधुनिक तकनीकवाली अर्थव्यवस्था में सफल होने के लिए तैयार कर देती हैं। छात्रों को आई-पैड देने या यूट्यूब पर होमवर्क करने की अनुमति देने से वे एक आधुनिक तकनीकवाली अर्थव्यवस्था के लिए उसी तरह तैयार हो जाते हैं, जिस तरह बचपन में खिलौना कारों से खेलकर लोग भविष्य में ऑटोमोबाइल क्षेत्र में कॅरियर बनाने के लिए तैयार होते हैं।

गुणवत्ता और तेज गति के साथ उत्पादन करने की योग्यता। अगर आप एक सुपरस्टार (शिखर पर बैठा सितारा) बनना चाहते हैं, तो संबंधित कौशल में महारत हासिल करना ज़रूरी तो है, लेकिन सिर्फ यही पर्याप्त नहीं है। इसके बाद आपको अपनी उस अव्यक्त योग्यता को ऐसे वास्तविक परिणामों में बदलना होगा, जिन्हें लोग महत्त्व देते हैं। उदाहरण के लिए यूँ तो ऐसे डेवलपर्स की कोई कमी नहीं है, जो कंप्यूटर्स को अच्छी तरह प्रोग्राम करना जानते हैं, लेकिन डेविड हैनसन ने अपनी इस योग्यता का लाभ रूबी ऑन रेल्स का निर्माण करके उठाया। यही वह प्रोजेक्ट था, जिसने उन्हें उनके कार्यक्षेत्र में बड़ी प्रतिष्ठा दिलाई। रूबी ऑन रेल्स के लिए यह ज़रूरी था कि हैनसन अपने कौशल को इस हद तक इस्तेमाल करें कि उससे स्पष्ट रूप से मूल्यवान और ठोस परिणाम निकाले जा सकें।

उत्पादन करने की यह योग्यता उन लोगों पर भी लागू होती है, जो जटिल मशीनों पर महारत हासिल करना चाहते हैं। नेट सिल्वर के लिए सिर्फ यही सीखना काफी नहीं था कि बड़े डाटाबेस में हेरफेर या बदलाव करके सांख्यिकीय विश्लेषण से संबंधित परिणाम कैसे निकाले जाएँ। इसके बाद यह जाहिर करना भी ज़रूरी था कि वे अपने इस कौशल का इस्तेमाल करके इन मशीनों से ऐसी जानकारी भी निकाल सकें, जिसकी परवाह दर्शकों का एक बड़ा वर्ग करता है। सिल्वर ने अपने बेसबॉल प्रॉस्पेक्ट्स के दिनों में सांख्यिकी के कई विशेषज्ञों के साथ काम किया था, पर उनमें से सिर्फ सिल्वर ही इकलौते ऐसे व्यक्ति थे, जिन्होंने अपने इस कौशल को चुनावी पूर्वानुमान जैसे नए और तुलना में अधिक फायदेमंद कार्यक्षेत्र में इस्तेमाल करने के लिए ज़रूरी प्रयास किए। इससे हमारी अर्थव्यवस्था के विजेताओं की श्रेणी में शामिल होने से जुड़ा एक और सामान्य अवलोकन सामने आता है कि अगर आप उत्पादन नहीं करते हैं, तो आप उन्नति भी नहीं कर सकेंगे - भले ही आप कितने भी कुशल या प्रतिभाशाली हों।

प्रौद्योगिकी द्वारा संचालित हमारे इस नए संसार में उन्नति करने के लिए, ज़रूरी दो मुख्य योग्यताओं का महत्त्व स्थापित करने के बाद अब हम इस मसले से जुड़े स्वाभाविक सवाल पूछ सकते हैं। इन मूल योग्यताओं के विकास के लिए किसी व्यक्ति को क्या करना चाहिए? इस बिंदु पर अब हम इस किताब के केंद्रीय विचार पर पहुँच चुके हैं: **आपके सामने जिन दो मूल योग्यताओं का वर्णन किया गया है, वे दरअसल आपकी गहन कार्य करने की क्षमता पर निर्भर होती हैं।** अगर आप इस

मूलभूत कौशल में महारत हासिल नहीं करेंगे, तो आप जटिल चीज़ों को सीखने और उच्च स्तर पर उत्पादन करने के लिए संघर्ष करते रहेंगे।

गहन कार्य पर इन योग्यताओं की निर्भरता तुरंत स्पष्ट नहीं होती। इसके लिए एकाग्रता, उत्पादकता और सीखने के विज्ञान पर गौर करने की ज़रूरत होती है। आगे प्रस्तुत सामग्री इन पर गौर करने में सहायक साबित होगी। इससे गहन कार्य और आर्थिक सफलता के बीच का संबंध भी आपके सामने पूरी तरह स्पष्ट हो जाएगा।

गहन कार्य से जटिल चीज़ें फौरन सीखने में मदद मिलती है

'अपने मन को एक शीशा बनने दें, जिससे ध्यान की महीन किरणें परिवर्तित होकर आपके करीब आ रही हैं, उन्हें धन्यवाद दें। अपनी आत्मा को उस प्रबल विचार पर केंद्रित होने दें, जिसने आपके मन में पूर्णत: स्थापित होकर आपको अपने वश में कर रखा है।'

यह सलाह है एंटोनिन-डाल्मेस सर्टियांज की, जो एक डोमेनिकन[3] संन्यासी और नैतिक दर्शन के प्रोफेसर थे। उन्होंने बीसवीं शताब्दी के शुरुआती दौर में एक पलती सी पर बेहद प्रभावशाली किताब लिखी थी, जिसका शीर्षक था 'द इंटेलेक्चुअल लाइफ' (बौद्धिक जीवन)। उन्होंने इस किताब को 'विकास और मन की गहराई' के मार्गदर्शक के रूप में उन लोगों के लिए लिखा था, जिन्हें विचारों की दुनिया में काम करने के लिए बुलाया जाता है। इस किताब में सर्टियांज ने जटिल सामग्री पर महारत हासिल करने की ज़रूरत को पहचाना और अपने पाठकों को इस चुनौती का सामना करने के लिए तैयार किया। इस कारण से उनकी यह किताब हमारे लिए यह समझने में सहायक साबित होती है कि लोग जटिल (ज्ञानात्मक) कौशलों पर फौरन महारत कैसे हासिल कर लेते हैं।

सर्टियांज की सलाह को समझने के लिए उनके उद्धरण (Quote) की ओर वापस लौटते हैं। अपने इन शब्दों में, - जिनकी प्रतिध्वनि उनकी किताब 'द इंटेलेक्चुअल लाइफ' में कई रूपों में गूँजती है - सर्टियांज की दलील है कि अपने कार्यक्षेत्र के बारे में अपनी समझ बढ़ाने के लिए आपको संबंधित विषयों को व्यवस्थित ढंग से या उनके क्रम अनुसार समझना होगा ताकि आपके ध्यान की हर किरण में अंतर्निहित सत्य का खुलासा हो सके। दूसरे शब्दों में कहें, तो

[3] यह एक कैरिबियाई राष्ट्र है।

उनकी शिक्षा यह है कि सीखने के लिए गहन एकाग्रता की ज़रूरत होती है। यह विचार अपने समय से आगे था। 1920 के दशक में मन के जीवन पर चिंतन करते हुए सर्टियांज ने ज्ञान संबंधी मुश्किल कार्यों में महारत हासिल करने के बारे में एक महत्वपूर्ण तथ्य उजागर किया। इस तथ्य को औपचारिक रूप देने में अकादमिक दुनिया को सात दशक और लगे।

औपचारिक रूप देने का यह कार्य 1970 के दशक में उस वक्त शुरू हुआ, जब मनोविज्ञान की एक शाखा 'प्रदर्शन-मनोविज्ञान' ने व्यवस्थित ढंग से यह पता लगाना शुरू किया कि वह कौन सी चीज़ है, जो (विभिन्न क्षेत्रों के) विशेषज्ञों को आम लोगों से अलग करती है। 1990 के दशक की शुरुआत में फ्लोरिडा स्टेट यूनिवर्सिटी के प्रोफेसर के. एंडर्स एरिक्सन ने इसके विभिन्न पहलुओं को जोड़कर उस जमाने में प्रचलित शोध संबंधी साहित्य के अनुरूप, इसे एक स्पष्ट रूप में प्रस्तुत किया। उन्होंने इसे एक प्रभावशाली नाम दिया, 'डेलिब्रेट प्रैक्टिस (विचारपूर्वक अभ्यास)'।

एरिक्सन ने इस विषय पर अपने मौलिक शोध पर्चे की शुरुआत एक शक्तिशाली दावे के साथ की, 'हम इस बात से इनकार करते हैं कि विशेषज्ञ प्रदर्शनकर्ताओं और सामान्य वयस्कों के बीच मौजूद अंतर को बदला नहीं जा सकता... इसके बदले में हमारी यह दलील है कि विशेषज्ञ प्रदर्शनकर्ताओं और सामान्य वयस्कों के बीच ये अंतर, किसी क्षेत्र विशेष में अपने प्रदर्शन में सुधार लाने के लिए आजीवन विचापूर्वक किए गए प्रयासों को दर्शाते हैं।'

अमेरिकी संस्कृति में प्रॉडिजी (विलक्षण प्रतिभा संपन्न व्यक्ति) की कहानी को विशेष रूप से पसंद किया जाता है ('आप लोगों को अंदाजा भी है कि ये मेरे लिए कितना आसान है?' यह मशहूर संवाद हॉलीवुड फिल्म गुडविल हंटिंग में अभिनेता मैट डेमन उस समय बोलते हैं, जब फिल्म के एक दृश्य में उनके किरदार की विलक्षण प्रतिभा देखकर दुनिया के शीर्ष गणितज्ञ हक्के-बक्के रह जाते हैं)। एरिक्सन ने अनुसंधान के जिस दृष्टिकोण को बढ़ावा दिया, उसे अब एक चेतावनी (केवीएट[4]) के साथ व्यापक स्तर पर स्वीकार किया जाता है। इस दृष्टिकोण में

[4] जब मैल्कम ग्लैडवेल ने सन 2008 में प्रकाशित अपनी किताब 'आउटलायर्स: द स्टोरी ऑफ सक्सेस' से डेलिब्रेट प्रैक्टिस (विचारपूर्वक अभ्यास) के विचार को लोकप्रिय बना दिया, तो ग्लैडवेल से जुड़ी हर चीज़ को संदिग्ध रूप से देखनेवाले मनोवैज्ञानिकों के समूह में डेलिब्रेट प्रैक्टिस की परिकल्पना में कमियाँ निकालना एक फैशन सा बन गया। हालाँकि अधिकांश रूप से ऐसे

मिथकों को अस्थिर करने की क्षमता है। ज्ञान के लिहाज से कठिन किसी भी कार्य को पूरा करने के लिए अभ्यास का यह विशिष्ट रूप ज़रूरी होता है – नैसर्गिक प्रतिभा के कुछ अपवाद भी हैं (इस बिंदु पर भी सर्टियांज अपने समय से आगे प्रतीत होते हैं, जब वे अपनी किताब 'द इंटेलेक्चुअल लाइफ' में दलील देते हैं कि जीनियस लोग भी सिर्फ इसीलिए महान थे क्योंकि वे जिस मामले में सर्वश्रेष्ठ प्रदर्शन करने का निर्णय ले लेते थे, उस पर अपनी पूरी क्षमता को केंद्रित करने में सक्षम थे)। एरिक्सन ने इस बात को सर्वश्रेष्ठ ढंग से सामने रखा। इसे कहने के लिए और बेहतर शब्द मिलना मुश्किल है।

इससे हमारे सामने यह प्रश्न खड़ा हो जाता है कि असल में विचारपूर्वक अभ्यास करने के लिए क्या ज़रूरी है? आमतौर पर इसके दो घटक माने जाते हैं (1) आपका पूरा ध्यान विशेष रूप से उस कौशल पर केंद्रित हो, जिसे आप बेहतर बनाने की कोशिश कर रहे हैं या उस विचार पर केंद्रित हो, जिसमें आप महारत हासिल करने के प्रयास में हैं; (2) आपको प्रतिक्रिया मिलती है ताकि आप सबसे उत्पादक जगह पर अपना ध्यान केंद्रित करने के लिए अपने दृष्टिकोण को बेहतर बना सकें। हमारी इस चर्चा में पहला घटक खासतौर पर महत्वपूर्ण है क्योंकि यह इस बात पर जोर देता है कि विचारपूर्वक अभ्यास करना और अपना ध्यान विचलित होने देना, ये दोनों एक साथ संभव नहीं है बल्कि इसके लिए तो निरंतर एकाग्रता की ज़रूरत होती है। जैसा कि एरिक्सन ने जोर देते हुए कहा है, 'विचारपूर्वक अभ्यास करने के लिए जिस केंद्रित ध्यान की आवश्यकता होती है, विचलित ध्यान उसका करीब–करीब विपरीत है।'

एक मनोविज्ञानी के तौर पर एरिक्सन को और उनके क्षेत्र के अन्य शोधकर्ताओं को इस बात में कोई दिलचस्पी नहीं है कि विचारपूर्वक अभ्यास करने की तकनीक कारगर साबित क्यों होती है; वे तो बस इसकी पहचान एक प्रभावी व्यवहार के

अध्ययनों ने डेलिब्रेट प्रैक्टिस की ज़रूरत को अमान्य करार देने के बजाय, ऐसे अन्य घटकों की पहचान करने का प्रयास किया, जो विशेषज्ञ प्रदर्शन में कोई भूमिका निभाते हैं। सन 2013 में 'विशेषज्ञ प्रदर्शन खास है और इसे सामान्य जनसंख्या के प्रदर्शन पर हुए अध्ययनों से समझा नहीं जा सकता : आलोचनाओं पर एक प्रतिक्रिया' शीर्षकवाले एक लेख में और इंटेलीजेंस 45 (2014) : 81-103 जर्नल में प्रकाशित होने के बाद एरिक्सन इनमें से कई अध्ययनों से पीछे हट गए। इस लेख में एरिक्सन दलील देते हैं कि इन महत्वपूर्ण पर्चों की प्रायोगिक डिजाइन अक्सर त्रुटिपूर्ण होती हैं क्योंकि वे यह मान लेते हैं कि आप किसी क्षेत्र में औसत व औसत से बेहतर के बीच के फर्क को और एक विशेषज्ञ व गैर–विशेषज्ञ के बीच के फर्क को समझ सकते हैं।

रूप में कर रहे हैं। हालाँकि इस विषय पर एरिक्सन के पहले प्रमुख पर्चे सामने आने के बाद के दशकों में न्यूरोसाइंटिस्ट (तंत्रिका विज्ञानी) उस भौतिक प्रणालियों की खोज में लगे हुए हैं, जो मुश्किल कार्यों को पूरा करने के चलते इंसानों में आनेवाले सुधार का संचालन करते हैं। जैसा कि पत्रकार डेनियल कोएल ने 2009 में अपनी किताब 'द टैलेंट कोड' में बताया- ये वैज्ञानिक मानने लगे हैं कि इसके जवाब में न्यूरॉन्स के चारों ओर विकसित होनेवाली चर्बीदार ऊतकों की पर्त 'मायलिन' भी शामिल है, जो एक इंसुलेटर का काम करती है और कोशिकाओं को तेज और साफ-सुथरे ढंग से दहकने का मौका देती है। सुधार में मायलिन की भूमिका को समझने के लिए एक बात हमेशा ध्यान में रखें कि कौशल (गुण) बौद्धिक हो या शारीरिक, आखिरकार मस्तिष्क के सर्किटों के ही अधीन होता है। प्रदर्शन के इस नए विज्ञान की दलील है कि जैसे-जैसे किसी कार्य विशेष को पूरा करने की प्रक्रिया में संबंधित न्यूरॉन्स के आसपास मायलिन विकसित होता जाता है, वैसे-वैसे उस कार्य से जुड़े आपके कौशल में सुधार आता जाता है। क्योंकि विकसित हुआ मायलिन संबंधित सर्किट के अधिक आसान व प्रभावी ढंग से दहकने में सहायक होता है यानी उच्च स्तरीय कौशलवाला व्यक्ति होने का अर्थ है, न्यूरॉन्स पर अधिक मायलिन विकसित होना।

यह समझ महत्वपूर्ण है क्योंकि यह विचारपूर्वक अभ्यास करने के लिए एक न्यूरोलॉजिकल (तंत्रिका संबंधी) नींव प्रदान करती है। किसी एक कौशल पर गहनता से ध्यान केंद्रित करने का अर्थ है कि आप उससे संबंधित विशिष्ट सर्किट को बार-बार अलग-थलग होकर दहकने के लिए मज़बूर कर रहे हैं। इस तरह किसी एक सर्किट का बार-बार इस्तेमाल होने से ऑलिगोडेंड्रोसाइट्स (Oligodendrocytes) नामक एक कोशिका, सर्किट के न्यूरॉन्स के चारों ओर मायलिन की पर्तें जमाने के लिए सक्रिय हो जाती है - जिससे उस कौशल की दृढ़ता प्रभावी रूप से बढ़ने लगती है। यही कारण है कि ध्यान भटकानेवाली सभी चीज़ों को नज़रअंदाज करके, अपने सामने मौजूद कार्य पर गहनता से ध्यान केंद्रित करना ज़रूरी है। क्योंकि यह संबंधित सर्किट को इस प्रकार अलग-थलग करने का इकलौता तरीका है, जिससे उसके चारों ओर मायलिन की पर्तें जमने लगें। इसके विपरीत अगर आपका ध्यान केंद्रित नहीं है और आप अपेक्षाकृत कम एकाग्र मन:स्थिति में (शायद उस समय आपने फेसबुक खोल रखा हो) एस.क्यू. एल. डाटाबेस मैनेजमेंट जैसा कोई जटिल कौशल सीखने की कोशिश कर रहे हैं,

तो इसका अर्थ है कि आप न्यूरॉन्स के जिस समूह को दृढ़ बनाना चाहते हैं, उसे अलग-थलग करने के लिए कई सारे सर्किटों को लापरवाही से एक साथ दहका रहे हैं।

इस सदी में एंटोनिन डाल्मेस सर्टियांज ने पहली बार मन को किसी लेंस की तरह इस्तेमाल करके, ध्यान की महीन किरणों को केंद्रित करने के बारे में लिखा था। इसके बाद आज हम इस उन्नत लक्षण से कहीं आगे निकलकर ऑलिगोडेंड्रोसाइट्स कोशिकाओं की तुलना में अपेक्षाकृत कम काव्यात्मक स्पष्टीकरण तक पहुँच चुके हैं। लेकिन सोच-विचार के इस क्रम के बारे में विचार करना एक अनिवार्य निष्कर्ष की ओर इशारा करता है: जटिल चीज़ों को फौरन सीखने के लिए आपको बिना ध्यान भटकाए उन चीज़ों पर केंद्रित होना होगा। दूसरे शब्दों में कहें, तो सीखने का अर्थ है- गहन कार्य करना। अगर आप सहजता से चीज़ों की गहराई में जा सकते हैं, तो आप वर्तमान अर्थव्यवस्था में उन्नति करने के लिए ज़रूरी कौशलों में और जटिल प्रणालियों में महारत हासिल करने में भी सहज महसूस करेंगे। लेकिन यदि आप भी कई अन्य लोगों की तरह एक ऐसे व्यक्ति बने रहते हैं, जो गहराई में जाने पर असहज महसूस करता है और जिसका ध्यान किसी भी चीज़ से भटक जाता है, तो फिर आपको यह उम्मीद नहीं करनी चाहिए कि आप इन जटिल प्रणालियों और कौशलों को आसानी से सीख सकेंगे।

गहन कार्य से उच्च स्तरीय उत्पादकता में मदद मिलती है

एडम ग्रांट एक उच्च स्तर पर उत्पादन करनेवाले व्यक्ति हैं। सन 2013 में जब मैं ग्रांट से मिला था, तब वे पेन्सिलवेनिया के 'व्हार्टन बिजनेस स्कूल' के सबसे युवा प्रोफेसर थे। इस मुलाकात के एक साल बाद जब मैंने यह अध्याय लिखना शुरू किया (और जब मैं खुद अपने कार्यकाल संबंधी प्रक्रिया के बारे में विचार करना शुरू कर रहा था) तब उन्हें पदोन्नति मिली और वे व्हार्टन बिजनेस स्कूल के सबसे युवा फुल प्रोफेसर[5] बन गए।

---

[5] यूनाईटेड स्टेट्स ऑफ अमेरिका में प्रोफेसरों के पद तीन किस्म के होते हैं: असिस्टेंट (सहायक) एसोसिएट (संयुक्त) और फुल (पूर्णकालिक)। आमतौर पर उनकी नियुक्ति असिस्टेंट प्रोफेसर के तौर पर होती है और जब उन्हें स्थाई पद मिल जाता है, तो उन्हें पदोन्नति देकर एसोसिएट प्रोफेसर बना दिया जाता है। जबकि फुल प्रोफेसर बनने के लिए स्थाई पद प्राप्त करने के बाद कई साल के अनुभव की ज़रूरत होती है। हालाँकि अनुभव हासिल करने के बाद भी हर कोई फुल प्रोफेसर का पद प्राप्त नहीं कर पाता।

ग्रांट को अपने अकादमिक कार्यक्षेत्र में इतनी जल्दी पदोन्नति मिलने के पीछे एक सरल सा कारण है: वे एक उत्पादक व्यक्ति हैं। सन 2012 में ग्रांट ने सात लेख लिखे और वे सब प्रतिष्ठित पत्रिकाओं में प्रकाशित हुए। उनके कार्यक्षेत्र में लेख प्रकाशन की यह दर सामान्य से कहीं ज़्यादा है (आमतौर पर प्रोफेसर्स या तो अकेले कार्य करते हैं या फिर छोटे-मोटे पेशेवरों के सहयोग के साथ। इसके अलावा उनके पास अपने शोध कार्य में मदद के लिए न तो छात्रों की कोई टीम होती है और ही कोई अन्य सहयोगी)। अगले साल 2013 में ग्रांट के लेखों की संख्या कम हो गई और उन्होंने कुल पाँच लेख लिखे। हालाँकि उनके कार्यक्षेत्र के हिसाब से यह संख्या भी कम नहीं थी, पर उनके निजी मानकों के लिहाज कम ज़रूर थी। हालाँकि लेखों की संख्या कम होने के लिए उन्हें माफ किया जा सकता है क्योंकि उसी साल 'गिव एंड टेक' शीर्षक से उनकी एक किताब भी प्रकाशित हुई थी। इस किताब के चलते व्यापारिक क्षेत्र में संबंधों पर आधारित उनके कुछ शोध लोकप्रिय हो गए। उनकी इस किताब को सिर्फ 'सफल' कह देना ही पर्याप्त नहीं होगा। क्योंकि किताब को न्यूयॉर्क टाइम्स मैग्जीन के मुख्य पृष्ठ पर जगह मिली और आखिरकार यह बड़ी बेस्ट सेलर बन गई। सन 2014 में जब ग्रांट को फुल प्रोफेसर (पूर्णकालिक प्रोफेसर) का पद मिला, तब तक इस बेस्ट सेलर किताब के अलावा उनकी लिखी साठ से ज़्यादा ऐसी चीज़ें यानी शोध, लेख, फीचर्स और टिप्पणियाँ वगैरह प्रकाशित हो चुकी थीं, जिनकी समीक्षा उनके कार्यक्षेत्र के साथी कर चुके थे।

अपने अकादमिक कॅरियर पर विचार करते हुए जब मैं ग्रांट से मिला, तो उनसे उनकी उत्पादकता के बारे में पूछे बिना नहीं रह सका। यह मेरा सौभाग्य ही था, जो वे इस विषय पर अपने विचार व्यक्त करने के लिए खुशी-खुशी तैयार हो गए। उन्होंने जो बताया, उससे मुझे पता चला कि वे उच्च स्तरीय उत्पादकता के तरीकों के बारे में काफी सोच-विचार करते हैं। उदाहरण के लिए उन्होंने मुझे उस वर्कशॉप की कुछ पावरप्वाइंट स्लाइड्स भेजीं, जिसमें उन्होंने अपने कुछ साथी प्रोफेसरों के साथ भाग लिया था। यह कार्यक्रम 'उच्च दर के साथ ज़्यादा से ज़्यादा अकादमिक कार्य कैसे किया जाए' इस विषय के डाटा-आधारित अवलोकनों पर केंद्रित था। इन पावरप्वाइंट स्लाइड्स में हर सत्र के लिए तय की गई समय अवधि का एक विस्तृत पाई-चार्ट, सह-लेखकों के साथ संबंध विकसित करने का एक फ्लोचार्ट और ऐसी बीस किताबों की सूची शामिल थी, जिन्हें पढ़ने की

सिफारिश की गई थी। ये बिजनेस प्रोफेसर्स उन अनुपस्थित अकादमिक प्रोफेसरों जैसा घिसा-पिटा रवैया नहीं रखते थे, जो हमेशा किताबों में खोए रहते हैं और कभी-कभार ही किसी बड़े विचार तक पहुँच पाते हैं। ये उत्पादकता को एक ऐसी वैज्ञानिक समस्या की तरह देखते हैं, जिसे व्यवस्थित ढंग से हल किया जा सकता है। यह एक ऐसा उद्देश्य है, जिसे एडम ग्रांट पहले ही हासिल कर चुके हैं।

हालाँकि ग्रांट की उत्पादकता कई कारकों पर निर्भर करती है, पर एक विशेष विचार उनकी पद्धति में मुख्य रूप से केंद्रीय भूमिका में नज़र आता है: कठिन लेकिन महत्वपूर्ण बौद्धिक कार्यों का वर्गीकरण कर, उन्हें पूरा करने के लिए, अबाधित रूप से लंबी समय अवधि तक जुटे रहना। ग्रांट यह वर्गीकरण विभिन्न स्तरों पर करते हैं। एक साल की अवधि के दौरान अपने पूरे शिक्षण-सत्र में उन्होंने अपना ध्यान शरद ऋतुवाले सेमेस्टर पर केंद्रित कर लिया, ताकि इस दौरान वे अपने छात्रों को अच्छी तरह पढ़ा सकें और उनके लिए हमेशा उपलब्ध रहें (उनकी यह पद्धति कारगर होती नज़र आ रही है क्योंकि ग्रांट इस समय व्हार्टन बिजनेस स्कूल में सबसे ऊँची रेटिंग हासिल करनेवाले शिक्षक हैं और साथ ही वे शिक्षण से जुड़े विभिन्न पुरस्कार भी जीत चुके हैं)। शरद ऋतु में शिक्षण पर ध्यान केंद्रित करने के बाद ग्रांट गर्मियों और वसंत ऋतु में अपना पूरा ध्यान शोध कार्य पर केंद्रित कर सकते हैं। तब उनके पास ऐसी कोई जिम्मेदारी नहीं बचती, जिसके चलते उनका ध्यान भटके।

ग्रांट समय के लिहाज से छोटे पैमाने पर भी अपना ध्यान केंद्रित करना अच्छी तरह जानते हैं। शोध के लिए समर्पित सेमेस्टर में भी वे बारी-बारी से अपने छात्रों व सहकर्मियों से मिलने का समय निकाल लेते हैं। इसके बाद वे खुद को हर किसी से अलग-थलग रखकर अपने शोध कार्य में इस प्रकार जुट जाते हैं कि कोई चीज़ उनका ध्यान न भटका सके। वे आमतौर पर शोध-पत्र लिखने के कार्य को भी तीन अलग-अलग हिस्सों में बाँट लेते हैं: डाटा का विश्लेषण, शोध-पत्र का पूरा मसौदा लिखना और फिर उस मसौदे का संपादन करके उसे प्रकाशन के लिए तैयार करना। इनमें से हर कार्य को पूरा करने के लिए उन्हें कम से कम तीन से चार दिन का समय लग जाता है। इस दौरान वे अपने ई-मेल में एक ऑटो-रिस्पॉन्डर सक्रिय कर देते हैं, ताकि उन्हें मेल भेजनेवालों को पता चल जाए कि उन्हें ग्रांट के जवाब की प्रतीक्षा नहीं करनी चाहिए। ग्रांट बताते हैं, 'कभी-कभी

इससे मेरे सहकर्मी दुविधा में पड़ जाते हैं और कहते हैं कि तुम तो अपने ऑफिस में ही हो, तो फिर हम तुमसे मिलने वहीं आ जाते हैं!' पर ग्रांट के लिए कार्य पूरा होने तक खुद को सबसे अलग-थलग रखना बहुत महत्वपूर्ण होता है।

मेरा अनुमान है कि एडम ग्रांट किसी बड़े शोध संस्थान के किसी औसत प्रोफेसर के मुकाबले हर रोज ज़्यादा देर तक कार्य नहीं करते हैं (आमतौर पर ऐसे लोगों को कार्य करने की लत होती है)। पर इसके बावजूद वे अपने कार्यक्षेत्र के किसी भी अन्य व्यक्ति की तुलना में अधिक उत्पादक हैं। मेरा तर्क है कि कार्य का वर्गीकरण करने के उनके दृष्टिकोण से इस विरोधाभास को समझा जा सकता है। दूसरे शब्दों में कहें तो वे अपने कार्य को अलग-अलग हिस्सों में बाँटकर, हर हिस्से को एक निश्चित समय अवधि में अबाधित रूप से पूरा करते हैं, इस प्रकार वे उत्पादकता के निम्नलिखित नियम का पूरा लाभ उठाने में सफल हो जाते हैं।

उच्च गुणवत्तावाले कार्य पूरे करना =
(खर्च किया गया समय) X (ध्यान केंद्रित करने की तीव्रता)

अगर आप इस सूत्र पर भरोसा करें, तो ग्रांट की आदतें समझ में आने लगती हैं : कार्य के दौरान ध्यान केंद्रित करने की अपनी तीव्रता बढ़ाकर, वे एक निश्चित कार्यअवधि में अधिकतम उत्पादन करने में सक्षम हो जाते हैं।

यह पहला मौका नहीं है, जब उत्पादकता के इस सूत्र से मेरा सामना हुआ हो। यह पहली बार मेरी नज़र में तब आया था, जब कई साल पहले मैं अपनी दूसरी किताब 'हाउ टू बिकम ए स्ट्रेट-ए स्टूडेन्ट' के लिए शोध कर रहा था। उस शोध प्रक्रिया के दौरान मैंने देश के सबसे प्रतिस्पर्धी संस्थानों में पढ़ रहे करीब पचास ऐसे अंडरग्रेजुएट छात्रों का इंटरव्यू लिया था, जो परीक्षाओं में सबसे ज़्यादा अंक हासिल करते थे। इन सभी के इंटरव्यू में जो बात मुख्य रूप से मेरे सामने आई, वह ये थी कि सबसे ज़्यादा अंक लाकर पहला स्थान हासिल करनेवाले छात्र आमतौर पर दूसरे या तीसरे स्थान पर आनेवाले छात्रों की तुलना में पढ़ाई करने में कम समय खर्च करते हैं। इसका एक प्रमुख कारण था वह सूत्र, जिसका उल्लेख मैंने पहले किया था: सर्वश्रेष्ठ छात्र यह बात अच्छी तरह समझते थे कि उत्पादकता की प्रक्रिया में तीव्रता की भूमिका कितनी महत्वपूर्ण होती है और इसीलिए वे अपनी एकाग्रता को अधिकतम बनाकर रखने के लिए खासा प्रयास करते थे - जिससे परीक्षा परिणामों पर कोई नकारात्मक प्रभाव पड़े बिना परीक्षा

की तैयारी में या पर्चा लिखने में खर्च होनेवाला समय बहुत कम हो जाता था।

एडम ग्रांट के उदाहरण से स्पष्ट है कि तीव्रता का सूत्र सिर्फ अंडरग्रेजुएट छात्रों के परीक्षा परिणामों पर ही नहीं लागू होता बल्कि ज्ञान के लिहाज से यह मुश्किल कार्यों के मामले में भी लागू होता है। पर ऐसा क्यों है? यूनिवर्सिटी ऑफ मिनेसोटा की बिजनेस प्रोफेसर सोफी लेरॉय ने इसका एक दिलचस्प जवाब सामने रखा। सन 2009 में 'व्हाई इज इट सो हार्ड टू डू माई वर्क' नामक अपने एक शोध पत्र में लेरॉय ने अटेंशन रेज़डू (ध्यान-अवशेष) नामक एक विशेष प्रभाव को प्रस्तुत किया। अपने शोध पत्र के प्रस्तावना में उन्होंने कहा, 'अन्य शोधकर्ताओं ने प्रदर्शन पर मल्टीटास्किंग (एक साथ कई कार्यों को पूरा करना) के प्रभाव का अध्ययन किया है। पर आज के जमाने में, जब आप किसी संस्थान में उच्च पद पर पहुँच जाते हैं, तो एक साथ कई प्रोजेक्ट्स पर क्रमानुसार कार्य करना बहुत आम होता है।' इस बारे में लेरॉय कहती हैं, 'एक मीटिंग से दूसरी मीटिंग में जाना, किसी एक प्रोजेक्ट पर कार्य शुरू करना और फिर जल्द ही किसी दूसरे प्रोजेक्ट में जुट जाना, आधुनिक संस्थानों में कार्यरत लोगों के लिए रोज़मर्रा की बात है।'

इस रणनीति द्वारा यह शोध जिस समस्या की पहचान करता है, वह ये है कि जब आप किसी एक कार्य को छोड़कर, दूसरा कार्य करने में जुट जाते हैं, तो आपका ध्यान पहले कार्य से हटकर दूसरे कार्य पर पूरी तरह केंद्रित नहीं हो पाता - आपके ध्यान का कुछ अवशेष पहले कार्य में अटका रह जाता है। यह अवशेष खासतौर पर तब और बड़ा होता है, जब पहले कार्य के दौरान आपकी तीव्रता कम होती है। हालाँकि भले ही आप दूसरा कार्य शुरू करने से पहले, अपना पहला कार्य पूरा कर लें, फिर भी आपका ध्यान कुछ देर तक भटका रहता है।

प्रदर्शन पर ध्यान-अवशेष के प्रभाव का अध्ययन करने के लिए लेरॉय ने लैब में प्रयोग किया। इसके लिए उन्होंने प्रयोग में हिस्सा लेनेवाले लोगों को एक कार्य छोड़कर दूसरा कार्य शुरू करने के लिए मज़बूर किया और फिर उनके प्रदर्शन को परखा। ऐसे ही एक अन्य प्रयोग के दौरान उन्होंने कुछ लोगों को पहेलियाँ सुलझाने के लिए कहा। इन प्रयोगों के दौरान वे सभी को बीच में रोककर कोई ऐसा दूसरा कार्य करने को कहती थीं, जो पहले कार्य से ज़्यादा मुश्किल होता। पहेलियाँ सुलझा रहे लोगों के साथ भी उन्होंने यही किया। लेरॉय ने उन्हें पहेलियाँ

छोड़कर कुछ बायोडाटा पढ़ने को दिए और कहा कि इनके आधार पर उन्हें यह निर्णय लेना है कि कौन सा प्रत्याशी अपने बायोडाटा के आधार पर काल्पनिक रूप से चुनने लायक है। यह कार्य पहेलियाँ सुलझाने से कहीं ज़्यादा मुश्किल था। यही प्रयोग दोबारा करने पर उन्होंने उन लोगों को दूसरा कार्य करने के लिए तब कहा, जब उन्होंने पहेलियाँ सुलझाने का पहला कार्य पूरा कर लिया। पहले कार्य में छूटे ध्यान-अवशेष की मात्रा निर्धारित करने के लिए वे पहेलियाँ सुलझाने और बायोडाटा पढ़कर प्रत्याशियों का चयन करने के बीच कोई ऐसा गेम[6] खेलने को कहतीं, जो शब्दों से संबंधित हो। इन प्रयोगों का परिणाम स्पष्ट था: 'पहला कार्य छोड़कर दूसरे कार्य में जुट जाने पर जिन लोगों को ध्यान-अवशेष का अनुभव होता है, दूसरे कार्य में उनके बुरे प्रदर्शन की संभावना बढ़ जाती है।' ध्यान के अवशेष जितने तीव्र होते हैं, व्यक्ति का प्रदर्शन भी उतना ही बुरा होता है।

ध्यान-अवशेष की अवधारणा यह समझने में सहायक है कि तीव्रता-सूत्र सच क्यों है। इस तरह ग्रांट की उत्पादकता को समझना भी आसान हो जाता है। लंबे समय तक कोई एक मुश्किल कार्य करके ग्रांट अपने अन्य दायित्वों के कारण पैदा होनेवाले ध्यान-अवशेष का नकारात्मक प्रभाव कम कर देते हैं। इससे उन्हें अपने कार्य में अधिकतम प्रदर्शन करने का मौका मिलता है। ग्रांट सबसे अलग-थलग होकर कई दिनों तक अपने किसी शोध-पत्र पर कार्य करते रहते हैं। दरअसल उस समय में वे किसी औसत प्रोफेसर से कहीं अधिक प्रभावशाली ढंग से कार्य कर रहे होते हैं, जिसका ध्यान बार-बार भटकता रहता है और जिसके कार्य में ध्यान-अवशेष के चलते कई बार रुकावट आती है।

भले ही आप ग्रांट की तरह दूसरों से पूरी तरह अलग-थलग होने की पद्धति न अपना सकें। पर फिर भी ध्यान-अवशेष की परिभाषा बहुत अर्थपूर्ण है क्योंकि इससे स्पष्ट होता है कि आंशिक रूप से ध्यान भटकने की अवस्था में कार्य करने

[6] शब्दों से जुड़े गेम में स्क्रीन पर अक्षरों की पंक्तियाँ दिखाई पड़ती हैं; इनमें से कुछ अक्षरों को जोड़कर असली शब्द बनते हैं, जबकि कुछ के मामले में ऐसा नहीं होता। गेम खेलनेवाले को जल्द से जल्द यह तय करना होता है कि इन पंक्तियों में कोई असली शब्द छिपा है या नहीं। यह तय करने के बाद वह स्क्रीन पर आनेवाली दो बटनों 'असली' और 'नकली' में से मनचाही बटन को दबाकर खेल में आगे बढ़ता रहता है। इस तरह के गेम्स में खिलाड़ी का प्रदर्शन देखकर यह पता लगाया जा सकता है कि स्क्रीन पर अक्षरों की पंक्तियाँ देखकर उसके मन में कितने असली शब्द 'सक्रिय' हुए क्योंकि जिस खिलाड़ी के मन में शब्द संबंधी यह 'सक्रियता' जितनी अधिक होगी, वह स्क्रीन पर 'असली' बटन को उतनी ही जल्दी दबाता है।

की आम आदत वास्तव में आपके प्रदर्शन के लिए संभावित रूप में विनाशकारी साबित होती है। शायद आपको लगता हो कि कार्य के दौरान हर दस-पंद्रह मिनट के अंतर पर अपना इनबॉक्स चेक करने में कोई नुकसान नहीं है। कुछ लोग तो इसे यह कहकर उचित ठहरा देते हैं कि यह कुछ साल पहले तक प्रचलित उस आदत से तो बेहतर ही है, जिसमें लोग अपनी कंप्यूटर स्क्रीन पर इनबॉक्स टैब को हमेशा खोलकर रखते थे (आज बहुत कम लोग ही ऐसे बचे हैं, जिनमें यह गैर-जिम्मेदार आदत होती है)। पर लेरॉय हमें बताती हैं कि इन दोनों आदतों में ज़्यादा फर्क नहीं है। आज जब हम कार्य के बीच में पलभर के लिए अपना इनबॉक्स चेक करते हैं, तो दरअसल अपने ध्यान को भटकाकर उसे एक नए लक्ष्य की ओर केंद्रित कर लेते हैं। इससे भी बदतर, जिन मैसेजेस के मामले में आप कुछ कर नहीं सकते, उन्हें पढ़कर (जो कि लगभग हमेशा ही होता है), आप वापस पहला कार्य करने के लिए मज़बूर हो जाते हैं। इस तरह आप मैसेज में लिखे दूसरे कार्य को अधूरा छोड़ देते हैं। जब आप कई बार ऐसा करते हैं, तो पहले कार्य में आपका प्रदर्शन कमज़ोर हो जाता है।

जब हम इन व्यक्तिगत अवलोकनों से अलग हटकर देखते हैं, तो एक स्पष्ट तर्क बनता नज़र आता है: अपने चरम स्तर पर उत्पादक बनने के लिए आपको एक ही कार्य को बिना ध्यान भटके पूरी एकाग्रता के साथ लंबी अवधि तक करना होता है। दूसरे शब्दों में कहें तो **गहन कार्य करके ही आप अपने प्रदर्शन को उच्चतम स्तर तक लेकर जा सकते हैं।** अगर आप लंबे समय तक गहनता से कार्य करने में सहज नहीं हैं, तो आपके लिए अपने प्रदर्शन को गुणवत्ता और मात्रा के चरम तक ले जाना मुश्किल होगा, जो वास्तव में आपकी व्यावसायिक उन्नति के लिए लगातार ज़रूरी होता जा रहा है। इस स्थिति में जब तक आपके पास ऐसी विलक्षण प्रतिभा और कौशल नहीं है, जिसके सामने आपके सारे प्रतिस्पर्धी बौने नज़र आते हों, तब तक उन प्रतिस्पर्धियों में से वे लोग आपसे भी ज़्यादा उत्पादक साबित होते रहेंगे, जो गहन कार्य करते हैं।

जैक डॉर्सी का क्या?

मैं इस बारे में अपना तर्क आपके सामने रख चुका हूँ कि गहन कार्य, वर्तमान अर्थव्यवस्था में लगातार महत्वपूर्ण होती जा रही क्षमताओं को सहयोग क्यों करता है। हम इस निष्कर्ष को स्वीकार करें, इससे पहले हमें एक ऐसे सवाल का सामना

करना होगा, जो इस विषय पर चर्चा करने पर अक्सर सामने आता है कि जैक डॉर्सी का क्या?

जैक डॉर्सी ट्विटर के सह-स्थापक हैं। ट्विटर के सी.ई.ओ. का पद छोड़ने के बाद उन्होंने पेमेंट-प्रॉसेसिंग कंपनी 'स्क्वायर' लॉन्च की। मशहूर पत्रिका फोर्ब्स में उन पर केंद्रित एक विशेष लेख प्रकाशित हुआ था, जिसके अनुसार, 'वे बड़े पैमाने पर बाधाएँ खड़े करनेवाले व्यक्ति हैं और लगातार कई गलतियाँ कर चुके हैं।' साथ ही वे एक ऐसे व्यक्ति भी हैं, जो गहन कार्य की अवस्था में ज़्यादा समय नहीं बिताते। दरअसल डॉर्सी इतने व्यस्त रहते हैं कि उन्हें लंबी अवधि तक बिना किसी बाधा के सोच-विचार करने का समय ही नहीं मिल पाता। जब फोर्ब्स पत्रिका में उन पर केंद्रित लेख प्रकाशित हुआ था उस समय वे ट्विटर (जहाँ वे सी.ई.ओ. का पद छोड़ने के बाद चेयरमैन बन गए थे) और स्क्वायर, दोनों कंपनियों में मैनेजमेंट की जिम्मेदारी निभा रहे थे। जिसके चलते उनका रोजाना का कार्यक्रम बहुत व्यस्त रहता था ताकि दोनों कंपनियों का कार्य अबाधित रूप से चलता रहे (इसीलिए उनके पास न तो सोच-विचार के लिए खाली समय बचता था और न ही उन्हें किसी एक चीज़ पर लंबी अवधि तक ध्यान केंद्रित करने का मौका मिलता था)।

उदाहरण के लिए डॉर्सी के अनुसार वे हर रोज अपना कार्य खत्म करने के बाद, दिनभर में हुईं तीस से चालीस अलग-अलग मीटिंग्स् के नोट्स की समीक्षा करते हैं और उसके बाद ही सोने जाते हैं। इन मीटिंग्स् के बीच में उन्हें जो थोड़ा-बहुत समय मिलता है, उस समय भी वे हर किसी को उपलब्ध रहते हैं। उनका मानना है कि कभी-कभी आनेवाले आकस्मिक मौकों पर भी उन्हें अपने कर्मचारियों के लिए उपलब्ध होना चाहिए। डॉर्सी कहते हैं, 'मैं अपना ज़्यादातर कार्य ऑफिस में मौजूद बिना कुर्सीवाली मेजों पर करता हूँ, जहाँ कंपनी का कोई भी व्यक्ति आकर खड़ा हो सकता है। इस बहाने मुझे कंपनी के कर्मचारियों के बीच हो रही हर तरह की बातचीत सुनने को मिलती रहती है, जिससे मैं उनके प्रति जागरूक बना रहता हूँ।'

यह कोई गहन कार्यशैली नहीं है। पिछले वाक्यांशों में हमने जिस शब्द का उल्लेख किया था, अगर उसका इस्तेमाल करते हुए कहा जाए, तो जब डॉर्सी एक से दूसरी मीटिंग की ओर दौड़-भाग कर रहे होते हैं और दो मीटिंग्स् के

बीच में मिलनेवाले थोड़े से समय में भी कंपनी के कर्मचारियों को अपना ध्यान भटकाने देते हैं, तो उनके ध्यान-अवशेष बढ़ते जाते हैं। इसके बावजूद हम यह नहीं कह सकते कि डॉर्सी कोई ओछा कार्य कर रहे हैं। इस किताब की प्रस्तावना में प्रस्तुत परिभाषा के अनुसार, ओछे कार्य का मूल्य कम होता है और इसे आसानी से दोहराया जा सकता है। पर जैक डॉर्सी जो कार्य करते हैं, वह न सिर्फ बेहद मूल्यवान है बल्कि हमारी अर्थव्यवस्था में बहुत ही लाभप्रद भी है (ये शब्द लिखे जाने तक जैक डॉर्सी 1.1 बिलियन डॉलर्स की संपत्ति के साथ दुनिया के एक हज़ार सबसे अमीर लोगों में से एक बन चुके थे)।

हमारी इस चर्चा में जैक डॉर्सी इसलिए महत्वपूर्ण हैं क्योंकि वे उस समूह का प्रतिनिधित्व करते हैं, जिसे नज़रअंदाज नहीं किया जा सकता: ऐसे लोगों का समूह जो गहनता के बिना ही सफल हो जाते हैं। जब मैंने किताब के इस हिस्से को प्रेरित करनेवाले सवाल को 'जैक डॉर्सी का क्या?' का शीर्षक दिया, तो दरअसल मैं एक अपेक्षाकृत अधिक सामान्य प्रश्न का स्पष्ट उदाहरण प्रस्तुत कर रहा था। अगर गहन कार्य इतना ही महत्वपूर्ण है, तो फिर जिन लोगों का ध्यान भटकता रहता है, जिनकी एकाग्रता टूटती रहती है, वे अपने जीवन में सफल क्यों हो जाते हैं? इस अध्याय को समाप्त करने से पहले मैं इस प्रश्न का समाधान करना चाहता हूँ ताकि आगे के अध्यायों में गहनता के विषय की गहराइयों में उतरते समय यह सवाल आपको बार-बार विचलित न करे।

इस प्रश्न पर चर्चा करते समय सबसे पहले तो हमें इस बात पर गौर करना होगा कि जैक डॉर्सी दो बड़ी कंपनियों में ऊँचे पदों पर बैठे व्यक्ति हैं। ऐसी ऊँची हैसियत रखनेवाले अधिकारी बिना गहनतावाले लोगों की श्रेणी में प्रमुख भूमिका निभाते हैं। क्योंकि इन अधिकारियों की जीवनशैली अनपेक्षित रूप से ऐसी होती है, जहाँ ध्यान केंद्रित करना संभव नहीं होता। जैसे विमियो नामक वीडियो प्लेटफॉर्म वेबसाइट के सी.ई.ओ. केरी ट्रेनर से जब पूछा गया कि वे बिना ई-मेल के कितने दिनों तक रह सकते हैं? तो उनका जवाब था, 'मैं शनिवार का पूरा दिन बिना ई-मेल के बिता सकता हूँ... मतलब मैं दिन के वक्त तो ऐसा कर ही सकता हूँ... मेरे कहने का मतलब है कि मैं ई-मेल चेक तो करूँगा पर किसी ई-मेल का जवाब नहीं दूँगा।'

इसके साथ ही ये अधिकारी निश्चित रूप से अपेक्षाकृत ज़्यादा कमाते हैं

और साथ ही वे वर्तमान अर्थव्यवस्था में पहले से कहीं ज़्यादा महत्वपूर्ण हो चुके हैं। जैक डॉर्सी को गहनता के बिना मिली यह कामयाबी, मैनेजमेंट के ऊँचे पदों पर बैठे लोगों के बीच एक आम बात है। एक बार जब हम इस वास्तविकता को पहचान लेते हैं, तो हमें खुद को यह याद दिलाने के लिए एक कदम पीछे हट जाना चाहिए, इससे गहनता का मूल्य कम नहीं हो जाता। क्यों? क्योंकि इन अधिकारियों का ध्यान उन्हीं चीज़ों के कारण भटकता है, जो पूरी तरह इनके पेशेवर जीवन से जुड़ी होती हैं। एक अच्छा प्रमुख अधिकारी मूल रूप से लगातार एक जैसे कई निर्णय लेनेवाली मशीन की तरह होता है। यानी वह आई.बी.एम. के वॉटसन नामक उस कंप्यूटर सिस्टम से अलग नहीं होता, जिसका कार्य है, सवालों का जवाब देना। वे मुश्किल से हासिल होनेवाले अनुभवों का एक भंडार बना लेते हैं और अपने बाजार के लिए महत्वपूर्ण सहज ज्ञान विकसित कर उसे प्रखर करते हैं। इसके बाद उन्हें दिनभर ई-मेल, मीटिंग्स्, वर्क-साइट विजिट जैसे इनपुट दिए जाते हैं। इन सभी इनपुट्स को समझने के बाद उन्हें उन सभी के लिहाज से ज़रूरी कार्य करना होता है। किसी सी.ई.ओ. से यह कहना कि वह घंटों तक किसी एक समस्या पर गहनता से सोच-विचार करे, तो यह उन क्षमताओं को बरबाद करने जैसा है, जो उस सी.ई.ओ. को मूल्यवान बनाती हैं। किसी एक समस्या पर गहनता से सोच-विचार करने के लिए कंपनी के निम्न पदों पर कार्यरत तीन अकलमंद अधिकारियों को नियुक्त करना कहीं बेहतर विकल्प है। ताकि वे सोच-विचार के बाद समस्या का समाधान ढूँढ़कर उसे अपने सी.ई.ओ. के पास लेकर आएँ और फिर वह उन पर अंतिम निर्णय ले सकें।

यह विशिष्टता इसलिए महत्वपूर्ण है क्योंकि यह बताती है कि अगर आप एक बड़ी कंपनी में ऊँचे पद पर बैठे अधिकारी हैं, तो शायद आपको इस किताब के आगे के पन्नों पर दी गई सलाह की ज़रूरत नहीं है। दूसरी ओर यह हमें ये भी बताती है कि आप इन अधिकारियों के दृष्टिकोण को अन्य कार्यक्षेत्रों पर लागू नहीं कर सकते। डॉर्सी अपना ध्यान भटकानेवाली चीज़ों को प्रोत्साहित करते हैं या केरी ट्रेनर लगातार अपना ई-मेल चेक करते हैं, पर इसका यह अर्थ नहीं है कि अगर आप स्वयं यह सब करने लगेंगे, तो इन लोगों की तरह ही सफल हो जाएँगे। क्योंकि वास्तविकता यह है कि उनका यह व्यवहार एक कॉरपोरेट अधिकारी के तौर पर उनकी विशिष्ट भूमिका के अनुरूप ही है।

विशिष्टता के इन नियमों को, यह किताब पढ़ते समय ध्यान में आनेवाले उन्हीं कार्यक्षेत्रों पर लागू करना चाहिए, जो पिछले पन्नों पर उल्लेखित कार्यक्षेत्र के समान हों। हमें यह याद रखना चाहिए कि हमारी अर्थव्यवस्था में कुछ निश्चित हिस्से ऐसे हैं, जहाँ गहनता का कोई मूल्य नहीं है। उदाहरण के लिए हम कुछ विशेष किस्म के सेल्समैन्स और लॉबीस्ट्स को भी कॉरपोरेट अधिकारियों की इस श्रेणी में रख सकते हैं। क्योंकि उनके कार्यक्षेत्र में लगातार संपर्क में रहने को ही सबसे मूल्यवान करेंसी माना जाता है। इसके अलावा कुछ लोग ध्यान भटकने के बावजूद उन कार्यक्षेत्रों में भी सफलता हासिल कर लेते हैं, जहाँ गहनता सहायक होती है।

लेकिन साथ ही आपको अपने कार्यक्षेत्र को गहनता के अभाववाला कार्यक्षेत्र मानने में जल्दबाजी भी नहीं करनी चाहिए। अगर अपनी मौजूदा आदतों के चलते आपके लिए गहन कार्य करना मुश्किल है, तो इसका अर्थ यह नहीं है कि आपका कार्य अच्छी तरह करने के लिए गहनता का यह अभाव ज़रूरी है। उदाहरण के लिए अगले अध्याय में मैंने कुछ ऐसे शक्तिशाली मैनेजमेंट कंसलटेंट्स की कहानी प्रस्तुत की है, जो इस बात को लेकर आश्वस्त थे कि उन्हें अपने ग्राहकों को अच्छी सेवा देने के लिए ई-मेल के माध्यम से निरंतर संपर्क में रहना ज़रूरी है। जब हार्वर्ड यूनिवर्सिटी के एक प्रोफेसर ने उन्हें नियमित रूप से यह संपर्क तोड़ने के लिए मज़बूर किया (यह सब एक शोध के लिए किया गया था)। तब वे ये देखकर हैरान रह गए कि वास्तव में ग्राहकों के साथ निरंतर संपर्क में रहना उतना ज़रूरी कतई नहीं है, जितना वे समझते थे। ऐसा भी नहीं था कि ग्राहकों को हर वक्त उन कंसल्टेंट्स के संपर्क में रहने की कोई विशेष इच्छा हो। इस बात का एहसास होने के बाद जब ई-मेल के कारण बार-बार उनका ध्यान भटकना बंद हो गया, तो एक कंसल्टेंट्स के तौर पर उनके प्रदर्शन में भी सुधार नज़र आने लगा।

इसी तरह मेरे कुछ परिचित मैनेजर्स ने मुझे यह समझाने की कोशिश की कि जब वे अपनी टीम की समस्याओं से जुड़े सवालों का जवाब फौरन देते हैं, तो उनका योगदान सबसे मूल्यवान साबित होता है क्योंकि इससे प्रोजेक्ट्स बीच में अटकने से बच जाते हैं। वे स्वयं को एक ऐसे व्यक्ति की भूमिका में देखते थे, जो खुद भले ही उत्पादक रहे या नहीं, पर दूसरों को उत्पादक बनाकर रखता है। हालाँकि इस मसले पर हुई चर्चाओं से जल्द ही यह खुलासा हो गया

कि उनके इस उद्‌देश्य को पूरा करने के लिए आपस में ऐसा संपर्क रखने की कोई ज़रूरत नहीं होती, जिसमें बार-बार ध्यान भटकता हो। दरअसल अब कई सॉफ्टवेयर कंपनियाँ, स्क्रम प्रोजेक्ट मैनेटमेंट कार्यप्रणाली को लागू करती हैं, जिसके तहत ध्यान भटकानेवाले संपर्क के बजाय नियमित रूप से होनेवाली अत्यधिक संरचनापूर्ण और बेहद कुशल स्टेस्टस मीटिंग्स् (status meetings) पर जोर दिया जाता है (इन मीटिंग्स् के दौरान आमतौर पर हर कोई कुर्सियों पर बैठने के बजाय खड़ा रहता है ताकि मीटिंग्स् को फालतू की बातचीत से बचाया जा सके)। यह तरीका अपनाने से मैनेजमेंट के कर्मचारियों को कंपनी की अलग-अलग टीम्स की समस्याओं पर गहनता से सोच-विचार करने के लिए पर्याप्त समय मिल जाता है, जिससे अक्सर उनकी उत्पादकता का मूल्य भी बढ़ जाता है।

इसे दूसरे शब्दों में कहें, तो गहन कार्य करना हमारी अर्थव्यवस्था के लिए इकलौता मूल्यवान कौशल नहीं है और इस क्षमता के बिना भी उन्नति करना संभव है। पर अब ऐसे क्षेत्रों की संख्या घट रही है, जहाँ इस क्षमता के बिना भी उन्नति की जा सकती है। जब तक आपके पास इस बात का कोई ठोस सबूत न हो कि आपके पेशे में ध्यान भटकना महत्वपूर्ण है, तब तक तो ठीक है, पर उसके अलावा हर क्षेत्र में आपके लिए ध्यान केंद्रित करना ही महत्वपूर्ण होगा। गहनता पर गंभीरता से विचार करके इस अध्याय में यह बात पहले ही स्पष्ट की जा चुकी है।

2

गहन कार्य दुर्लभ है

सन 2012 में फेसबुक ने अपने नए मुख्यालय की योजना सार्वजनिक की। फ्रैंक गेहरी द्वारा डिजाइन की जा रही इस इमारत के मध्य भाग में एक विशेष स्थान था, जो कंपनी के सी.ई.ओ. मार्क जुकरबर्ग के शब्दों में 'दुनिया का सबसे विशाल ओपन फ्लोर प्लान था।' दस एकड़ में फैले इस परिसर में तीन हज़ार से भी ज़्यादा कर्मचारी एक विशेष किस्म के फर्नीचर पर बैठकर काम कर सकते थे। बेशक, फेसबुक सिलिकन वैली स्थित ऐसी इकलौती कंपनी नहीं थी, जिसने 'ओपन ऑफिस' की अवधारणा को अपनाया हो। जैक डॉर्सी ने अपनी कंपनी स्कायर के लिए सैन फ्रांसिस्को की सबसे पुरानी इमारतों में से एक क्रॉनिकल को खरीदा। उन्होंने इसे कुछ इस प्रकार डिजाइन कराया था कि उनकी कंपनी में काम करनेवाले डेवलपर्स इमारत के सामूहिक स्थानों पर रखी लंबी-लंबी साझा डेस्कों पर बैठकर काम कर सकें। डॉर्सी बताते हैं, 'हमने कर्मचारियों को खुले स्थानों पर बैठकर काम करने के लिए प्रेरित किया क्योंकि हम आकस्मिक लाभ और यूँ ही चलते-फिरते एक-दूसरे से नई-नई चीज़ें सीखने पर विश्वास रखते हैं।'

हालिया वर्षों में 'इंस्टेंट मैसेजिंग' यह दूसरा सबसे बड़ा व्यावसायिक प्रचलन बन चुका है। टाइम्स में प्रकाशित एक लेख के अनुसार यह टेक्नोलॉजी सिर्फ बातूनी किशोरों के बीच ही प्रचलित नहीं है बल्कि अब यह उत्पादकता संबंधी लाभ और ग्राहक के जवाब देने के समय (कस्टमर रिस्पॉन्स टाइम) को बेहतर बनाकर कंपनियों का मुनाफा बढ़ाने में भी उपयोगी साबित हो रही है। आई.बी.एम. के एक सीनियर प्रोडक्ट मैनेजर बड़े गर्व से बताते हैं, 'सिर्फ आई.बी.एम. के कर्मचारियों के बीच ही हर रोज 2.5 मिलियन इंस्टेंट मैसेज भेजे जाते हैं।'

इंस्टेंट मैसेज के क्षेत्र में पिछले कुछ वर्षों में तगड़ी व्यावसायिक सफलता हासिल करनेवालों में से एक है, हॉल। सिलिकॉन वैली स्थित यह एक ऐसा

स्टार्टअप है, जो अपने कर्मचारियों को चैटिंग से एक कदम आगे ले जाकर उचित समय पर आपसी सहयोग (रियल–टाइम कोलैबोरेशन) करने में मदद करता है। सैन फ्रांसिस्को में रहनेवाले मेरे एक डेवलपर दोस्त ने हॉल का उपयोग करनेवाली एक कंपनी में काम करने का अपना अनुभव बताया। उसके अनुसार, कंपनी के सबसे 'कुशल' कर्मचारियों ने अपने टेक्स्ट एडिटर को इस तरह सेटअप कर रखा था कि जब भी कंपनी के हॉल अकाउंट में कोई नया सवाल या कमेंट पोस्ट किया जाए, तो उनकी स्क्रीन पर एक एलर्ट फ्लैश हो। ताकि वे फौरन कुछ तयशुदा की–वर्ड्स की मदद से हॉल में जाकर अपने विचार टाइप करें और फिर वापस अपने कोडिंग के काम में जुट जाएँ। इस दौरान उन्हें सिर्फ कुछ पलों के लिए ही अपना कोडिंग का काम रोकना पड़ता था। इस प्रक्रिया का वर्णन करते समय मेरा वह डेवलपर दोस्त इसकी तेज गति से काफी प्रभावित था।

तीसरे व्यावसायिक प्रचलन में हर प्रकार के कंटेंट प्रोड्यूसरों पर सोशल मीडिया पर अपनी उपस्थिति बनाकर रखने का दबाव डाला जाता है। 'द न्यू यॉर्क टाइम्स' पुराने दौर के मीडिया–मूल्यों का एक गढ़ (बुर्ज) है, जो अब अपने कर्मचारियों को ट्वीट करने के लिए प्रोत्साहित करता है। इस अखबार के लिए काम करनेवाले आठ सौ से ज़्यादा लेखकों, संपादकों और फोटोग्राफरों को कंपनी का यह संकेत फौरन समझ में आ गया। अब 'द न्यू यॉर्क टाइम्स' का अपना एक ऑफिशियल ट्विटर अकाउंट भी है। यह कोई अजीब बात नहीं है बल्कि आजकल के जमाने में यह एक सामान्य बात है। जब उपन्यासकार जॉनथन फ्रैंजन ने गार्डियन अखबार में एक लेख लिखकर ट्विटर को साहित्यिक जगत में 'जबर्दस्ती हुआ विकास' करार दिया, तो बहुत से लोगों ने उन्हें पुरातनपंथी कहकर उनका मज़ाक उड़ाया। ऑनलाइन मैग्जीन स्लेट ने फ्रैंजन की शिकायतों को 'इंटरनेट पर अकेले लड़ा जा रहा युद्ध' कहा। फ्रैंजन की साथी उपन्यासकार जेनिफर वीनर ने द न्यू रिपब्लिक में अपनी प्रतिक्रिया प्रकाशित करते हुए यह तर्क दिया कि 'फ्रैंजन अपनी ही श्रेणी के व्यक्ति हैं। वे एक अकेली आवाज की तरह हैं, जो ऐसे फरमान सुना रही है, जो सिर्फ फ्रैंजन पर ही लागू होते हैं।' इसके बाद जल्द ही #JonathanFranzenhates नामक व्यंगात्मक हैशटैग किसी सनक की तरह चारों ओर फैल गया।

मैंने इन तीन व्यावसायिक प्रचलनों का उल्लेख इसलिए किया क्योंकि

ये एक विरोधाभास को उजागर करते हैं। पिछले अध्याय में मैंने तर्क दिया था कि हमारी आज की तेजी से बदलती अर्थव्यवस्था में गहन कार्य इतना अधिक मूल्यवान हो गया है, जितना पहले कभी नहीं था। हालाँकि अगर यह वाकई सच है, तो इस हुनर को न सिर्फ महत्वाकांक्षी व्यक्तियों द्वारा बल्कि उन संस्थाओं द्वारा भी बढ़ावा दिया जाना चाहिए, जो चाहती हैं कि उनके कर्मचारी हमेशा सर्वश्रेष्ठ प्रदर्शन करते हुए संस्था की प्रगति में अपना संपूर्ण योगदान दें। पर जैसा कि यहाँ प्रस्तुत उदाहरण से स्पष्ट है, ऐसा नहीं हो रहा है। व्यावसायिक जगत में गहन कार्य के बजाय कई अन्य विचारों को ज़्यादा महत्वपूर्ण मानकर प्राथमिकता दी जा रही है और जैसा कि हमने देखा, इसमें आकस्मिक सहयोग, तेज संचार और सोशल मीडिया पर सक्रिय उपस्थिति भी शामिल है।

यह वाकई बहुत ही दुर्भाग्यपूर्ण बात है कि गहन कार्य से ज़्यादा प्राथमिकता कई अलग-अलग प्रचलनों (Trands) को दी जा रही है। इससे भी ज़्यादा बुरी बात यह है कि इनमें से कई प्रचलन ऐसे हैं, जो किसी चीज़ की गहराई में जाने की इंसानी क्षमता को सक्रिय रूप से कम करते जा रहे हैं। उदाहरण के लिए खुले परिसरवाले दफ्तर कर्मचारियों के बीच आपसी सहयोग के अधिक अवसर पैदा कर सकते हैं।[1] लेकिन 'द सीक्रेट लाइफ ऑफ ऑफिस बिल्डिंग्स' नामक एक ब्रिटिश टी.वी. शो के लिए किए गए प्रयोगों के नतीजों के अनुसार खुले परिसरवाले दफ्तर 'बड़े पैमाने पर कर्मचारियों का ध्यान भटकने' की कीमत पर ही आपसी सहयोग के अवसर पैदा कर पाते हैं। इस टी.वी. शो के लिए वैज्ञानिक प्रयोग करनेवाले न्यूरोसाइंटिस्ट कहते हैं कि 'अगर आपने बस अभी-अभी किसी काम पर ध्यान केंद्रित किया है और तभी आपके पीछे मौजूद किसी व्यक्ति का फोन बजता है, तो आपका ध्यान फौरन भटक जाता है। भले ही आपको इसका एहसास न हो, पर जब भी ध्यान भटकानेवाली कोई घटना घटती है, तो आपका मस्तिष्क उस पर प्रतिक्रिया ज़रूर करता है।'

रियल-टाइम मैसेजिंग के विकास पर भी समान मुद्दे लागू होते हैं। सिद्धांत के रूप से देखें तो आपका ई-मेल इनबॉक्स आपका ध्यान तभी भटका सकता है, जब आप उसे खोलकर रखें। जबकि दूसरी ओर इंस्टेंट मैसेंजर सिस्टम तो हर समय सक्रिय रहने के लिए बनाया गया है - जिससे आपका ध्यान भटकने की संभावना

[1] मैं इस किताब के भाग 2 में आपको विस्तार से यह बताऊँगा कि इस दावे का सच होना ज़रूरी क्यों नहीं है।

ई-मेल की तुलना में बहुत ज़्यादा बढ़ जाती है। कैलीफोर्निया यूनिवर्सिटी, इरविन में इन्फॉर्मेटिक्स की प्रोफेसर ग्लोरिया मार्क, ध्यान भटकने संबंधी विज्ञान की विशेषज्ञ हैं। इससे जुड़े एक प्रसिद्ध अध्ययन के दौरान ग्लोरिया मार्क और उनके सहयोगियों ने दफ्तरों में कार्यरत नॉलेज वर्कर्स[2] का निरीक्षण किया। अपने इस निरीक्षण में उन्होंने पाया कि किसी काम में आनेवाली मामूली सी बाधा भी उस काम को पूरा करने में लगनेवाले कुल समय को बहुत हद तक बढ़ा देती है। ग्लोरिया मार्क ने खामोशी भरे अपने विशिष्ट अकादमिक लहजे में कहा कि 'अध्ययन में हिस्सा लेनेवालों ने इन बाधाओं को बहुत हानिकारक बताया।'

सोशल मीडिया पर सक्रिय उपस्थिति दर्ज कराने के लिए, कंटेंट प्रोड्यूसरों को बाध्य करने के चलते भी कार्य की गहराई में जाने की क्षमता पर नकारात्मक असर पड़ रहा है। उदाहरण के लिए गहराई से कार्य करनेवाले पत्रकारों को प्रभावशाली पत्रकारिता पर ध्यान केंद्रित करने की ज़रूरत होती है। यहाँ प्रभावशाली (Serious) पत्रकारिता का अर्थ है, खबरों के जटिल स्रोतों तक पहुँचना... सूचनाओं को एक-दूसरे से जोड़कर किसी नतीजे पर पहुँचना... और रिपोर्ट में ऐसे वाक्य लिखना, जो पाठक को खबर जानने के लिए प्रेरित करे... वगैरह। ऐसे में इन पत्रकारों को दिनभर ऑनलाइन रहकर सोशल मीडिया पर उछलकूद करने के लिए कहना अनुचित (और कुछ हद तक अपमानजनक) लगता है। क्योंकि इससे उनके पत्रकारिता के गहन कार्य में निरंतर बाधा पड़ती रहती है और उनका ध्यान भटकता है।

न्यू यॉर्कर अखबार के प्रतिष्ठित स्टाफ राइटर जॉर्ज पैकर ने इस डर को अपने एक लेख में बहुत ही बेहतरीन ढंग से उजागर किया था। उनका यह लेख इस बारे में था कि वे ट्विटर का इस्तेमाल क्यों नहीं करते : 'मीडिया के लती लोगों के लिए ट्विटर किसी सस्ते नशे की तरह है। मुझे इससे डर लगता है पर इसका कारण यह नहीं है कि मैं कोई नैतिक रूप से उत्कृष्ट व्यक्ति हूँ। बल्कि वास्तविकता यह है कि मुझे नहीं लगता कि मैं इसे सँभाल सकता हूँ। मुझे डर है कि अगर मैं ट्विटर के चक्कर में पड़ा, तो इसमें इतना मगन हो जाऊँगा कि अपने नन्हें बच्चे को समय पर खाना खिलाना भी भूल जाऊँगा।' जब जॉर्ज पैकर

---

[2] ऐसे कर्मचारी जिनकी मुख्य पूँजी उनका ज्ञान होता है, जैसे प्रोग्रामर, डॉक्टर, इंजीनियर, अकाउंटेंट, आर्किटेक्ट, वैज्ञानिक और वकील वगैरह

ने यह लेख लिखा था, उस समय वे 'द अनवाइंडिंग' शीर्षक से एक किताब भी लिख रहे थे, जो जल्द ही पाठकों तक पहुँच गई। पैकर द्वारा सोशल मीडिया का इस्तेमाल न करने के बावजूद (या शायद कुछ हद तक इसी वजह से) इस किताब को नेशनल बुक अवॉर्ड से भी नवाजा गया।

संक्षेप में कहें, तो व्यावसायिक क्षेत्र के बड़े प्रचलन- लोगों की गहन कार्य करने की क्षमता को सक्रिय रूप से कम कर रहे हैं। जबकि ये प्रचलन आकस्मिक सहयोग में बढ़ोत्तरी, ग्राहकों की शिकायतों पर तुरंत क्रिया और ज़्यादा स्पष्टता जैसे लाभ देने का वादा करते हैं, ये सारे लाभ गहन कार्य से होनेवाले लाभों, जैसे जटिल चीज़ों को तेजी से सीखने की क्षमता और उच्च स्तरीय उत्पादकता के सामने बिलकुल बौने साबित होते हैं। इसी विरोधाभास को समझना इस अध्याय का लक्ष्य है। मेरा तर्क यह है कि गहन कार्य की दुर्लभता का कारण आदतों जैसी कोई मूलभूत कमजोरी नहीं है। जब हम इस बात पर बारीकी से गौर करेंगे कि हम अपने कार्यस्थल पर ध्यान भटकानेवाली चीज़ों को स्वीकार क्यों कर लेते हैं, तो हमें पता चलेगा कि इसके पीछे मौजूद सारे कारण हमारी उम्मीद से कहीं अधिक अनियंत्रित किस्म के हैं। ये कारण अस्पष्टता और दुविधा के साथ उस दोषपूर्ण सोच से ही उपजे होते हैं, जो आमतौर पर नॉलेज वर्क से संबंधित होती है। मेरा उद्देश्य आपको यह विश्वास दिलाना है कि भले ही ध्यान भटकानेवाली बाधाओं को हमारे द्वारा स्वीकार किया जाना एक वास्तविकता हो, पर यह भी सच है कि यह वास्तविकता एक अस्थिर नींव पर टिकी है। जब आप अपने अंदर गहन कार्य संबंधी नैतिकता विकसित करने की ठान लेंगे, तो इसे बड़ी आसानी से खारिज भी कर सकेंगे।

मेट्रिक (मात्रक) का ब्लैक होल

सन 2012 की शरद ऋतु के समय अटलांटिक मीडिया के चीफ टेक्नोलॉजी ऑफिसर टॉम कोर्षन इस बात को लेकर सतर्क हो गए कि वे ई-मेल के उपयोग पर प्रतिदिन कितना समय खर्च करते हैं। यह एहसास होते ही एक अच्छे तकनीशियन की तरह उन्होंने तय किया कि वे अपनी इस बेचैनी का मापन करेंगे। अपने व्यवहार का बारीकी से निरीक्षण करके उन्होंने पाया कि एक सप्ताह की समय अवधि में उन्हें कुल 511 ई-मेल मिले और इसी अवधि में उन्होंने स्वयं कुल 284 ई-मेल भेजें। यानी सप्ताह के पाँच कार्य-दिवसों के औसत से 160

ई-मेल प्रतिदिन। कोर्षन ने इस गणना से भी एक कदम आगे जाकर हिसाब लगाया कि अगर वे एक ई-मेल पर सिर्फ 30 सेकेंड का समय भी खर्च करते होंगे, तब भी इसका अर्थ यह है कि वे प्रतिदिन अपना लगभग डेढ़ घंटा सिर्फ ई-मेल पर खर्च कर रहे हैं। अपने काम की प्रकृति के हिसाब से उन्हें यह अवधि बहुत ज़्यादा लगी।

अपने इस प्रयोग के बारे में कोर्षन ने हार्वर्ड बिजनेस रिव्यू नामक पत्रिका में एक ब्लॉग पोस्ट लिखी। जिसमें उन्होंने कहा कि इस छोटी सी गणना से मालूम पड़े तथ्यों ने उन्हें ये सोचने पर मजबूर कर दिया कि अपनी कंपनी में उन्होंने कर्मचारियों को जो काम करने के लिए नियुक्त किया है, उस पर ध्यान केंद्रित करने के बजाय वे ई-मेल के जरिये सूचनाओं के आदान-प्रदान में प्रतिदिन कितना सारा समय खर्च कर रहे होंगे? इस सवाल का जवाब पाने के लिए उन्होंने कंपनी के सभी कर्मचारियों द्वारा प्रतिदिन भेजे जानेवाले ई-मेल और प्रति ई-मेल औसत शब्दों की संख्या का विस्तृत डाटा इकट्ठा किया। फिर उन्होंने शब्दों की संख्या को अपने कर्मचारियों की टाइपिंग करने और पढ़ने की औसत गति और उनके औसत वेतन के साथ जोड़कर देखा। परिणामस्वरूप उन्होंने पाया कि अटलांटिक मीडिया अपने कर्मचारियों को सिर्फ ई-मेल भेजने और पढ़ने के लिए ही हर साल एक मिलियन से ज़्यादा की राशि का भुगतान कर रहा है और हर ई-मेल कंपनी की लेबर कॉस्ट (श्रम लागत) में 95 सेंट्स का इजाफा कर रहा है। कोर्षन संक्षेप में कहते हैं, 'ई-मेल जैसे मुफ्त संचार माध्यम पर भी कंपनी को एक छोटे हवाई जहाज की कीमत के बराबर सॉफ्ट कॉस्ट (अप्रत्यक्ष लागत) खर्च करनी पड़ रही है।

टॉम कोर्षन के इस प्रयोग से एक हानिरहित नज़र आनेवाले व्यवहार की वास्तविक लागत के बारे में दिलचस्प परिणाम सामने आया। पर इस कहानी का वास्तविक महत्त्व स्वयं यह प्रयोग और इसकी जटिलता है। स्पष्ट है कि 'हमारी ई-मेल संबंधी वर्तमान आदतों का मूल प्रभाव क्या है?' इस प्रकार के आसान से सवाल का जवाब देना भी काफी मुश्किल है। कोर्षन को इसके लिए अपनी कंपनी का व्यापक सर्वेक्षण करते हुए आई.टी. के बुनियादी ढाँचे से संबंधित आँकड़े इकट्ठे करने पड़े। इसके अलावा उन्हें कर्मचारियों के वेतन संबंधी आँकड़े और उनकी टाइपिंग व पढ़ने की गति संबंधी जानकारी भी इकट्ठी करनी पड़ी।

इसके बाद उन्हें इन सारे आँकड़ों को एक सांख्यिकीय मॉडल के आधार पर परखना पड़ा। तब जाकर वे अंतिम परिणाम पर पहुँच सके और यह परिणाम भी काफी नहीं है क्योंकि यह सब कुछ स्पष्ट नहीं करता। मिसाल के तौर पर इससे यह स्पष्ट नहीं होता कि ई-मेल के इस महँगे इस्तेमाल से कितना मूल्य-उत्पादन हुआ, जिससे इसकी आंशिक लागत निकल सके।

यह उदाहरण हमारे उन तमाम व्यवहारों पर लागू होता है, जो संभावित रूप से गहन कार्य में बाधा डालते हैं या उसे बेहतर बनाते हैं। भले ही हम अमूर्त (abstractly) ढंग से यह स्वीकार करते हों कि हमें ध्यान भटकने की कीमत चुकानी पड़ती है और गहनता का अपना मूल्य होता है, पर जैसा कि टॉम कोर्षन ने पता लगाया, इन सभी प्रभावों को मापना मुश्किल है। यह कोई ऐसा लक्षण नहीं है, जो सिर्फ ध्यान भटकने और गहनता संबंधी आदतों में ही पाया जाता हो। सामान्य तौर पर कहा जाए, तो जैसे-जैसे नॉलेज वर्क[3] के क्षेत्रों में और अधिक जटिल श्रमिक वर्ग की ज़रूरत बढ़ती है, वैसे-वैसे इन क्षेत्रों में व्यक्तिगत प्रयासों का मूल्य तय करना और अधिक मुश्किल होता जाता है। इस बात को फ्रांसीसी अर्थशास्त्री थॉमस पिकेटी ने अपने एक अध्ययन में स्पष्ट किया था, जो एक्जीक्यूटिव स्तर के अधिकारियों के वेतन में होनेवाली बेतहाशा वृद्धि से संबंधित था। उनके इस तर्क को बल देने के पीछे मुख्य धारणा यह थी कि 'तटस्थ रूप से यह तय करना बहुत मुश्किल है कि किसी कंपनी के प्रदर्शन में किसी एक कर्मचारी का व्यक्तिगत योगदान कितना है।' चूँकि किसी कर्मचारी के व्यक्तिगत योगदान को मापने का कोई मापदंड मौजूद नहीं है, इसीलिए एक्जीक्यूटिव स्तर के अधिकारियों की उत्पादकता के अनुपात में उनके वेतन में बेतहाशा वृद्धि जैसे अतार्किक और अनियमित परिणाम सामने आते रहते हैं। हालाँकि पिकेटी के सिद्धांत के कुछ पहलू विवादास्पद हैं, पर उनके एक आलोचक के शब्दों में कहें, तो इस सिद्धांत की यह बुनियादी धारणा निस्संदेह सच है कि 'व्यक्तिगत योगदान को मापना लगातार मुश्किल होता जा रहा है।'

इसीलिए हमें यह उम्मीद नहीं करनी चाहिए कि गहनता को नष्ट करनेवाले व्यवहार के मूल प्रभाव की पहचान आसानी से की जा सकती है। जैसा कि टॉम कोर्षन ने पाया, ये मेट्रिक्स (मात्रक) एक ऐसे अस्पष्ट क्षेत्र के दायरे में आते हैं,

[3] प्रोग्रामिंग, इंजीनियरिंग, डॉक्टरी, और वकालत जैसे क्षेत्र जहाँ कर्मचारी की मुख्य पूँजी उसका अपना ज्ञान होता है।

जो नाप-तौल प्रतिरोधी होता है। इस क्षेत्र को मैं 'मात्रक का ब्लैक होल' कहता हूँ। बेशक, गहन कार्य संबंधी मात्रकों का मापन मुश्किल होता है, सिर्फ इसलिए स्वत: ही इस निष्कर्ष तक नहीं पहुँचा जा सकता कि व्यवसायों द्वारा इसे खारिज कर दिया जाएगा। हमारे पास ऐसे व्यवहारों के कई उदाहरण हैं, जिनके मूल प्रभाव को मापना मुश्किल है, पर इसके बावजूद वे हमारी व्यावसायिक संस्कृति में फलते-फूलते रहते हैं। उदाहरण के लिए, उन तीन व्यावसायिक प्रचलनों पर विचार कीजिए, जिनका उल्लेख इस अध्याय की शुरुआत में किया गया था। या फिर एक्जीक्यूटिव स्तर के अधिकारियों के बेतहाशा बढ़ते उस वेतन पर विचार कीजिए, जिसे लेकर थॉमस पिकेटी हैरान थे। दरअसल स्पष्ट मेट्रिक्स (मात्रकों) के सहयोग के बिना कोई भी व्यावसायिक व्यवहार अस्थिर लहरों और निरंतर बदलते बलों के सामने असुरक्षित है। इस परिवर्तनशील भीड़ में खासतौर पर गहन कार्य का ही नुकसान हुआ है।

मेट्रिक (मात्रक) ब्लैक होल की यह वास्तविकता ही इस अध्याय में आगे दिए गए तर्कों की मुख्य पृष्ठभूमि है। आगे आनेवाले खंडों में मैं ऐसी कई मानसिकताओं और पूर्वाग्रहों का वर्णन करूँगा, जिन्होंने व्यवसाय को गहन कार्य से दूर करते हुए ध्यान भटकानेवाले विकल्पों की ओर धकेल दिया है। अगर यह स्पष्ट हो कि ये सारे व्यवहार मूल आधार पर चोट करते हैं, तो इनका अस्तित्व लंबे समय तक कायम रहना संभव नहीं है, पर मेट्रिक (मात्रक) ब्लैक होल यह स्पष्टता आने ही नहीं देता और व्यवसाय को ध्यान भटकानेवाले उन विकल्पों की ओर मुड़ने देता है, जिनका सामना हम अपनी व्यावसायिक दुनिया में लगातार करते रहते हैं।

न्यूनतम प्रतिरोध का सिद्धांत

जब ध्यान भटकानेवाले उन व्यवहारों[4] की बात आती है, जिन्हें लोग अपने कार्यस्थल पर होते हुए देखते हैं, तो आज की उस सर्वव्यापी संस्कृति को प्रभुत्वकारी मानना ज़रूरी हो जाता है, जहाँ हर कोई तकनीकी उपकरणों की मदद से निरंतर एक-दूसरे के संपर्क में रहता है। इस संस्कृति में इंसान से यह उम्मीद की जाती है कि वह अपने पास आए हर ई-मेल (और अन्य सभी संदेशों) को न

---

[4] जैसे मोबाईल का अतिरिक्त इस्तेमाल... फेसबुक, ट्वीटर जैसे सोशल मीडिया का इस्तेमाल... ऑफिस के बाहर से आनेवाली आवाजें, शोर... कार्य के अतिरिक्त परेशानियाँ आदि।

सिर्फ पढ़े बल्कि उसका जवाबी ई-मेल भी फौरन भेज दे। हार्वर्ड बिजनेस स्कूल की प्रोफेसर लेस्ली पर्लो ने इस विषय पर शोध किया और पाया कि उनके सर्वे क्षण में शामिल सभी पेशेवर लोग अपने ऑफिस से बाहर, हर सप्ताह बीस से पच्चीस घंटे सिर्फ ई-मेल देखने में खर्च कर देते हैं - क्योंकि वे मानते हैं कि कोई भी ई-मेल (काम से संबंधित या उससे अलग) मिलने के बाद एक घंटे के अंदर उसका जवाब देना ज़रूरी होता है।

बहुत से अन्य लोगों की तरह ही आप भी यह तर्क दे सकते हैं कि 'तेज कार्यशैलीवाले विभिन्न व्यवसायों में ऐसा करना ज़रूरी होता है।' दरअसल इस बिंदु पर आकर यह मामला और दिलचस्प हो जाता है। लेस्ली पर्लो ने इस दावे का भी परीक्षण किया। उन्होंने बॉस्टन कन्सल्टिंग ग्रुप नामक व्यावसायिक दबाववाली एक प्रभावशाली मैनेजमेंट कन्सल्टिंग फर्म के अधिकारियों से बात की। इस कंपनी में भी तकनीकी उपकरणों की मदद से निरंतर एक-दूसरे के संपर्क में रहने की संस्कृति थी। लेस्ली पर्लो ने कंपनी के अधिकारियों को इस बात के लिए मना लिया कि वे उन्हें कर्मचारियों की किसी एक टीम के सदस्यों की व्यावसायिक आदतों में हेर-फेर करने की अनुमति दे दें। अपने इस प्रयोग के लिए वे कर्मचारियों से एक साधारण सा प्रश्न पूछना चाहती थीं: क्या निरंतर एक-दूसरे के संपर्क में रहने से आपको वाकई अपने काम में मदद मिलती है? अपने इस प्रश्न का जवाब जानने के लिए लेस्ली पर्लो ने करीब-करीब हद पार कर दी। उन्होंने टीम के हर सदस्य को सप्ताह में एक दिन कंपनी के अंदर और बाहर किसी भी व्यक्ति से कोई संपर्क न रखने के लिए मज़बूर कर दिया।

लेस्ली पर्लो याद करते हुए बताती हैं कि 'शुरू-शुरू में टीम के सदस्यों ने इस प्रयोग का विरोध किया। कंपनी की एक कर्मचारी, जो इस प्रयोग में मेरी प्रभारी साथी थी, अब तक प्रयोग के मूल विचार को लेकर बड़ा ही सहयोगी रवैया दिखा रही थी। पर फिर वह अचानक इस बात को लेकर काफी घबरा गई कि अब उसे अपने ग्राहकों से कहना होगा कि उसकी टीम का हर सदस्य सप्ताह में एक दिन के लिए पूरी तरह संपर्क से कट जाएगा। साथ ही टीम के सदस्य भी यह सोचकर काफी घबराए हुए थे कि ऐसा करके वे अपने कॅरियर को खतरे में डाल रहे हैं।' पर सप्ताह में एक दिन पूरी तरह संपर्क से कटने पर न तो इस टीम ने एक भी ग्राहक खोया और न ही किसी की नौकरी गई। बल्कि टीम के सदस्यों

को काम में ज़्यादा आनंद आने लगा, उनके बीच आपसी संवाद बेहतर हो गया और उन्हें ज़्यादा सीखने का मौका मिला (पिछले अध्याय में उल्लेखित गहनता और कौशल-विकास के संबंध को देखते हुए यह स्वाभाविक भी था)। और सबसे महत्वपूर्ण 'ग्राहकों को पहले से कहीं बेहतर सर्विस मिली।'

इससे एक दिलचस्प सवाल सामने आता है: पर्लो के अध्ययन से स्पष्ट है कि निरंतर एक-दूसरे के संपर्क में रहने से कर्मचारियों की उत्पादकता, उनके हित व उनकी सेहत प्रभावित होती है और कंपनी के मूल आधार को इससे कोई मदद भी नहीं मिलती, तो फिर बॉस्टन कन्सल्टिंग ग्रुप की तरह हर कोई इस दोषपूर्ण संस्कृति को बढ़ावा क्यों देता है? मेरा मानना है कि इसका जवाब कार्यस्थल संबंधी व्यवहार की उस वास्तविकता में ढूँढ़ा जा सकता है, जिसका उल्लेख आगे किया गया है।

न्यूनतम प्रतिरोध का सिद्धांत: *विभिन्न व्यवहारों का मूल आधार पर क्या प्रभाव पड़ता है, इस पर स्पष्ट प्रतिक्रिया के बिना, एक व्यावसायिक माहौल में, हम उन व्यवहारों को अपनाने लगते हैं, जो उस समय सबसे आसान व सुविधाजनक नज़र आ रहे हों।*

निरंतर एक-दूसरे के संपर्क में रहने की संस्कृति को बढ़ावा क्यों मिलता है? हमारे सिद्धांत के अनुसार इस सवाल का जवाब है, 'क्योंकि यह आसान है।' इस सच्चाई के पीछे दो बड़े कारण हैं, जिनमें से पहला अपनी ज़रूरतों के लिए प्रतिक्रियाशीलता से जुड़ा है। अगर आप किसी ऐसे संस्थान में काम करते हैं, जहाँ आप ज़रूरत पड़ने पर अपनी मनचाही जानकारी और अपने सवालों के जवाब फौरन प्राप्त कर सकते हैं, तो इससे आपका जीवन कम से कम क्षणिक तौर पर आसान होता है। जबकि अगर आपके संस्थान में यह संभव नहीं है, तो फिर आपको अपने काम के लिए पहले से ही योजना बनानी पड़ती है, अधिक व्यवस्थित होना पड़ता है और जब तक आपकी मनचाही जानकारी नहीं मिल जाती या आपके सवालों का जवाब नहीं मिल जाता, तब तक उससे जुड़ा काम रोककर अपना ध्यान किसी दूसरे काम में केंद्रित करने के लिए तैयार होना पड़ता है। इससे आपका दिन-प्रतिदिन का कामकाजी जीवन मुश्किल हो जाता है (भले ही इससे आपको दीर्घकालिन तौर पर अधिक संतुष्टि और बेहतर परिणाम मिलें)। इस अध्याय में पहले उल्लेखित किए जा चुके 'व्यावसायिक जीवन में इंस्टेंट

मैसेजिंग के बढ़ते चलन' को ऐसी मानसिकता के तौर पर देखा जा सकता है, जिसे चरम बिंदु की ओर धकेला जा रहा है। अगर किसी ई-मेल का जवाब एक घंटे के अंदर मिलने से वाकई आपका जीवन आसान हो रहा होता, तो इंस्टेंट मैसेज के जरिए एक मिनट के अंदर जवाब पाकर तो आपका जीवन न जाने कितना आसान हो जाता।

निरंतर एक-दूसरे के संपर्क में रहने की संस्कृति से जीवन के आसान बनने का दूसरा कारण यह है कि इससे एक ऐसा वातावरण तैयार होता है, जहाँ अपना पूरा दिन अपने इनबॉक्स के साथ बिताना स्वीकार हो जाता है। फिर पुराने संदेशों का ढेर लगातार बढ़ते जाता है और नए संदेशों का जवाब पूरी तत्परता से दिया जाता है, ऐसा करके स्वयं को संतोषजनक रूप से उत्पादक महसूस करना होता है (इस बारे में जल्द ही विस्तार से चर्चा होगी)। अगर ई-मेल का अर्थ अपने कार्यदिवस के आखिरी पलों तक पहुँचना होता, तो यह तय करने के लिए ज़्यादा विचारशील दृष्टिकोण अपनाना पड़ता कि आपको किस चीज़ पर काम करना है और कब तक करना है। ऐसी योजना बनाना मुश्किल काम है। उदाहरण के तौर पर डेविड एलन द्वारा तैयार की कई 'गेटिंग थिंग्स डन' नामक कार्य-प्रबंधन पद्धति पर विचार करें, जो कार्यस्थल के प्रतिस्पर्धात्मक दायित्यों के प्रबंधन की एक उल्लेखनीय प्रणाली है। हमारा अगला कदम क्या होना चाहिए, यह तय करने के लिए यह प्रणाली पंद्रह मूलतत्त्वोंवाला एक फ्लोचार्ट सामने रखती है! पर किसी नए ई-मेल का जवाब देकर ई-मेल्स् के सिलसिले को जारी रखना इससे कहीं ज़्यादा आसान है।

मैं इस चर्चा में निरंतर एक-दूसरे के संपर्क में रहने की संस्कृति को किसी केस-स्टडी की तरह सामने रख रहा हूँ, लेकिन यह व्यवसाय संबंधी उन व्यवहारों में से मात्र एक व्यवहार है, जो गहनता के विपरीत है और कंपनी द्वारा उत्पादित मूल आधार-मूल्य को कम कर सकता है। इसके बावजूद यह बढ़ता रहता है क्योंकि मेट्रिक्स (मात्रकों) की अनुपस्थिति में ज़्यादातर लोगों के कदम हर बार उसी चीज़ की ओर बढ़ जाते हैं, जो आसान होती है।

इसके दूसरे उदाहरण के तौर पर नियमित रूप से होनेवाली प्रोजेक्ट्स संबंधी मीटिंग्स पर विचार करें। ऐसी मीटिंग्स की संख्या लगातार बढ़ती रहती है और इनसे तयशुदा शिड्यूल इस हद तक प्रभावित होता है कि किसी चीज़ पर निरंतर ध्यान

केंद्रित रख पाना असंभव हो जाता है। इसके बावजूद बार-बार ऐसी मीटिंग्स रखने का चलन क्यों बढ़ रहा है? क्योंकि ऐसा करना आसान होता है। बहुत से लोगों के लिए इस तरह की मीटिंग्स व्यक्तिगत व्यवस्था का एक सरल (पर कुंठित) रूप बन जाती हैं। अपने समय और दायित्यों का प्रबंधन खुद करने के बजाय लोग हर सप्ताह होनेवाली मीटिंग्स को एक ऐसा जरिया बना लेते हैं, जो न सिर्फ उन्हें प्रोजेक्ट्स पर काम करने के लिए मज़बूर करती हैं बल्कि आमतौर पर काम की प्रगति का एक स्पष्ट सबूत प्रस्तुत करती नज़र आती हैं।

अब ज़रा निराशाजनक रूप से आम हो चुके उस चलन पर विचार करें, जिसमें लोग अपने सहकर्मियों को कोई ई-मेल फॉरवर्ड कर, उस बारे में उनकी राय पूछते हैं। ऐसे ई-मेल लिखकर भेजने में मात्र कुछ सेकेंड्स का ही समय लगता है। जबकि इसके जवाबी ई-मेल में अपनी सुसंगत प्रतिक्रिया लिखकर भेजने में काफी समय खर्च हो जाता है। अगर ऐसे ई-मेल लिखते समय प्रेषक (ई-मेल लिखनेवाला) ज़रा सावधानी से काम ले, तो इससे बाकी लोगों का काफी समय बच सकता है। तो फिर इस प्रकार के ई-मेल इतने आम क्यों हैं, जो न सिर्फ आपका अच्छा खासा समय बरबाद करते हैं बल्कि फालतू किस्म के भी होते हैं? अगर ई-मेल लिखनेवाले के दृष्टिकोण से देखें, तो इस किस्म के ई-मेल लिखकर भेजना बहुत आसान होता है। यह दूसरों को फालतू ई-मेल भेजकर अपना इनबॉक्स खाली करने का उनका एक तरीका है, जिसके लिए उन्हें ज़रा भी ऊर्जा खर्च नहीं करनी पड़ती।

मेट्रिक (मात्रक) ब्लैक होल की ओर से होनेवाली छानबीन से सुरक्षित न्यूनतम प्रतिरोध का सिद्धांत ऐसी कार्य-संस्कृति में सहयोगी है, जो दीर्घकालीन संतुष्टि और सच्ची मूल्य उत्पादकता की कीमत पर हमें ध्यान केंद्रित करने व योजना बनाने जैसी अल्पकालिक असुविधाओं से बचाती है। ऐसा करके यह सिद्धांत हमें उस अर्थव्यवस्था में सतही कार्य की ओर धकेल देता है, जो गहनता को सबसे ज़्यादा महत्त्व देती है। हालाँकि यह ऐसा इकलौता चलन नहीं है, जो गहनता कम करने के लिए मेट्रिक (मात्रक) ब्लैक होल का लाभ उठाता हो। इसके साथ ही हमें 'उत्पादकता' की उस माँग पर भी गौर करना चाहिए, जो हमेशा की जाती है और अक्सर खासी चिढ़ पैदा कर देती है। आगे हम इसी विषय पर चर्चा करेंगे।

उत्पादकता की प्रतिनिधि के रूप में व्यस्तता

शोधकार्य को बढ़ावा देनेवाली यूनिवर्सिटी में एक प्रोफेसर के तौर पर कार्य करने में काफी मुश्किलें होती हैं। पर इस काम का एक सबसे बड़ा लाभ भी है और वह है स्पष्टता। आप एक अकादमिक शोधकर्ता के तौर पर कितना अच्छा या कितना बुरा प्रदर्शन कर रहे हैं, इसे सिर्फ एक सवाल से तय किया जा सकता है, वह सवाल है- क्या आप महत्वपूर्ण शोधपत्र (रिसर्च-पेपर्स) प्रकाशित कर रहे हैं? इस सवाल के जवाब को एक संख्या के तौर पर भी निर्धारित किया जा सकता है, जैसे कि एच-इंडेक्स[5] नामक फार्मूले का नाम इसके आविष्कारक जॉर्ज हिर्श के नाम पर रखा गया है। इसके माध्यम से आपके द्वारा प्रकाशित रिसर्च-पेपर्स और उद्धरण (दृष्टांत) की कुल संख्या को एक मूल्य देकर यह अनुमान लगाया जा सकता है कि उस क्षेत्र में आपका प्रभाव कितना है। जैसे उदाहरण के लिए कंप्यूटर साइंस के क्षेत्र में 40 से ज़्यादा का एच-इंडेक्स स्कोर हासिल करना मुश्किल होता है और जब किसी का स्कोर 40 तक पहुँच जाता है, तो उसे एक सशक्त दीर्घकालिक कॅरियर का प्रतीक मान लिया जाता है। जबकि दूसरी ओर जब आपके कार्यकाल की समीक्षा होती है, अगर उस समय आपका एच-इंडेक्स एक अंक तक सीमित है, तो इसका अर्थ है कि आप मुश्किल में हैं। रिसर्च-पेपर्स की तलाश के लिए अकादमिक लोगों के बीच मशहूर गूगल स्कॉलर नामक टूल आपके एच-इंडेक्स की गणना स्वत: ही कर लेता है ताकि आपको हर सप्ताह कई बार यह याद दिलाया जा सके कि इस क्षेत्र में आपकी क्या जगह है (और अब अगर आप मेरे एच-इंडेक्स स्कोर के बारे में सोच रहे हैं, तो मैं आपको बता दूँ कि यह शब्द लिखते समय मेरा स्कोर 21 है)।

यह स्पष्टता इस निर्णय को आसान बना देती है कि एक प्रोफेसर को काम से संबंधित कौन सी आदतें अपनानी चाहिए और कौन सी आदतें छोड़ देनी चाहिए। उदाहरण के लिए अगले पैराग्राफ में नोबेल पुरस्कार विजेता भौतिक विज्ञानी रिचर्ड फेनमैन के एक इंटरव्यू का वह हिस्सा दिया जा रहा है, जिसमें वे अपनी एक अपेक्षाकृत कम रूढ़िवादी उत्पादकता रणनीति की व्याख्या कर रहे थे।

भौतिकी के क्षेत्र में वाकई अच्छा काम करने के लिए आपको लंबे

---

[5] एच-इंडेक्स एक लेखक स्तरीय मेट्रिक है, जो वैज्ञानिक या विद्वान के प्रकाशनों की उत्पादकता और उद्धरण प्रभाव दोनों को मापने का प्रयास करता है।

समय की ज़रूरत पड़ती है... यह काम बहुत एकाग्रता माँगता है... और अगर आप कोई ऐसी नौकरी कर रहे हैं, जहाँ आपका काम किसी किस्म के प्रशासन या व्यवस्था से संबंधित है, तो यह तय है कि आपको समय ही नहीं मिलेगा। इसीलिए मैंने अपने लिए एक नई धारणा बनाई है कि 'मैं एक गैर-जिम्मेदार व्यक्ति हूँ। मैं सक्रिय रूप से गैर-जिम्मेदार हूँ। मैं हर किसी से यही कहता हूँ कि मैं कुछ नहीं करता। जैसे अगर कोई मुझसे एडमिशन से जुड़ी किसी कमिटी का हिस्सा बनने के लिए कहता है, तो मैं उसे बोलता हूँ, 'नहीं, मैं बहुत गैर-जिम्मेदार व्यक्ति हूँ।'

रिचर्ड फेनमैन अपनी प्रशासनिक जिम्मेदारियों से बचने के लिए अडिग थे क्योंकि वे जानते थे कि इससे उनकी 'भौतिकी के क्षेत्र में वाकई अच्छा काम' करने की क्षमता कम हो जाएगी, जो उनकी पेशेवर जिंदगी के लिए सबसे ज़्यादा मायने रखता है। हम यह मान सकते हैं कि ई-मेल्स का जवाब देने के मामले में फेनमैन कभी सक्रियता नहीं दिखाते और अगर उन्हें ओपन-ऑफिस में बैठने या ट्वीट करने के लिए कहा जाता, तो शायद वे उस यूनिवर्सिटी की नौकरी छोड़कर किसी और यूनिवर्सिटी में काम करने लगते। जब हमारे सामने यह स्पष्ट हो जाता है कि हमारे लिए कौन सी चीज़ें मायने रखती हैं, तो इससे यह भी स्पष्ट हो जाता है कि वे कौन सी चीज़ें हैं, जो हमारे लिए मायने नहीं रखतीं।

मैं प्रोफेसरों के उदाहरण इसलिए दे रहा हूँ क्योंकि वे नॉलेज वर्कर्स के बीच कुछ हद तक विशिष्ट होते हैं। ऐसा इसलिए क्योंकि ज़्यादातर नॉलेज वर्कस के मामले में इस बात को लेकर कोई पारदर्शिता नहीं होती कि वे अपने क्षेत्र में कितना अच्छा प्रदर्शन कर रहे हैं। सामाजिक आलोचक मैथ्यू क्रॉफर्ड इस अनिश्चितता का वर्णन करते हुए कहते हैं, 'मैनेजर्स (प्रबंधक) खुद एक भयावह मानसिक परिदृश्य में जीते हैं और उन अस्पष्ट अनिवार्यताओं को लेकर चिंतित रहते हैं, जिनके प्रति वे जवाबदेह होते हैं।' हालाँकि क्रॉफर्ड खासतौर पर नॉलेज वर्क से जुड़े मध्यम दर्जे के मैनेजर्स की दुर्दशा की बात कर रहे थे, पर उन्होंने जिस 'भयावह मानसिक परिदृश्य' का उल्लेख किया, वह इस क्षेत्र के कई पदों पर लागू होता है। जैसा कि वे कारोबार को समर्पित अपनी सन 2009 की किताब 'शॉप क्लास एज सोलक्राफ्ट' में बताते हैं कि इसी भयावह मानसिक

परिदृश्य से छुटकारा पाने के लिए उन्होंने वॉशिंग्टन डी.सी. के एक थिंक टैंक (नीतियाँ बनानेवाले विचारकों की संस्था) के डायरेक्टर की अपनी नौकरी छोड़कर मोटरसाइकिल्स की मरम्मत करनेवाली एक दुकान खोल ली। एक खराब हो चुकी मशीन को सुधारने के उद्देश्य से उसके साथ जूझना और आखिरकार सफलता प्राप्त करना (यानी मोटरसाइकिल का चालू होना और फिर सफलतापूर्वक सड़क पर चलना) उनके लिए उपलब्धि के उस एहसास जैसा था, जिसे पाने के लिए वे अपनी थिंक टैंक की नौकरी में लगातार संघर्ष कर रहे थे।

ठीक यही चीज़ कई नॉलेज वर्कर्स के लिए भी समस्याएँ खड़ी करती है। वे यह साबित करना चाहते हैं कि वे अपनी टीम में एक उत्पादक सदस्य के रूप में सक्रिय हैं और जो कुछ भी हासिल कर रहे हैं, वह अपनी मेहनत से कमाकर हासिल कर रहे हैं। पर वे इस बात को लेकर पूरी तरह स्पष्ट नहीं होते कि उनका लक्ष्य वास्तव में क्या है। उनके पास कोई बढ़ता हुआ एच-इंडेक्स या मरम्मत के बाद सड़क पर चलने के लिए तैयार मोटरसाइकिल्स का समूह नहीं होता, जो उनके महत्त्व का प्रमाण दे सके। इस अंतर को दूर करने के लिए कई लोग उस पिछले दौर की ओर मुड़ते नज़र आ रहे हैं, जब उत्पादकता वैश्विक अवलोकन के योग्य थी यानी अब वे औद्योगिक युग की ओर मुड़ रहे हैं।

इस दावे को समझने के लिए ज़रा उस समय को याद करें, जब एसेंबली लाइन के उदय के साथ इफिसिएंसी मूवमेंट[6] का उदय हुआ था। इसके संस्थापक फ्रेडरिक टेलर अपने कर्मचारियों की दक्षता की निगरानी करने के लिए स्टॉपवॉच लेकर खड़े होने के लिए मशहूर थे। इस प्रकार वे ऐसे नए-नए तरीके खोजने की फिराक में रहते थे, जिससे कर्मचारियों की काम पूरा करने की गति बढ़ाई जा सके। फ्रेडरिक टेलर के दौर में उत्पादकता का अर्थ बिलकुल स्पष्ट था: प्रति मिनट निर्मित पुर्जों की संख्या। पर ऐसा लगता है कि आज के व्यावसायिक माहौल में कई नॉलेज वर्कर्स अपनी भयावह पेशेवर जिंदगी में अपना महत्त्व स्थापित करने के लिए उत्पादकता की इस पुरानी परिभाषा की ओर मुड़ रहे हैं (उदाहरण के लिए डेविड एलन उत्पादक कार्यप्रणाली का वर्णन करने के लिए एक विशिष्ट वाक्यांश 'क्रैंकिंग विगेट्स' का इस्तेमाल करते हैं)। मेरा तर्क है कि नॉलेज वर्कर्स

[6] दक्षता आंदोलन - 20वीं शताब्दी की शुरुआत में अमेरिका, ब्रिटेन और अन्य औद्योगिक देशों में शुरू हुआ आंदोलन, जिसका उद्देश्य था अर्थव्यवस्था और समाज के व्यर्थ हिस्से की पहचान कर उसे खत्म करना और सर्वश्रेष्ठ प्रणालियों और व्यवहारों को विकसित कर उन्हें लागू करना।

उस व्यस्तता की ओर बहुत तेजी से बढ़ रहे हैं, जो स्पष्ट दिखाई देती है क्योंकि उनके पास अपना महत्त्व प्रदर्शित करने के लिए इससे बेहतर कोई और रास्ता नहीं होता। चलिए, अब इस प्रवृत्ति को एक नाम दे देते हैं।

उत्पादकता की प्रतिनिधि के रूप में व्यस्तता: अपने कार्यक्षेत्र में उत्पादक और महत्वपूर्ण होने का अर्थ क्या है, यह स्पष्ट करनेवाले संकेतकों के अभाव के बीच कई नॉलेज वर्कर्स उत्पादकता के औद्योगिक संकेतकों की ओर वापस मुड़ रहे हैं: स्पष्ट नज़र आनेवाला बहुत सारा काम करना।

यह मानसिकता, गहनता नष्ट करनेवाले कई व्यवहारों की लोकप्रियता का एक और स्पष्टीकरण देती है। अगर आप 24 घंटों में किसी भी समय ई-मेल भेजते हैं और उनका जवाब देते हैं... अगर आप लगातार मीटिंग्स् रखते हैं और उनमें शामिल होते हैं... अगर आप सब काम छोड़कर हॉल जैसे किसी इंस्टेंट मैसेजिंग सिस्टम में आए किसी संदेश या प्रश्न का जवाब देने के लिए फौरन चले आते हैं... अगर आप अपने ओपन-ऑफिस में घूमते रहते हैं और अपने सामने नज़र आ रहे हर व्यक्ति को नए-नए सुझाव देते रहते हैं... तो इसका अर्थ है कि इन सारे व्यवहारों के चलते आप सार्वजनिक तौर पर एक व्यस्त व्यक्ति नज़र आते हैं। अगर आप अपनी इस व्यस्तता को उत्पादकता की प्रतिनिधि के तौर पर इस्तेमाल कर रहे हैं, तो ये सारे व्यवहार आपको और दूसरों को इस बात के लिए आश्वस्त करने में महत्वपूर्ण भूमिका निभाते हैं कि आप अपना काम बहुत अच्छी तरह कर रहे हैं।

यह ज़रूरी नहीं है कि यह मानसिकता तर्कहीन हो। कुछ लोगों का काम सचमुच ऐसे ही व्यवहारों पर निर्भर होता है। जैसे उदाहरण के लिए सन 2013 में याहू की नई सी.ई.ओ. मेरिसा माएर ने अपने कर्मचारियों पर घर से काम करने के लिए रोक लगा दी। उन्होंने यह निर्णय याहू के कर्मचारियों द्वारा कंपनी के सर्वर पर लॉग-इन करने के लिए इस्तेमाल होनेवाले वर्चुअल प्राइवेट नेटवर्क के सर्वर-लॉग्स की जाँच के बाद लिया। माएर नाराज थीं क्योंकि घर पर बैठकर काम करनेवाले कर्मचारी पूरे दिन पर्याप्त समय तक साइन-इन नहीं करते थे। यानी वे एक तरह से अपने कर्मचारियों को ई-मेल चेक करने (कंपनी के सर्वर पर लॉग-इन करने के मुख्य कारणों में से एक) में ज़्यादा समय न बिताने के लिए दंड दे रही थीं। इस तरह दरअसल उन्होंने कर्मचारियों को यह संकेत दिया कि 'अगर

आप व्यस्त नज़र नहीं आ रहे हैं, तो मैं यह मान लूँगी कि आप एक उत्पादक कर्मचारी नहीं हैं।'

वस्तुनिष्ठ ढंग से देखा जाए, तो यह अवधारणा बड़ी पुरातनपंथी है। नॉलेज वर्क कोई एसेंबली लाइनवाला काम नहीं है और सूचना का मूल्य निकालना एक ऐसी गतिविधि है, जो अक्सर व्यस्तता के प्रतिकूल होती है। उदाहारण के लिए ज़रा हमारे पिछले अध्याय में उल्लेखित अकादमिक शख्सियत एडम ग्रांट को याद करिए, जो अपने लेखन पर ध्यान केंद्रित करने के लिए निरंतर बाहरी दुनिया से कटकर रहने के चलते व्हार्टन यूनिवर्सिटी के सबसे युवा पूर्णकालिक प्रोफेसर बन गए थे। यह व्यवहार सार्वजनिक रूप से व्यस्त रहने से बिलकुल विपरीत है। अगर ग्रांट याहू के कर्मचारी होते, तो सी.ई.ओ. मेरिसा माएर उन्हें नौकरी से बरखास्त कर चुकी होतीं। लेकिन ग्रांट की यह गहन रणनीति उनके कार्यक्षेत्र में उनके लिए बहुत ही मूल्यवान साबित हुई।

बेशक हम व्यस्तता के प्रति अपनी इस पुरातनपंथी वचनबद्धता को समाप्त कर सकते हैं, बशर्ते हम मूल आधार पर इसके नकारात्मक प्रभावों को दर्शा सकें। पर इसी बिंदु पर मेट्रिक (मात्रक) ब्लैक होल का प्रवेश हो जाता है, जो इस स्पष्टता में बाधा बन जाता है। विभिन्न रणनीतियों की प्रभावशीलता को मापने के लिए, काम की अस्पष्टता और मात्रकों की कमी का यह प्रबल मिश्रण, ऐसे व्यवहार के लिए एक रास्ता बना देता है, जिन्हें अगर हमारे रोज़मर्रा के कार्यों के निरंतर भयावह होते जा रहे मानसिक परिदृश्य में उन्नति करने के लिए तटस्थ ढंग से देखा जाए, तो वे बेहूदा नज़र आ सकते हैं।

हालाँकि जैसा कि हम आगे देखेंगे, जिन लोगों के पास इस बात की स्पष्ट समझ है कि नॉलेज वर्क के क्षेत्र में सफलता हासिल करने का अर्थ क्या होता है, उन्हें भी गहनता से दूर किया जा सकता है। ऐसा करने के लिए सिर्फ एक ऐसी लुभावनी विचारधारा ही काफी होती है, जिसके लिए आप अपना कॉमन सेंस त्यागने के लिए तैयार हो जाएँ।

इंटरनेट का संप्रदाय

फ्रांस के पेरिस शहर में न्यू यॉर्क टाइम्स अखबार की ब्यूरो चीफ एलीसा रुबिन पर विचार करें। पेरिस से पहले वे अफगानिस्तान के काबुल में अखबार

की ब्यूरो चीफ हुआ करती थीं, जहाँ उन्होंने अफगानिस्तान युद्ध के बाद देश के पुनर्निर्माण के दौरान रिर्पोटिंग की थी। जिस समय मैं यह अध्याय लिख रहा था, उस समय वे ऐसे तेज-तर्रार लेखों की एक पूरी श्रृंखला प्रकाशित कर रही थीं, जिनमें रवांडा नरसंहार में फ्रांसीसी सरकार की मिलीभगत के बारे में बताया गया था। दूसरे शब्दों में कहें, तो एलीसा रुबिन एक गंभीर पत्रकार हैं, जो अपने काम में बहुत अच्छी हैं। वे ट्विटर का इस्तेमाल भी करती हैं और मेरा मानना है कि उन्हें अपने बॉस के निरंतर आग्रह के कारण ही ट्वीट करना पड़ता होगा।

रुबिन का ट्विटर प्रोफाइल देखने पर औपचारिक संदेशों की एक स्थिर और कुछ हद तक अनियमित श्रृंखला नज़र आती है। वे हर दो-चार दिनों के अंतर पर एक ट्वीट करती हैं, मानों उन्हें न्यू यॉर्क टाइम्स की सोशल मीडिया डेस्क (जी हाँ, आजकल अखबारों में ऐसी एक टीम भी होती है) की ओर से यह याद दिलाया जाता हो कि उन्हें अपने सोशल मीडिया फॉलोअर्स को भी खुश रखना है। कुछ अपवादों को छोड़ दें, तो रुबिन के अधिकतर ट्वीट्स में उनके द्वारा हाल में पढ़े और पसंद किए गए लेखों का जिक्र होता है।

रुबिन एक रिपोर्टर हैं, न कि एक मीडिया पर्सनैलिटी। अपने अखबार के लिए वे इसलिए मूल्यवान हैं क्योंकि उनके अंदर खबरों के स्रोतों को साधने, तथ्यों को इकट्ठा करने और प्रभावशाली लेख लिखने की क्षमता है। वास्तव में एलीसा रुबिन जैसे लोग ही न्यू यॉर्क टाइम्स की प्रतिष्ठा का कारण हैं और यह प्रतिष्ठा ही आज के सर्वव्यापी और व्यसनकारी क्लिक-बेट[7] युग में अखबार की व्यावसायिक सफलता को आधार देती है। तो फिर ऐसा क्यों है कि सिलिकॉन वैली से बाहर स्थित एक मीडिया कंपनी (यानी ट्विटर) की सर्विस पर मुफ्त और सतही कंटेंट उपलब्ध कराने के लिए एलीसा रुबिन को अपने इस महत्वपूर्ण गहन कार्य में व्यवधान डालना पड़ता है? जबकि उस मीडिया कंपनी का न्यू यॉर्क टाइम्स से कोई लेना-देना भी नहीं है।

और शायद इससे भी ज़्यादा महत्वपूर्ण बात यह है कि यह व्यवहार अधिकतर लोगों को इतना सामान्य क्यों लगता है? अगर हम इन सवालों का जवाब दे सकें, तो हम उस निर्णायक चलन को बेहतर ढंग से समझ सकेंगे,

---

[7] इंटरनेट पर मौजूद ऐसा कंटेंट, जिसका मुख्य उद्देश्य वेबसाइट के विजिटर्स का ध्यान खींचकर उन्हें अपने किसी विशिष्ट वेब पेज के लिंक पर क्लिक करने के लिए लुभाना होता है।

जिसकी मैं यहाँ चर्चा करना चाहता हूँ और जो इस सवाल के संदर्भ में बहुत ही प्रासंगिक है कि आखिर गहन कार्य इतने विरोधाभासी ढंग से दुर्लभ क्यों हो गया है?

हमारे जवाब की नींव, न्यू यॉर्क यूनिवर्सिटी के प्रोफेसर और कम्युनिकेशन थ्योरिस्ट (संचार सिद्धांतकार) स्वर्गीय नील पोस्टमैन की एक चेतावनी में पाया जा सकता है। 1990 के दशक की शुरुआत में जब पर्सनल कंप्यूटर क्रांति में पहली बार तेजी आई थी, उस समय नील पोस्टमैन ने तर्क देते हुए लिखा था कि 'हमारा समाज प्रौद्योगिकी के साथ एक चिंताजनक संबंध स्थापित करने की ओर बढ़ रहा है।' उन्होंने पाया कि अब हम अपने सामने आनेवाली नई–नई समस्याओं से निपटने में कारगर नई क्षमताओं में संतुलन स्थापित करनेवाली नई प्रौद्योगिकियों से जुड़ी दुविधाओं पर चर्चा नहीं करते हैं। बल्कि उच्च तकनीकवाली प्रौद्योगिकी का नाम सामने आते ही यह मान लेते हैं कि यह अच्छी ही होगी। बस बात खत्म!

उन्होंने इस संस्कृति को टेक्नोपॉली[8] का नाम दिया था और उन्होंने इसके बारे में चेतावनी देते समय कोई हिचकिचाहट नहीं दिखाई थी। सन 1993 में उन्होंने इस विषय पर लिखी अपनी किताब में कहा था, 'टेक्नोपॉली अपने ही वैकल्पिक रूपों को उसी तरह खत्म कर देती है, जैसे अंग्रेज लेखक और दार्शनिक एल्डस हक्सली ने अपने डिस्टोपियन[9] उपन्यास 'ब्रेव न्यू वर्ल्ड' में दर्शाया था। टेक्नोपॉली अपने वैकल्पिक रूपों को न तो अवैध बनाती है, न अनैतिक और न ही अलोकप्रिय। बल्कि यह उन्हें बस अदृश्य कर देती है और इस तरह वे रूप अप्रासंगिक या असंगत हो जाते हैं।'

नील पोस्टमैन की मृत्यु सन 2003 में ही हो गई थी पर अगर आज वे जीवित होते, तो संभव है कि इस बात पर काफी हैरान होते कि 1990 के दशक में उनके अंदर जो आशंकाएँ पैदा हुई थीं, वे कितनी जल्दी वास्तविकता में तब्दील हो गईं। इस वास्तविकता को इंटरनेट की अनपेक्षित और अकस्मात तरक्की से पैदा हुई संभावना कहा जा सकता है। सौभाग्य से नील पोस्टमैन के तर्कों को आज के इंटरनेट युग में कायम रखने के लिए उनके एक बौद्धिक उत्तराधिकारी मौजूद

---

[8] ऐसी सांस्कृतिक मनोदशा, जहाँ यह मान लिया जाता है कि प्रौद्योगिकी हमेशा सकारात्मक और मूल्यवान ही होती है।

[9] ऐसा काल्पनिक संसार जहाँ हर चीज़ अपने सबसे बदतर स्वरूप में है।

हैं, जिनका नाम है एवगेनी मोरोजोव। वे एक सामाजिक आलोचक हैं और ढेर सारे संदर्भों और उद्धरणों से लैस रहते हैं। सन 2013 में अपनी किताब 'टू सेव एवरीथिंग, क्लिक हियर' में मोरोजोव ने इंटरनेट को लेकर हमारी टेक्नोपोलिकल सनक से पर्दा उठाने की कोशिश की थी। अपनी इस किताब में उन्होंने एक विचारधारा के रूप में इंटरनेट की भूमिका पर जोर देते हुए लिखा था, 'इंटरनेट को ज्ञान और नीति संबंधी सलाह के स्रोत के रूप में देखने की प्रवृत्ति ने ही इसे केबल्स और नेटवर्क-राउटर्स के एक अरुचिकर संग्रह से बदलकर एक मोहक और रोमांचक विचारधारा बना दिया है - जिसे आज की ऊबर-आइडियोलॉजी (ऊँची विचारधारा) भी कहा जा सकता है।'

मोरोजोव की आलोचना के अनुसार, हमने इंटरनेट को व्यापार और सरकार के क्रांतिकारी भविष्य का पर्यायवाची बना दिया है। अपनी कंपनी को इंटरनेट जैसा बनाने का अर्थ है, समय के साथ चलना जबकि इस चलन को नज़रअंदाज करना ठीक वैसा ही होगा, जैसे ऑटोमोबाइल के युग में पुरातनपंथी घोड़ागाड़ी बनाने पर जोर देना। अब हम इंटरनेट टूल्स को, व्यावसायिक लाभ अर्जित करनेवाली कंपनियों द्वारा बाजार में उतारे गए उत्पादों के तौर पर नहीं देखते, जिनके निवेशक पैसा निवेश करके लाभ कमाना चाहते हैं। साथ ही जिन्हें चलानेवाले वे बीस-बाइस साल के युवा हैं, जो अक्सर आगे बढ़ने की होड़ में झूठी कहानियाँ गढ़ लेते हैं। बल्कि हम अंजाने में डिजिटल उपकरणों को प्रगति का संकेत और एक नए संसार का अग्रदूत मान बैठते हैं।

आज के समय में टेक्नोपॉली इंटरनेट-सेन्ट्रिज्म[10] जैसी नज़र आती है। यह ज़रूरी है कि हम इस वास्तविकता को पहचाने क्योंकि यह उस सवाल की व्याख्या करता है, जिससे इस किताब का यह खंड शुरू हुआ था। न्यू यॉर्क टाइम्स में एक सोशल मीडिया डेस्क है, जो एलीसा रुबिन जैसे पत्रकारों पर ध्यान भटकानेवाले व्यवहारों को अपनाने का दबाव डालती है। क्योंकि एक इंटरनेट-सेन्ट्रिक (केंद्रीय) टेक्नोपॉली में ऐसे व्यवहारों पर विचार-विमर्श या चर्चा नहीं की जाती है। इसका विकल्प - इंटरनेट से जुड़ी हर चीज़ को फौरन स्वीकार करने से बचने के लिए - जैसा कि नील पोस्टमैन कहते - 'अदृश्य है और इसीलिए अनुचित है।'

---

[10] मोरोजोव द्वारा दिए गए इस शब्द को हिंदी में इंटरनेट-मध्येवाद कहा जा सकता है यानी इंटरनेट से संबंधित चरमपंथी स्थितियों को नज़रअंदाज कर इसके बारे में एक नरम रवैया अपनाना।

यह अदृश्यता उस हंगामे को स्पष्ट करती है – जिसका उल्लेख हमने पहले किया था – जब उपन्यासकार जॉनथन फ्रैंजन ने यह कहने का साहस दिखाया था कि 'उपन्यासकारों को ट्वीट नहीं करना चाहिए।' उनकी इस बात से लोग इसलिए नहीं चिढ़ गए थे क्योंकि वे फ्रैंजन से असहमत थे या उपन्यासों और किताबों की मार्केटिंग की अच्छी समझ रखते थे। बल्कि वे तो सिर्फ इसलिए चिढ़े हुए थे क्योंकि वे इस बात से हैरान थे कि कोई गंभीर व्यक्ति सोशल मीडिया को इतना व्यर्थ कैसे ठहरा सकता है। एक इंटरनेट–सेन्ट्रिक टेक्नोपॉली में इस तरह का वक्तव्य देना ठीक वैसा ही है, जैसा सरकार के प्रति अपना विरोध दर्ज करने के लिए देश का झंडा जला देना – जिसे किसी मसले पर अपनी विरोधपूर्ण राय दर्ज कराना नहीं बल्कि एक पवित्र चीज़ का तिरस्कार माना जाता है।

इस मानसिकता की सार्वभौमिक पहुँच को शायद सबसे अच्छी तरह उस अनुभव में देखा जा सकता है, जो मुझे हाल ही में उस वक्त हुआ, जब मैं जॉर्जटाउन कैंपस में स्थित अपने ऑफिस जा रहा था। कनेक्टिकट एवेन्यू स्थित एक ट्रैफिक सिग्नल के हरे होने का इंतजार करने के लिए मैंने अपनी गाड़ी वहाँ खड़े एक ट्रक के पीछे लगा दी। वह ट्रक एक रेफ्रिजरेटेड सप्लाई चेन लॉजिस्टिक्स कंपनी का था। रेफ्रिजरेटेड शिपिंग एक प्रतिस्पर्धी और जटिल व्यवसाय है, जिसमें ट्रेड यूनियंस से निपटने और रूट तय करने के लिए भी समान कौशल की ज़रूरत होती है। यह सबसे पुराने तौर–तरीकोंवाला उद्योग है, जो कई मायनों में उन प्रौद्योगिकी आधारित स्टार्टअप्स का बिलकुल विपरीत है, जो आजकल सबसे ज़्यादा ध्यान आकर्षित करते हैं। हालाँकि उस ट्रक के पीछे खड़े होने पर जिस चीज़ ने मुझे सबसे ज़्यादा प्रभावित किया, वह उस कंपनी की जटिलता या बड़े पैमाने पर होनेवाला उसका कारोबार नहीं था बल्कि वह ग्राफिक था, जो शायद अच्छा–खासा पैसा खर्च करके कंपनी के सभी ट्रकों के पीछे लगाया गया था – उस ग्राफिक पर लिखा हुआ था, 'हमारा फेसबुक पेज लाइक करें।'

एक टेक्नोपॉली में गहन कार्य का नुकसान सबसे ज़्यादा होता है क्योंकि गहन कार्य गुणवत्ता, शिल्प कौशल और महारत जैसे उन मूल्यों पर आधारित है, जो निश्चित रूप से न सिर्फ पुराने जमाने के तौर–तरीकों में गिने जाते हैं बल्कि किसी भी रूप में प्रौद्योगिकी से संबंधित नहीं होते। इससे भी बदतर ये कि गहन कार्य का समर्थन करने के लिए अक्सर उन चीज़ों द्वारा अस्वीकृति का सामना करना पड़ता है, जो नई और हाई–टेक (अत्याधुनिक प्रौद्योगिकी संबंधी) हैं। गहन

कार्य को सोशल मीडिया के पेशेवर इस्तेमाल जैसे ध्यान भटकानेवाले हाई-टेक व्यवहारों के चक्कर में भुला दिया गया है। पर ऐसा इसलिए नहीं है क्योंकि गहन कार्य इन हाई-टेक व्यवहारों से किसी तरह कमतर है। बेशक अगर मूल आधार पर इस प्रकार के व्यवहारों का प्रभाव मापने के लिए सुदृढ़ मेट्रिक (मात्रक) मौजूद होते, तो संभव है कि हमारी मौजूदा टेक्नोपॉली टूटकर बिखर जाती। पर मेट्रिक (मात्रक) ब्लैक होल इस प्रकार की स्पष्टता में बाधा बना हुआ है। और तो और, यह हमें इंटरनेट से जुड़ी हर चीज़ को उस ऊबर-आइडियोलॉजी (ऊँची विचारधारा) में ऊँचा स्थान देने की इजाजत भी दे देता है, जिसके बारे में मोरजोव ने अपनी आशंकाएँ व्यक्त की थीं। ऐसी संस्कृति में हमें इस बात पर हैरान नहीं होना चाहिए कि गहन कार्य को ट्वीट्स, लाइक्स, टैग्ड फोटो, वॉल, पोस्ट और उन चमक-दमक भरे सभी व्यवहारों के सामने संघर्ष करना पड़ता है, जिनके बारे में आज हमें यह सिखाया जाता है कि वे बहुत महत्वपूर्ण हैं।

व्यवसाय के लिए बुरा, आपके लिए अच्छा

आज के कारोबारी माहौल में गहन कार्य एक प्राथमिकता होना चाहिए पर ऐसा नहीं है। मैंने इसी विरोधाभास के विभिन्न स्पष्टीकरणों को संक्षेप में आपके सामने प्रस्तुत किया है। इन स्पष्टीकरणों में से कुछ वास्तविकताएँ इस प्रकार हैं - गहन कार्य मुश्किल होता है और सतही कार्य आसान... अपने काम के लक्ष्य स्पष्ट न हों, तो सतही काम में नज़र आनेवाली व्यस्तता अक्सर आत्म-संरक्षण का ज़रिया बन जाती है... हमारी संस्कृति में यह मान्यता विकसित हो गई है कि अगर कोई व्यवहार इंटरनेट से जुड़ा हुआ है, तो वह अच्छा ही होगा - भले ही मूल्यवान चीज़ों का उत्पादन करने की हमारी क्षमता पर उसका प्रभाव कैसा भी हो। गहनता का मूल्य तय करने में आनेवाली कठिनाई और इसे अनदेखा करने से होनेवाला नुकसान इन सभी प्रवृत्तियों को सक्षम बनाता है।

अगर आप गहनता की महत्ता पर विश्वास करते हैं, तो यह व्यवसाय के लिए एक बुरी खबर है क्योंकि यह व्यवसाय को उस रास्ते पर ले जाता है, जहाँ मूल्य उत्पादन में संभावित रूप से बड़े पैमाने पर वृद्धि करने का अवसर उसके हाथ से निकल जाता है। पर आपके लिए एक व्यक्ति के तौर पर गहनता एक अच्छी चीज़ है। आपके साथियों और नियोक्ताओं में दूरदृष्टि की यह कमी आपके लिए एक बड़ा व्यक्तिगत लाभ है। अगर हम यह मानकर चलें कि यहाँ उल्लेखित

प्रवृत्तियाँ इसी तरह जारी रहीं, तो यह तय है कि गहनता बेहद दुर्लभ हो जाएगी और जो चीज़ दुर्लभ होती है, उसका मूल्य बढ़ जाता है। गहन कार्य में कोई मौलिक दोष नहीं होता और इसकी जगह आ चुके ध्यान भटकानेवाले व्यवहारों में कुछ भी ऐसा नहीं है, जो आवश्यक हो। ये दोनों बातें साबित हो चुकी हैं। इसलिए अब आप पूरे आत्मविश्वास के साथ उस दिशा में बढ़ सकते हैं, जो इस किताब का मुख्य लक्ष्य है यानी गहनता में जाने की अपनी व्यक्तिगत क्षमता को व्यवस्थित रूप से विकसित करना और ऐसा करके महान परिणाम हासिल करना।

3

गहन कार्य अर्थपूर्ण है

रिक फ्यूरर पेशे से एक लोहार हैं। वे प्राचीन और मध्ययुगीन धातु-कर्म में माहिर हैं और अपनी दुकान डोर काउंटी फोर्जवर्क में कड़ी मेहनत करते हुए उस युग के धातु-नमूनों का पुनर्निर्माण करते हैं। अपनी कला के बारे में बताते हुए वे कहते हैं, 'मैं अपना सारा काम मशीनों के बजाय अपने हाथों से करता हूँ और ऐसे औजारों का इस्तेमाल करता हूँ, जो मेरी रचनात्मकता को प्रभावित किए बिना मेरा बल कई गुना बढ़ा देते हैं, जिस काम को पूरा करने के लिए मुझे हथौड़े से सौ वार करने पड़ते हैं, वह किसी विशाल स्वेजन मशीन के एक वार से भी पूरा हो सकता है। पर ऐसा करना मेरे लक्ष्य से बिलकुल विपरीत होगा और इस लिहाज से मेरी बनाई हुई हर चीज़ उन दो हाथों के साक्ष्य प्रस्तुत करती है, जिन्होंने उसे गढ़ा है।'

सन 2012 में अमेरिका की पब्लिक ब्रॉडकास्ट सर्विस (पीबीएस) की एक डॉक्यूमेंट्री रिक फ्यूरर के दुनिया की एक झलक देती है। इस डॉक्यूमेंट्री से हमें पता चलता है कि वे विस्कॉसिन राज्य के ग्रामीण इलाके में स्थित एक बाड़े में काम करते हैं, जो मिशिगन झील की प्राकृतिक सुंदरता से भरपूर स्टर्जन खाड़ी से ज़्यादा दूर नहीं है। फ्यूरर अक्सर अपने खलिहान के दरवाजे खुले छोड़कर क्षितिज तक फैले उस हरियालीवाले इलाके में काम करते रहते हैं। शायद ऐसा वे अपनी लोहे की भट्ठी की गर्मी से बचने के लिए करते हैं। यूँ तो वहाँ का वातावरण बहुत ही शांतिपूर्ण और सुखद है पर जब आपका सामना उनके काम से पहली बार होता है, तब आपको उसकी क्रूरता का अंदाजा होता है। इस डॉक्यूमेंट्री में रिक फ्यूरर को वाइकिंग युग[1] की एक तलवार का पुनर्निर्माण करते हुए दिखाया गया

---

[1] यूरोप के इतिहास का एक दौर, जो 8वीं सदी ईसवी से 11वीं सदी तक चला और विशेष रूप से उत्तरी यूरोप व स्कैंडिनेविया में केंद्रित था।

है। वे इसकी शुरुआत क्रूसिबल स्टील[2] को गलाने की पंद्रह सौ साल पुरानी एक तकनीक से करते हैं। उस जमाने के लिहाज से क्रूसिबल स्टील एक असामान्य रूप से शुद्ध धातु हुआ करती थी। क्रूसिबल स्टील गलाने के बाद एक धातु-पिंड की तरह बनकर तैयार हुआ, जिसका आकार बस उतना ही था, जितना एक के ऊपर एक रखे तीन-चार स्मार्टफोन्स का होगा। इसके बाद इस सघन धातु-पिंड को एक लंबी और शानदार तलवार का आकार देकर पॉलिश किया जाता है।

डॉक्यूमेंट्री के एक दृश्य में फ्यूरर इस धातु-पिंड को विधिपूर्वक गर्म करके उस पर बार-बार हथौड़े चलाते हुए कैमरे की ओर देखकर कहते हैं, 'इस पूरी प्रक्रिया का यह शुरुआती हिस्सा वाकई भयावह होता है।' डॉक्यूमेंट्री के नैरेटर (कहानी बयान करनेवाला) की आवाज हमें बताती है कि 'इस धातु-पिंड को हथौड़े से पीट-पीट पर तलवार की शक्ल देने में करीब आठ घंटे का समय लगेगा।' जैसे-जैसे आप फ्यूरर को काम करते हुए देखते हैं, वैसे-वैसे उनके कठिन श्रम को लेकर आपकी सोच बदलने लगती है। जल्द ही आपके सामने यह स्पष्ट होने लगता है कि वे बस यूँ ही उस धातु-पिंड को बार-बार पीट नहीं रहे हैं बल्कि उनके हथौड़े का हर वार जितना तगड़ा होता है, उतना ही नियंत्रित भी। बौद्धिक से नज़र आनेवाले पतले फ्रेम के चश्मे से झाँकती उनकी आँखें बड़े गौर से उस धातु-पिंड को देख रही होती हैं और वे हथौड़े के हर वार से पहले उसे पलट रहे होते हैं। जो उनका यह चश्मा उनकी घनी दाढ़ी और चौड़े कंधोंवाले उनके व्यक्तित्व से बिलकुल विपरीत लगता है। वे बताते हैं, 'इसके साथ बहुत कोमलता से पेश आना पड़ता है, वरना यह फौरन टूट सकता है,' हथौड़े से कुछ और वार करने के बाद वे आगे कहते हैं: 'इस पर लगातार वार करना पड़ता है। धीरे-धीरे यह तलवार का आकार लेने लगता है और फिर इसे बनाने में आनंद आने लगता है।'

उस धातु-पिंड को मनचाहा आकार देने के बाद फ्यूरर ने उसे जलते चारकोल के एक संकरे कुंड में डालकर गोल-गोल घुमाना शुरू कर दिया। फिर तलवार की ओर देखते हुए उन्होंने अचानक कहा, 'तैयार हो गई।' इसके बाद उन्होंने आग की तरह तपती तलवार को अपने शरीर से एक सुरक्षित दूरी पर रखते हुए उठाया और उसे ठंडा करने के लिए तेल से भरे पाइप में डुबो दिया। पलभर के

---

[2] मूशा इस्पात – ढलवाँ लोहे से बना इस्पात

बाद उन्होंने यह सोचकर राहत की साँस ली कि तलवार टूटकर टुकड़े-टुकड़े नहीं हुई क्योंकि इस चरण में ऐसा अक्सर होता है। फिर उन्होंने उसे तेल के पाइप से बाहर निकाल लिया। धातु की अवशिष्ट गर्मी से तेल जलने लगा और वह तलवार पीले रंग की लपटों से घिर गई। फ्यूरर ने जलती हुई तलवार को अपने मज़बूत हाथ से हवा में उठाया, पलभर के लिए उस पर एक नज़र डाली और फिर आग की लपटों को फूँककर बुझा दिया। इस एक पल में तलवार की लपटों की रोशनी से उनका चेहरा दमक उठा, जिस पर सराहना का भाव स्पष्ट नज़र आ रहा था।

फ्यूरर बताते हैं, 'सैकड़ों साल पुरानी तकनीक से धातु की चीज़ें बनाना ऐसा सबसे मुश्किल काम है, जो मुझे अच्छी तरह आता है। यह ऐसी चुनौती है, जो मुझे आगे बढ़ने की प्रेरणा देती है। वास्तव में, मुझे तलवार की कोई ज़रूरत नहीं है, लेकिन उसे बनाना मेरी ज़रूरत है।'

रिक फ्यूरर एक महारथी शिल्पकार हैं और उनका काम करीब-करीब दिनभर उनसे गहन मानसिक अवस्था की माँग करता है - एकाग्रता भंग करनेवाला एक छोटा सा व्यवधान भी उनकी घंटों की कड़ी मेहनत पर पलभर में पानी फेर सकता है। इसके साथ ही वे एक ऐसे व्यक्ति भी हैं, जिसे अपना पेशा अर्थपूर्ण लगता है। शिल्पकारी की दुनिया में गहन कार्य और एक अच्छे जीवन के बीच का यह संबंध न सिर्फ काफी जाना-पहचाना है बल्कि व्यापक रूप से स्वीकार्य भी है। जैसा कि मैथ्यू क्रॉफर्ड बताते हैं, 'दुनिया में स्वयं को अपनी शारीरिक कार्यक्षमता द्वारा व्यक्त कर पाने का संतोष एक ऐसी चीज़ है, जिसे पाकर इंसान शांत और सहज महसूस करने लगता है।' हमें मैथ्यू क्रॉफर्ड के इस दावे पर पूरा भरोसा है।

पर जब हम अपना ध्यान नॉलेज वर्क[3] की ओर लेकर जाते हैं, तो यह संबंध धुँधला हो जाता है। इस मुद्दे का एक मुख्य पहलू है स्पष्टता। रिक फ्यूरर जैसे शिल्पकार उन पेशेवर चुनौतियों का सामना करते हैं, जिन्हें परिभाषित करना तो आसान होता है, पर उनका सामना करना बहुत मुश्किल है। यह एक ऐसा असंतुलन है, जो अपना उद्देश्य तय करते समय उपयोगी साबित होता है। नॉलेज वर्क इस स्पष्टता को अस्पष्टता में बदल देता है। एक नॉलेज वर्कर क्या करता

[3] ऐसा काम जिसे करने वाले की मुख्य पूँजी उसका ज्ञान होता है, जैसे प्रोग्रामिंग, इंजीनियरिंग, अकाउंटेन्सी, आर्किटेक्चर और वकालत वगैरह।

है और उसका काम दूसरों से कैसे अलग है, यह परिभाषित करना मुश्किल है: अपने सबसे बुरे दिनों में हमें ऐसा लगता है, मानों हर नॉलेज वर्क ई-मेल और पॉवर-प्वाइंट प्रेजेन्टेशन के थका देनेवाले सिलसिले के ही इर्द-गिर्द घूमता है। बस फर्क सिर्फ इतना है कि ऐसे हर पेशे से जुड़ी पॉवर-प्वाइंट प्रेजेन्टेशन में इस्तेमाल किए गए चाट्‌र्स अलग-अलग होते हैं। फ्यूरर भी इसी फीकेपन की बात कर रहे होते हैं, जब वे लिखते हैं कि 'इन्फॉरमेशन सुपरहाईवे और साइबर स्पेस की दुनिया ने मुझे निरुत्साही और विरक्त बनाकर रख दिया था।'

नॉलेज वर्क में गहनता और अर्थ के संबंध को धुँधला करनेवाला एक और मुद्दा हैं वे लोग, जो नॉलेज वर्कर्स को लगातार सतही गतिविधियों में ज़्यादा से ज़्यादा समय देने के लिए मनाने की कोशिश में लगे रहते हैं। जैसा कि पिछले अध्याय में बताया गया है, 'हम एक ऐसे दौर में जी रहे हैं, जहाँ इंटरनेट से संबंधित हर चीज़ को स्वत: ही आवश्यक और उन्नतिशील मान लिया जाता है।'

इन प्रवृत्तियों को नज़रअंदाज कर दिया जाता है और ई-मेल का जवाब तुरंत भेजने व सोशल मीडिया पर सक्रिय उपस्थिति जैसे गहनता नष्ट करनेवाले व्यवहारों की प्रशंसा की जाती है। इससे हमारे अंदर संदेह पैदा होता है। रिक फ्यूरर जैसे व्यक्ति को फेसबुक इस्तेमाल न करने के लिए कोई दोषी नहीं ठहराएगा पर अगर कोई नॉलेज वर्कर ऐसा करे, तो उसे सनकी बता दिया जाएगा (जो कि मेरा निजी अनुभव है)।

हालाँकि नॉलेज वर्क में गहनता और अर्थ के बीच का संबंध अपेक्षाकृत कम स्पष्ट न होने का अर्थ यह नहीं है कि इनके बीच कोई संबंध है ही नहीं। इस अध्याय का उद्‌देश्य आपको यह विश्वास दिलाना है कि गहन कार्य एक सूचना आधारित अर्थव्यवस्था में भी उतनी ही संतुष्टि दे सकता है, जितनी कि एक शिल्प संबंधी अर्थव्यवस्था में। आगे आनेवाले खंड में मैं अपने इस दावे के पक्ष में तीन मुख्य तर्क प्रस्तुत करूँगा। मोटे तौर पर ये तर्क वैचारिक रूप से संकीर्ण मार्ग से होते हुए, हमें वैचारिक रूप से व्यापक मार्ग तक ले जाएँगे: शुरुआत न्यूरोलॉजिक (तंत्रिका संबंधी) दृष्टिकोण से होगी, फिर हम मनोवैज्ञानिक दृष्टिकोण से होते हुए आखिर में दार्शनिक दृष्टिकोण तक पहुँचेंगे। मैं आपको दिखाऊँगा कि आप गहनता और नॉलेज वर्क के मुद्‌दे को भले ही किसी भी दृष्टिकोण से देखें, पर यह स्पष्ट है कि सतहीपन की जगह जब आप गहनता को अपनाते हैं, तो अर्थ की उन्हीं

प्रवृत्तियों तक पहुँच सकते हैं, जो रिक फ्यूरर जैसे शिल्पकार को प्रेरित करती हैं। इसीलिए खंड एक के इस आखिरी अध्याय का प्रसंग यही है कि एक गहन जीवन न सिर्फ आर्थिक रूप से आकर्षक होता है बल्कि यह एक अच्छा जीवन भी है।

गहनता के पक्ष में एक न्यूरोलॉजिक (तंत्रिका संबंधी) तर्क

विज्ञान-लेखक विनीफ्रेड गैलेगर को ध्यान और खुशी के बीच मौजूद संबंध का एहसास तब हुआ, जब उन्हें एक अप्रत्याशित और भयावह घटना का सामना करना पड़ा। दरअसल वे कैंसर की शिकार हो गई थीं। वे स्पष्ट करती हैं, 'ये कोई सामान्य कैंसर नहीं था बल्कि एक बहुत खतरनाक और तेजी से बढ़नेवाला कैंसर था।' जैसा कि उन्होंने सन 2009 में 'रैप्ट' शीर्षक से प्रकाशित अपनी किताब में बताया है कि 'अपने मेडिकल टेस्ट की रिपोर्ट से कैंसर का पता चलने के बाद जब मैं अस्पताल से बाहर निकल रही थीं, तो मुझे अचानक एक प्रबल अंतर्दृष्टि का एहसास हुआ कि यह बीमारी मेरे ध्यान पर अपना एकाधिकार करना चाहती है, पर मैं इसके बजाय जितना संभव हो सकेगा, अपना ध्यान अपने जीवन पर केंद्रित करूँगी।' इसके बाद कैंसर के इलाज की प्रक्रिया उनके लिए बहुत ही भयावह और थका देनेवाली साबित हुई। पर नॉनफिक्शन राइटिंग (कथेतर लेखन) के कॅरियर से प्रखर हुए उनके दिमाग को इस बात पर गौर करने में ज़रा भी समय नहीं लगा कि अपने जीवन के अच्छे पहलुओं - जैसे फिल्में देखना, टहलने जाना और शाम 6:30 बजे मार्टिनी (एक प्रकार की कॉकटेल) पीना - पर ध्यान केंद्रित करने की उनकी प्रतिबद्धता उनके लिए कितनी कारगर साबित हुई है। इस अवधि में उनके जीवन पर डर और अफसोस का बोलबाला होना चाहिए था, लेकिन उन्होंने पाया कि इसके बजाय उनका जीवन तो काफी सुखद था।

गैलेगर की जिज्ञासा बढ़ गई और उन्होंने तय किया कि वे इस बात को और बेहतर ढंग से समझने की कोशिश करेंगी कि हमारे जीवन की गुणवत्ता तय करने में ध्यान कौन सी भूमिका निभाता है। जैसे हम किन चीज़ों पर ध्यान केंद्रित करने का चुनाव करते हैं और किन चीज़ों को नज़रअंदाज करने का चुनाव करते हैं? पाँच साल तक विज्ञान के बारे में रिपोर्टिंग करने के बाद वे इस बात को लेकर आश्वस्त हो गईं कि वे अपने मन की 'ग्रैंड यूनिफाइड थ्योरी' (भव्य एकीकृत सिद्धांत) की गवाह थीं :

जिस तरह चाँद की ओर इशारा करनेवाली उँगलियाँ वास्तव में उसकी

रोशनी पर ध्यान देने का संकेत दे रही होती हैं, उसी तरह मानव शास्त्र (एंथ्रोपोलॉजी) से लेकर शिक्षा (एज्युकेशन) तक और व्यवहार, अर्थशास्त्र (बिहेवियरल इकोनॉमिक्स) से लेकर परिवार परामर्श (फैमिली काउंसिलिंग) जैसे विविध विषय भी यही संकेत देते हैं कि अपने ध्यान का कुशल प्रबंधन न सिर्फ एक अच्छे जीवन की पहली शर्त है बल्कि अपने अनुभव के लगभग हर पहलू को बेहतर बनाने की कुंजी भी है।

अधिकतर लोग अपने जीवन के व्यक्तिपरक अनुभव के बारे में जिस तरह सोचते हैं, यह अवधारणा उसे उलटकर रख देती है। हमारे अंदर अपनी परिस्थितियों पर बहुत ज़्यादा जोर देने की प्रवृत्ति होती है क्योंकि हम मान लेते हैं कि हमारे साथ जो भी होता है (या जो नहीं हो पाता है) उसी से तय होता है कि हम कैसा महसूस करते हैं। इस दृष्टिकोण के अनुसार जीवन में हर दिन होनेवाली छोटी-छोटी चीज़ों का ज़्यादा महत्त्व नहीं होता क्योंकि असली महत्त्व सिर्फ बड़ी चीज़ों का होता है, जैसे 'नौकरी में प्रमोशन मिलेगा या नहीं,' या 'आप अपने वर्तमान घर से ज़्यादा बड़े और आलीशन घर में रहने जा सकेंगे या नहीं' वगैरह। गैलेगर के अनुसार, कई दशकों तक हुए शोधों से आए परिणाम इस समझ से बिलकुल विपरीत हैं। हम जिन चीज़ों पर ध्यान केंद्रित करते हैं, हमारा दिमाग वैसी ही सोच बना लेता है। अगर आप अपना ध्यान कैंसर पर केंद्रित करते हैं, तो आपका जीवन दुःखी और स्याह हो जाता है, पर अगर आप इसके बजाय शाम को मार्टिनी पीने के आनंद पर ध्यान केंद्रित करते हैं, तो आपका जीवन कहीं अधिक सुखद हो जाता है - भले ही दोनों ही मामले में परिस्थितियाँ समान हों। तभी तो गैलेगर कहती हैं, 'आप कौन हैं, क्या सोचते हैं, क्या महसूस करते हैं, क्या करते हैं और क्या पसंद करते हैं - यह उसी का सारांश होता है, जिस पर आप ध्यान केंद्रित करते हैं।'

अपनी किताब रैप्ट में गैलेगर ने उन शोधों की जाँच की, जो दिमाग की इस समझ का समर्थन करते हैं। उदाहरण के लिए उन्होंने यूनिवर्सिटी ऑफ नॉर्थ कैरोलिना की मनोवैज्ञानिक बारबरा फ्रेडरिक्सन का हवाला दिया। वह एक ऐसी शोधकर्ता है, जो भावनाओं के ज्ञान संबंधी मूल्यांकन (कॉग्नीटिव अप्रेजल) में माहिर हैं। फ्रेडरिक्सन के शोध से पता चलता है कि आपके दृष्टिकोण के विकास

पर उन चीज़ों का बहुत महत्वपूर्ण प्रभाव पड़ता है, जिन पर आप ध्यान केंद्रित करने का चुनाव करते हैं। ये साधारण चुनाव आपको अपनी भावनाओं के लिए एक 'रीसेट बटन' उपलब्ध करा सकते हैं। वे एक ऐसे जोड़े का उदाहरण देती हैं, जो घरलू काम पूरे करने की जिम्मेदारी के असमान बँटवारे को लेकर झगड़ता था। उन्होंने सुझाव दिया कि 'अपने जीवनसाथी की सुस्ती और स्वार्थीपन पर ध्यान केंद्रित करने के बजाय आप इस बात पर गौर कर सकते हैं कि कम से कम इसके चलते दोनों के बीच पल रहा एक गंभीर टकराव सामने तो आया, जो वास्तव में समस्या का समाधान ढूँढ़ने और बेहतर मन:स्थिति में पहुँचने का पहला चरण है।' भले ही यह 'हर स्थिति का उजला पक्ष देखने' का उपदेश लगे, पर फ्रेडरिक्सन ने पाया कि इन भावनात्मक 'लीवरेज प्वाइंट्स' (leverage point शक्ति अंक) का कुशल उपयोग करके नकारात्मक घटनाओं के बाद भी काफी सकारात्मक परिणाम हासिल किए जा सकते हैं।

वैज्ञानिक इस प्रभाव को न्यूरोलॉजिकल स्तर तक देख सकते हैं। उदाहरण के लिए स्टैनफोर्ड यूनिवर्सिटी की मनोवैज्ञानिक लॉरा कारस्टेन्सेन ने अपने एक शोध में एफ.-एम.आर.आई. स्कैनर का उपयोग किया, ताकि यह देख सकें कि शोध में हिस्सा लेनेवाले लोगों को सकारात्मक और नकारात्मक, दोनों किस्म की तस्वीरें दिखाने पर उनका दिमाग क्या प्रतिक्रिया देता है। उन्होंने पाया कि युवा लोगों का एमिग्डला[4] दोनों किस्म की तस्वीरें देखने के बाद प्रतिक्रियाओं से उत्तेजित हो उठा। पर जब उन्होंने बुजुर्गों के दिमाग का स्कैन किया गया, तो उनके एमिग्डला ने सिर्फ सकारात्मक तस्वीरों पर ही प्रतिक्रिया दी। इस पर कारस्टेन्सेन की परिकल्पना यह है कि बुजुर्ग लोगों का प्रीफ्रंटल कॉर्टेक्स[5] नकारात्मक उत्तेजना के क्षणों में एमिग्डला को रोकने के लिए प्रशिक्षित होता है। शोध में हिस्सा लेनेवाले बुजुर्गों के खुश होने का कारण यह नहीं था कि उनके जीवन की स्थितियाँ युवाओं से बेहतर थीं। बल्कि वे तो इसलिए खुश थे क्योंकि उन्होंने अपने दिमाग को इस बात के लिए तैयार कर लिया था कि वह नकारात्मक चीज़ों को अनदेखा कर दे और सकारात्मक चीज़ों का आनंद उठाए। अपने ध्यान का कुशल प्रबंधन करके

4 प्रमस्तिष्कखंड दिमाग में स्थित बादाम की आकृतिवाला न्यूरॉन्स का एक सेट, जो भावनाओं का केंद्र होता है।

5 दिमाग का वह हिस्सा जो निर्णय लेने और सामाजिक व्यवहार को संतुलित रखने के लिए जिम्मेदार होता है।

उन्होंने अपनी दुनिया में बिना कोई ठोस बदलाव लाए, उसे बेहतर बना लिया।

अब हम स्वयं को एक किनारे रखकर, एक अच्छा जीवन गढ़ने में गहन कार्य की भूमिका समझने के लिए गैलेगर के विराट सिद्धांत का इस्तेमाल कर सकते हैं। यह सिद्धांत कहता है, 'आपका संसार उन चीज़ों का परिणाम है, जिस पर आप अपना ध्यान केंद्रित करते हैं।' तो अब ज़रा एक पल के लिए उस मानसिक संसार पर विचार करें, जिसका निर्माण लंबे समय तक गहन प्रयास करने के परिणामस्वरूप होता है। गहन कार्य में गंभीरता और महत्त्व की भावना निहित होती है - भले ही तलवार बनानेवाले शिल्पकार रिक फ्यूरर हों या फिर एल्गोरिद्म का सर्वश्रेष्ठ इस्तेमाल कर रहा कोई कंप्यूटर प्रोग्रामर। इसीलिए गैलेगर का सिद्धांत यह कहता है कि अगर आप इस अवस्था में पर्याप्त समय बिताते हैं, तो आपका मन आपके संसार को, अर्थ व महत्त्व से समृद्ध संसार के तौर पर देखेगा।

अपने काम में गहन एकाग्रता विकसित करने का एक अदृश्य पर महत्वपूर्ण लाभ यह है कि यह एकाग्रता आपके जीवन में फैली ऐसी कई छोटी-मोटी और कम सुखद चीज़ों पर ध्यान देने से बचा लेती है, जिन्हें नज़रअंदाज करना आज के समय में बहुत मुश्किल हो गया है (जब मनोवैज्ञानिक मिहाले चिकशेन्टमिहाल्यी ने ऐसी गहन एकाग्रता विकसित करने के फायदों पर जोर दिया, जिसके बाद किसी व्यर्थ की चीज़ के बारे में सोचने या समस्याओं पर चिंतित होने के लिए ज़रा भी एकाग्रता न बचे, तब दरअसल वे इसी लाभ को स्पष्ट कर रहे थे)। यह खतरा सबसे मुखर रूप में प्रोग्रामिंग, इंजीनियरिंग, अकाउंटेन्सी, आर्किटेक्चर और वकालत नॉलेज वर्क के मामले में सामने आता है। क्योंकि नॉलेज वर्क सर्वव्यापी रूप से निरंतर एक-दूसरे के संपर्क में रहने की प्रवृत्ति पर निर्भर होता है इसीलिए इसमें भयावह रूप से ध्यान भटकानेवाली कई चीज़ें शामिल होती हैं - जिनमें से ज़्यादातर ऐसी होती हैं, जिन पर अगर ध्यान दिया जाए, तो वे आपके मन द्वारा निर्मित मानसिक संसार से अर्थ और महत्त्व को खत्म कर देती हैं।

इस दावे को और अधिक ठोस रूप में प्रस्तुत करने के लिए मैं आपको खुद का ही उदाहरण देता हूँ। इस अध्याय का पहला ड्राफ्ट लिखने से पहले मेरे द्वारा भेजे गए पाँच ई-मेल पर विचार कीजिए। आगे इन पाँचों ई-मेल की सब्जेक्ट लाइन और उनकी सामग्री का सारांश प्रस्तुत किया जा रहा है।

- **Re: URGENT - CalNewport Brand Registration Congirmation** (तत्काल – कैलन्यूपोर्ट ब्रांड पंजीकरण पुष्टि)

  यह ई–मेल एक आम घोटाले का जवाब था, जिसमें एक कंपनी वेबसाइट मालिकों को अपना डोमेन चीन में पंजीकृत कराने के लिए बरगलाने का प्रयास करती है। मैं उनके बार–बार आनेवाले ई–मेल से खीज़ा हुआ था। इसीलिए इस बार मैं ज़रा भड़क गया और मैंने उन्हें एक जवाबी ई–मेल लिखकर भेज दिया कि अगर वे अपने ई–मेल्स में 'website' (वेबसाइट) की स्पेलिंग सही–सही लिखते, तो उनका यह घोटाला और अधिक विश्वसनीय नज़र आता। हालाँकि मैं जानता हूँ कि इससे उनकी हरकतों पर कोई लगाम नहीं लगनेवाला है।

- **Re: SR** (एस आर)

  यह ई–मेल मेरे परिवार के एक सदस्य के साथ मेरी बातचीत का हिस्सा था। यह बातचीत वॉल स्ट्रट जनरल में प्रकाशित एक लेख के बारे में थी, जिसे उसने हाल ही में पढ़ा था।

- **Re: Important Advice** (महत्वपूर्ण सलाह)

  यह ई–मेल सेवानिवृत्ति (रिटायर इन्वेस्टमेंट) के बाद निवेश की सर्वो त्कृष्ट रणनीतियों के बारे में हो रही बातचीत का हिस्सा था।

- **Re: Fwd Study Hacks** (अध्ययन युक्तियाँ)

  यह ई–मेल उस बातचीत का हिस्सा थी, जिसमें मैं अपने एक ऐसे परिचित से मिलने का समय तय करने की कोशिश में था, जो फिलहाल मेरे शहर आया हुआ था। हालाँकि उससे मिलने की मेरी यह कोशिश किसी काम नहीं आई क्योंकि उसका कार्यक्रम काफी व्यस्त था।

- **Re: Just Curious** (बस उत्सुक हूँ)

  यह ई–मेल उस बातचीत का हिस्सा थी, जिसमें मैं और मेरा एक सहकर्मी अपने ऑफिस के एक मुद्दे पर हो रही राजनीति (अकादमिक विभागों की आम घिसी–पिटी राजनीति) पर अपनी प्रतिक्रिया दे रहे थे।

इन सारे ई–मेल से स्पष्ट होता है कि नॉलेज वर्क से जुड़े स्थानों पर किस

किस्म की सतही चिंताएँ आपका ध्यान आकर्षित करती हैं। इन संदेशों में प्रस्तुत किए गए कुछ मुद्दे बिलकुल मामूली हैं, जैसे किसी दिलचस्प लेख पर चर्चा करना वगैरह। वहीं कुछ अस्पष्ट रूप से तनावपूर्ण हैं, जैसे सेवानिवृत्ति के बाद बचत और निवेश की रणनीतियाँ तय करना (यह उस किस्म की बातचीत है, जो अक्सर इस बिंदु पर आकर खत्म हो जाती है कि आप इस मामले में जो भी कर रहे हैं, वह गलत है)। जबकि कुछ मुद्दे निराशाजनक हैं, जैसे व्यस्त कार्यक्रम के बीच अपने किसी परिचित से मिलने का समय तय करना। दूसरी ओर कुछ मुद्दे स्पष्ट रूप से नकारात्मक हैं, जैसे घोटाला करनेवालों पर गुस्से से भरी प्रतिक्रिया देना या ऑफिस की राजनीति पर चिंतित होकर चर्चा करना।

कई नॉलेज वर्कर्स अपना पूरा कामकाजी दिन ऐसी ही सतही चिंताओं पर चर्चा करते हुए बिता देते हैं। यहाँ तक कि जब उन्हें कोई ऐसा काम करना हो, जिसमें उन्हें मानसिक रूप से पूरी तरह शामिल होने की ज़रूरत हो, तब भी बार-बार इनबॉक्स चेक करने की उनकी आदत के चलते ऐसे सतही मुद्दे ही उनके ध्यान का केंद्र बने रहते हैं। गैलेगर हमें सिखाती हैं कि 'अपना दिन बिताने का यह सबसे मूर्खतापूर्ण तरीका है क्योंकि इससे यह सुनिश्चित हो जाता है कि आपका मन आपके कामकाजी जीवन की जो तस्वीर बनाएगा, उस पर तनाव, जलन, हताशा और तुच्छता का प्रभुत्व होगा। दूसरे शब्दों में कहें तो आपका इनबॉक्स आपके सामने जो संसार प्रस्तुत करता है, वह वास्तव में ऐसा संसार नहीं है, जहाँ रहना एक सुखद अनुभव हो।'

भले ही आपके सारे सहकर्मी मिलनसार हों और उनके साथ होनेवाली आपकी बातचीत हमेशा सकारात्मक और उत्साहवर्धक हो, फिर भी जब आप इन सतही चीज़ों के मोहक परिदृश्य में अपना ध्यान भटकने देते हैं, तो दरअसल आप गैलगर द्वारा पता लगाए गए एक और मनोवैज्ञानिक जाल में फँसने का जोखिम उठा रहे होते हैं : 'पाँच साल तक किए गए ध्यान के अध्ययन ने कुछ अप्रिय सच्चाइयों की पुष्टि की है।' गैलेगर कहती हैं, 'खाली दिमाग शैतान का घर होता है... जब आपकी एकाग्रता खो जाती है, तो आपका मन अक्सर जीवन के सकारात्मक पहलुओं के बजाय नकारात्मक पहलुओं पर जाकर अटक जाता है।' न्यूरोलॉजिकल दृष्टिकोण से कहें, तो सतहीपन से संचालित होनेवाला कामकाजी दिन आमतौर पर थका देनेवाला और परेशान करनेवाला होता है, भले ही आपका

ध्यान खींचनेवाली उन सतही चीज़ों में से ज़्यादातर चीज़ें आपको हानिरहित और मजेदार लगती हों।

इन निष्कर्षों का निहितार्थ स्पष्ट है। काम के मामले में (और खासकार नॉलेज वर्क की श्रेणी में आनेवाले काम के मामले में) गहनता की अवस्था में ज़्यादा समय बिताने का अर्थ है, इंसानी दिमाग की जटिल मशीनरी का लाभ इस प्रकार उठाना, जो कई विभिन्न न्यूरोलॉजिकल कारणों से – अपने कामकाजी जीवन से जुड़े अर्थ और संतुष्टि को चरम सीमा पर ले जाती है। अपनी किताब का समापन करते हुए गैलगर लिखती हैं, 'अपनी बीमारी (कैंसर) के साथ मुश्किल भरे प्रयोग करने के बाद अब मेरे पास अपनी बाकी की जिंदगी जीने की एक ठोस योजना है। मैं अपने लक्ष्यों का चुनाव सावधानी से करूँगी... और फिर उन पर अपना पूरा ध्यान केंद्रित कर लूँगी। संक्षिप्त में कहूँ, तो मैं एक एकाग्रतापूर्ण जीवन जीऊँगी क्योंकि यही जीवन जीने का सर्वश्रेष्ठ तरीका है।' अगर हम भी गैलगर के दिखाए इस रास्ते पर आगे बढ़ते हैं, तो यकीन मानिए, यह हमारी समझदारी होगी।

गहनता का मनोवैज्ञानिक तर्क

गहनता से अर्थपूर्णता क्यों आती है, इसके बारे में हमारा दूसरा तर्क दुनिया के सबसे प्रसिद्ध मनोवैज्ञानिकों में से एक (जिनका नाम लिखने में सबसे ज़्यादा गलतियाँ होती हैं) मिहाले चिकशेन्टमिहाल्यी द्वारा मनोविज्ञान के क्षेत्र में दिए योगदान से निकला है। 1980 के दशक की शुरुआत में चिकशेन्टमिहाल्यी ने यूनिवर्सिटी ऑफ शिकागो में अपने एक युवा सहकर्मी रीड लार्सन के साथ मि लकर, रोज़मर्रा के सामान्य व्यवहार का मनोवैज्ञानिक प्रभाव समझने के लिए एक नई तकनीक का आविष्कार किया। उस दौर में विभिन्न गतिविधियों का सटीक मनोवैज्ञानिक प्रभाव मापना मुश्किल था। उस समय अगर आप किसी व्यक्ति को प्रयोगशाला में लाकर उससे यह पूछते कि कई घंटे पहले किसी एक निश्चित बिंदु पर उसे कैसा महसूस हुआ था, तो इस बात की संभावना कम ही थी कि उसे यह याद होता। और अगर इसके बजाय आप उसे एक डायरी देकर कहते कि वह अपने दिनभर के अनुभवों को उसमें दर्ज करे, तो इस बात की कोई संभावना नहीं थी कि वह पूरी गंभीरता के साथ ऐसा करता। क्योंकि यह काफी झंझटभरा काम है।

मिहाले चिकशेन्टमिहाल्यी और लार्सन की सफलता यह थी कि उन्होंने उस जमाने के हिसाब से नई तकनीक का फायदा उठाते हुए, इस विषय से जुड़े सवालों के जवाब तब दिए, जब वे वाकई प्रासंगिक (उचित) थे। उन्होंने जिन लोगों को अपने प्रयोग में शामिल किया, उन्हें एक-एक पेजर पहना दिया। ये सभी पेजर अनिश्चित अंतरालों पर बीप करते थे (आज पेजर के आधुनिक अवतार के रूप में स्मार्टफोन एप्स भी यही करते हैं)। बीप के बंद होते ही, प्रयोग में शामिल लोग यह दर्ज कर लेते थे कि ठीक उस समय वे क्या कर रहे थे और उसे लेकर कैसा महसूस कर रहे थे। प्रयोग में शामिल इन लोगों में से कुछ को एक-एक डायरी दी जाती थी, जिसमें उन्हें यह सूचना दर्ज करनी होती थी, जबकि अन्य लोगों को एक फोन नंबर दिया जाता था, जिस पर कॉल करके उन्हें उन सवालों का जवाब देना होता था, जो उनसे फोन पर पूछे जाते थे। इन लोगों का पेजर कभी-कभी ही बीप करता था, पर उसकी आवाज को नज़रअंदाज करना मुश्किल होता था, इसीलिए यह संभव था कि प्रयोग में शामिल लोग इस प्रक्रिया के निर्देषों का अच्छी तरह पालन करेंगे। चूँकि प्रयोग में शामिल लोगों को अपनी गतिविधियों पर अपनी प्रतिक्रिया ठीक उसी समय दर्ज करनी होती थी, इसीलिए उनकी प्रतिक्रियाएँ अधिक सटीक भी थीं। चिकशेन्टमिहाल्यी और लार्सन ने इसे ई.एस.एम. या एक्सपीरियंस सैम्पलिंग मेथड (अनुभव नमूनाकरण विधि) का नाम दिया, जिससे हमें इस बारे में अभूतपूर्ण जानकारी मिली कि हम अपने दैनिक जीवन की आवृत्तियों को लेकर कैसा महसूस करते हैं।

ई.एस.एम. के जरिए चिकशेन्टमिहाल्यी ने जो किया, उससे एक ऐसे सिद्धांत को मान्यता प्राप्त करने में मदद मिली, जिसे वे पिछले एक दशक से विकसित करने की कोशिश कर रहे थे: 'आमतौर पर सबसे अच्छे पल तब आते हैं, जब किसी कठिन और सार्थक कार्य को पूरा करने के लिए, स्वेच्छापूर्वक प्रयास करते हुए इंसान अपने शरीर और मन का उपयोग उनकी क्षमता की आखिरी सीमा तक करे।' चिकशेन्टमिहाल्यी ने इस मानसिक अवस्था को फ्लो[6] यानी प्रवाह का नाम दिया। यह खोज उस जमाने के पारंपरिक ज्ञान पर भारी पड़ गई। बहुत से लोगों को लगा (आज भी कई लोगों को यही लगता है) कि आराम करने से उन्हें खुशी मिलती है। हम कम काम करना चाहते हैं और ज़्यादा से ज़्यादा समय आराम

[6] एक ऐसा शब्द जिसे उन्होंने सन 1990 में इसी शीर्षक से प्रकाशित अपनी किताब से लोकप्रिय बनाया था।

करना चाहते हैं। पर चिकशेन्टमिहाल्यी के ई.एस.एम. अध्ययन से स्पष्ट हुआ कि आराम खुशी का स्रोत नहीं है :

> विडंबना यह है कि खाली समय के मुकाबले अपनी नौकरी या काम का आनंद लेना कहीं अधिक आसान है। क्योंकि फ्लो एक्टीविटीज[7] की तरह ही नौकरी या काम में भी कुछ अंतर्निहित लक्ष्य, चुनौतियाँ और फीडबैक रूल्स होते हैं। ये सब इंसान को अपना काम करने, उस पर ध्यान केंद्रित करने और मानसिक रूप से उसमें खो जाने के लिए प्रेरित करते हैं। जबकि खाली समय बेढंगा होता है, उसका कोई मूर्त रूप नहीं होता और न ही उसमें कोई तयशुदा योजना होती है, इसीलिए उसे आनंददायक बनाने के लिए अधिक प्रयास करना पड़ता है।

जब अनुभव के आधार पर लोगों को परखा गया, तो स्पष्ट हुआ कि जितना उन्हें लगता था, उससे कहीं ज़्यादा खुश वे तब रहते थे, जब वे नौकरी या काम करते थे। जबकि आराम करते समय वे अपने काम की तुलना में कम खुश रहते थे। और जैसा कि ई.एस.एम. अध्ययन ने पुष्टि की थी, अध्ययन में शामिल लोगों को एक निश्चित अवधि में जितना फ्लो एक्सपीरियंस (कोई कार्य करते समय उसमें पूरी तरह खो जाने का अनुभव) हुआ, उनकी खुशी का स्तर उतना ही ज़्यादा रहा। इससे स्पष्ट है कि इंसान अपनी सर्वश्रेष्ठ मानसिक अवस्था में तब होता है, जब वह किसी चुनौतीपूर्ण कार्य में डूबा हुआ हो।

बेशक फ्लो (प्रवाह) के सिद्धांत और पिछले पन्नों में बताए गए विनीफ्रेड गैलेगर के विचार कई मायनों में एक जैसे लगते हैं। ये दोनों ही गहनता के महत्त्व की ओर इशारा करते हैं पर इसके लिए दोनों का स्पष्टीकरण अलग-अलग है। गैलेगर का लेखन इस बात पर जोर देता है कि हम अपना ध्यान किन चीज़ों पर केंद्रित करते हैं। अगर हम सतही और नकारात्मक चीज़ों को नज़रअंदाज कर महत्वपूर्ण चीज़ों में खो जाने की हद तक अपना ध्यान केंद्रित करते हैं, तो हमारा कामकाजी जीवन और अधिक सकारात्मक व महत्वपूर्ण बन जाएगा।

इसके विपरीत चिकशेन्टमिहाल्यी के फ्लो (प्रवाह) सिद्धांत का आमतौर पर इस बात से कोई खास लेना-देना नहीं है कि आप किन चीज़ों पर ध्यान

[7] ऐसी गतिविधियाँ, जिन्हें करते समय आप उनमें पूरी तरह खो जाएँ।

केंद्रित करते हैं। हालाँकि संभवत: वे गैलेगर द्वारा उद्धृत शोध से सहमत होंगे। उनका सिद्धांत कहता है कि गहनता में जाने का एहसास ही अपने आपमें बहुत संतुष्टिजनक होता है और इंसानी दिमाग इस चुनौती को पसंद करता है, भले ही वह इंसान कोई भी हो।

अब आपके सामने गहन कार्य और फ्लो (प्रवाह) के बीच का यह संबंध स्पष्ट हो गया होगा : गहन कार्य ऐसी गतिविधि है, जो प्रवाह की स्थिति उत्पन्न करने के लिए अच्छी तरह से अनुकूल है। (प्रवाहपूर्ण अवस्था - चिकशेन्टमिहाल्यी ने इन शब्दों के माध्यम से यह बताया था कि फ्लो यानी प्रवाह पैदा करनेवाली चीज़ों में, एकाग्रता, अपने मन को उसकी क्षमता की आखिरी सीमा तक इस्तेमाल करने का विचार और किसी गतिविधि में खो जाने की हद तक लीन होना शामिल है - यही वे चीज़ें हैं, जो गहन कार्य को भी परिभाषित करती हैं।) जैसा कि हमने अभी-अभी जाना, फ्लो से खुशी आती है। इन दोनों विचारों को आपस में जोड़ने से हमें गहनता के पक्ष में एक शक्तिशाली मनोवैज्ञानिक तर्क मिल जाता है।

चिकशेन्टमिहाल्यी के मूल ई.एस.एम. प्रयोगों से उपजे शोध - जो दशकों तक चले - इस बात की पुष्टि करते हैं कि गहनता में जाना हमारी चेतना को कुछ इस तरह प्रभावित करता है कि जीवन सार्थक हो जाता है। चिकशेन्टमिहाल्यी तो यहाँ तक कहते हैं कि आधुनिक कंपनियों को यह वास्तविकता स्वीकार कर लेनी चाहिए। इस तरह दरअसल वे यह सुझाव देते हैं कि 'नौकरियों को फिर से गढ़ा जाना चाहिए ताकि वे ज़्यादा से ज़्यादा फ्लो एक्टिविटीज (ऐसी गतिविधियाँ, जिन्हें करते समय आप उनमें पूरी तरह खो जाएँ) के समान हों।' हालाँकि वे जानते थे कि नौकरियों को इस प्रकार फिर से गढ़ना मुश्किल हो और साथ ही विघटनकारी भी (उदाहरण के लिए पिछले अध्याय में प्रस्तुत मेरे तर्कों पर गौर करें)। इसीलिए चिकशेन्टमिहाल्यी ने इसके आगे अपनी बात स्पष्ट करते हुए कहा था कि इससे भी ज़्यादा महत्वपूर्ण यह है कि व्यक्ति खुद फ्लो के लिए अवसरों की तलाश करना सीखे। प्रायोगिक मनोविज्ञान के संसार को समझने की हमारी इस छोटी सी कोशिश से आखिरकार हमें यही सीख मिलती है कि गहन संतुष्टि पाने का सबसे सीधा और सहज रास्ता है, अपना कामकाजी जीवन गहन कार्य

से उपजे फ्लो के साथ विकसित करना।

गहनता का दार्शनिक तर्क

गहनता और अर्थ के बीच के संबंध पर हमारे पिछले तर्क के लिए ज़रूरी है कि न्यूरोसाइंस (तंत्रिका विज्ञान) और मनोविज्ञान की अपेक्षाकृत वास्तविक दुनिया से एक कदम पीछे जाकर एक दार्शनिक दृष्टिकोण अपनाया जाए। इस चर्चा के लिए मैं उन दो विद्वानों की मदद लूँगा, जो इस विषय को अच्छी तरह समझते हैं। पहले विद्वान हैं ह्यूबर्ट ड्रेफस, जिन्होंने बर्कले यूनिवर्सिटी में चार दशकों तक दर्शन शास्त्र पढ़ाया है और दूसरे विद्वान हैं सीन डॉरेंस केली, जो इस अध्याय के लिखे जाने के दौरान हार्वर्ड यूनिवर्सिटी में दर्शन शास्त्र विभाग के अध्यक्ष थे। सन 2011 में ड्रेफस और केली ने 'ऑल थिंग्स् शाइनिंग' शीर्षक से एक किताब प्रकाशित की, जिसमें इस बात की पड़ताल की गई थी कि इंसानी संस्कृति के पूरे इतिहास में पवित्रता और अर्थ संबंधी धारणाएँ कैसे विकसित हुईं। उन्होंने इस इतिहास का पुनर्निर्माण करने का लक्ष्य रखा क्योंकि वे इस बात से चिंतित थे कि हमारे दौर में इसका अंत हो रहा है। ड्रेफस और केली अपनी इस किताब के शुरुआती हिस्से में ही कहते हैं, 'यह संसार अपने विभिन्न रूपों में उजली चीज़ों का एक पवित्र स्थान हुआ करता था पर अब ऐसा लगता है, मानों वे उजली चीज़ें बहुत दूर चली गई हैं।'

तब से लेकर अब तक ऐसा क्या हुआ? दोनों लेखकों के अनुसार इसका संक्षिप्त जवाब हैं रेने डेकार्ट। 16वीं शताब्दी के फ्रांसीसी दार्शनिक, गणितज्ञ और वैज्ञानिक रेने डेकार्ट के संशयवाद[8] से यह कट्टरपंथी धारणा पैदा हुई कि निश्चितता की खोज में लगे व्यक्ति ने उस ईश्वर या राजा को भी पछाड़ दिया, जो सत्य का ही एक रूप होता है। इसके परिणामस्वरूप जो ज्ञान प्रकट (एन्लाइटेनमेंट) हुआ, उसने निश्चित रूप से संसार को मानवाधिकार की अवधारणा से परिचित कराया और परिणामस्वरूप कई लोग गुलामी और उत्पीड़न से मुक्त हो गए। पर जैसा कि ड्रेफस और केली जोर देकर कहते हैं, 'राजनीतिक क्षेत्र में भले ही इसके चलते बहुत सी अच्छी चीज़ें हुई हों पर इस सोच ने अभौतिक या सैद्धांतिक क्षेत्र

---

8 अपनी धारणाओं और मान्यताओं के प्रति संशय रखने की सुनियोजित प्रक्रिया, जिसे रेने डेकार्ट की लेखनी और प्रणालियों से जोड़कर देखा जाता है। इसे अंग्रेजी में केटीजियन डाउट या केटीजियन स्केप्टिसज़्म कहा जाता है।

में संसार से उस व्यवस्था और पवित्रता को छीन लिया, जो अर्थ की रचना के लिए अनिवार्य हैं।' एन्लाइटेनमेंट[9] के बाद के संसार में हमने खुद को यह पहचानने की जिम्मेदारी दे दी कि क्या अर्थपूर्ण है और क्या नहीं। यह ऐसी चीज़ है, जो न सिर्फ मनमानी नज़र आती है बल्कि भयावह शून्यवाद को भी प्रेरित करती है। ड्रेफस और केली चिंता व्यक्त करते हुए कहते हैं, 'ज्ञानोदय ने जिस प्रकार स्वतंत्र व्यक्तित्व को अभौतिक रूप से स्वीकार किया, वह न सिर्फ एक उबाऊ जीवन की ओर ले जाता है बल्कि लगभग अनिवार्य रूप से करीब-करीब ऐसे जीवन की ओर ले जाता है, जो जीने योग्य नहीं है।'

पहली नज़र में ऐसा लग सकता है कि गहनता से मिलनेवाली संतुष्टि को समझने के हमारे प्रयास से इस समस्या का कोई लेना देना नहीं है। लेकिन जब हमारा परिचय ड्रेफस और केली द्वारा प्रस्तुत समाधान से होता है, तो हमें अपने पेशेवर जीवन में अर्थ के स्रोतों के बारे में एक नई और समृद्ध अंतर्दृष्टि मिलती है। इन दोनों चीज़ों के बीच का यह संबंध तब और कम आश्चर्यजनक लगने लगता है, जब यह पता चलता है कि आधुनिक शून्यवाद पर ड्रेफस और केली की प्रतिक्रिया उसी शिल्पकारी या शिल्प कौशल पर आधारित है, जिससे इस अध्याय की शुरुआत हुई थी।

अपनी किताब के उपसंहार में ड्रेफस और केली यह तर्क देते हैं कि पवित्रता की भावना को फिर से उजागर करने के लिए शिल्प कौशल बड़े ही जिम्मेदार ढंग से एक कुंजी प्रदान करता है। अपने इस दावे को और स्पष्ट ढंग से सामने रखने के लिए वे लकड़ी के पहिए बनानेवाले एक कुशल बढ़ई का विवरण सामने रखते हैं - घोड़ा गाड़ियों के लिए लकड़ी के पहिए बनानेवाले बढ़ई का यह पेशा अब बीते जमाने की बात हो चुका है। अपनी किताब में लकड़ी के पहिए बनाने के हुनर का विस्तृत वर्णन करने के बाद ड्रेफस और केली उस बढ़ई के बारे में लिखते हैं, 'चूँकि लकड़ी का हर टुकड़ा अपने आपमें अनूठा होता है, इसीलिए हर टुकड़े का अपना एक अलग ही व्यक्तित्व होता है। बढ़ई जिस लकड़ी पर काम कर रहा होता है, उससे उसका एक अंतरंग संबंध होता है। इस दौरान उस लकड़ी की सूक्ष्म-विशेषताएँ विकसित होकर सामने आने के लिए तैयार होती

[9] ज्ञानोदय - 1650 से 1780 के दशक तक की अवधि को यूरोपीय ज्ञानोदय का युग कहा जाता है, जब पश्चिमी यूरोप के सांस्कृतिक और बौद्धिक वर्ग ने परंपरा से हटकर तर्क, विश्लेषण और व्यक्तिगत स्वतंत्रता पर जोर देना शुरू कर दिया।

हैं।' इन सूक्ष्म-विशेषताओं की प्रशंसा के साथ ड्रेफस और केली बताते हैं कि ज्ञानोदय के बाद के संसार में बढ़ई का काम करनेवालों को एक महत्वपूर्ण चीज़ पता चली। दरअसल उन्हें समझ में आ गया कि व्यक्ति के दायरे से बाहर भी अर्थ का एक स्रोत मौजूद है। लकड़ी के पहिए बनानेवाला बढ़ई मनमाने ढंग से यह तय नहीं करता कि वह जिस लकड़ी पर काम कर रहा है, उसकी कौन सी विशेषताएँ मूल्यवान हैं और कौन सी विशेषताएँ नहीं। लकड़ी का मूल्य और उससे जो काम लिया जाना है, वह उसी में अंतर्निहित होता है।

जैसा कि ड्रेफस और केली बताते हैं, 'इस प्रकार की पवित्रता शिल्पकारी के पेशे में आम है।' वे कहते हैं कि '**एक शिल्पकार का कार्य अर्थ पैदा करना नहीं है बल्कि अपने अंदर यह हुनर विकसित करना है कि पहले से मौजूद अर्थ को समझ सके।**' इससे शिल्पकार स्वतंत्र व्यक्तिवाद के शून्यवाद से मुक्त हो जाता है और उसे अर्थ का एक सुनियोजित संसार उपलब्ध हो जाता है। साथ ही यह अर्थ उन स्रोतों की अपेक्षा से अधिक सुरक्षित नज़र आता है, जिनका उल्लेख पुराने जमाने में किया जा चुका है। इससे ड्रेफस और केली का तात्पर्य यह है कि लकड़ी के पहिए बनानेवाला बढ़ई एक निरंकुश राजशाही का औचित्य साबित करने के लिए, चीड़ की लकड़ी की अंतर्निहित गुणवत्ता का इस्तेमाल आसानी से नहीं कर सकता।

चलिए एक बार फिर पेशेवर संतुष्टि के विषय की ओर वापस चलते हैं। ड्रेफस और केली ने शिल्पकारी या शिल्प कौशल की व्याख्या अर्थ तक पहुँचनेवाले एक मार्ग के रूप में की। जिससे हमें यह समझ मिलती है कि रिक फ्यूरर जैसी हस्तियों ने जो सिद्धांत व व्याख्याएँ प्रस्तुत कीं, उन्हें हममें से ज़्यादातर लोगों ने स्वीकार क्यों कर लिया। इन दोनों दार्शनिकों का तर्क यही होगा कि कच्ची धातुओं को कलात्मक कृति का रूप देते समय फ्यूरर के चेहरे पर जो संतुष्टि का भाव आता है, वह दरअसल तमाम आधुनिकता के बीच, किसी मायावी और मूल्यवान चीज़ के लिए उठनेवाली प्रशंसा की अभिव्यक्ति है। वास्तव में यह पवित्रता की एक झलक है।

पारंपरिक शिल्पकारी में अंतर्निहित इस पवित्रता को एक बार समझ लेने के बाद हम इसे नॉलेज वर्क की दुनिया से जोड़कर भी देख सकते हैं। पर इसके लिए हमें पहले दो महत्वपूर्ण अवलोकन करने होंगे। हो सकता है कि इनमें से पहला

अवलोकन हमें प्रत्यक्ष लगे लेकिन फिर भी इस पर जोर देने की ज़रूरत है: अगर अर्थ के इस विशेष स्रोत की उत्पत्ति की बात करें, तो हाथ से किए जानेवाले कार्यों में ऐसा कुछ नहीं है, जो बहुत आंतरिक या स्वाभाविक हो। क्योंकि ऐसा कोई भी कार्य - चाहे भौतिक हो या मानसिक - जो उच्च स्तरीय कौशल की माँग करता है, वह भी पवित्रता का यह भाव पैदा कर सकता है। इस बात को विस्तार से समझने के लिए लकड़ी तराशने या धातु की कलाकृतियाँ गढ़ने के पुरातनपंथी उदाहरणों से अलग कंप्यूटर प्रोग्रामिंग जैसे आधुनिक उदाहरण की ओर चलते हैं। कंप्यूटर कोडिंग के क्षेत्र में विलक्षण प्रतिभा के धनी सैंटियागो गोंजालेज द्वारा कही गई इन पंक्तियों पर गौर करें, जो उन्होंने एक इंटरव्यू में अपने काम की व्याख्या करते हुए कही थीं :

> अच्छा कंप्यूटर कोड संक्षिप्त और सारगर्भित होता है। अगर आप इस तरह लिखे गए कोड को किसी अन्य कंप्यूटर प्रोग्रामर को दिखाएँगे, तो वह यही कहेगा, 'ओह, यह कोड तो बहुत बढ़िया ढंग से लिखा गया है।' यह काफी हद तक ऐसा है, जैसे आप कविता लिख रहे हों।

गोंजालेज कंप्यूटर प्रोग्रामिंग पर ठीक उसी तरह चर्चा करते हैं, जिस तरह ड्रेफस और केली द्वारा उल्लेखित उद्धरणों में लकड़ी के पहिए बनानेवाले बढ़ई ने अपने शिल्प पर की है। 'द प्रैगमैटिक प्रोग्रामर' कंप्यूटर प्रोग्रामिंग के क्षेत्र की एक प्रसिद्ध किताब है। इस किताब की प्रस्तावना में कंप्यूटर कोड और पुराने जमाने के शिल्प कौशल के बीच के संबंध को मध्ययुगीन खदान कर्मचारियों के इस मत के जरिए अधिक स्पष्ट ढंग से प्रस्तुत किया गया है : 'हमारा काम भले ही सिर्फ पत्थर तोड़ना हो पर हमें यह काम करते वक्त भी हमेशा पत्थर से बने भव्य गिरिजाघरों की कल्पना करनी चाहिए।' इसके बाद यह किताब कहती है कि कंप्यूटर प्रोग्रामर्स को भी अपने पेशे को इसी नज़रिए से देखना चाहिए :

> किसी भी प्रोजेक्ट में वैयक्तिकता और शिल्प कौशल के लिए ज़रूरी जगह हमेशा होती है... आज से सौ साल बाद के लोगों को हमारी वर्तमान इंजीनियरिंग उतनी ही पुरातनपंथी लगेगी, जितनी आज के सिविल इंजीनियर्स को मध्ययुग में गिरिजाघर निर्मित करनेवालों की तकनीक लगती है। पर उस स्थिति में भी हमारे शिल्प कौशल को सम्मान की नज़रों से ही देखा जाएगा।

दूसरे शब्दों में कहें, तो ड्रेफस और केली जिस शिल्प कौशल से अर्थ पैदा होने की बात करते हैं, उस शिल्पकार की श्रेणी का व्यक्ति बनने के लिए आपको धूप से तपते किसी खेत में जाकर परिश्रम करने की ज़रूरत नहीं है। क्योंकि आज की सूचना आधारित अर्थव्यवस्था में उन कार्यक्षेत्रों में भी शिल्प कौशल के समान क्षमता देखी जा सकती है, जहाँ सबसे कुशलतापूर्वक ढंग से कार्य करना ज़रूरी होता है। भले ही आप एक लेखक हों, विक्रेता हों, सलाहकार हों या फिर एक वकील: आपका काम ही एक शिल्प है। अगर आप अपनी क्षमता को बढ़ाते हैं और फिर उसका इस्तेमाल पूरे सम्मान व सावधानी से करते हैं, तो लकड़ी के पहिए बनानेवाले एक कुशल बढ़ई की तरह ही आप भी अपने व्यावसायिक जीवन के रोज़मर्रा के कामों को अर्थपूर्ण बना सकते हैं।

इस बिंदु पर आकर कुछ लोग कह सकते हैं कि उनका नॉलेज वर्क अर्थ का स्रोत नहीं बन सकता क्योंकि उनका कार्यक्षेत्र बहुत ही नीरस है। पर यह सोच गलत है कि पारंपरिक शिल्प कौशल पर विचार करके हमें इसे सुधारने में मदद मिलेगी। हमारी वर्तमान संस्कृति ऐसी है, जहाँ हम अपने नौकरी के विवरण (जॉब-डिस्क्रिप्शन) पर बहुत जोर देते हैं। उदाहरण के लिए कॅरियर के मामले में 'अपना पैशन फॉलो करो' यानी अपना मनचाहा पेशा चुनो (मेरी पिछली किताब इसी विषय पर आधारित थी)। सलाह के प्रति हमारी सनक इस दोषपूर्ण विचार से प्रेरित है कि कॅरियर संबंधी संतुष्टि के लिए सिर्फ यही एक बात महत्वपूर्ण होती है कि आप कौन सा पेशा चुनते हैं। इस सोच के हिसाब से तो सिर्फ कुछ उत्कृष्ट नौकरियाँ या पेशे ही ऐसे हैं, जो इंसान को कॅरियर के मामले में संतुष्टि देते हैं - जैसे किसी नॉन-प्रॉफिट कंपनी में काम करना या खुद एक सॉफ्टवेयर कंपनी खोल लेना - जबकि बाकी सारे पेशे तो बेजान और नीरस हैं। ड्रेफस और केली का दर्शन हमें इस जाल में फँसने से बचाता है। वे दोनों जिस शिल्पकार का उदाहरण देते हैं, उसका पेशा कोई उत्कृष्ट पेशा नहीं है। पूरे मानव इतिहास में लोहार या लकड़ी के पहिए बनानेवाले बढ़ई के पेशे को कभी कोई आकर्षक पेशा नहीं माना गया। पर इससे कोई फर्क नहीं पड़ता क्योंकि पेशा किस क्षेत्र से जुड़ा है, यह महत्वपूर्ण नहीं है। इस प्रकार के पेशों में उजागर होनेवाला अर्थ उनके शिल्प कौशल और उसके प्रति मौजूद प्रशंसा के भाव में निहित है - न कि उनके पेशे से मिलनेवाले परिणामों पर। दूसरे शब्दों में कहें, तो लकड़ी का पहिया

कोई महान चीज़ नहीं है पर उसे आकार देने की प्रक्रिया ज़रूर महान हो सकती है। ठीक यही बात नॉलेज वर्क पर भी लागू होती है। **आपको किसी उत्कृष्ट पेशे की ज़रूरत नहीं है; बल्कि आपको अपने काम के प्रति एक उत्कृष्ट दृष्टिकोण विकसित करने की ज़रूरत है।**

इस तर्क से जुड़ा दूसरा मुख्य अवलोकन यह है कि अपने अंदर कोई शिल्प कौशल विकसित करना निश्चित रूप से एक गहन चीज़ है और यह गहन कार्य के लिए वचनबद्धता की माँग करती है (याद करें, मैंने पहले अध्याय में भी कहा था कि अपना कौशल निखारने और फिर विशिष्ट स्तर पर उसका उपयोग करने के लिए भी गहन कार्य ज़रूरी है – जो शिल्प कार्य की मूल गतिविधियाँ हैं)। इसीलिए ड्रेफस और केली ने जिस प्रकार अपने पेशे में ही अर्थपूर्ण महसूस करने की बात की है, गहन कार्य उसी की कुंजी है। अपने कॅरियर में गहन कार्य को खुले मन से स्वीकारने और इसका उपयोग करके अपना कौशल विकसित करने से नॉलेज वर्क से जुड़ा पेशा भी संतुष्टिदायक बन जाता है। फिर वह पेशा आपकी मज़बूरी नहीं रह जाता, जो सिर्फ आपका ध्यान भटकाती है और आपको बुरी तरह थका डालती है। एक संतुष्टिदायक पेशा चमत्कारिक और शानदार चीज़ों से भरे संसार का दरवाजा होता है।

होमो सेपियंस डीपेंसिस

इस किताब के खंड 1 के पहले दोनों अध्याय व्यावहारिक थे। जिनमें ये बताया गया था कि गहन कार्य हमारी अर्थव्यवस्था में तेजी से महत्वपूर्ण बनता जा रहा है। साथ ही कुछ हद तक अनियंत्रित कारणों के चलते यह उतनी ही तेजी से दुर्लभ भी होता जा रहा है। बाजार के संदर्भ में यह एक विशेष बेमेलपन को प्रस्तुत करता है : अगर आप अपने अंदर यह कौशल विकसित कर लेते हैं, तो आप पेशेवर रूप से कामयाब होंगे। जबकि इसके विपरीत पेशेवर उन्नति की हमारी इस चर्चा में खंड 1 के इस आखिरी अध्याय का कोई विशेष योगदान नहीं है। इसके बावजूद पिछले अध्यायों में प्रस्तुत विचारों को स्वीकार्यता दिलाने के लिए यह अध्याय बहुत ज़रूरी है। आगे के पन्नों में अपने पेशेवर जीवन में संपूर्ण बदलाव लाकर उसे गहनता की ओर केंद्रित करने के लिए एक कठोर कार्यक्रम का वर्णन किया गया है। यह एक कठिन बदलाव है और ऐसे कई प्रयास व तर्कसंगत और व्यावहारिक बातें आपको सिर्फ एक हद तक ही प्रेरित कर सकती हैं।

आखिरकार, आप जिस उद्देश्य को पूरा करने में लगे हुए हैं, उसके साथ मानवीय स्तर पर आपका तालमेल होना ज़रूरी है। यह अध्याय बताता है कि जब गहनता को खुले मन से स्वीकारने की बात आती है, तो ऐसा तालमेल अनिवार्य हो जाता है। जब आप गहनता में जाने को न्यूरोसाइंस (तंत्रिका विज्ञान) मनोविज्ञान और लंबी-चौड़ी दार्शनिकता के दृष्टिकोण से देखते हैं, तो ये सब आपको वापस गहनता और अर्थ के बीच के संबंध की ओर ले जाते हैं। यह कुछ ऐसा है, मानों हम (यानी होमो सेपियंस/मानव जाति) किसी ऐसी प्रजाति के रूप में विकसित हुए हों, जो सिर्फ गहनता में ही उन्नति कर सकती है और सतहीपन में जानवरों की तरह कीचड़ में लोटती रहती है। इस प्रजाति को हम 'होमो सेपियंस डीपेंसिस' का नाम दे सकते हैं।

पिछले पन्नों में मैंने गहनता को गुरू मान चुकी विज्ञान-लेखक विनीफ्रेड गैलेगर का यह उद्धरण प्रस्तुत किया था कि 'मैं एक एकाग्रतापूर्ण जीवन जीऊँगी क्योंकि यही जीवन जीने का सर्वश्रेष्ठ तरीका है।' उनका यह उद्धरण शायद इस अध्याय को या और व्यापक ढंग से कहें, तो खंड 1 को समाप्त करने का सर्वश्रेष्ठ तरीका होगा : **गहन जीवन को आप किसी भी प्रकार से देखें, यह हर प्रकार से एक अच्छा जीवन है।**

भाग 2

नियम

नियम 1

गहनता के साथ कार्य करें

एक बार मैं डुपॉन्ट सर्कल बार में डेविड डेवेन से मिलने पहुँचा। इस मुलाकात में उन्होंने यूडिमोनिया मशीन (एक वास्तुकला संबंधी अवधारणा) का जिक्र छेड़ दिया। डेवेन आर्किटेक्चर (वास्तुकला) के प्रोफेसर हैं और इसीलिए उन्हें किसी भी विषय के उस बिंदु का पता लगाना बहुत पसंद है, जहाँ उससे जुड़ी वैचारिक और अर्थपूर्ण चीज़ें आपस में मिलती हों। यूडिमोनिया मशीन इसका एक अच्छा उदाहरण है। इस मशीन का 'यूडिमोनिया[1]' यह नाम एक प्राचीन ग्रीक अवधारणा से लिया गया है। डेवेन की यूडिमोनिया दरअसल एक इमारत है। डेवेन समझाते हैं, 'एक मशीन का उद्देश्य होता है, ऐसा वातावरण तैयार करना, जहाँ उसका उपयोगकर्ता गहरी मानवीय समृद्धि की अवस्था प्राप्त कर सके - जहाँ वह ऐसी चीज़ों की रचना कर सके, जो उसकी निजी क्षमताओं का संपूर्ण विस्तार हों।' दूसरे शब्दों में कहें, तो ऐसा स्थान, जिसका निर्माण सबसे गहनतम कार्य को संभव बनाने के उद्देश्य से किया गया हो। और जैसा कि आप समझ सकते हैं, उनकी ये बातें सुनकर इस विषय में मेरी दिलचस्पी बढ़ गई।

मेरे सामने इस मशीन का वर्णन करते समय डेवेन ने एक पेन लेकर इसका एक स्केच बनाया। यह एक मंजिलवाली संकीर्ण आयताकार रचना थी, जिसमें एक ही पंक्ति में एक के बाद एक पाँच कमरे थे पर कोई अतिरिक्त दालान या गलियारा नहीं था: यानी आप एक कमरे को पार करके ही दूसरे कमरे में पहुँच सकते थे। जैसा कि डेवेन ने बताया, 'इसमें सर्कुलेशल यानी संचलन की कमी महत्वपूर्ण है क्योंकि जब आप मशीन की गहराई में जाते हैं, तो यह आपको किसी भी स्थान को पार करने की अनुमति नहीं देती।'

इस इमारत के अंदर आते ही आप जिस पहले कमरे में प्रवेश करते हैं, उसे

[1] एक ऐसी अवस्था, जिसमें आप अपनी संपूर्ण मानव क्षमता हासिल कर लेते हैं।

गैलरी कहा जाएगा। डेवेन की योजना के अनुसार, इस इमारत में होनेवाले गहन कार्य के सारे उदाहरण इसी कमरे में मौजूद होंगे। यह कमरा 'स्वस्थ तनाव और सहकर्मियों द्वारा डाले जानेवाले दबाव की संस्कृति' का निर्माण करके, मशीन के उपयोगकर्ताओं को प्रेरित करने के लिए है।

इस गैलरी से निकलते ही आप सैलून में प्रवेश करते हैं। डेवेन की कल्पना के अनुसार यहाँ आपको उच्च स्तरीय कॉफी एक बार ही मिलेगी। यहाँ बैठने के लिए सोफे होंगे और साथ ही वाई-फाई की सुविधा भी होगी। सैलून को ऐसा मूड बनाने के हिसाब से डिजाइन किया गया है, जो 'गहन जिज्ञासा और तर्क-वितर्क के बीच झूलता रहता है।' बहस और सोच-विचार करने का यह स्थान सामान्यत: उन विचारों पर काम करने के लिए है, जो आप मशीन की गहनता में विकसित करेंगे। सैलून के बाद आप लाइब्रेरी में प्रवेश करेंगे, जिसमें इस मशीन में होनेवाले सारे काम का एक स्थाई रिकॉर्ड मौजूद होगा। इसके साथ ही यहाँ किताबें और पिछले कार्य में इस्तेमाल हुए सभी स्रोतों का भंडार भी होगा। यहाँ फोटोकॉपी मशीन और स्कैनर्स भी होंगे ताकि आपको अपने प्रोजेक्ट के लिए जिस जानकारी की ज़रूरत है, उसे यहाँ इकट्ठा कर सकें। डेवेन इस लाइब्रेरी की व्याख्या 'मशीन की हार्ड ड्राइव' के रूप में करते हैं।

अगला कमरा ऑफिस के लिए है। इसमें एक कॉन्फ्रेंस रूम होगा, जहाँ एक सफेद बोर्ड के अलावा कुछ क्यूबिकल्स और डेस्क वगैरह होंगी। डेवेन कहते हैं, यह 'ऑफिस' कम तीव्रतावाली गतिविधियों के लिए है। अगर हम अपनी शब्दावली के अनुसार कहें, तो यह ऐसा स्थान है, जहाँ वे सतही प्रयास किए जाएँगे, जिनकी आपके प्रोजेक्ट को ज़रूरत होगी। डेवेन की कल्पना के अनुसार, ऑफिस की एक डेस्क पर एक एडमिनिस्ट्रेटर (प्रशासक) मौजूद होगा, जो इसके उपयोगकर्ताओं की क्षमता बढ़ाने के लिए उनकी आदतें सुधारने में मदद करेगा।

इसके बाद आता है आखिरी कमरा, जो डेवेन के अनुसार 'गहन कार्यवाले कक्षाओं' का एक समूह है (उन्होंने 'गहन कार्य' शब्द इस विषय पर प्रकाशित मेरे लेख से ही लिया है)। गहन कार्यवाला हर कक्ष 6/10 फीट का होगा और मोटी-मोटी साउंडप्रूफ (ध्वनिरोधी) दीवारों से घिरा होगा, डेवेन की योजना है कि इसके लिए 18 इंच मोटा इंसुलेशन यानी रोधन सामग्री[2] इस्तेमाल की जाएगी।

---

[2] यह सामग्री ध्वनी को बाहर जाने से रोकने का कार्य करती है।

डेवेन बताते हैं, 'गहन कार्यवाले कक्षाओं का उद्देश्य है- संपूर्ण एकाग्रता और बिना किसी रुकावट के कार्य को संभव बनाना। वे एक ऐसी प्रक्रिया की कल्पना करते हैं, जिसमें आप 90 मिनट तक इसके अंदर रहेंगे और फिर 90 मिनट का एक ब्रेक लेंगे और इसी प्रक्रिया को दो से तीन बार दोहराएँगे - इस बिंदु पर आकर आपका दिमाग दिनभर में संभव एकाग्रता की अंतिम सीमा तक पहुँच चुका होगा।

फिलहाल तो यह यूडिमोनिया मशीन केवल आर्किटेक्चर (वास्तुकला) के कुछ चित्रों का एक संग्रह मात्र है। पर सिर्फ एक योजना के तौर पर भी प्रभावशाली कार्य में सहयोग करने की इसकी संभावना से डेवेन खासे उत्साहित हैं। उन्होंने मुझसे कहा था, 'मेरे लिए यह डिजाइन मेरे द्वारा तैयार किए गए आर्किटेक्चर नमूनों में से सबसे दिलचस्प नमूना है।'

एक आदर्श संसार में गहन कार्य का असली महत्त्व स्वीकार और प्रतिष्ठित होता है, इस संसार में यूडिमोनिया मशीन जैसी चीज़ हम सबकी पहुँच में होती है। शायद हूबहू डेविड डेवेन द्वारा तैयार की गई डिजाइनवाली मशीन नहीं, लेकिन सामान्य तौर पर कहें तो - कामकाज का ऐसा माहौल (और संस्कृति) जिसे इसलिए तैयार किया गया हो ताकि उसकी मदद से हम अपने दिमाग का अधिक संभव मूल्य हासिल कर सकें। दुर्भाग्यवश ऐसी दूरदर्शिता हमारी वर्तमान वास्तविकता से कोसों दूर है। इसके बजाय हम खुले परिसरवाले ऑफिस में बैठकर काम करते हैं, जहाँ अपने इनबॉक्स को नज़रअंदाज़ करना संभव नहीं हो पाता और जहाँ लगातार मीटिंग्स् होती रहती हैं - ऐसा माहौल, जहाँ आपके सहकर्मी चाहेंगे कि आप सर्वश्रेष्ठ परिणाम देने के बजाय उनके ई-मेल का जवाब फौरन भेज दें। दूसरे शब्दों में कहें, तो इस किताब के पाठक के तौर पर आप इस सतही संसार में गहनता के शिष्य बन गए हैं।

यह नियम - इस किताब के खंड 2 में दिए गए चार नियमों में से पहला नियम है, जो संघर्ष कम करने के लिए लिखा गया है। भले ही आपके पास अपनी एक निजी यूडिमोनिया मशीन न हो, पर इसकी रणनीतियाँ आपके ध्यान भटकानेवाले पेशेवर जीवन में इसका प्रभाव उत्पन्न करने में आपकी मदद करेंगी। ये रणनीतियाँ आपको बताएँगी कि गहन कार्य की आकांक्षा को अपने दैनिक कार्यक्रम का नियमित और महत्वपूर्ण अंग कैसे बनाया जाए। इसके बाद दूसरा,

तीसरा और चौथा नियम आपके सामने कुछ ऐसी रणनीतियाँ भी प्रस्तुत करेंगे, जिनकी मदद से आप अपनी एकाग्रता बढ़ाएँगे। इसके साथ ही ध्यान भटकानेवाली स्थितियों का मुकाबला करने के लिए खुद को प्रशिक्षित करके, गहन कार्य की अपनी आदत से आप अधिकतम परिणाम हासिल कर सकेंगे।

हालाँकि इन रणनीतियों पर बात करने से पहले मैं उस सवाल पर बात करना चाहूँगा, जो शायद आपको परेशान कर रहा होगा: हमें गहन कार्य के लिए ऐसी किसी चीज़ की ज़रूरत क्यों है? इसी बात को दूसरे ढंग से कहें, तो एक बार जब आप यह स्वीकार कर लेते हैं कि गहन कार्य मूल्यवान होता है, तो क्या इसके बाद बस ज़्यादा से ज़्यादा गहन कार्य करना काफी नहीं है? क्या इस छोटी सी बात को याद रखने के लिए वाकई यूडिमोनिया मशीन जैसी जटिल चीज़ की ज़रूरत है, जिस पर हमें ज़्यादा से ज़्यादा ध्यान केंद्रित करना चाहिए?

दूर्भाग्यवश जब ध्यान भटकानेवाली चीज़ों की जगह एकाग्रता लाने की बात आती है, तो यह मामला उतना आसान नहीं रह जाता। ऐसा क्यों है, यह समझने के लिए गहनता के रास्ते में आनेवाली मुख्य बाधा पर गौर करते हैं: अपना ध्यान सतही चीज़ों की ओर मोड़ने की तीव्र इच्छा। ज़्यादातर लोग यह जानते हैं कि उनकी यह इच्छा महत्वपूर्ण चीज़ों पर ध्यान केंद्रित करना मुश्किल बना देती है, पर ज़्यादातर लोग इस समस्या की नियमितता और गंभीरता को कम करके आँकते हैं।

सन 2012 में मनोवैज्ञानिक विल्हेम हॉफमैन और रॉय बेमिस्टर के नेतृत्व में हुए एक अध्ययन पर गौर करें, जिसमें शामिल होनेवाले 205 वयस्कों को बीपर्स पहना दिए गए थे। ये बीपर्स किसी भी समय बज सकते थे (यह वही एक्सपीरियंस सैम्पलिंग मेथड या अनुभव नमूनाकरण विधि है, जिसका जिक्र पहले खंड में किया गया था)। इस अध्ययन में शामिल वयस्कों को यह निर्देश दिया गया था कि जब भी उनका बीपर बजे, तो उन्हें पलभर के लिए ठहरकर अपनी उन इच्छाओं पर सोच-विचार करना है, जो उन्हें अभी महसूस हो रही हैं या पिछले तीस मिनटों के दौरान महसूस हुई हैं। साथ ही उन्हें इसके बाद इन इच्छाओं से जुड़े कुछ सवालों के जवाब देने के लिए भी कहा गया था। इस तरीके का उपयोग करके शोधकर्ताओं ने एक सप्ताह की अवधि में 7500 नमूने इकट्ठे कर लिए। उनकी खोज का संक्षिप्त वर्णन यह रहा: लोग दिनभर अपनी इच्छाओं से संघर्ष

करते रहते हैं। जैसा कि रॉय बेमिस्टर ने इस अध्ययन के बाद 'विलपॉवर' शीर्षक से प्रकाशित अपनी किताब में कहा था: 'हमें पता चला कि इच्छाएँ अपवाद नहीं बल्कि एक मापदंड हैं।' उनकी इस किताब के सहलेखक, विज्ञान-लेखक जॉन टिएरनी थे।

कोई आश्चर्य नहीं कि इस अध्ययन में हिस्सा लेनेवाले वयस्क जिन पाँच मुख्य इच्छाओं से संघर्ष कर रहे थे, उनमें से तीन थीं खाना, सोना और सेक्स। इनके अलावा बाकी इच्छाएँ थीं, 'कड़ी मेहनतवाले काम के बीच एक ब्रेक लेना, ई-मेल व सोशल नेटवर्किंग साइट्स चेक करना, वेब सर्फिंक करना, म्यूजिक सुनना या फिर टी.वी. देखना।' इंटरनेट और टी.वी. का लालच खासतौर पर काफी मजबूत था: शोध में शामिल वयस्क सिर्फ 50 फीसदी मौकों पर ही ध्यान भटकानेवाली इन चीज़ों का सफलतापूर्वक प्रतिरोध कर सके, जिनकी लत लगना आम बात है।

इस नियम की मदद से गहन कार्य की आदत विकसित करने के प्रयास के संदर्भ में देखें, तो शोध के ये परिणाम निराशाजनक हैं। ये परिणाम हमें बताते हैं कि आपके मन में गहन कार्य के बजाय हर तरह की इच्छाएँ पैदा होंगी और ऐसा हर रोज़ होगा। अगर आप हॉफमैन और बेमिस्टर के इस अध्ययन में हिस्सा लेनेवाले जर्मन वयस्कों की मानें, तो आपकी ये सारी अन्य इच्छाएँ, अक्सर ही गहन कार्य करने की इच्छा पर हावी होती रहेंगी। हो सकता है कि अब आप कहें कि इस अध्ययन में हिस्सा लेनेवाले वयस्क भले ही असफल रहे हों, पर आप इन इच्छाओं पर काबू पाने में सफल होंगे क्योंकि आप गहनता का महत्त्व समझते हैं। इसलिए ध्यान केंद्रित करने की आपकी इच्छाशक्ति अधिक तीव्र होगी। मैं आपकी इन भावनाओं का सम्मान करता हूँ, लेकिन इस अध्ययन के पहले दशकों के शोध इस भावना की निरर्थकता को दर्शाते हैं। वर्तमान में हुई एक विस्तृत जाँच-पड़ताल में रॉय बेमिस्टर के कुछ शोध (रिसर्च) पेपर्स की एक श्रृंखला ने अग्रणी भूमिका निभाई थी, इससे इच्छाशक्ति की निम्नलिखित महत्वपूर्ण और अनपेक्षित सच्चाईयाँ साबित हो चुकी हैं: आपकी इच्छाशक्ति सीमित होती है और इसका निरंतर उपयोग इसे कम कर देता है।

दूसरे शब्दों में कहें, तो आपकी इच्छाशक्ति उस माँसपेशी की तरह है, जो एक सीमा के बाद थक जाती है। यह आपके चरित्र की अभिव्यक्ति नहीं है, जिसे

आप असीमित ढंग से बढ़ा सकते हैं। यही वजह है कि हॉफमैन और बेमिस्टर के अध्ययन में शामिल वयस्कों के लिए अपनी इच्छाओं पर काबू करना इतना कठिन रहा। समय के साथ ध्यान भटकानेवाली इन इच्छाओं ने उनकी सीमित इच्छाशक्ति को कम कर दिया और फिर एक बिंदु के बाद वे उन्हें काबू करने में असफल होने लगे। दरअसल जब तक आप अपनी आदतों के मामले में समझदार नहीं बनेंगे, तब तक आपके साथ भी ठीक यही होगा, भले ही आपकी नीयत और इरादे कुछ भी हों।

अब हम इससे जुड़ी रणनीतियों के पीछे मौजूद प्रेरक विचार की बात करेंगे: अच्छे इरादों के भरोसे बैठने के बजाय अपने कामकाजी जीवन में समझदारीभरी कुछ व्यवस्थाएँ और दिनचर्या बनाना, गहन कार्य करने की आदत को विकसित करने की कुंजी है। ये व्यवस्थाएँ और दिनचर्या ऐसी होनी चाहिए, जो न सिर्फ आपकी एकाग्रता बनाकर रखने में सहायक हों बल्कि इनके उपयोग से आपको इस अवस्था में पहुँचने के लिए अपनी इच्छाशक्ति का कम से कम उपयोग करना पड़े। उदाहरण के लिए एक दिन आपने अपनी पूरी दोपहर वेब ब्राउजिंग जैसी ध्यान भटकानेवाली गतिविधि में बिता दी। तभी अचानक आप अपना ध्यान किसी ऐसे काम में केंद्रित करने की ठान लेते हैं, जो मानसिक रूप से मुश्किल हो। ऐसे में आपको इंटरनेट की चमकती दुनिया से ध्यान हटाने के लिए अपनी सीमित इच्छाशक्ति पर बहुत ज़्यादा निर्भर होना पड़ता है। जिसके चलते आपकी सारी कोशिशें आमतौर पर बेकार चली जाती हैं। इसके लिए अगर आपने पहले से ही कुछ व्यवस्थाएँ और अपनी समय सारिणी बनाई होती तो आपको मुश्किल काम शुरू करने और उसे पूरा करने के लिए कम इच्छाशक्ति की ज़रूरत पड़ती। समय सारिणी बनाना यानी गहन कार्य करने के लिए हर रोज दोपहर में एक निश्चित समय और एक शांत स्थान तय करना। अंततः अपने इन गहन प्रयासों के चलते आपको कई बार सफलता का स्वाद चखने को मिल जाता।

इस बात को ध्यान में रखते हुए आगे बताई गई छह रणनीतियों को व्यवस्था और समय सारिणी के ऐसे हथियार के तौर पर देखा जा सकता है, जिसे सीमित इच्छाशक्ति के विज्ञान को ध्यान में रखते हुए तैयार किया गया है, ताकि आप अपने तयशुदा समय में जितना गहन कार्य करते हैं, उसकी मात्रा बढ़ाई जा सके। वे आपको अपना सत्र शुरू करने से पहले, एक विशेष पैटर्न के अनुसार

अपने काम की समय सारिणी बनाने और एकाग्रता बढ़ाने के लिए कुछ पद्धतियाँ विकसित करने को कहेंगे। छह में से कुछ रणनीतियाँ आपके दिमाग के प्रेरणा-केंद्र को काबू करने के लिए कुछ आसान से अनुमानों का उपयोग करेंगी। जबकि अन्य रणनीतियाँ आपकी इच्छाशक्ति के भंडार को, जितना हो सके, उतनी तेज गति से बढ़ाने के लिए होंगी।

आप गहन कार्य को प्राथमिकता बनाने की कोशिश कर सकते हैं पर यहाँ बताई गई रणनीतियों या इन्हीं सिद्धांतों से प्रेरित अपनी निजी रणनीतियों के जरिए इस निर्णय का समर्थन करना, इस संभावना को काफी बढ़ा देगा कि आप गहन कार्य को अपने व्यावसायिक जीवन की एक महत्वपूर्ण चीज़ बनाने में सफल हो जाएँ।

अपना गहनता संबंधी दर्शन निर्धारित करें

प्रसिद्ध कंप्यूटर वैज्ञानिक डोनाल्ड नुथ गहन कार्य को बहुत महत्वपूर्ण मानते हैं। वे अपनी वेबसाइट में कहते हैं, 'मैं जो काम करता हूँ, उसके लिए अबाधित एकाग्रता और कई घंटों के समय की ज़रूरत होती है।' इसी तरह एक बच्चे के पिता और पूर्णकालिक नौकरी करनेवाले चिकित्सा संबंधी उम्मीदवार ब्रायन चैपल भी गहन कार्य को बहुत महत्त्व देते हैं क्योंकि इसी की मदद से वे सीमित समय में भी अपने शोध पर कार्य कर पाते हैं। चैपल ने मुझे बताया, जब गहन कार्य के विचार से पहली बार उनका सामना हुआ, तो वह उनके लिए एक 'भावनात्मक क्षण' था।

मैं इन उदाहरणों का उल्लेख इसलिए कर रहा हूँ क्योंकि भले ही नुथ और चैपल गहन कार्य के महत्त्व पर सहमत हों, पर इस गहनता को अपने कामकाजी जीवन के साथ जोड़ने के बारे में दोनों का नज़रिया अलग-अलग है। जैसा कि मैंने किताब के अगले हिस्से में विस्तार से बताया है, नुथ मोनेस्टिसिज़्म यानी वैराग्यवाद[3] के उस संस्करण का उपयोग करते हैं, जो बाकी सारे कार्यों को छोड़कर सिर्फ गहन कार्य को प्राथमिकता देता है। जबकि इसके विपरीत चैपल एक लयबद्ध रणनीति अपनाते हैं। वे ध्यान भटकानेवाली तमाम चीज़ों से भरे अपने कामकाजी दिन की शुरुआत रोज सुबह 5:00 से 7:30 बजे तक अपने रोज़मर्रा के

[3] वैराग्यवाद - एक धार्मिक जीवन-पद्धति जिसमें इंसान आध्यात्मिक कार्यों के प्रति समर्पित होने के लिए अपना सांसारिक जीवन त्याग देता है।

कामों को पूरा करते हुए, करते हैं। ये दोनों ही तरीके कारगर हैं लेकिन सार्वभौमिक तौर पर नहीं। नुथ का तरीका सिर्फ उसी व्यक्ति को समझ में आ सकता है, जिसकी मुख्य व्यावसायिक जिम्मेदारी बड़े और महत्वाकांक्षी विचारों के बारे में सोचना हो। पर अगर चैपल भी उन्हीं की तरह सारी ओछी चीज़ों को अस्वीकार करने का यह तरीका अपनाएँगे, तो शायद जल्द ही अपनी नौकरी खो बैठेंगे।

अपने व्यावसायिक जीवन को गहन कार्य से जोड़ने के लिए आपको अपने एक व्यक्तिगत नज़रिए की ज़रूरत है (जैसा कि इस नियम की शुरुआत में बताया गया था कि अनियंत्रित ढंग से गहन कार्य करने की योजना बनाना, अपनी सीमित इच्छाशक्ति के प्रबंधन का प्रभावी तरीका नहीं है)। पर यह उदाहरण इस चयन से जुड़ी एक सामान्य चेतावनी पर प्रकाश डालता है: अपनी विशिष्ट परिस्थितियों के अनुकूल एक दर्शन (Philosophy) का चयन करते समय आपको सावधानी बरतनी चाहिए क्योंकि अगर इसमें कोई छोटी सी गड़बड़ भी होती है, तो गहन कार्य करने की आपकी आदत पूरी तरह विकसित होने से पहले ही कमजोर पड़ जाएगी। यह रणनीति आपके सामने गहनता संबंधी चार अलग-अलग दर्शन प्रस्तुत करके, आपको ऐसी कोई भी गड़बड़ करने से बचाएगी। मैंने इन चारों दर्शनों को असाधारण रूप से कारगर साबित होते देखा है। इस चर्चा का उद्‌देश्य आपको यह समझाना है कि अपने गहन कार्य का निर्धारण करने के कई अलग-अलग तरीके हैं। इसीलिए बेहतर होगा कि आप कोई ऐसा तरीका ढूँढ़ें, जो आपकी विशिष्ट परिस्थितियों के हिसाब से आपके लिए सर्वश्रेष्ठ हो।

गहन कार्य की समय सारिणी बनाने का वैरागी दर्शन

चलिए एक बार फिर डोनाल्ड नुथ की ओर लौटते हैं। वे कंप्यूटर साइंस के क्षेत्र में कई नई खोजें करने के लिए प्रसिद्ध हैं, जिसमें सबसे खास है, एलगोरिद्म[4] के प्रदर्शन का विश्लेषण करने के लिए एक दृढ़ दृष्टिकोण विकसित करना। हालाँकि अपने सहकर्मियों के बीच नुथ इलेक्ट्रॉनिक कम्युनिकेशन पर अपने दृष्टिकोण के लिए बदनाम भी हैं। अगर आप स्टैनफोर्ड में नुथ का ई-मेल एड्रेस जानने के उद्‌देश्य से उनकी वेबसाइट पर विजिट करें, तो उसकी जगह आपको यह टिप्पणी मिलेगी:

---

[4] कंप्यूटर द्वारा गणना करने या अन्य समस्या का समाधान करते समय पालन की जानेवाली नियमों की एक प्रक्रिया।

01 जनवरी 1990 से लेकर आज तक मैं एक खुशहाल व्यक्ति हूँ क्योंकि यह दिन मेरे ई-मेल एड्रेस का आखिरी दिन था। इसके बाद मैंने अपना कोई ई-मेल नहीं बनाया। हालाँकि मैं सन 1975 से ही ई-मेल का इस्तेमाल करता रहा हूँ और मुझे लगता है कि एक जीवनकाल में 15 सालों तक ई-मेल का इस्तेमाल करना काफी है। ई-मेल उन लोगों के लिए एक अद्भुत चीज़ है, जो अपने जीवन में हर चीज़ से ऊपर रहना चाहते हैं। पर मेरे मामले में ऐसा नहीं है क्योंकि मैं चीज़ों की गहराई में जाना चाहता हूँ। मैं जो काम करता हूँ, उसके लिए अबाधित एकाग्रता और कई घंटों तक अध्ययन करना ज़रूरी होता है।

नुथ मानते हैं कि उनका उद्‌देश्य खुद को दुनिया से पूरी तरह काट लेना नहीं है। वे जानते हैं कि अपनी किताबें लिखने के लिए उन्हें हज़ारों लोगों से संवाद करना पड़ता है और वे खुद भी लोगों के सवालों और टिप्पणियों को लेकर अधिक प्रतिक्रियाशील होना चाहते हैं। इसीलिए उन्होंने अपना एक पोस्टल एड्रेस (डाक व्यवहार का पता) दे रखा है। वे कहते हैं कि उनकी सहयोगी इस पते पर आनेवाली हर डाक को छाँटती है और जो डाक उसे वाकई उचित लगती है, उसे वह अलग रख देती है। अगर कोई डाक ऐसी है, जिसका जवाब जल्द से जल्द देना ज़रूरी है, तो वह उसे फौरन नुथ के पास लेकर आ जाती है। बाकी सभी डाकों का जो ढेर बनता है, उसे नुथ हर तीन महीने में एक बार बैठकर निपटा देते हैं।

नुथ गहन कार्य की समय सारिणी बनाने के मामले में जो दृष्टिकोण रखते हैं, उसे मैं 'वैरागी दर्शन' कहता हूँ। यह दर्शन कम महत्वपूर्ण या ओछे कार्यों को जड़ से खत्म करके या बिलकुल कम करके गहन कार्य के प्रयासों को बढ़ाने की कोशिश करता है। जो लोग अपने जीवन पर यह वैरागी दर्शन लागू करते हैं, उनका अक्सर एक स्पष्ट और बेहद महत्वपूर्ण व्यावसायिक लक्ष्य होता है, जिसे वे हासिल करने में लगे होते हैं। उन्हें अपनी ज़्यादातर व्यावसायिक सफलता तभी मिलती है, जब वे अपने उस एक काम को असाधारण रूप से अच्छी तरह से पूरा करते हैं। यह स्पष्टता ही उनकी छोटी-छोटी चिंताओं की मोटी परत को खत्म करने में मदद करती है। कामकाजी दुनिया में जिन लोगों का महत्त्व घटता-बढ़ता

रहता है, वे अक्सर इन छोटी-छोटी चिंताओं में उलझकर रह जाते हैं।

उदाहरण के लिए नुथ अपने व्यावसायिक लक्ष्य का वर्णन कुछ इस तरह करते हैं: 'मेरी कोशिश रहती है कि मैं कंप्यूटर विज्ञान के कुछ विशेष पहलुओं को बहुत विस्तृत ढंग से समझ लूँ। इसके बाद मैं उस ज्ञान को ऐसा सरल रूप दे देता हूँ, जिसे हर कोई समझ सके, विशेषकर वे लोग, जिनके पास इस विषय पर मेरी तरह गहन अध्ययन करने का समय नहीं है।' अगर आप नुथ को यह बताने या समझाने की कोशिश करेंगे कि ट्विटर पर अपने कंटेट के लिए एक बड़ा दर्शक वर्ग तैयार करने के कई अस्पष्ट फायदे हैं या ई-मेल का अपेक्षाकृत अधिक उदार उपयोग आपको कई अनपेक्षित अवसर उपलब्ध करवा सकता है, तो यह तय है कि आप अपने इस प्रयास में विफल रहेंगे। क्योंकि उनका सिर्फ एक ही लक्ष्य है, कंप्यूटर साइंस के कुछ विशिष्ट पहलुओं को समझकर उन्हें आम लोगों के लिए सरल ढंग से लिखकर पेश करना। अपने इस लक्ष्य को हासिल करने के लिए उन्हें ट्विटर या ई-मेल से कोई मदद नहीं मिलेगी।

अपने गहन कार्य को लेकर वैरागी दर्शन अपनानेवाले एक और व्यक्ति हैं, मशहूर साइंस फिक्शन लेखक नील स्टीफेन्सन। अगर आप उनकी वेबसाइट पर विजिट करेंगे, तो देखेंगे कि उसमें उनका कोई ई-मेल या पोस्टल एड्रेस नहीं दिया गया है। इसका क्या कारण है, यह आप 2000 के दशक की शुरुआत में अपनी प्रारंभिक वेबसाइट (जिसे द वेल पर होस्ट किया गया था) पर पोस्ट किए गए उनके निबंधों को पढ़कर समझ सकते हैं। ये सारे निबंध आज भी इंटरनेट आर्काइव द्वारा संरक्षित हैं। इन्हीं में से एक निबंध को सन 2003 में संग्रहित किया गया था, इसमें स्टीफेन्सन अपनी संवाद नीति को कुछ इस तरह प्रस्तुत करते हैं:

> *जो लोग मेरी एकाग्रता भंग करने की इच्छा रखते हैं, उनसे मेरा विनम्र अनुरोध है कि ऐसा न करें। मैं साफ-साफ बता दूँ कि मैं उन लोगों में से नहीं हूँ, जो अपने ई-मेल का जवाब देते हैं... और इस पूरी बातचीत में मेरा मुख्य संदेश (यानी मेरी संवाद नीति) अस्पष्ट न रह जाए, इसलिए मैं साफ शब्दों में कह देता हूँ: मैं कई बार बता चुका हूँ कि मैं अपना समय और ध्यान कहाँ केंद्रित करना चाहता हूँ। इसलिए बेहतर होगा कि अब आप मेरा समय या ध्यान पाने की कोई अपेक्षा न रखें।*

इसके बाद अपनी इस नीति को सही ठहराने के लिए स्टीफेन्सन ने 'व्हाई आई एम ए बैड कॉरेस्पॉन्डेंट' शीर्षक से एक निबंध लिखा। अपनी अनुपलब्धता का जो स्पष्टीकरण उन्होंने दिया, उसके मूल में उनका यह निर्णय है:

> *दूसरे शब्दों में कहें, तो उत्पादकता समीकरण एक नॉन-लीनियर (गैर-रेखीय) समीकरण होता है। इससे यह स्पष्ट हो जाता है कि मैं ई-मेल या पत्रों का जवाब देने के मामले में इतना कमजोर क्यों हूँ और ऐसा कोई निमंत्रण आसानी से स्वीकार क्यों नहीं करता, जहाँ मुझे जाकर कोई भाषण या वक्तव्य वगैरह देना हो। अगर मैं अपने जीवन को कुछ इस तरह व्यवस्थित कर लूँ कि मुझे एक साथ ऐसा ढेर सारा खाली समय मिल जाए, जिसमें कोई हस्तक्षेप न करे, तो मैं उपन्यास लेखन भी कर सकता हूँ। पर जब यह खाली समय थोड़ा-थोड़ा करके मिलता है, तो एक उपन्यासकार के तौर पर मेरी उत्पादकता भी तेजी से कम हो जाती है।*

स्टीफेन्सन के अनुसार उनके पास सिर्फ दो ही विकल्प हैं: या तो वे नियमित रूप से अच्छे उपन्यास लिख सकते हैं या फिर वे ढेर सारे ई-मेल्स का जवाब देने और अलग-अलग सम्मेलनों में हिस्सा लेने के परिणामस्वरूप धीमी गति से पहले की तुलना में कम अच्छे उपन्यास लिख सकते हैं। वे इन दोनों विकल्पों में से अपने लिए पहला विकल्प चुनते हैं। अपने इस चुनाव के चलते उनके लिए यह ज़रूरी हो जाता है कि वे अपने कामकाजी जीवन में जितना हो सके, उतना ओछे काम से बचकर रहें। (स्टीफेन्सन के लिए यह मसला इतना महत्वपूर्ण है कि उन्होंने सन 2008 में प्रकाशित अपने साइंस फिक्शन उपन्यास 'एंथम' में भी इसके अंदर निहित सकारात्मक और नकारात्मक दोनों अर्थों को समझने की कोशिश की। इस उपन्यास में एक ऐसी दुनिया का चित्रण किया गया है, जहाँ अभिजात्य वर्ग का एक बौद्धिक व्यक्ति अपना जीवन वैरागी ढंग से जीता है - वह प्रौद्योगिकी और भटके हुए ध्यानवाले आम लोगों से अलग-थलग और गहन विचारों में डूबा रहता है।)

मेरा अनुभव है कि वैरागी दर्शन कई नॉलेज वर्कर्स[5] को रक्षात्मक बना देता

---

[5] ऐसे कर्मचारी जिनकी मुख्य पूँजी उनका ज्ञान होता है, जैसे प्रोग्रामर, डॉक्टर, इंजीनियर, अकाउंटेंट, आर्किटेक्ट, वैज्ञानिक और वकील वगैरह।

है। नॉलेज वर्कर्स जिस स्पष्टता से अपना महत्त्व बताते हैं, वह आज की सूचना आधारित अर्थव्यवस्था में कहीं जटिल योगदान देनेवालों को परेशान कर देता है। ध्यान दें कि अधिक जटिल का अर्थ 'कमतर' नहीं है। उदाहरण के लिए, हो सकता है कि ऊँचे पद पर बैठी कोई मैनेजर भले ही स्पष्ट रूप से यह न बता सके कि इस साल उसने कंपनी की ओर से कौन सा प्रोडक्ट निर्मित किया है (यह प्रोडक्ट कुछ भी हो सकता है, कोई उपन्यास या कुछ और) पर इसके बावजूद वह उस बिलियन डॉलर कंपनी के कामकाज में महत्वपूर्ण भूमिका निभा रही होती है। इसीलिए ऐसे लोगों की संख्या बहुत कम है, जिन पर यह वैरागी दर्शन लागू होता है – और ऐसा होना कोई बुरी बात नहीं है। अगर आपकी गिनती इन लोगों में नहीं हो रही है, तो इसकी स्पष्ट सादगी से आपको ज़्यादा ईर्ष्या नहीं होनी चाहिए। दूसरी ओर अगर आप इन लोगों की श्रेणी में आते हैं – यानी ऐसा व्यक्ति जिसका संसार में योगदान अलग, स्पष्ट और वैयक्तिक[6] है – तो आपको इस दर्शन पर गंभीरता से विचार करना चाहिए क्योंकि यह इस बात का एक निर्णायक कारक हो सकता है कि आपका कॅरियर एक औसत कॅरियर रहेगा या एक यादगार कॅरियर।

गहन कार्य की समय सारिणी बनाने का द्विरूपी दर्शन

इस किताब की शुरुआत क्रांतिकारी मनोवैज्ञानिक और विचारक कार्ल युंग से जुड़े एक किस्से से हुई थी। 1920 के दशक में जब युंग ने बोलिंगन नामक एक छोटे से कस्बे के बाहर स्थित जंगल में पत्थरों से बने अपने घर में नियमित रूप से आना-जाना शुरू किया, उसी दौर में वे अपने गुरु और मनोविश्लेषण के संस्थापक सिग्मंड फ्रायड द्वारा की जा रही कटु आलोचना से दूर होने की कोशिश भी कर रहे थे। जब भी युंग अपने इस घर में जाते, तो वे खुद को एक छोटे से कमरे में बंद कर लेते ताकि बिना किसी व्यवधान के अपना लेखन-कार्य कर सकें। इसके बाद वे चिंतन-मनन के लिए जंगल की ओर टहलने निकल जाते

[6] मैं यहाँ 'वैयक्तिक' शब्द का उपयोग ज़रा शिथिल ढंग से कर रहा हूँ। वैरागी दर्शन सिर्फ उन लोगों पर ही लागू नहीं होता है, जो अपना काम खुद अकेले ही करते हैं। गहन प्रयासों के ऐसे उदाहरण भी मौजूद हैं, जहाँ लोगों के एक छोटे समूह ने मिलकर काम को पूरा किया हो। उदाहरण के लिए रॉजर्स और हैमरस्टीन की गीतकार जोड़ी (अमेरिकी म्यूजिकल थिएटर की दुनिया की एक सफल और प्रतिष्ठित जोड़ी) या राइट ब्रदर्स जैसे आविष्कारकों की जोड़ी (जिन्हें हवाई जहाज का आविष्कारक माना जाता है)। इस शब्द का उपयोग करने के पीछे मेरा मतलब यह है कि यह दर्शन उन लोगों पर भी लागू होता है, जो एक बड़े संगठन का सदस्य होने के नाते अपने अन्य दायित्वों को पूरा किए बिना एक स्पष्ट लक्ष्य हासिल करने की दिशा में आगे बढ़ रहे हैं।

ताकि अगले दिन के लेखन-कार्य के लिए खुद को मानसिक रूप से तैयार कर सकें। मेरा मानना है कि वे ये सारे प्रयास इसीलिए कर रहे थे, ताकि अपने गहन कार्य की तीव्रता को उस हद तक ले जा सकें, जहाँ वे फ्रायड और उनके तमाम समर्थकों के साथ अपनी बौद्धिक लड़ाई जीत सकें।

इस किस्से को याद करते हुए मैं एक महत्वपूर्ण बात पर जोर देना चाहूँगा: युंग ने अपने गहन कार्य के प्रति वैरागी (Monastic) दृष्टिकोण नहीं अपनाया। हमारे पिछले दोनों उदाहरण, डोनाल्ड नुथ और नील स्टीफेन्सन ने अपने व्यावसायिक जीवन में मूर्खतापूर्ण और ध्यान भटकाने या व्यवधान डालनेवाली हर चीज़ को पूरी तरह खत्म करने की कोशिश की थी। इसके विपरीत युंग ऐसा सिर्फ तभी करते थे, जब वे जंगल में बने अपने इस घर में कुछ दिनों के लिए जाते थे। युंग का बाकी समय ज्यूरिख शहर में बीतता था, जहाँ उनके जीवन में ऐसा कुछ भी नहीं था, जिसे वैरागी कहा जा सके: वे एक व्यस्त डॉक्टर थे और देर रात तक अपने मरीजों का इलाज करते रहते थे; साथ ही वे कॉफीहाउस में बैठकर बौद्धिक चर्चाएँ करनेवाली ज्यूरिख की संस्कृति में एक सक्रिय भागीदार भी थे। इसके अलावा वे शहर के कई प्रतिष्ठित विश्वविद्यालयों में व्याख्यान भी देते थे और अन्य विशेषज्ञों के व्याख्यान सुनने भी जाते थे। (नोबेल पुरस्कार से सम्मानित महान भौतिकविद् अल्बर्ट आइंस्टाइन को अपनी डॉक्टरेट की उपाधि ज्यूरिख के एक विश्वविद्यालय से ही मिली थी। उन्होंने यहाँ के एक विश्वविद्यालय में अध्यापन भी किया था। दिलचस्प बात यह है कि वे कार्ल युंग से भी परिचित थे। आइंस्टाइन की थ्योरी ऑफ रिलेटिविटी यानी सापेक्षता के सिद्धांत से जुड़े प्रमुख विचारों पर चर्चा करने के लिए दोनों ने कई बार साथ में डिनर भी किया था।) दूसरे शब्दों में कहें, तो ज्यूरिख में युंग का जीवन काफी हद तक वैसा ही था, जैसा आज के हाइपरकनेक्टेड[7] डिजिटल युग में किसी नॉलेज वर्कर का होता है: अगर हम कुछ देर के लिए 'ज्यूरिख' की जगह 'सैन फ्रांसिस्को' और 'पत्राचार' की जगह 'ट्वीट' को रखकर देखें, तो ऐसा लगेगा, मानों हम किसी प्रौद्योगिकी कंपनी के सफल सीईओ की बात कर रहे हैं।

युंग ने जो दृष्टिकोण अपनाया, उसे मैं गहन कार्य का द्विरूपी दर्शन कहता हूँ। यह दर्शन कहता है कि आप अपने समय को दो हिस्सों में बाँट दें। एक हिस्सा

---

[7] इंटरनेट कनेक्टिविटीवाले इलेक्ट्रॉनिक डिवाइसेस के निरंतर इस्तेमाल से हर वक्त एक-दूसरे के संपर्क में रहना।

वह, जिसमें आप एक तयशुदा समय अपना गहन कार्य करने में बिताएँ और बाकी का समय अन्य चीज़ों के लिए रखें। द्विरूपी दृष्टिकोणवाला इंसान गहन कार्य के लिए तय किए गए समय में वैरागी दृष्टिकोणवाले इंसान की तरह व्यवहार करता है यानी वह बिना किसी बाधा के निरंतर एकाग्रता हासिल करने की कोशिश करता है। जबकि अन्य चीज़ों के लिए रखे गए समय में इस किस्म की एकाग्रता उसकी प्राथमिकता नहीं होती। अपने समय का ऐसा बँटवारा किसी भी अवधि के पैमाने पर किया जा सकता है। उदाहरण के लिए एक सप्ताह की समय अवधि में आप चार दिन का समय गहन कार्यों के लिए तय कर सकते हैं और बाकी के तीन दिन अन्य सतही कार्यों के लिए। ठीक इसी तरह एक साल की अवधि में आप किसी एक ऋतु में गहन कार्य के कई सत्र बिता सकते हैं (जैसा कि कई शिक्षाविद् गर्मियों के मौसम में या छुट्टी के दिनों में करते हैं)।

द्विरूपी दर्शन मानता है कि गहन कार्य से आपकी उत्पादकता चरम पर पहुँच जाती है, पर सिर्फ तभी, जब आप इसमें कम से कम इतना समय बिताएँ कि अपनी अधिकतम ज्ञान संबंधी तीव्रता उस स्थिति में पहुँच जाए, जिसमें असली सफलता मिलती है। इसीलिए इस दर्शन के अनुसार गहन कार्य करते हुए कम से कम एक पूरा दिन बिताना चाहिए। क्योंकि अगर आप गहन कार्य के लिए सुबह या फिर शाम को कुछेक घंटे का समय अलग से निकालकर रखते हैं, तो यह काफी नहीं होगा। क्योंकि इस दृष्टिकोण के अनुसार यह अवधि कुछ ज़्यादा ही छोटी है।

जो गहन कार्यों के प्रति पर्याप्त वचनबद्धता के बिना सफल नहीं हो सकते, ऐसे लोग भी इस द्विरूपी दर्शन को अपना लेते हैं। उदाहरण के लिए युंग का एक डॉक्टर के तौर पर सक्रिय रहना ज़रूरी था, ताकि उससे होनेवाली कमाई से वे अपने और अपने परिवार का खर्च वहन कर सकें। दूसरी ओर उनके लिए यह भी ज़रूरी था कि वे कॉफीहाउस में बैठकर बौद्धिक चर्चाएँ करनेवाली ज्यूरिख की संस्कृति के एक सक्रिय भागीदार भी रहें क्योंकि इससे उन्हें बौद्धिक प्रेरणा और प्रोत्साहन मिलता था। इन दोनों चीज़ों को समय-समय पर करते रहने से उनकी दोनों किस्म की ज़रूरतें पूरी होती थीं।

अगर द्विरूपी दर्शन के किसी आधुनिक उदाहरण की बात करनी हो, तो हम व्हार्टन बिजनेस स्कूल के प्रोफेसर एडम ग्रांट पर एक बार फिर विचार कर

सकते हैं। किताब के पहले खंड में हमने कामकाज संबंधी आदतों पर ग्रांट की विचारशीलता का उल्लेख किया था। जैसा कि शायद आपको याद होगा, व्हार्टन बिजनेस स्कूल में प्रोफेसर के तौर पर ग्रांट का ओहदा तेजी से बढ़ा था और जल्द ही वे वहाँ के सबसे युवा पूर्णकालिक प्रोफेसर बन गए थे। उनकी यह व्यावसायिक उन्नति द्विरूपी दृष्टिकोण को समझने का एक बढ़िया उदाहरण प्रस्तुत करती है। उन्होंने एक शैक्षणिक वर्ष में अपने सभी कोर्सेस को एक सेमेस्टर में समेट दिया था, ताकि वे अगले सेमेस्टर की समय अवधि में अपने गहन कार्य पर ध्यान केंद्रित कर सकें। फिर उन्होंने गहन कार्यवाले सेमेस्टर में साप्ताहिक अवधि के पैमाने पर अपना द्विरूपी दृष्टिकोण लागू किया। वे शायद महीने में एक या दो बार, पूरी तरह वैरागी होने के लिए दो से चार दिनों का समय निकालते थे। वे अपना दरवाजा बंद कर लेते और अपने ई-मेल में ऑटो-रिस्पॉन्डर (स्वत: जवाब देनेवाला एक सिस्टम) चालू कर लेते और बिना किसी बाधा के अपना शोध-कार्य करते रहते। गहन कार्यवाले इस सत्रों के अलावा बाकी हर समय वे सभी के लिए उपलब्ध रहते, जो उनके बारे में एक मशहूर बात थी। ऐसा करना एक तरह से यह उनके लिए ज़रूरी भी था। जैसे सन 2013 में प्रकाशित उनकी बेस्टसेलर किताब 'गिव एंड टेक' इस आदत को बढ़ावा देती है कि आपको फल की इच्छा किए बिना अपना पूरा समय और ध्यान अपने काम पर लगाना चाहिए। क्योंकि व्यावसायिक उन्नति की सबसे प्रमुख रणनीति यही है।

जो लोग गहन कार्य का द्विरूपी दर्शन अपनाते हैं, वे वैरागी दर्शन अपनानेवालों की उत्पादकता की सराहना करते हैं, पर साथ ही उस लाभ का भी सम्मान करते हैं, जो उन्हें अपने कामकाजी जीवन में छोटे-छोटे कार्य करने के चलते मिलता है। इस दर्शन को अपनाने की प्रक्रिया में शायद सबसे बड़ी बाधा यही है कि गहन कार्य करने की छोटी से छोटी अवधि भी एक लचीलेपन की माँग करती है। जिसे लेकर ज़्यादातर लोगों के मन में शंका आती है कि उनकी वर्तमान स्थिति में इस लचीलेपन की कमी है। अगर आप सिर्फ एक घंटे तक अपने इनबॉक्स को न खोल पाने के कारण असुविधा महसूस करने लगते हैं, तो निश्चित ही एक दिन या उससे ज़्यादा के लिए यह सब छोड़कर कहीं गायब हो जाने का विचार आपको असंभव नज़र आएगा। पर मुझे लगता है कि द्विरूपी दृष्टिकोण के साथ काम करना, नौकरी या अन्य व्यावसायिक काम के लिए आपकी उम्मीद से कहीं ज़्यादा उपयुक्त है। उदाहरण के लिए इस किताब में मैंने हार्वर्ड बिजनेस स्कूल

के प्रोफेसर लेस्ली पर्लो के एक अध्ययन का वर्णन किया था। इस अध्ययन में मैनेजमेंट सलाहकारों के एक समूह को अपने ऑफिस का काम करते हुए पूरा दिन संचार के सभी माध्यमों से दूर रहने के लिए कहा गया था। पर सलाहकारों को डर था कि अगर उन्होंने ऐसा किया, तो उनके ग्राहक इसका विरोध करेंगे। जबकि अध्ययन के अंत में यह स्पष्ट हो गया कि उनके ग्राहकों को इससे कोई फर्क नहीं पड़ा। जैसा कि युंग, ग्रांट और पर्लो के अध्ययनों में शामिल वयस्कों ने पाया, अगर लोगों को स्पष्ट रूप से यह पता हो कि आप किस अवधि में उपलब्ध नहीं रहेंगे और साथ ही उन्हें यह भी मालूम हो कि इस अवधि के बाद आप उनके लिए आसानी से उपलब्ध रहेंगे, तो आमतौर पर वे उपलब्ध न रहने के आपके अधिकार का पूरा सम्मान करते हैं।

गहन कार्य की समय सारिणी बनाने का लयबद्ध दर्शन

90 के दशक का एक मशहूर अमेरिकी टी.वी. शो 'सिनफील्ड' के शुरुआती दिनों में इसके निर्माता और अभिनेता जेरी सिनफील्ड एक स्टैन्ड-अप कॉमेडियन के तौर पर सक्रिय थे। इसी दौरान उन्होंने एक व्यस्त कॉमेडी टूर भी किया। इसी अवधि में एक अन्य कॉमेडियन और लेखक ब्रैड आईजैक एक रात एक क्लब में सिनफील्ड से टकरा गए। आईजैक उस समय ओपन माइक कार्यकमों में कॉमेडियन के तौर पर काम करते थे। उस रात वे स्टेज पर जाकर अपना कार्यक्रम प्रस्तुत करने ही वाले थे कि तभी उन्हें वहाँ दर्शकों के बीच जेरी सिनफील्ड बैठे नज़र आए। आईजैक ने लाइफहैकर नामक ब्लॉग के लिए लिखे गए अपने एक लेख में इस घटना का वर्णन किया है, जो काफी मशहूर भी हुआ: 'सिनफील्ड जैसी दिग्गज हस्ती को सामने देख मुझे अपने लिए एक सुनहरा अवसर नज़र आया। मैं किसी भी तरह सिनफील्ड से पूछना चाहता था कि क्या वे युवा कॉमेडियन्स को कोई सलाह देना चाहेंगे? मेरे इस सवाल पर सिनफील्ड ने जो जवाब दिया, उसका फायदा मुझे जिंदगीभर मिला।'

सिनफील्ड ने अपनी सलाह की शुरुआत एक कॉमनसेंस वाली बात से की। उन्होंने कहा कि **'एक अच्छा कॉमेडियन बनने के लिए ज़रूरी है अच्छे चुटकुले लिखना।'** फिर उन्होंने आईजैक को बताया कि 'अच्छे चुटकुले लिखने का तरीका यह है कि तुम हर रोज लिखो।' उन्होंने आईजैक को एक खास तकनीक भी बताई, जिसे वे स्वयं हर रोज अपने लेखन का अभ्यास करने के लिए इस्तेमाल करते

थे। दरअसल वे अपने सामने दीवार पर एक कैलेंडर टाँगकर रखते थे। हर रोज जब वे बैठकर नए-नए चुटकुले लिखने का अभ्यास करते थे, तो कैलेंडर पर उस तारीख के ऊपर लाल रंग के पेन से एक बड़ा सा क्रॉस का निशान बना देते थे। सिनफील्ड ने कहा, 'इस तरह कुछ दिनों बाद तुम देखोगे कि तुम्हारे कैलेंडर पर क्रॉस के निशान की एक पूरी चैन या श्रृंखला बन गई है। इस अभ्यास को जारी रखो और तुम्हारी वह श्रृंखला हर रोज और लंबी होती जाएगी। फिर तुम्हें कैलेंडर पर उस श्रृंखला को देखना अच्छा लगने लगेगा, खासकर तब, जब तुम्हें ऐसा करते हुए कुछ सप्ताह बीत चुके होंगे। इसके बाद तुम्हारा सिर्फ एक ही काम होगा, उस श्रृंखला को टूटने न देना।'

यह श्रृंखला पद्धति (चैन मेथड) जल्द ही लेखकों और निरंतर मुश्किल शारीरिक गतिविधियों में हिस्सा लेनेवाले फिटनेस के प्रति उत्साही लोगों के बीच मशहूर हो गई। हमारे उद्देश्यों को पूरा करने के लिए यह पद्धति जीवन में गहनता लानेवाले सामान्य दृष्टिकोण का एक विशिष्ट उदाहरण प्रस्तुत करती है, जो कुछ और नहीं बल्कि लयबद्ध दर्शन है। इस दर्शन के अनुसार नियमित रूप से गहन कार्य सत्रों को शुरू करने का सबसे आसान तरीका है, उन्हें अपनी आदत बना लेना। दूसरे शब्दों में कहें, तो इसका मुख्य उद्देश्य है, काम के प्रति एक लय पैदा करना। जिसके बाद आपको यह तय करने के लिए अपनी ऊर्जा खर्च करने की ज़रूरत नहीं पड़ती कि आपको गहनता में जाना है या नहीं और अगर जाना है तो कब। यह श्रृंखला पद्धति गहन कार्य की समय सारिणी बनाने के लयबद्ध दर्शन का एक अच्छा उदाहरण है। क्योंकि यह समय सारिणी हर रोज काम करने के साथ-साथ, खुद को काम की याद दिलाने के लिए कैलेंडर पर लाल रंग के पेन से क्रॉस का चिन्ह बनाने का आसान तरीका भी बताती है।

लयबद्ध दर्शन को लागू करने का एक और सामान्य तरीका है, श्रृंखला पद्धति के संकेतक (क्रॉस का चिन्ह) को हटाकर उसकी जगह वह तयशुदा समय लिख देना, जिस समय आप प्रतिदिन अपना गहन कार्य शुरू करते हैं। जिस तरह अपने काम की प्रगति का एक संकेतक (क्रॉस का चिन्ह) सामने रखने से गहनता के रास्ते में आनेवाली बाधाएँ कम हो जाती हैं, उसी तरह 'अपना काम किस समय शुरू करना है' जैसे समय सारिणी बनानेसंबंधी, साधारण निर्णयों की ज़रूरत खत्म कर देने से भी गहनता के रास्ते में आनेवाली बाधाएँ कम हो जाती हैं।

इस रणनीति के वर्णन की शुरुआत में मैंने जिस व्यस्त डॉक्टरेट उम्मीदवार ब्रायन चैपल का उल्लेख किया, अब ज़रा उनके उदाहरण पर विचार करें। चैपल ने अपनी ज़रूरत के चलते गहन कार्य की समय सारिणी बनाने की लयबद्ध फिलॉसॉफी (दर्शन) अपनाई। जब वे अपना शोध-प्रबंध पूरा कर रहे थे, तब उन्हें अपने ही शिक्षा-परिसर के एक केंद्र में पूर्णकालिक नौकरी का प्रस्ताव मिला। व्यावसायिक नज़रिए से यह एक अच्छा अवसर था और चैपल इसे स्वीकार करके खुश थे। यह नौकरी चैपल को तब मिली, जब हाल ही में वे अपने पहले बच्चे के पिता बने थे। इस पूर्णकालिक नौकरी के चलते शैक्षणिक रूप से उनके लिए उस गहनता में जाना मुश्किल हो गया, जो शोध-प्रबंध लिखने के लिए ज़रूरी थी।

चैपल ने गहन कार्य के प्रति एक अनिश्चित वचनबद्धता के साथ इस नौकरी की शुरुआत की। उन्होंने यह नियम बनाया कि गहन कार्य के लिए उन्हें नब्बे-नब्बे मिनट के खंडों में काम करना होगा (उनका यह सोचना तो सही था कि एकाग्रता की अवस्था में स्थिर होने में थोड़ा समय लगता है)। उन्होंने तय किया कि उन्हें जब भी ज़रूरत पड़ेगी, वे नब्बे-नब्बे मिनट के इन खंडों को अनौपचारिक ढंग से सूचीबद्ध करने की कोशिश करेंगे। इसमें कोई आश्चर्य नहीं कि इस रणनीति से उनकी उत्पादकता किसी उच्च स्तर तक नहीं पहुँच सकी। एक साल पहले जब उन्होंने एक बूट कैम्प[8] में हिस्सा लिया था, तब वे एक सप्ताह तक कठोर गहन कार्य करके अपने शोध-प्रबंध का एक पूरा अध्याय लिख लेते थे। पर पूर्णकालिक नौकरी स्वीकार करने के बाद अगले एक साल की अवधि में वे अपने शोध का सिर्फ एक अतिरिक्त अध्याय ही पूरा कर सके। यह चैपल की धीमी लेखन प्रक्रिया ही थी, जिसके कारण उन्होंने आखिरकार लयबद्ध दृष्टिकोण अपना लिया। उन्होंने नियम बना लिया कि अब वे हर रोज सुबह जल्दी उठेंगे और साढ़े पाँच बजे से साढ़े सात बजे तक अपने शोध पर काम करेंगे। फिर अपना नाश्ता तैयार करेंगे और इसके बाद काम पर जाएँगे। यानी अपना दिन शुरू करने से पहले ही वे रोज सुबह शोध पर उतना काम कर चुके होंगे, जितना काम एक दिन में पूरा करने का उन्होंने निर्णय लिया था। इस पद्धति से मिली शुरुआती सफलता से उत्साहित होकर उन्होंने हर रोज थोड़ा और जल्दी यानी पौने पाँच बजे जागना शुरू कर दिया ताकि सुबह की गहनता में ज़्यादा से ज़्यादा काम कर सकें।

---

8 शोध छात्रों की मदद के लिए लगाया जानेवाला मुफ्त शैक्षणिक शिविर।

जब मैंने अपनी इस किताब के लिए चैपल का इंटरव्यू लिया, तो उन्होंने गहन कार्य की सारिणी बनाने के अपने लयबद्ध दृष्टिकोण को 'बेहद उत्पादक और अपराध-बोध से मुक्त' कहकर परिभाषित किया। अपनी इस दिनचर्या के चलते वे हर रोज चार से पाँच पेज शैक्षणिक-सामग्री लिखकर तैयार कर रहे थे। इसीलिए अब वे हर दो से तीन सप्ताह में अपने शोध-प्रबंध का एक अध्याय लिखकर तैयार कर लेते थे: नौ से पाँच की नौकरी करनेवाले इंसान के लिहाज से उनका इतना उत्पादक होना वाकई कमाल है। वे कहते हैं, 'कौन कहता है कि इतना उत्पादक होना संभव नहीं है?'

दिलचस्प बात यह है कि लयबद्ध दर्शन (Rhythmic Philosophy) वास्तव में द्विरूपी दर्शन (Bimodal Philosophy) का विपरीत दृष्टिकोण है। द्विरूपी दृष्टिकोणवाले लोग दिनभर चलनेवाले जिन एकाग्रता सत्रों की वकालत करते हैं, लयबद्ध दृष्टिकोणवाले गहन सोच के उस सबसे तीव्र स्तर को हासिल कर पाने में नाकाम हो जाते हैं। लेकिन वास्तविकता यह है कि इंसानी प्रकृति के लिहाज से लयबद्ध दृष्टिकोण ही ज़्यादा कारगर साबित होता है। लयबद्ध दृष्टिकोणवाला व्यक्ति गहन कार्य को अपनी कठोर दिनचर्या की मदद से नियमित रूप से थोड़ा-थोड़ा करके पूरा कर लेता है। इस तरह वह आमतौर पर प्रतिवर्ष कुल जितने घंटे गहन कार्य करता है, वह अन्य समय की तुलना में काफी ज़्यादा होता है।

लयबद्ध और द्विरूपी दर्शन में से किसी एक को चुनने का आपका निर्णय इस बात पर निर्भर होता है कि इस तरह के शिड्यूल बनानेवाले मामलों को लेकर आपके अंदर कितना आत्म-नियंत्रण है। स्विस मनोविश्लेषक कार्ल युंग जैसे इंसान को अपना बौद्धिक प्रभुत्व स्थापित करने के लिए मनोविश्लेषण के संस्थापक सिग्मंड फ्रायड के ढेरों समर्थकों से संघर्ष करना पड़ा। अगर आप भी कार्ल युंग जैसे ही इंसान हैं, तो संभव है कि आप स्वत: ही समझ जाएँगे कि अपने विचारों पर पूरी एकाग्रता के साथ सोच-विचार करने के लिए नियमित रूप से समय निकालना कितना ज़रूरी है। दूसरी ओर अगर आप कोई ऐसे व्यक्ति हैं, जो अपना शोध-प्रबंध लिख रहा है और उसे पूरा करने के लिए कोई आप पर दबाव भी नहीं डाल रहा है, तो संभव है कि आपको लयबद्ध दर्शन की ज़रूरत पड़े। क्योंकि यह दर्शन काफी व्यावहारिक प्रकृति का है, जो शोध-प्रबंध पूरा करने की प्रक्रिया को आगे बढ़ाने में आपकी मदद कर सकता है।

हालाँकि बहुत से लोगों के मामले में सिर्फ आत्म-नियंत्रण ही इकलौती ऐसी चीज़ नहीं है, जो उन्हें लयबद्ध दर्शन की ओर प्रवृत्त करती हो। बल्कि इसके पीछे यह वास्तविकता भी होती है कि कुछ नौकरियाँ या कार्य ऐसे होते हैं, जिनमें गहन कार्य करने के लिए एक साथ कई दिनों तक छुट्टी लेना संभव नहीं हो पाता। (बहुत से बॉस यह मानते हैं कि आप किसी एक चीज़ पर जितना चाहें, उतना एकाग्र होने के लिए स्वतंत्र हैं, पर सिर्फ तभी तक, जब तक आप उनके ई-मेल का जवाब फौरन दे रहे हों।) संभवतः इसीलिए गहन कार्यों से जुड़े सामान्य नौकरीपेशा लोगों के बीच लयबद्ध दर्शन सबसे आम होता है।

गहन कार्य को सूचीबद्ध करने का पत्रकारिता दर्शन

1980 के दशक में पत्रकार वॉल्टर आईजैक्सन अपने जीवन के तीसरे दशक में थे और मशहूर अमेरिकी पत्रिका 'टाइम' में तेजी से सफलता की सीढ़ियाँ चढ़ रहे थे। इस समय तक वे बौद्धिक वर्ग की नज़रों में आ चुके थे। यही वह समय था, जब प्रतिष्ठित अमेरिकी लेखक, स्तंभकार और सामाजिक आलोचक क्रिस्टोफर हिचन्स ने लंदन रिव्यू ऑफ बुक्स में लिखते हुए वॉल्टर आईजैक्सन को 'अमेरिका के सर्वश्रेष्ठ पत्रकारों में से एक' कहा था। आईजैक्सन के लिए यह एक बड़ी और महत्वपूर्ण किताब लिखने का सबसे उपयुक्त समय था। क्योंकि किताब लिखना पत्रकारीय उपलब्धियों के रास्ते में एक महत्वपूर्ण कदम होता है। आईजैक्सन ने किताब लिखने के लिए एक जटिल विषय चुना। उन्होंने तय किया कि वे प्रारंभिक शीत युद्ध नीति बनाने में महत्वपूर्ण भूमिका निभानेवाली छह शख्सियतों की कथात्मक जीवनी लिखेंगे, जिसमें उन सभी की कहानियाँ आपस में एक-दूसरे से गुँथी हुई होंगी। इस जटिल काम को अंजाम देने के लिए आईजैक्सन ने टाइम पत्रिका के अपने सहकर्मी संपादक इवान थॉमस की मदद ली। इस तरह उन्होंने जो काम शुरू किया, वह 'द वाइज मेन: सिक्स फ्रेंड्स एंड द वर्ल्ड दे मेड' शीर्षकवाली 864 पेज की एक भारी-भरकम किताब के रूप में सामने आया।

सन 1986 में प्रकाशित हुई उनकी इस किताब को हाथों-हाथ लिया गया। द न्यू यॉर्क टाइम्स ने इसे 'एक समृद्ध लेखनी' करार दिया। द सैन फ्रांसिस्को क्रॉनिकल ने इसकी सराहना करते हुए लिखा कि 'इन दो युवा लेखकों ने अपनी किताब के जरिए शीत युद्ध को उसी प्रवीणता के साथ प्रस्तुत किया है, जिस तरह सदियों पहले महान ग्रीक जीवनीकार प्लूटार्क अपने दौर के विषयों को प्रस्तुत

करते थे।' इसके बाद एक दशक से भी कम समय में आईजैक्सन अपने पत्रकारिता कॅरियर के शीर्ष पर पहुँच गए। उन्हें टाइम पत्रिका का संपादक नियुक्त कर दिया गया। इसके बाद वे एक थिंक टैंक के सीईओ भी बने और साथ ही बेंजामिन फ्रैंकलिन, अल्बर्ट आइंस्टाइन और स्टीव जॉब्स जैसी शख्सियतों के जीवनी लेखक के रूप में प्रसिद्ध हुए।

आईजैक्सन में मेरी दिलचस्पी इसलिए नहीं है कि अपनी पहली किताब लिखकर ही वे इतने कामयाब हो गए थे। मेरी दिलचस्पी तो उनके किताब लिखने के तरीके के बारे में है। इस कहानी को आपके सामने लाने के लिए मुझे उनके साथ अपने व्यक्तिगत संबंधों की मदद लेनी होगी। दरअसल मेरे अंकल जॉन पॉल न्यूपोर्ट भी उसी दौरान न्यू यॉर्क में बतौर पत्रकार सक्रिय थे। आईजैक्सन की किताब 'द वाइज़ मेन' के प्रकाशन के कुछ साल पहले एक बार मेरे अंकल ने उनके साथ मिलकर एक समर बीच हाउस किराए पर लिया था। मेरे अंकल आज भी आईजैक्सन की कामकाज संबंधी प्रभावशाली आदतों को याद करते हैं:

> उसके तरीके हमेशा अद्‌भुत होते थे... जब मैं और हमारे अन्य दोस्त बाहर बरामदे में आराम फरमा रहे होते थे, उस समय आईजैक्सन अपनी किताब पर काम करने के लिए अपने बेडरूम में चला जाता था... वह कभी बीस मिनट तो कभी एक घंटे के लिए जाता और इस दौरान हमें उसके टाइपराइटर की आवाज सुनाई देती रहती। इसके बाद वह वापस हमारे बीच आकर बैठ जाता और उस वक्त भी उसके चेहरे पर वही सुकून नज़र आता, जो हम बाकी दोस्तों के चेहरों पर आराम करने के कारण दिखाई दे रहा होता था... वह कभी भी अपने काम के दबाव के चलते विचलित नज़र नहीं आता था। बल्कि जब भी उसके पास थोड़ा सा खाली समय होता, वह खुशी-खुशी उठकर काम करने के लिए अपने बेडरूम में चला जाता।

आईजैक्सन विधिपूर्ण (Methodic) व्यक्ति थे: जब भी उन्हें खाली समय मिलता, वे गहन कार्य की अवस्था में चले जाते और अपनी किताब पूरी करने में जुट जाते। स्पष्ट है कि अगर आप देश के सबसे अच्छे पत्रकारीय लेखकों में से एक बनने के लिए दिन का ज़्यादातर समय एक पत्रिका के ऑफिस में काम करते हुए बिताते हों, तो करीब 900 पेज की किताब लिखने के लिए अलग से समय

निकालना तभी संभव है, जब आप वे तरीके अपनाएँ, जो आईजैक्सन ने अपनाए थे।

अपने व्यस्त शिड्यूल में जब संभव हो, तब गहन कार्य में जुट जाना – मैं इस दृष्टिकोण को 'गहन कार्य का पत्रकारीय दर्शन' कहता हूँ। यह नाम इस तथ्य का संकेत है कि वॉल्टर आईजैक्सन जैसे पत्रकार अपने नियमित कामकाज के बीच पलक झपकते ही गहन लेखन की अवस्था में जाने के लिए प्रशिक्षित हैं। क्योंकि डेडलाइन (समय सीमा) के हिसाब से चलनेवाले उनके पेशे में इसी दृष्टिकोण की ज़रूरत होती है।

यह दृष्टिकोण उन लोगों के लिए नहीं है, जो गहन कार्य के मामले में अभी नौसिखिए हैं। जैसा कि मैंने इस नियम की शुरुआत में बताया था, पलक झपकते ही गहन कार्य से साधारण कार्य की अवस्था में बार-बार जाने की क्षमता स्वाभाविक रूप से नहीं आती। अभ्यास के बिना इस तरह बार-बार एक से दूसरी मानसिक अवस्था में जाने से आपका इच्छाशक्ति भंडार तेजी से खाली होता चला जाता है। इस आदत के लिए अपनी क्षमताओं पर विश्वास होना भी ज़रूरी है। यह दृढ़ विश्वास कि आप जो कर रहे हैं, वह महत्वपूर्ण है और आपको उसमें सफलता ज़रूर मिलेगी। आमतौर पर आपकी मौजूदा उपलब्धियाँ ही ऐसे दृढ़ विश्वास का आधार बनती हैं। अपना पहला उपन्यास लिख रहे किसी अन्य उपन्यासकार की तुलना में आईजैक्सन के लिए गहन लेखन की अवस्था में जाना संभवत: ज़्यादा आसान रहा होगा। क्योंकि तब तक वे लगातार पत्रकारीय लेखन करते हुए खुद को एक प्रतिष्ठित लेखक के तौर पर स्थापित कर चुके थे। उन्हें पता था कि उनके अंदर एक भारी-भरकम जीवनी लिखने की क्षमता है। साथ ही उनमें यह समझ भी थी कि किताब लिखना उनकी व्यावसायिक प्रगति के लिए काफी महत्वपूर्ण साबित हो सकता है। कठिन प्रयासों को प्रेरित करने में यह आत्मविश्वास बहुत काम आता है।

मैं गहन कार्य के पत्रकारिता दर्शन के प्रति ज़रा पक्षपाती रवैया रखता हूँ। क्योंकि अपने व्यस्त शिड्यूल में ऐसे गहन प्रयास करने के लिए मेरा मुख्य तरीका भी यही होता है। दूसरे शब्दों में कहें, तो मैं अपने गहन कार्य के मामले में वैरागी दृष्टिकोणवाला व्यक्ति नहीं हूँ और न ही मैं द्विरूपी दर्शनवालों की तरह कई-कई दिनों के लिए गहनता में जाता हूँ। (हालाँकि मेरे साथी कंप्यूटर वैज्ञानिक डोनाल्ड

नुथ गहन कार्य की अवस्था में जाने के लिए जिस ढंग से खुद को दुनिया से काट लेते हैं, उससे मुझे कभी-कभी ईर्ष्या होती है।) लयबद्ध दर्शन के प्रति मेरे अंदर कौतूहल का भाव रहता है, पर इसे अपनी दिन-प्रतिदिन की आदत में शामिल करने में मेरा शिड्यूल आड़े आ जाता है।

इसीलिए मैं भी आईजैक्सन की ही तरह हर सप्ताह को वर्तमान स्थितियों के अनुसार ही इस्तेमाल करता हूँ और ज्यादा से ज्यादा गहनता के लिए अपना सर्वश्रेष्ठ करने की कोशिश करता हूँ। उदाहरण के तौर पर मुझे भी जब कभी थोड़ा सा खाली समय मिलता था, तो मैं उसका भरपूर उपयोग करता था क्योंकि इस किताब को पूरा करने के लिए यह ज़रूरी था। अगर मेरे बच्चे थोड़ी देर के लिए झपकी ले रहे होते, तो मैं अपना लैपटॉप लेकर घर पर ही बने अपने ऑफिस के कमरे में बंद हो जाता। इसी तरह अगर मेरी पत्नी सप्ताहांत में किसी दिन अपने माता-पिता से मिलने के लिए पास ही में स्थित एनापोलिस शहर जाने की योजना बनाती, तो मैं उनके घर के किसी शांत कोने में भी अपना काम करना शुरू कर देता क्योंकि वहाँ मुझे अपने बच्चों को सँभालने की ज़रूरत नहीं पड़ती। मेरी पत्नी के माता-पिता यह काम बड़ी खुशी-खुशी करते। इसी तरह जब भी ऑफिस में मेरी कोई मीटिंग अचानक रद्द हो जाती या किसी दिन दोपहर के वक्त ज़्यादा काम नहीं होता, तो मैं परिसर में बनी अपनी पसंदीदा लाइब्रेरी में जाकर इस किताब के कुछ और पन्ने लिख डालता। बस यह सिलसिला इसी तरह जारी रहा।

मुझे यह स्वीकार कर लेना चाहिए कि मैं अपने कामकाज पर पत्रकारिता दर्शन अमल करने के मामले में बहुत आदर्शवादी रवैया नहीं अपनाता। जैसे मैं गहन कार्य संबंधी अपने सारे निर्णय तुरंत नहीं लेता। बल्कि शुरुआत में ही मैं यह तय कर लेता हूँ कि सप्ताह के सातों दिन कब-कब गहन कार्य करूँगा। फिर हर दिन की ज़रूरत के अनुसार इन निर्णयों को बदल भी लेता हूँ (मेरी दिनचर्या के शिड्यूल को विस्तार से जानने के लिए नियम क्रमांक 4 देखें)। इससे मुझे गहन कार्य करने के बारे में शीघ्र निर्णय लेने की ज़रूरत नहीं रह जाती, जिससे मेरे पास गहन सोच-विचार के लिए मानसिक ऊर्जा बची रहती है।

अंततः गहन कार्य का शिड्यूल बनाने का पत्रकारिता दर्शन काफी मुश्किल होता है। पर अगर आपको उस चीज़ के महत्त्व पर पूरा विश्वास है, जिसकी रचना आप अपने गहन कार्य से करनेवाले हैं और गहनता में जाने के कौशल का पर्याप्त

अभ्यास कर चुके हैं, तो आप अपने व्यस्त शिड्यूल में भी इतनी गहनता हासिल कर सकेंगे, जिसे देखकर आपको निश्चित ही आश्चर्य होगा। गहनता में जाने का कौशल विकसित करने के लिए ज़रूरी रणनीतियाँ किताब में आगे भी बताई गई हैं।

व्यवस्थाएँ बनाएँ (Ritualize)

जो लोग अपने दिमाग का इस्तेमाल महत्वपूर्ण व मूल्यवान चीज़ें रचने के लिए करते हैं, उनसे संबंधित एक तथ्य को अक्सर अनदेखा कर दिया जाता है। वह तथ्य यह है कि ऐसे लोग अपनी कामकाज संबंधी आदतों के मामले में शायद ही कभी लापरवाही करते हों। जैसे पुलित्ज़र पुरस्कार विजेता जीवनीकार रॉबर्ट कैरो का ही उदाहरण लें। सन 2009 में उनके बारे में एक पत्रिका में प्रकाशित लेख के अनुसार, 'कैरो के न्यू यॉर्क ऑफिस में एक-एक चीज़ तयशुदा नियम-कायदों के अनुसार ही होती है।' वे अपनी किताबें ऑफिस में किस स्थान पर रखेंगे, अपनी नोटबुक्स को एक के ऊपर एक लगाकर किस तरह रखेंगे, ऑफिस की दीवारों पर क्या टाँगा जाएगा और यहाँ तक कि वे अपने ऑफिस में कौन सी पोशाक पहनेंगे: हर चीज़ उनकी तयशुदा दिनचर्या के अनुसार ही तय होती है। अपने लंबे कॅरियर में उनकी यह दिनचर्या बहुत कम बार ही बदली है। कैरो बताते हैं, 'मैंने खुद को व्यवस्थित रखने के लिए प्रशिक्षित किया है।'

दुनिया को क्रम-विकास का सिद्धांत (evolution theory) देनेवाले महान जीवविज्ञानी चार्ल्स डार्विन जब प्रजातियों की उत्पत्ति पर काम कर रहे थे, उस दौर में उनका कामकाजी जीवन भी ऐसा ही था, जो कुछ तयशुदा नियमों के हिसाब से चलता था। जैसा कि उनके बेटे फ्रांसिस ने बाद में याद करते हुए बताया था, डार्विन रोज सुबह सात बजे उठकर टहलने निकल जाते थे। फिर नाश्ते के बाद वे सुबह आठ बजे से लेकर साढ़े नौ बजे तक अपने अध्ययन कक्ष में बैठकर काम करते थे। इसके बाद उनका अगला एक घंटा पिछले दिन के पत्र पढ़ने के लिए तय था। इसके बाद साढ़े दस बजे से लेकर दोपहर तक वे काम करने के लिए एक बार फिर अपने अध्ययन कक्ष में चले जाते। दिन के इस पहले सत्र के बाद वे चुनौतीपूर्ण विचारों पर सोच-विचार करने के लिए एक तयशुदा रास्ते पर टहलने निकल जाते, जो उनके ग्रीनहाउस से शुरू होकर उनके घर का चक्कर लगाते हुए वापस वहीं पहुँच जाता था, जहाँ से शुरू होता था। वे तब तक टहलते रहते, जब

तक अपने सोच-विचार से संतुष्ट नहीं हो जाते। इसके बाद वे अगली सुबह तक के लिए अपनी दिनचर्या से निवृत्त हो जाते।

पाँच सालों तक मशहूर विचारकों और लेखकों की आदतों को सूचीबद्ध करनेवाले पत्रकार मेसन क्यूरी (जिनसे मुझे अपने पिछले दोनों उदाहरणों की जानकारी मिली) इस प्रवृत्ति को व्यवस्थापन की ओर ले जानेवाली प्रवृत्ति के रूप में कुछ इस तरह व्यक्त करते हैं:

> कलाकारों के बारे में एक लोकप्रिय धारणा है कि वे तभी काम करते हैं, जब कोई चीज़ उन्हें प्रेरित करती है - मानों कहीं से अचानक कोई चीज़ आकर उनके अंदर रचनात्मकता की आग भड़का देती है। पर मैं उम्मीद करता हूँ कि इस किताब से यह स्पष्ट है कि किसी चीज़ की रचना करने के लिए प्रेरणा का इंतजार करना व्यर्थ है। बल्कि अगर मैं रचनात्मक कार्य की कोशिश कर रहे लोगों को अपनी ओर से एक सबसे अच्छी सलाह दूँ, तो यही कहूँगा, बेहतर होगा कि प्रेरणा का इंतजार करने के बजाय उसे अनदेखा करें।

न्यू यॉर्क टाइम्स के स्तंभकार डेविड ब्रूक्स इस वास्तविकता को और स्पष्ट ढंग से प्रस्तुत करते हैं: महान रचनात्मकता के धनी लोग सोच-विचार तो कलाकारों की तरह ही करते हैं, पर काम किसी अकाउंटेन्ट की तरह करते हैं।

यह रणनीति दरअसल ये संकेत देती है कि अपने गहन कार्य सत्र का अधिकतम लाभ उठाने के लिए आपको भी उतनी ही विशिष्ट और कठोर व्यवस्था बनानी होंगी, जितनी इस किताब के पिछले पन्नों में उल्लेखित कुछ महत्वपूर्ण विचारकों ने बनाई थीं। इस तरह उनकी नकल करने के पीछे एक स्पष्ट कारण है। रॉबर्ट कैरो या चार्ल्स डार्विन जैसी महान शख्सियतों ने अपने लिए कुछ विशिष्ट पद्धति (रस्में) इसलिए नहीं बनाई थीं क्योंकि वे दूसरों के सामने खुद को एक अनोखे इंसान की तरह पेश करना चाहते थे। उन्होंने ऐसा इसलिए किया था क्योंकि उनके क्षेत्र में सफलता हासिल करना बार-बार गहनता में जाने की उनकी क्षमता पर निर्भर करता था - अपने दिमाग को उसकी क्षमता की आखिरी सीमा तक उपयोग किए बिना पुलित्ज़र पुरस्कार जीतना या एक महान सिद्धांत का

प्रतिपादन करना संभव नहीं है। इन महान शख्सियतों ने अपने लिए जो पद्धतियाँ विकसित की थीं, उनके चलते गहनता में जाने की प्रक्रिया उनके लिए आसान हो गई। इससे उनके लिए ज़्यादा से ज़्यादा गहनता में उतरना और फिर लंबे समय तक उसी अवस्था में रहना संभव हो गया। अगर उन्होंने भी महत्वपूर्ण कार्य शुरू करने से पहले प्रेरित होने का इंतजार किया होता, तो उनकी उपलब्धियाँ निश्चित रूप से कम होतीं।

गहन कार्य संबंधी सारी पद्धतियों में से किसी एक पद्धति को हर किसी के लिए उपयुक्त नहीं कहा जा सकता। क्योंकि किस व्यक्ति के लिए कौन सी पद्धति कारगर होगी, यह उस व्यक्ति और उसके काम पर निर्भर करता है। पर कुछ सामान्य प्रश्न ज़रूर हैं, जिनका जवाब हर कारगर पद्धति में निहित होता है।

* **आप कहाँ और कितने समय तक काम करेंगे?** आपकी पद्धति ऐसी होनी चाहिए, जो उस स्थान को स्पष्ट करती हो, जहाँ आपको गहन कार्य करना है। यह स्थान आपका ऑफिस भी हो सकता है, जिसमें आपके केबिन का दरवाजा बंद हो और आपकी डेस्क साफ हो (मेरा एक सहकर्मी अगर अपने ऑफिस में बैठकर कोई मुश्किल काम पूरा कर रहा होता है, तो वह अपने केबिन के दरवाजे पर होटलों की तरह 'डू नॉट डिस्टर्ब' की पट्टी लगा देता है)। अगर संभव हो तो इस स्थान को सिर्फ गहन कार्य करने के लिए ही रखें - जैसे कॉन्फ्रेंस रूम या लाइब्रेरी - तो इसका सकारात्मक प्रभाव कहीं ज़्यादा तीव्र होगा। (अगर आप किसी ओपन ऑफिस कैंपसवाली इमारत में काम करते हैं, तब तो गहन कार्य के लिए ऐसा कोई स्थान तय करना और महत्वपूर्ण हो जाता है।) आप भले ही किसी भी स्थान पर काम करें, पर गहन कार्य सत्र का समय तय करना न भूलें ताकि आपका यह सत्र एक निश्चित समय पर शुरू और खत्म हो सके।

* **काम शुरू करने के बाद उसे आगे कैसे बढ़ाएँगे?** अपने प्रयासों को एक ठोस रूप देने के लिए आपको अपनी पद्धतियों से जुड़े कुछ नियमों और प्रक्रियाओं की ज़रूरत पड़ेगी। उदाहरण के लिए गहन कार्य करते समय शायद आपको इंटरनेट के इस्तेमाल पर प्रतिबंध लगाना पड़े या फिर एक मात्रक तय करना पड़े, जैसे हर बीस मिनट में आपने कुल कितने शब्द लिखे। यह इसलिए ज़रूरी है ताकि आप अपनी एकाग्रता बनाए रख सकें। ऐसे किसी ठोस रूप या संरचना के बिना आपको

बार-बार खुद को मानसिक रूप से यह समझाना पड़ेगा कि अपने गहन कार्य सत्र के दौरान आपको क्या करना चाहिए और क्या नहीं। साथ ही आपको लगातार यह आँकलन भी करना पड़ेगा कि आप अपने काम में पर्याप्त मेहनत कर रहे हैं या नहीं। इसके चलते आपकी इच्छाशक्ति का भंडार बेवजह कम होता जाएगा।

⁂ **काम में अपना सहयोग कैसे करेंगे?** आपकी पद्धतियों को यह सुनिश्चित करना होगा कि आपके दिमाग को गहनता के उच्च स्तर पर सक्रिय रहने के लिए पर्याप्त सहयोग मिल रहा है। उदाहरण के लिए आपकी पद्धति में यह स्पष्ट हो कि आप काम की शुरुआत एक कप बढ़िया कॉफी के साथ करेंगे या पूरे सत्र के दौरान अपनी ऊर्जा का स्तर बनाए रखने के लिए आपके घर में उपयुक्त खाद्य-सामग्री मौजूद हो या फिर इस दौरान अपने मन को शांत और उत्साहित रखने के लिए टहलने जैसा कोई हल्का व्यायाम करें। (जैसा कि महान जर्मन दार्शनिक फ्रेडरिक नीत्शे ने कहा था, 'सिर्फ वही विचार सचमुच मूल्यवान होते हैं, जो टहलते समय पैदा होते हैं।') इस तरह के सहयोग में पर्यावरण संबंधी तत्त्व भी शामिल हो सकते हैं, जैसे अपने काम से संबंधित कच्चा माल एक साथ व्यवस्थित करके रख लेना ताकि बार-बार ऐसा करने से आपकी ऊर्जा व्यर्थ न जाए (जैसा कि हमने कैरो के उदाहरण में देखा था)। अधिकतम सफलता के लिए आपको गहनता में जाने के अपने प्रयासों को और अधिक बल देने की आवश्यकता है। साथ ही यह सहयोग व्यवस्थित भी होना चाहिए ताकि आपको यह तय करने में अपनी मानसिक ऊर्जा खर्च न करनी पड़े कि आपको कब किस चीज़ की ज़रूरत है।

इन सवालों से आपको अपनी गहन कार्य संबंधी पद्धतियाँ बनाने में मदद मिलेगी। बस यह याद रखें कि एक कारगर पद्धति बनाने के लिए शायद आपको प्रयोग करने की ज़रूरत पड़ेगी इसलिए अपनी ओर से इसके लिए तैयार रहें। मैं आपको विश्वास दिलाता हूँ कि आपकी मेहनत व्यर्थ नहीं जाएगी: एक बार जब आप कुछ ऐसा तैयार कर लेते हैं, जो आपको सही और उपयुक्त लगता है, तो उसका प्रभाव बहुत महत्वपूर्ण हो सकता है। गहनता के साथ काम करना बड़ी बात है, जिसे हल्के तौर पर नहीं लेना चाहिए। एक जटिल (और शायद दूसरों के लिए काफी अजीब) पद्धति के अनुसार प्रयास करने से यह वास्तविकता स्वीकार हो जाती है - जिससे आपके मन को एक संरचना और वचनबद्धता मिलती है,

जो एकाग्रता की अवस्था में जाने के लिए ज़रूरी है। एकाग्रता की इस अवस्था में आप उन चीज़ों की रचना कर सकते हैं, जो वाकई मायने रखती हैं।

भव्य मुद्राएँ अपनाएँ

सन 2007 की सर्दियों के शुरुआती दिनों में लेखिका जे.के. रोलिंग को हैरी पॉटर सीरीज के अपने सातवें और आखिरी उपन्यास 'द डेथली हैलोज' को पूरा करने के लिए संघर्ष करना पड़ रहा था। उन पर बहुत दबाव था। क्योंकि उन पर इस उपन्यास के जरिए सीरीज के पिछले छह उपन्यासों के कथानक को एक सूत्र में बाँधने की जिम्मेदारी थी ताकि यह भी हैरी पॉटर के करोड़ों प्रशंसकों की उम्मीदों पर खरा उतरे। प्रशंसकों की इस माँग को पूरा करने के लिए रोलिंग को गहन कार्य करने की ज़रूरत थी। पर स्कॉटलैंड के एडिनबर्ग में स्थित अपने घर में बने ऑफिस में बैठकर उपन्यास पर देर तक ध्यान केंद्रित करते हुए काम करना उनके लिए बहुत मुश्किल हो रहा था। उस दौर को याद करते हुए अपने एक इंटरव्यू में वे कहती हैं, 'एक दिन जब मैं द डेथली हैलोज को पूरा करने में लगी हुई थी, तभी घर की खिड़कियाँ चमकाने के लिए एक सफाईकर्मी आ गया। उस दिन मेरे बच्चे भी घर पर ही थे और ऊपर से हमारा पालतू कुत्ता लगातार भौंके जा रहा था।' ध्यान भटकानेवाली इतनी सारी चीज़ों के चलते रोलिंग का धैर्य जवाब देने लगा। तब उन्होंने अपने काम पर ध्यान लगाने के उद्‌देश्य से कुछ ऐसा करने का निर्णय लिया, जो वाकई आश्चर्यजनक था: उन्होंने एडिनबर्ग के केंद्र में स्थित एक पाँच सितारा होटल बाल्मोरल में अपने लिए एक सुईट (कमरों का सेट) किराए पर ले लिया। वे कहती हैं, 'मैंने बाल्मोरल को इसलिए चुना क्योंकि यह बहुत खूबसूरत होटल है पर मेरा इरादा वहाँ रुकने का नहीं था। लेकिन चूँकि पहले दिन होटल के कमरे में बैठकर लिखने का अनुभव काफी अच्छा रहा इसलिए मैं बार-बार वहाँ जाती रही... और आखिरकार मैंने अपना वह उपन्यास उस होटल के कमरे में बैठकर ही पूरा किया।'

इसमें कोई हैरानी की बात नहीं है कि एक बार होटल के कमरे में बैठकर लिखने के बाद जे.के. रोलिंग बार-बार उसी कमरे में जाकर लिखती रहीं। वह उनके काम के लिए उपयुक्त जगह थी। स्कॉटलैंड के सबसे शानदार होटलों में से एक माने जानेवाले बाल्मोरल की विक्टोरियन वास्तुकला पर आधारित इमारत नक्काशीदार चिकने पत्थरों से अलंकृत है। साथ ही इसमें एक ऊँचा क्लॉक

टावर भी है। यह एडिनबर्ग के किले से कुछ ही दूरी पर स्थित है - हैरी पॉटर के उपन्यासों में उल्लेखित स्कूल हॉग्वाट्र्स की प्रेरणा जे.के. रोलिंग को इसी किले से मिली थी।

एडिनबर्ग किले के पास स्थित एक शानदार होटल में कमरा लेने का रोलिंग का निर्णय, गहन कार्य की दुनिया में एक अनोखी लेकिन प्रभावी रणनीति - भव्य मुद्रा - का एक उदाहरण है। इसकी संकल्पना बहुत ही साधारण है: गहन कार्य पूरा करने के लिए, अपनी कोशिशों और धन का निवेश करते हुए अपने सामान्य माहौल में आमूलाग्र बदलाव लाना, उस कार्य के कथित महत्त्व को बढ़ा देता है। उसके महत्त्व में हुई इस वृद्धि से आपके मन की टाल-मटोल करने की प्रवृत्ति शिथिल पड़ जाती है और आपके अंदर प्रेरणा और ऊर्जा का संचार होने लगता है।

हैरी पॉटर सीरीज का उपन्यास लिखना कोई आसान काम नहीं है। ऐसे काम के लिए अच्छी-खासी मानसिक ऊर्जा की ज़रूरत पड़ती है, भले ही आप इसे किसी भी स्थान पर बैठकर करें। पर अगर आप ध्यान भटकानेवाले किसी घरेलू ऑफिस के बजाय हॉग्वाट्र्स शैलीवाले किले के पास स्थित होटल में एक हजार डॉलर प्रतिदिन के हिसाब एक सुईट किराए पर लेते हैं, तो काम शुरू करने के लिए ज़रूरी ऊर्जा इकट्ठी करना और उसे बनाकर रखना आसान हो जाता है।

जब आप गहन कार्य करनेवाले अन्य प्रसिद्ध लोगों की आदतों का अध्ययन करते हैं, तो भव्य मुद्रा अपनाने की यह रणनीति अक्सर देखने को मिलती है। उदाहरण के लिए जब बिल गेट्स माइक्रोसॉफ्ट के सीईओ थे, तो वे बीच-बीच में कुछ सप्ताह का अवकाश (छुट्टियाँ) लेने के लिए मशहूर थे। इस अवकाश को 'थिंक वीक्स' का नाम दिया गया था। इस अवकाश में वे अपनी व्यावसायिक और पारिवारिक जिम्मेदारियों के बारे में नहीं सोचते थे बल्कि अवकाश का समय वे किसी शांत स्थान पर स्थित एक केबिन में ढेर सारी किताबों व अन्य कागजात के साथ बिताते थे। इसके पीछे उनका उद्‍देश्य था, अपनी कंपनी से जुड़े बड़े और महत्वपूर्ण मसलों पर बिना किसी व्यवधान के गहनता के साथ सोच-विचार करना। कहते हैं कि सालों पहले ऐसे ही एक थिंक वीक्स अवकाश के दौरान वे इस निष्कर्ष पर पहुँचे थे कि उनकी इंडस्ट्री में इंटरनेट एक बड़ी ताकत बनने जा रहा है। हालाँकि माइक्रोसॉफ्ट के सिएटल स्थित हेडऑफिस में ऐसा कुछ नहीं था,

जो बिल गेट्स को गहन सोच-विचार करने से रोकता हो। लेकिन सप्ताह भर का अवकाश लेकर किसी नई जगह जाकर सोच-विचार करने में एक ऐसा नयापन था, जिससे उन्हें एकाग्रता का मनचाहा स्तर हासिल करने में मदद मिलती थी।

अपने उपन्यासों के लिए कई पुरस्कार जीत चुके मैसाचुसेट्स इंस्टीट्यूट ऑफ टेक्नोलॉजी (एम.आई.टी.) के भौतिक विज्ञानी एलन लाइटमैन भी भव्य मुद्राओं का लाभ उठाते हैं। वे गहन सोच-विचार करने और खुद को तरोताजा रखने के लिए हर साल अपनी गर्मियाँ अमेरिका के उत्तरी कोने में स्थित मेने नामक राज्य के एक 'नन्हें द्वीप' में बिताते हैं। सन 2000 में जब उन्होंने एक इंटरव्यू में अपनी इस भव्य मुद्रा का खुलासा किया, तब उस नन्हें द्वीप में इंटनेट तो छोड़िए, फोन तक की सुविधा उपलब्ध नहीं थी। इसे उचित ठहराते हुए उन्होंने कहा था, 'दरअसल गर्मियों के ढाई महीने के दौरान मैं वहाँ सिर्फ इसलिए जाता हूँ क्योंकि मैं अपने जीवन में थोड़ा एकांत चाहता हूँ... जो आज के दौर में बहुत मुश्किल से मिलनेवाली चीज़ है।'

हालाँकि सभी के पास जीवन में इतनी आज़ादी नहीं होती कि वे हर साल ढाई महीने का समय मेने के किसी द्वीप पर जाकर बिताएँ। पर एलन लाइटमैन के अलावा डैन पिंक और माइकल पोलेन समेत ऐसे कई लेखक हैं, जिन्होंने लेखन कार्य करने के लिए अच्छी-खासी मेहनत और धन खर्च करके अपनी जमीनों पर विशेष केबिन्स का निर्माण करवाया। माइकल पोलेन ने तो कनेक्टिकट के अपने पुराने घर के पीछे स्थित जंगली इलाके में केबिन निर्माण के अपने अनुभव पर किताब भी लिखी है। हालाँकि इन लेखकों के लिए ये केबिन कोई अनिवार्य स्थान नहीं है क्योंकि उन्हें तो अपना काम करने के लिए सिर्फ एक लैपटाप और एक मेज-कुर्सी की ही ज़रूरत होती है। पर इस तरह के केबिन्स अपनी सुविधाओं के कारण महत्वपूर्ण नहीं होते बल्कि बेहतर लेखन के उद्देश्य से उनका निर्माण कराना, जिस भव्य मुद्रा का प्रतिनिधित्व करता है, उसके चलते महत्वपूर्ण होते हैं।

हर भव्य मुद्रा का इतना स्थाई होना ज़रूरी नहीं है। जैसा कि मैंने अगली रणनीति में विस्तार से बताया है, टेलीफोन के आविष्कारक ग्राहम बेल की शोध और वैज्ञानिक विकास कंपनी बेल लैब्स में विलियम शॉक्ले नामक एक भौतिक विज्ञानी काम करते थे। वे काफी प्रतिस्पर्धी स्वभाव के व्यक्ति थे, जो अपनी टीम के साथ मिलकर ट्रांजिस्टर के आविष्कार पर काम कर रहे थे। एक बार वे

किसी और प्रोजेक्ट से जुड़े सम्मेलन में भाग लेने के लिए शिकागो गए हुए थे। उसी दौरान उनकी टीम के दो सदस्यों ने ट्रांजिस्टर के आविष्कार की प्रक्रिया में एक बड़ी सफलता हासिल कर ली। इस बात का पता लगते ही विलियम शॉक्ले ने खुद को शिकागो के अपने होटल के कमरे में बंद कर लिया। इसके बाद वे उस कमरे से तब तक बाहर नहीं निकले, जब तक उन्होंने अपनी टीम के उन दो सदस्यों के मुकाबले ट्रांजिस्टर के एक बेहतर डिजाइन की रूपरेखा तैयार नहीं कर ली। यह बेहतर डिजाइन उनके दिमाग में काफी दिनों से थी। आखिरकार अपने कमरे से बाहर निकलते ही उन्होंने फौरन नए डिजाइन से संबंधित अपने सारे नोट्स हवाई डाक के जरिये न्यू जर्सी के मर्रे हिल स्थित बेल लैब्स के अपने ऑफिस में भेज दिए। ताकि उनका कोई सहकर्मी उन सभी नोट्स को उनकी लैब-नोटबुक में कॉपी करके उस पर आविष्कार की तारीख का ठप्पा लगवा दे। विलियम शॉक्ले ने अचानक गहनता की अवस्था में जाकर ट्रांजिस्टर की जो रूपरेखा तैयार की थी, उसी के चलते बाद में उन्हें ट्रांजिस्टर के आविष्कार के लिए नोबेल पुरस्कार से नवाजा गया।

भव्य मुद्रा से परिणाम हासिल करनेवालों में एक और बड़ा उदाहरण है, सोशल मीडिया के क्षेत्र में अग्रणी योगदान देनेवाले उद्यमी पीटर शैन्कमैन का। एक लोकप्रिय वक्ता होने के चलते अक्सर अलग-अलग शहरों की हवाई यात्रा में उनका काफी समय खर्च होता है। अंततः उन्हें महसूस हुआ कि तीस हज़ार फीट पर उड़ान भरना उनके लिए ध्यान केंद्रित करने का सबसे आदर्श वातावरण है। अपनी एक ब्लॉग पोस्ट में वे लिखते हैं, 'हवाई जहाज की सीट पर, मेरे आगे या आसपास ऐसा कुछ नहीं होता, जिससे मेरा ध्यान भटके। ऐसे में मेरे पास सिर्फ यही एक काम बचता है कि मैं अपने विचारों के साथ एक समता स्थापित कर लूँ।' इस बात का एहसास होने के बाद ही उन्होंने एक ऐसी किताब लिखने का कॉन्ट्रैक्ट साइन कर लिया, जिसे पूरा करने के लिए उन्हें सिर्फ दो सप्ताह का समय दिया गया था। इतने कम समय में एक किताब लिखने के लिए जबरदस्त एकाग्रता की ज़रूरत थी। गहन एकाग्रता की इस अवस्था को हासिल करने के लिए शैन्कमैन ने कुछ ऐसा किया, जिसका कोई और उदाहरण कहीं नहीं मिलता। उन्होंने जापान की राजधानी टोक्यो आने-जाने का एक बिजनेस क्लास टिकट बुक कराया। फिर वे जापान पहुँचने तक लगातार लिखते रहे। जापान पहुँचने के बाद बिजनेस क्लास लाउंज में बैठकर उन्होंने एक एस्प्रेसो कॉफी का आनंद लिया।

इसके बाद उन्होंने अपनी वापसी की फ्लाइट पकड़ी और एक बार फिर पूरे रास्ते लिखते रहे। टोक्यो आने-जाने की इस पूरी यात्रा में उन्हें तीस घंटे का समय लगा और इतने समय में उन्होंने उस किताब को लिखकर पूरा कर लिया। वे कहते हैं, 'इस यात्रा में चार हजार डॉलर का खर्च आया, जो कतई व्यर्थ नहीं गया।'

मैंने आपको जिन शख्सियतों के उदाहरण दिए, उन्होंने सिर्फ अपना माहौल बदलने या एकांत हासिल करने के चलते गहन अवस्था हासिल नहीं की। बल्कि इसका मुख्य कारण था, अपने काम को लेकर की गई वचनबद्धता का मनोविज्ञान। अपने लेखन कार्य को पूरा करने के लिए किसी आलीशान होटल में चले जाना या सिर्फ सोच-विचार करने के लिए सप्ताहभर का अवकाश ले लेना या फिर खुद को तब तक एक कमरे में बंद रखना, जब तक किसी महत्वपूर्ण आविष्कार की रूपरेखा तैयार नहीं हो जाती। ये सब ऐसी भव्य मुद्राएँ हैं, जो आपके गहन उद्देश्य को मानसिक प्राथमिकता के स्तर पर ले आती हैं, जिसके चलते आपके सारे मानसिक संसाधनों के दरवाजे आपके लिए खुल जाते हैं। कई बार गहनता में उतरने के लिए ज़रूरी होता है कि पहले आप कुछ बड़ा या भव्य करें।

अकेले काम न करें

गहन कार्य और एक-दूसरे के साथ मिलकर कार्य करने के बीच जो संबंध है, वह ज़रा पेचीदा है। हालाँकि इसमें अपने समय का निवेश करना एक सही निर्णय है क्योंकि मिलकर काम करने का लाभ उठाने से व्यावसायिक जीवन में आपके गहन कार्य की गुणवत्ता बढ़ सकती है।

इस विषय पर चर्चा शुरू करने के लिए हमें एक कदम पीछे जाना होगा। ताकि एक ऐसे संघर्ष पर विचार किया जा सके, जो पहली नज़र में कभी न सुलझनेवाला संघर्ष लगता है। इस किताब के पिछले हिस्से में मैंने फेसबुक के हेडक्वार्टर के नए डिजाइन के लिए कंपनी की आलोचना की थी। मैंने खासतौर पर इस बारे में बात की थी कि दुनिया का सबसे बड़ा ओपन ऑफिस बनाने का फेसबुक का लक्ष्य एकाग्रता पर एक बेतुके हमले जैसा है। यह ओपन ऑफिस यानी एक विशाल कमरा है, जहाँ कथित तौर पर 2800 कर्मचारी एक साथ बैठकर काम करेंगे। लगातार हो रहे शोधों और अलग-अलग संस्थाओं ने कई बार इस तथ्य को रेखांकित किया है कि एक विशाल साझा कार्यक्षेत्र में अपने ढेर सारे सहकर्मियों के साथ बैठकर काम करना, इंसान का ध्यान अविश्वसनीय रूप से

भटका देता है। क्योंकि इससे एक ऐसा वातावरण तैयार होता है, जो गंभीरता के साथ सोच-विचार करने के प्रयासों को व्यर्थ बना देता है। सन 2013 में ब्लूमबर्क बिजनेसवीक पत्रिका में प्रकाशित एक लेख में इस विषय पर हुए एक हालिया शोध के हवाले से तो यहाँ तक कहा गया था कि ओपन ऑफिस के अत्याचार को तुरंत बंद किया जाना चाहिए।

और हाँ, इस 'ओपन ऑफिस' डिजाइन को यूँ ही नहीं अपनाया जा रहा है। द न्यू यॉर्कर अखबार में प्रकाशित मारिया कोनिकोवा की एक रिपोर्ट बताती है, 'शुरू-शुरू में जब ये अवधारणा पहली बार सामने आई थी, तब इसका उद्‌देश्य 'विचारों के प्रवाह और संवाद को सुविधाजनक बनाना' था। दरअसल यह दावा अमेरिकी व्यवसायों द्वारा स्टार्ट-अप व्यवसायों जैसी अपारंपरिकता अपनाने की इच्छा से मेल खाता था। उदाहरण के लिए ब्लूमबर्ग बिजनेसवीक के संपादक जॉश टायरैन्गल ने अपनी कंपनी के हेडक्वार्टर में ऑफिसेस की कमी को कुछ इस तरह व्यक्त किया: 'ओपन ऑफिस की योजना वाकई शानदार है। यह सुनिश्चित करती है कि हर कर्मचारी कंपनी के मुख्य मिशन से जुड़ा हुआ है और... इससे विभिन्न विभागों में काम करनेवालों के बीच उत्सुकता की भावना को प्रोत्साहन मिलता है।' इसी तरह जैक डॉर्सी ने भी स्क्वायर्स के अपने हेडक्वार्टर के ओपन ऑफिस को कुछ इस तरह सही ठहराया: 'हम अपने कर्मचारियों को खुले स्थान में काम करने के लिए प्रेरित करते हैं क्योंकि हम आकस्मिक लाभ और यूँ ही चलते-फिरते एक-दूसरे से नई-नई चीज़ें सीखने पर विश्वास रखते हैं।'

चलिए हमारी इस चर्चा के लिए इस सिद्धांत को जानते हैं- 'जब आप लोगों को अचानक ही एक-दूसरे के साथ मिलने का मौका देते हैं, तो इससे न सिर्फ वे एक-दूसरे के साथ मिलकर काम करने लगते हैं बल्कि उनके बीच नए-नए विचार भी पनपते हैं।' इस सिद्धांत को 'आकस्मिक रचनात्मकता का सिद्धांत' का नाम दे देते हैं। अगर हम सहज ही अनुमान लगाएँ, तो यह कह सकते हैं कि मार्क जुकरबर्ग ने इस सिद्धांत की मदद से ही दुनिया का सबसे बड़ा ऑफिस निर्मित कराने का निर्णय लिया था। ठीक वैसे ही जैसे सिलिकॉन वैली और अन्य स्थानों पर स्थित कंपनियों ने इसी सिद्धांत से प्रेरित होकर ओपन ऑफिस की संकल्पना को हाथों-हाथ अपना लिया। हालाँकि इस निर्णय के पीछे धन की बचत और कर्मचारियों की बढ़ती निगरानी जैसे अन्य कारकों की भी भूमिका है, पर चूँकि ये कारण ओपन ऑफिस की संकल्पना के मुकाबले कम मजेदार हैं, इसीलिए इन

पर कम जोर दिया जाता है।

गहन कार्य एक व्यक्तिगत प्रयास और रचनात्मक अंतर्दृष्टि कई लोगों द्वारा मिलकर किया गया प्रयास होता है। एकाग्रता और आकस्मिक लाभ में से किसे बढ़ावा देना है, इसका निर्णय यह संकेत देता है कि गहन कार्य का रचनात्मक अंतर्दृष्टि पैदा करने के साथ कोई तालमेल नहीं है। हालाँकि यह निष्कर्ष दोषपूर्ण है। मेरा मानना है कि यह आकस्मिक रचनात्मकता के सिद्धांत के बारे में अधूरी समझ पर आधारित है। इस दावे का समर्थन करने के लिए, इस बात की उत्पत्ति के बारे में विचार करें कि इस महत्वपूर्ण खोज को इन दोनों में से कौन सी चीज़ प्रेरित करती है।

यूँ तो इस सिद्धांत के कई स्रोत हैं, पर इनमें से एक मशहूर स्रोत मुझसे व्यक्तिगत रूप से जुड़ा हुआ है। मैसाचुसेट्स इंस्टीट्यूट ऑफ टेक्नोलॉजी (एम आईटी) में अपने सात वर्ष के कार्यकाल के दौरान मैं इस संस्थान की मशहूर बिल्डिंग-20 में कार्यरत था। यह इमारत पूर्वी कैम्ब्रिज में मुख्य सड़क और वेस्सर मार्ग के चौराहे पर स्थित थी और आखिरकार सन 1998 में इसे ध्वस्त कर दिया गया था। द्वितीय विश्व युद्ध के समय जब संस्थान की रेडिएशन प्रयोगशाला में वैज्ञानिकों की तादाद बढ़ती जा रही थी, तब उन्हें एक अस्थाई आश्रय देने के उद्‌देश्य से पहली बार आनन-फानन में इसकी संरचना को खड़ा किया गया था। सन 2012 में द न्यू यॉर्कर अखबार में प्रकाशित एक लेख के अनुसार शुरुआत में इस इमारत को एक विफलता के तौर पर देखा जा रहा था: 'यहाँ हवा का संचार बहुत कम था और इसके गलियारों में अंधेरा रहा करता था। इसकी दीवारें बहुत पतली थीं और छत तो ऐसी थी कि बारिश में टपकने लगती थी। गर्मियों के मौसम में यह इमारत गर्मी से उबलने लगती थी, जबकि सर्दी के मौसम में इसका वातावरण बहुत ठंडा रहता था।'

युद्ध समाप्त होने के बाद भी कैम्ब्रिज में वैज्ञानिकों आना-जाना जारी रहा। मैसाचुसेट्स इंस्टीट्यूट ऑफ टेक्नोलॉजी (एमआईटी) को जगह की ज़रूरत थी, पर स्थानीय अधिकारियों से किए गए वादे के अनुसार इस इमारत को फौरन ध्वस्त करने के बजाय संस्थान ने अपने वैज्ञानिकों की बढ़ती तादाद के चलते इसका इस्तेमाल जारी रखा। परिणामस्वरूप यहाँ ऐसे विभाग स्थापित हो गए, जो एक-दूसरे से बिलकुल मेल नहीं खाते थे। परमाणु विज्ञान से लेकर भाषा विज्ञान

और इलेक्ट्रॉनिक्स जैसे विभाग इस नीची छतवाली इमारत का साझा इस्तेमाल कर रहे थे। ऊपर से यहाँ किराए पर मशीनें और पियानों की मरम्मत की दुकानें भी खुल गई थीं। चूँकि इस इमारत का निर्माण काफी सस्ते में हुआ था इसलिए हर किसी ने इसे जैसे चाहा, वैसे बदला और इस्तेमाल किया। लकड़ी से बनी यहाँ की दीवारों और फर्श का स्थान बदल दिया गया और उपकरणों को जहाँ-तहाँ कीलों से गाड़कर टाँग दिया गया। दुनिया की पहली परमाणु घड़ी बनानेवाले जेरॉल्ड जैच्रियास इसी इमारत में अपना यह प्रायोगिक उपकरण तैयार कर रहे थे। द न्यू यॉर्कर अखबार के पूर्वउल्लेखित लेख के अनुसार, उन्होंने इस इमारत में स्थित अपनी प्रयोगशाला की दो मंजिलों की फर्श हटवा दी थी ताकि वे यहाँ अपने प्रयोग के लिए ज़रूरी तीन मंजिला सिलेंडर लगवा सकें।

मैसाचुसेट्स इंस्टीट्यूट ऑफ टेक्नोलॉजी (एमआईटी) में माना जाता है कि इस पुनर्निर्माण योग्य विशाल इमारत में बेमेल विषयों के विभागों को एक साथ ठूँस देने से आकस्मिक मुलाकातों और आविष्कार की उस भावना का सिलसिला चल पड़ा, जो तेज गति से नई खोजों का कारण बनी। इसीलिए यहाँ प्रथम विश्व युद्ध के बाद के दशक में चॉम्स्की ग्रामर, लॉरन नेविगेशनल राडार और वीडियो गेम्स जैसे विविध विषय एक साथ सामने आए। आखिरकार जब इस इमारत को अमेरिकी वास्तुविद फ्रैंक गैहरी द्वारा डिजाइन किए गए स्टाटा सेंटर[9] के निर्माण के लिए ध्वस्त किया गया, तो लोगों ने इस पर काफी शोक व्यक्त किया। इस नवनिर्माण के लिए जिस 'लकड़ी के महल' को ध्वस्त किया गया था, उसकी याद में स्टाटा सेंटर के अंदर एक विशेष स्थान तैयार किया गया, जहाँ बिल्डिंग-20 की तरह लकड़ी के आधे-अधूरे लट्ठों और खुली कंक्रीट को प्रदर्शित किया गया।

जिस समय बिल्डिंग-20 को आनन-फानन में निर्मित किया जा रहा था, उसी समय वहाँ से 200 मील दूर न्यू जर्सी के मर्रे हिल में आकस्मिक रचनात्मकता का सिद्धांत पहले की तुलना में अधिक व्यवस्थित प्रयास किया जा रहा था। यही वह स्थान था, जहाँ बेल लैब्स (प्रयोगशाला) के निर्देशक मर्विन केली अपनी देख-रेख में लैब के नए भवन का निर्माण करवा रहे थे, जिससे यहाँ के विभिन्न वैज्ञानिकों और इंजीनियर्स को उद्देश्यपूर्ण ढंग से प्रोत्साहन मिला। केली ने अलग-अलग विभागों के लिए अलग-अलग इमारतें बनाने का यूनिवर्सिटी

---

9 मेरा कार्यकाल 300 मिलियन डॉलर की लागत से बने स्टाटा सेंटर में ही गुज़रा)

का पारंपरिक तरीका खारिज कर दिया। इसकी जगह उन्होंने परिसर की अलग-अलग इमारतों के बीच लंबे-लंबे गलियारों का निर्माण कर उन्हें आपस में जोड़ दिया। इनमें से कुछ गलियारे तो इतने लंबे थे कि एक छोर पर खड़े होकर देखने पर दूसरा छोर स्पष्ट नज़र नहीं आता था। इतिहासकार जॉन गार्टनर बेल लैब्स की डिजाइन के बारे में कहते हैं, 'यह करीब-करीब असंभव था कि आप इन लंबे-लंबे गलियारों को पार कर रहे हों और रास्ते में ढेरों परिचितों, समस्याओं, विविधताओं और विचारों से आपका सामना न हो। लंच के समय इन गलियारों को पार करते हुए कैफेटेरिया जा रहे किसी भौतिक-विज्ञानी की स्थिति वहाँ ठीक वैसी ही होती थी, जैसी लोहे के टुकड़ों से भरे रास्ते पर लुढ़कते हुए किसी चुंबक की।'

केली द्वारा आक्रामक अंदाज में दुनिया के कुछ सबसे विद्वान लोगों की नियुक्ति के साथ-साथ इस रणनीति ने आधुनिक सभ्यता के नए परिवर्तन को सामने आने का मौका दिया। दूसरे विश्व युद्ध के बाद के दशक में बेल लैब्स नामक इस प्रयोगशाला में दुनिया का पहला सोलर सेल, लेजर, संचार उपग्रह (कम्यूनिकेशन सैटेलाइट), कोशमय संचार प्रणाली (सेल्युलर कम्युनिकेशन सिस्टम) और फाइबर ऑप्टिक नेटवर्किंग का निर्माण हुआ। इसी दौरान उनके सिद्धांतकारों ने सूचना सिद्धांत (इन्फॉरमेशन थ्योरी) और संकेतिकरण सिद्धांत (कोडिंग थ्योरी) को सूत्रबद्ध किया। उनके खगोलशास्त्रियों ने महाविस्फोट सिद्धांत (बिग बैंग थ्योरी) को अनुभव के तौर पर प्रमाणित करने के लिए नोबेल पुरस्कार जीता और शायद सबसे ज़्यादा महत्वपूर्ण यह कि उनके भौतिकशास्त्रियों ने ट्रांजिस्टर का आविष्कार किया।

दूसरे शब्दों में कहें, तो ऐतिहासिक अभिलेखों के आधार पर देखने से आकस्मिक रचनात्मकता सिद्धांत तर्कसंगत जान पड़ता है। हम काफी भरोसे के साथ यह कह सकते हैं कि शायद ट्रांजिस्टर के आविष्कार के लिए यह ज़रूरी था कि बेल लैब्स में कार्य करनेवाले के उम्दा भौतिकविद्, क्वांटम सिद्धांतकार व विश्व स्तरीय प्रयोगकर्ता एक ऐसी इमारत में बैठकर एक साथ काम करें, जहाँ वे आकस्मिक तौर पर एक-दूसरे से टकराते रहें और एक-दूसरे की विविध विशेषज्ञता से स्वयं कुछ नया सीख सकें। ट्रांजिस्टर कोई ऐसी चीज़ नहीं थी, जिसका आविष्कार स्विस मनोविश्लेषक कार्ल युंग की तरह पत्थर से निर्मित

अपने बोलिंगन टावर में अकेले बैठकर गहन विचार करते हुए किया जा सके।

इसी बिंदु पर आकर हमें यह समझने के लिए और अधिक बारीकी बरतनी होगी कि बिल्डिंग-20 और बेल लैब्स जैसे स्थानों पर वह कौन सी चीज़ है, जो नए आविष्कारों को पैदा कर रही थी। इसके लिए हमें एक बार फिर इंस्टीट्यूट ऑफ टेक्नोलॉजी (एमआईटी) में मेरे अपने अनुभव की ओर वापस चलना होगा। सन 2004 की शरद ऋतु में जब मैं यहाँ एक नए पीएचडी छात्र के रूप में आया, तब हमारी कक्षा ऐसी पहली नई कक्षा थी, जिसे नवनिर्मित स्टाटा सेंटर में रखा गया। इस बात का उल्लेख पहले ही किया जा चुका है कि स्टाटा सेंटर को बिल्डिंग-20 के स्थान पर निर्मित किया गया था। चूँकि स्टाटा सेंटर नया था इसलिए इसकी विशेषताओं से परिचित कराने के लिए नए छात्रों को इमारत का दौरा कराया जाता था। हमें पता चला कि फ्रैंक गैहरी ने इमारत के साझा स्थानों के चारों ओर ऑफिसेस की व्यवस्था की है और एक-दूसरे से लगी हुई दो मंजिलों के बीच खुली सीढ़ी का निर्माण भी करवाया है। उन्होंने यह सब इसीलिए कराया था ताकि संस्थान के पूर्व सदस्यों को जिस किस्म की आकस्मिक मुलाकातों का लाभ मिला, वह हमें भी मिले। पर जिस बात ने मेरा ध्यान सबसे ज़्यादा आकर्षित किया, वह उस इमारत में मौजूद एक ऐसी सुविधा थी, जो गैहरी के दिमाग की उपज नहीं थी बल्कि वहाँ की फैकल्टी के आग्रह पर उपलब्ध कराई गई थी। यह सुविधा थी, वहाँ के ऑफिस की साउंडप्रूफिंग को बेहतर बनाने के लिए दरवाजों पर लगाया गया विशेष ध्वनि-अवरोधक। इस संस्थान के प्रोफेसर्स की गिनती दुनिया के सबसे अधिक उन्नतिशील प्रौद्योगिकीविदों में होती है, वे ओपन ऑफिस शैलीवाले कार्यस्थल से कोई संबंध नहीं रखना चाहते थे। इसके बजाय वे यह भी चाहते थे कि उन्हें बंद स्थान पर बैठकर ही काम करने दिया जाए।

विशाल साझा गलियारों से जुड़े ये साउंडप्रूफ ऑफिस किसी हब-एंड-स्पोक[10] संरचना जैसे थे, जहाँ आकस्मिक मुलाकातें और एकांत में बैठकर गहन सोच-विचार, दोनों ही चीज़ें संभव हो सकें। इसका ढाँचा कुछ इस तरह डिजाइन किया गया था कि एक छोर पर कोई अकेला व्यक्ति अपनी प्रेरणाओं के एकांत में, बाधा डालनेवाली हर चीज़ से मुक्त होकर, गहन सोच-विचार में डूबा हुआ दिखाई

[10] पहिए की धुरी और तीलियों जैसी संरचना। स्टाटा सेंटर के संदर्भ में हब यानी पहिए की धुरी साझा गलियारे का प्रतिनिधित्व करती है और स्पोक यानी पहिए की तीलियाँ उस धुरी से जुड़े कई एकांत ऑफिसेस

पड़ता। साथ ही दूसरे छोर पर ओपन ऑफिसेस में एक-दूसरे के साथ मिलकर काम करनेवाले लोग दिखाई पड़ते, जो अपनी प्रेरणाओं से उत्साहित होते पर काम करने के लिए ज़रूरी गहन सोच-विचार करने के लिए संघर्ष कर रहे होते।[11]

अगर हम एक बार फिर बिल्डिंग-20 और बेल लैब्स की इमारत पर गौर करें, तो पाएँगे कि इनके लिए भी यही वास्तुकला अपनाई गई थी। इन दोनों में से कोई भी इमारत किसी भी लिहाज से आधुनिक ओपन ऑफिस के समान नहीं थी बल्कि दोनों को ही साझा गलियारे से जुड़े ऑफिसवाले सामान्य नक्शे का उपयोग करके बनाया गया था। उनकी रचनात्मक खूबी इस तथ्य से ज़्यादा जुड़ी हुई थी कि इनके ऑफिसेस कुछेक लंबे गलियारों से जुड़े हुए थे, जिनके चलते जब भी उन्हें इमारत के एक हिस्से से दूसरे हिस्से में जाना होता, तो उनके शोधकर्ता रास्ते में एक-दूसरे से अक्सर टकराते और एक-दूसरे से संवाद के लिए मज़बूर हो जाते। दूसरे शब्दों में कहें, तो ये लंबे-चौड़े गलियारे प्रभावी हब्स (पहिए की धुरी जैसी संरचना) की तरह काम करते थे।

इसीलिए हम विकास लानेवाले आकस्मिक रचनात्मकता सिद्धांत को खारिज किए बिना भी, गहनता नष्ट करनेवाली ओपन ऑफिस की संकल्पना को खारिज कर सकते हैं। इस हब-एंड-स्पोक व्यवस्था में दोनों चीज़ों को बनाए रखने के लिए: हब (ऑफिसेस से जुड़ा एक साझा गलियारा) में जाकर स्वयं को नियमित रूप से नए विचारों से परिचित कराएँ पर साथ ही एक स्पोक (साझा गलियारे से जुड़े कई एकांत ऑफिसेस में से एक) भी बनाकर रखें ताकि आपके सामने जो भी विषय आए, उस पर आप गहनता से काम कर सकें।

हालाँकि कोशिशों के इस विभाजन से पूरी कहानी सामने नहीं आती क्योंकि जब कोई कर्मचारी वापस स्पोक (साझा गलियारे से जुड़े कई एकांत ऑफिसेस में से एक) में जाता है, तो यह ज़रूरी नहीं है कि वहाँ अकेले काम करना ही

11 ओपन ऑफिस के समर्थक इस बिंदु पर आकर यह दावा कर सकते हैं कि वे मनचाहे विचारों पर गहन सोच-विचार करने के उद्देश्य से कॉन्फ्रेंस रूम्स तैयार करके वास्तव में गहनता और आपसी संवाद के बीच एक संतुलन साध रहे हैं। हालाँकि उनका यह मिथ्या अभिमान नए परिवर्तन या उन्नति के मामले में गहन कार्य करने की भूमिका को महत्वहीन बना रहा है। क्योंकि मनचाहे विचारों पर गहन सोच-विचार की कोशिश कोई ऐसी चीज़ नही है, जो प्रेरणादायी आकस्मिक मुलाकातों के साथ कभी-कभार ही जुड़ी होती हो। बल्कि ऐसी कोशिशें तो महत्वपूर्ण खोजों के लिए सबसे ज़रूरी चीज़ों में से एक हैं।

सर्वश्रेष्ठ रणनीति होगी। उदाहरण के लिए बेल लैब्स प्रयोगशाला में ट्रांजिस्टर के आविष्कार पर गौर करें। इस खोज में बहुत से शोधकर्ताओं का योगदान था और उनमें से हर किसी की अपनी एक विशेषता थी। उन सभी ने आपस में मिलकर भौतिक वैज्ञानिकों का एक समूह तैयार किया था - एक ऐसा समूह, जो वैक्यूम ट्यूब के एक छोटे और अधिक विश्वसनीय विकल्प का आविष्कार करने के लिए समर्पित था। ट्रांजिस्टर के आविष्कार के लिए यह ज़रूरी था कि समूह के सदस्य आपसी संवाद करते रहें, जो इस बात का स्पष्ट उदारहण है कि हब यानी ऑफिसेस से जुड़े एक साझे गलियारे में आकर संवाद करना कितना उपयोगी है।

शोधकर्ताओं के समूह ने जब इस आविष्कार के घटक से जुड़ा बौद्धिक आधार तैयार कर लिया, तो यह प्रक्रिया एकांत में बैठकर गहन कार्य करने की ओर मुड़ गई। जो बात आविष्कार की इस विशेष प्रक्रिया को दिलचस्प बनाती है, वह ये है कि जब यह प्रक्रिया एकांत में बैठकर गहन कार्य करने की ओर चली गई, तब भी यह आपसी सहयोगपूर्ण प्रक्रिया ही रही। खासतौर पर इस समूह के दो शोधकर्ताओं - प्रयोगात्मक स्वभाववाले वॉल्टर ब्रेटन और क्वांटम सिद्धांतकार जॉन बैरडीन - ने सन 1947 में एक महीने की अवधि में कई सफल खोजें कीं, जिनके चलते पहले सॉलिड-स्टेट ट्रांजिस्टर का आविष्कार संभव हो सका।

ब्रेटन और बैरडीन ने इस अवधि के दौरान एक छोटी सी लैब में एक-दूसरे के साथ कंधे से कंधा मिलाकर काम किया। वे दोनों एक-दूसरे को प्रभावशाली डिजाइन तैयार करने और ज़्यादा से ज़्यादा बेहतर प्रदर्शन करने के लिए प्रेरित करते रहते थे। उनकी इन सारी कोशिशों में सबसे ज़्यादा हिस्सा गहन कार्य का ही था - पर वह गहन कार्य का एक ऐसा प्रकार था, जिसके बारे में हम अब तक नहीं जानते। ब्रेटन अपना ध्यान एक ऐसा प्रायोगिक डिजाइन तैयार करने में लगाते, जो बैरडीन की नई सैद्धांतिक अंतर्दृष्टि का फायदा उठा सके; फिर बैरडीन निरीक्षणों से अनुकूल उद्देश्य से अपने सैद्धांतिक ढाँचे का विस्तार करने के लिए, यह समझने में ध्यान केंद्रित करते कि ब्रेटन के ताजा प्रयोगों से कौन सी बात सामने आ रही है। उन दोनों की यह साझा प्रक्रिया गहन कार्य के उस आपसी सहयोगपूर्ण रूप (जो शैक्षणिक दायरे में आम है) का प्रतिनिधित्व करती है, जिसे मैंने 'व्हाइटबोर्ड प्रभाव' का नाम दिया है। कुछ समस्याएँ ऐसी होती हैं, जिन पर अकेले काम करके आप उतनी गहनता में नहीं उतर पाते, जितना एक व्हाइटबोर्ड

पर किसी और के साथ मिलकर काम करके उतरते हैं। जब सामनेवाला आपकी अगली अंतर्दृष्टि का इंतजार कर रहा हो - फिर भले ही वह आपके सामने मौजूद हो या आपसे वर्चुअली (आभासी तौर पर या इंटरनेट के जरिए) जुड़ा हुआ हो - तो गहनता से बचने की आपकी सहज प्रवृत्ति निष्प्रभावी हो जाती है।

अब हम एक कदम पीछे जाकर गहन कार्य में मिलकर काम करने की भूमिका के बारे में कुछ व्यावहारिक निष्कर्ष निकाल सकते हैं। बिल्डिंग-20 और बेल लैब्स की सफलता इस बात का संकेत है कि उत्पादन संबंधी गहन कार्य के लिए एकांत ज़रूरी नहीं है। निश्चित ही उनका उदाहरण इस बात का संकेत है कि नवाचार या उन्नतिशीलता से संबंधित कई किस्म के कार्यों के लिए आपसी सहयोग के साथ मिलकर काम करने से बेहतर परिणाम हासिल किए जा सकते हैं। इसीलिए यह रणनीति आपको इस विकल्प पर विचार करने के लिए कहती है कि व्यावसायिक जीवन में गहनता को कैसे एकीकृत किया जाए। जब आप इस विषय पर चिंतन करें, तो आगे दिए गए दिशानिर्देशों को ध्यान में रखें।

पहला निर्देश यह है कि ध्यान भटकानेवाली हर चीज़ गहनता को मि टानेवाली होती है। इसीलिए हब-एंड-स्पोक मॉडल हमारे सामने एक महत्वपूर्ण नमूना पेश करता है। आकस्मिक मुलाकातों और गहन चिंतन की कोशिश को एक-दूसरे से अलग रखें, इससे मिली प्रेरणा के साथ आगे बढ़ें। आपको अपनी कोशिशों को अपने दोनों लक्ष्यों के रास्ते में बाधा बनाने से बचना होगा। इसके बजाय आपको इन्हें एक-दूसरे से अलग रखते हुए अपने लिए उपयोगी बनाने का प्रयास करना चाहिए।

दूसरा निर्देष यह है कि जब आप गहन चिंतन करने के लिए किसी एकांत ऑफिस में लौटें, तब अगर व्हाइटबोर्ड प्रभाव का लाभ उठाना उपयुक्त हो, तो ऐसा कर लें। किसी मुद्दे पर किसी अन्य इंसान के साथ कंधे से कंधा मिलाकर काम करने से, आप एक-दूसरे को ज़्यादा से ज़्यादा गहनता में उतरने के लिए प्रेरित कर सकते हैं। जिससे आप अकेले काम करने के मुकाबले कहीं अधिक महत्वपूर्ण परिणाम प्राप्त कर सकते हैं।

दूसरे शब्दों में कहें, तो गहन कार्य की बात आने पर आपको जब भी उपयुक्त लगे, एक-दूसरे के साथ मिलकर आपसी सहयोग से काम करने पर विचार करें क्योंकि इससे आपको ज़्यादा बेहतर परिणाम मिल सकते हैं। पर

याद रखें कि आपसी संवाद और सकारात्मकता को इतना भी महत्त्व न दें कि ये आपकी अखंड एकाग्रता पर भारी पड़ने लगें। क्योंकि अपने आसपास मौजूद नए-नए विचारों के झुंड से उपयुक्त परिणाम हासिल करने के लिए एकाग्रता ही सबसे महत्वपूर्ण चीज़ है।

व्यवसाय की तरह कार्यान्वयन करें

अब मैं आपको जो किस्सा बताने जा रहा हूँ, वह बिजनेस कंसल्टिंग (व्यवसाय परामर्श) की दुनिया का एक कारगर मंत्र बन चुका है। 1990 के दशक के मध्य में हार्वर्ड बिजनेस स्कूल के प्रोफेसर क्लेटर क्रिस्टेंसन को प्रौद्योगिकी कंपनी इंटेल के सीईओ और चेयरमैन एंडी ग्रोव का फोन आया। दरअसल 'हानिकारक नयापन' पर क्रिस्टेंसन का एक शोध ग्रोव के हाथ लग गया था। इसीलिए ग्रोव ने क्रिस्टेंसन को कैलीफोर्निया आने का न्योता दिया, ताकि वे अपनी कंपनी इंटेल के संदर्भ में क्रिस्टेंसन के सिद्धांत के निहितार्थों पर चर्चा कर सकें। जब वे दोनों मिले, तो क्रिस्टेंसन ने हानि से जुड़ी मूल बातों पर चर्चा की: स्थापित कंपनियों की बादशाहत को अक्सर वे स्टार्ट-अप कंपनियाँ अप्रत्याशित ढंग से खत्म कर देती हैं, जिन्होंने अपनी शुरुआत, सस्ते प्रोडक्टस् के साथ बाजार के निचले दर्जे से की थी। पर समय के साथ वे अपने प्रोडक्टस् में कम से कम इतना सुधार तो लाती हैं कि ऊँचे दर्जे के बाजार के हिस्से पर भी कब्जा करना शुरू कर देती हैं। ग्रोव को पता था कि एएमडी और साइरिक्स जैसे निचले दर्जे के कंप्यूटर प्रोसेसर्स का निर्माण करनेवाली नई कंपनियाँ इंटेल के लिए खतरा बन चुकी हैं। विघटन या हानि की अपनी इस नई समझ से प्रेरित होकर ग्रोव ने एक ऐसी रणनीति तैयार की, जिसने सेलेरॉन श्रेणी के प्रोसेसर्स को जन्म दिया। ये दरअसल कमतर प्रदर्शन करनेवाले ऐसे प्रोसेसर्स थे, जिनके चलते इंटेल को निचले दर्जे के प्रतिस्पर्धियों से सफलतापूर्वक निपटने में बहुत मदद मिली।

हालाँकि इस किस्से का एक पहलू ऐसा भी है, जो तुलनात्मक रूप से कम मशहूर है। जैसा कि क्रिस्टेंसन याद करते हैं, इस मुलाकात के बीच एक ब्रेक के दौरान ग्रोव ने उनसे पूछा, 'मैं यह कैसे करूँ?' इस सवाल के जवाब में क्रिस्टेंसन ने व्यवसाय संबंधी रणनीतियों पर चर्चा करते हुए उन्हें बताया कि ग्रोव एक नई व्यापार इकाई शुरू कर सकते हैं। इसके अलावा भी वे कई अन्य चीज़ें कर सकते हैं। ग्रोव ने उन्हें बीच में ही टोकते हुए कठोरता से कहा, 'आप तो बड़े ही भोले

व्यक्ति निकले। मैंने आपसे पूछा कि मैं इसे कैसे करूँ और आप मुझे बता रहे हैं कि मुझे क्या करना चाहिए? मैं अच्छी तरह जानता हूँ कि मुझे क्या करने की ज़रूरत है। बस यह नहीं जानता कि मैं कैसे करूँ।'

जैसा कि क्रिस्टेंसन ने बाद में समझाया, क्या और कैसे के बीच का यह विभाजन महत्वपूर्ण है, लेकिन व्यावसायिक दुनिया में इसे अक्सर अनदेखा कर दिया जाता है। किसी लक्ष्य को पूरा करने के लिए ज़रूरी रणनीति की पहचान करना अक्सर एक सामान्य बात होती है, पर कंपनियाँ एक कारगर रणनीति तय करने के बाद उस पर अमल करते समय लड़खड़ा जाती हैं। मुझे इस किस्से के बारे में तब पता चला, जब मैंने 'द 4 डिसिप्लिन्स ऑफ एग्जीक्यूशन्स' शीर्षक से प्रकाशित एक किताब के लिए क्रिस्टेंसन द्वारा लिखी भूमिका पढ़ी। यह किताब कंसल्टिंग (परामर्श) से जुड़े मामलों पर हुए अध्ययनों के आधार पर ऐसे चार अनुशासनों का वर्णन करती है, जिनसे कंपनियों को उच्च स्तरीय रणनीतियों को सफलतापूर्वक लागू करने में मदद मिलती है। इन चारों अनुशासनों को संक्षेप में 4 डीएक्स कहा गया। इसे पढ़कर जिस बात ने मेरा ध्यान आकर्षित किया, वह ये थी कि क्या और कैसे के बीच का यह फर्क, गहन कार्य करते हुए ज़्यादा समय बिताने की मेरी व्यक्तिगत खोज के लिए अनुरूप था। जिस तरह एंडी ग्रोव ने कमतर प्रदर्शन करनेवाले प्रोसेसर्स के बाजार में प्रतिस्पर्धा करने का महत्त्व पहचाना, ठीक उसी तरह मैंने भी गहनता को प्राथमिकता देने का महत्त्व पहचान लिया। अब मुझे बस यह जानने की ज़रूरत थी कि इस रणनीति को लागू कैसे किया जाए।

इन समानताओं से प्रेरित होकर मैंने 4 डीएक्स तंत्र को अपनी कामकाज संबंधी आदतों पर लागू करने का निर्णय लिया। आखिरकार मुझे यह देखकर काफी आश्चर्य हुआ कि गहन कार्य का मेरा उद्देश्य पूरा करने की दिशा में प्रभावशाली कदम उठाने के लिए यह कितना मददगार साबित हो रहा है। हो सकता है कि बड़े व्यवसायों की दुनिया में ये विचार ज़्यादा काम के न हों, पर इनमें अंतर्निहित अवधारणाएँ हर उस जगह पर लागू होती नज़र आती हैं, जहाँ ध्यान भटकानेवाली चीज़ों और प्रतिस्पर्धी दायित्वों के चलते कोई महत्वपूर्ण कदम उठाने की ज़रूरत हो। इन्हीं बातों को ध्यान में रखते हुए मैंने 4 डीएक्स तंत्र के चार अनुशासनों का सार आगे प्रस्तुत किया है। साथ ही यह वर्णन भी किया है

कि गहन कार्य की आदत विकसित करने संबंधी विशिष्ट प्रयोजनों के अनुसार इन चारों अनुशासनों को कैसे उपयोग में लाया जा सकता है।

अनुशासन 1:

उन चीज़ों पर ध्यान केंद्रित करें, जो सबसे अधिक महत्वपूर्ण हैं।

जैसा कि द 4 डिसिप्लिन्स ऑफ एग्जीक्यूशन्स के लेखक बताते हैं, 'आप जितना अधिक करने की कोशिश करेंगे, उतना ही कम हासिल कर सकेंगे।' वे स्पष्ट करते हैं कि आपको उन कार्यों को पूरा करने में ध्यान केंद्रित करना चाहिए, जो सबसे अधिक महत्वपूर्ण है। यह सरलता ही सच्चे परिणाम हासिल करने की दिशा में अपनी ऊर्जा केंद्रित करने में सहायक होती है।

इसी तरह गहन कार्य की ओर ध्यान केंद्रित करनेवाले को कुछ ऐसे म हत्वाकांक्षी लक्ष्य तय कर लेने चाहिए, जिन्हें वह अपने गहन कार्य से हासिल करना चाहता है। जब किसी को 'गहन कार्य करने में ज़्यादा से ज़्यादा समय देने' के लिए कहा जाता है, तो इससे वह अधिक प्रोत्साहित नहीं होता। इसीलिए जब आपके पास एक ऐसा लक्ष्य होता है, जिससे अच्छा-खासा व्यावसायिक लाभ मिल सकता है, तो उसे लेकर आपका उत्साह बढ़ जाता है। डेविड ब्रूक्स ने सन 2014 के अपने स्तंभ 'द आर्ट ऑफ फोकस' में इसी दृष्टिकोण का समर्थन किया था, जिसमें अपने महत्वाकांक्षी लक्ष्य के चलते ही ध्यान केंद्रित करना आपके व्यवहार का एक मुख्य पहलू बन जाता है। इस विषय पर विस्तार से बात करते हुए डेविड ने लिखा, 'अगर आप ध्यान केंद्रित करने के इस युद्ध को जीतना चाहते हैं, तो ध्यान भटकानेवाली मामूली चीज़ों को 'ना' कहने की कोशिश में समय बरबाद न करें। बल्कि उन चीज़ों को 'हाँ' कहें, जो आपके अंदर तीव्र लालसा पैदा करती हैं और फिर उस तीव्र लालसा को बाकी हर चीज़ पर हावी हो जाने दें।'

उदाहरण के लिए जब मैंने पहली बार 4 डीएक्स तंत्र के साथ प्रयोग शुरू किया, तो अपने सामने अगले शैक्षणिक वर्ष में पाँच ऐसे उच्च स्तरीय शोधपत्र प्रकाशित करने का स्पष्ट लक्ष्य रखा, जिनकी समीक्षा मेरे कार्यक्षेत्र के साथी कर चुके हों। मेरा यह लक्ष्य काफी महत्वाकांक्षी था। क्योंकि मैं अब तक जिस गति से अपने शोधपत्र प्रकाशित करता रहा हूँ, यह लक्ष्य उससे अधिक बढ़कर था। मेरे इस महत्वाकांक्षी लक्ष्य से एक स्पष्ट लाभ भी जुड़ा था (जल्द ही मेरे कार्यकाल की समीक्षा होनेवाली थी)। इन दोनों चीज़ों के संयुक्त प्रभाव के चलते मुझे अपना

लक्ष्य हासिल करने के लिए निरंतर प्रेरित रहने में मदद मिली।

अनुशासन 2:

सबसे प्रमुख युक्तियों पर काम करें।

एक बार जब आप अपने सबसे महत्वपूर्ण लक्ष्यों की पहचान कर लेते हैं, तो आपको अपनी सफलता का मूल्यांकन करना चाहिए। 4 डीएक्स तंत्र में इसके लिए दो किस्म के पैमाने होते हैं: लैग मेजर्स (पिछड़े पैमाने) और लीड मेजर्स (अग्रणी पैमाने)। लैग मेजर्स उन चीज़ों का वर्णन करते हैं, जिन्हें आप अंततः सुधारने की कोशिश कर रहे हैं। उदाहरण के लिए अगर आपका लक्ष्य अपने बेकरी व्यवसाय में ग्राहकों की संतुष्टि का स्तर बढ़ाने का है, तो इसके लिए सबसे उचित लैग मेजर है- आपके ग्राहकों की संतुष्टि का स्कोर। जैसा कि 4 डीएक्स के लेखक स्पष्ट करते हैं, लैग मेजर्स के साथ यह समस्या है कि जब तक वे आपके व्यवहार में बदलाव लाने के लिए आते हैं, तब तक बहुत देर हो चुकी होती है : 'अपने जिस प्रदर्शन के चलते आपको इन मेजर्स की ज़रूरत पड़ती है, वह तो पहले ही आपका अतीत बन चुका होता है, जिसे अब बदला नहीं जा सकता।'

दूसरी ओर लीड मेजर्स ऐसे नए व्यवहारों का मूल्यांकन करते हैं, जो लैग मेजर्स में सुधार कर सकते हैं। बेकरी के उदाहरण में आपकी ओर से फ्री सैम्पल पानेवाले ग्राहकों की संख्या एक अच्छा लीड मेजर है। इस संख्या को आप कुछ और फ्री सैम्पल देकर फौरन बढ़ा सकते हैं। जब आप इस संख्या को बढ़ाएँगे, तो इस बात की पूरी संभावना है कि आपके लैग मेजर्स में भी सुधार होगा। दूसरे शब्दों में कहें, तो लीड मेजर्स आपका ध्यान आपके उन व्यवहारों में सुधार लाने की ओर केंद्रित कर देते हैं, जिन पर आपका सीधा नियंत्रण है। इससे आपके दीर्घकालिक लक्ष्यों पर निकट भविष्य में सकारात्मक प्रभाव पड़ता है।

गहन कार्य करने की ओर केंद्रित इंसान के लिए उचित लीड मेजर को पहचानना आसान होता है। यह मेजर है, अपने सबसे महत्वपूर्ण लक्ष्य की प्राप्ति के लिए समर्पित वह समय, जो आप गहन कार्य की अवस्था में बिताते हैं। एक बार फिर मेरा उदाहरण लें, तो मेरे शैक्षणिक शोध की दिशा तय करने पर इस अंतर्दृष्टि का गहरा प्रभाव पड़ा। मेरा ध्यान अक्सर लैग मेजर्स पर केंद्रित रहता था, जैसे प्रति वर्ष प्रकाशित हुए मेरे शोध पत्रों की संख्या। फिर भी इन मेजर्स का मेरे

दिन-प्रतिदिन के व्यवहार पर पर्याप्त प्रभाव नहीं पड़ रहा था। क्योंकि अल्पकालिक रूप से मैं ऐसा कुछ नहीं कर सकता था, जो इस दीर्घकालिक मेट्रिक (मात्रक) पर फौरन कोई महत्वपूर्ण प्रभाव डाल सके। जब मैंने यह गौर करना शुरू किया कि मैं गहन कार्य की अवस्था में कितने घंटे बिताता हूँ, तो ये मेजर्स अचानक मेरे दिन-प्रतिदिन के जीवन में महत्वपूर्ण हो गए: फिर गहन कार्य की अवस्था में बिताया गया हर अतिरिक्त घंटा मेरी गणना में फौरन प्रतिबिंबित होने लगा।

अनुशासन 3:

एक प्रबल स्कोरबोर्ड रखें।

4 डीएक्स के लेखक कहते हैं, 'जब लोग स्कोर रखते हैं, तो ज़रा अलग ढंग से खेलते हैं।' वे आगे कहते हैं, जब आप अपनी टीम को अपने संगठन का सबसे महत्वपूर्ण लक्ष्य पूरा करने की दिशा में ले जाने का प्रयास कर रहे होते हैं, तो उस समय उनके लीड मेजर्स पर नज़र रखने और उसे रिकॉर्ड करने के लिए आपके पास एक सार्वजनिक स्थान होना ज़रूरी है। इस स्कोरबोर्ड से आपकी टीम के सदस्यों के बीच प्रतिस्पर्धा की भावना पैदा होती है, जो उन्हें इन मेजर्स पर ध्यान केंद्रित करने की दिशा में ले जाती है, भले ही अन्य कई चीज़ें उनका ध्यान आकर्षित करने की कोशिश में हों। इससे प्रेरणा का एक मज़बूत स्रोत भी मिलता है। एक बार जब टीम के सदस्य ये देख लेते हैं कि उन्हें लीड मेजर्स के साथ सफलता मिल रही है, तो फिर वे अपने इस प्रदर्शन को जारी रखने के प्रति वचनबद्ध हो जाते हैं।

पिछले अनुशासन में मैंने कहा था कि गहन कार्य करने की ओर केंद्रित इंसान के लिए लीड मेजर यह होना चाहिए कि वह गहन कार्य की अवस्था में कितने घंटे बिताता है। इसी प्रकार किसी इंसान का स्कोरबोर्ड कार्यक्षेत्र की कोई ऐसी भौतिक कृति होनी चाहिए, जो उस इंसान द्वारा गहन कार्य की अवस्था में बिताई गई अवधि को प्रदर्शित करती हो।

4 डीएक्स के साथ अपने शुरुआती प्रयोगों में मैंने इस स्कोरबोर्ड अनुशासन को लागू करने का एक आसान मगर प्रभावी समाधान ढूँढ़ा। मैंने एक कार्ड-स्टॉक (अलग-अलग रंगों के पेपर का बंच) लिया और इसे पंक्तियों में विभाजित कर लिया। वर्तमान सेमेस्टर के हर सप्ताह के लिए एक पंक्ति। फिर मैंने हर पंक्ति

में सप्ताह की तारीख लिखकर उस कार्ड-स्टॉक को अपने कंप्यूटर मॉनिटर के बगलवाली दीवार पर चिपका दिया (जहाँ इसे नज़रअंदाज करना असंभव था)। जैसे-जैसे समय बीता, मैं हर सप्ताह की पंक्ति पर प्रति घंटे के हिसाब से टिक मार्क लगाकर उस सप्ताह गहन कार्य की अवस्था में बिताए गए समय पर नज़र रखता रहा। इस स्कोरबोर्ड से मिलनेवाली प्रेरणा को अधिकतम सीमा तक बढ़ाने के लिए, जब भी मैं अपने किसी शोधपत्र में किसी महत्वपूर्ण बिंदु तक पहुँचता, तो उस घंटे के मार्क पर एक गोला बना देता।[12] इससे दो उद्देश्य पूरे हो रहे थे। पहला, इससे मुझे गहन कार्य अवस्था में बिताए गए घंटों और उससे मिले परिणामों के बीच संबंध स्थापित करने का मौका मिला। दूसरा, इससे मेरे सामने यह स्पष्ट हो गया कि परिणाम के अनुसार मुझे कितने घंटे गहन कार्य करने की ज़रूरत है। इस वास्तविकता (जो मेरे पहले अनुमान से कहीं बड़ी थी) से परिचित होने के चलते मुझे हर सप्ताह गहन कार्य की अवस्था में थोड़ा और समय बिताने की प्रेरणा मिली।

अनुशासन 4:

जवाबदेही लेने का भाव पैदा करें

4 डीएक्स के लेखक बताते हैं कि 'लीड मेजर्स पर ध्यान केंद्रित रखने का अंतिम चरण है महत्वपूर्ण लक्ष्योंवाली हर टीम की नियमित मुलाकातों का सिलसिला बनाकर रखना।' इन मुलाकातों के दौरान टीम के सदस्यों को अपना स्कोरबोर्ड देखना होगा, अगली मुलाकात से पहले अपना स्कोर सुधारने के लिए ज़रूरी कदम उठाने की प्रतिज्ञा लेनी होगी और यह बताना होगा कि पिछली मुलाकात में उन्होंने जो प्रतिज्ञाएँ ली थीं, उनका क्या हुआ। यह समीक्षा मात्र कुछ मिनटों की भी हो सकती है पर इसके असली प्रभाव को महसूस करने के लिए ज़रूरी है कि यह नियमित रूप से हो। 4 डीएक्स के लेखकों के अनुसार यही वह अनुशासन है, जहाँ 'वास्तव में कार्य पर अमल किया जाता है।'

अपने व्यक्तिगत गहन कार्य की ओर ध्यान केंद्रित करनेवाले व्यक्ति के पास

---

[12] मैं अपने गहन कार्य के घंटों का हिसाब जिस ढंग से लिखता था, आप उसकी तस्वीर ऑनलाइन देख सकते हैं: गहन आदतें: आपको घंटों का हिसाब रखना चाहिए या महत्वपूर्ण बिंदुओं का? मार्च 23, 2014 http://calnewport.com/blog/2014/03/23/deep-habits-should-you-track-hours-or-milestones/.

आमतौर पर ऐसी कोई टीम नहीं होती, जिसके साथ उसे मुलाकात करनी पड़े, पर इससे नियमित रूप से जवाबदेह होने की ज़रूरत खत्म नहीं हो जाती। मैंने इस किताब में कई स्थानों पर यह चर्चा की है और साथ ही यह सलाह दी है कि आपको सप्ताह में एक बार अपने काम की समीक्षा करने की आदत विकसित करनी चाहिए। इस समीक्षा में आप अगले सप्ताह की योजना तैयार करेंगे (नियम 4 देखें)। 4 डीएक्स के साथ अपने प्रयोग के दौरान मैं हर सप्ताह समीक्षा करता था, ताकि अपने स्कोरबोर्ड पर गौर करके अच्छे गुजरे सप्ताहों का जश्न मना सकूँ, बुरे गुजरे सप्ताहों के पीछे का कारण समझ सकूँ और सबसे ज़्यादा महत्वपूर्ण यह पता कर सकूँ कि आनेवाले दिनों में एक अच्छा स्कोर कैसे सुनिश्चित किया जाए। इसी के चलते अपने लीड मेजर्स की ज़रूरतों को पूरा करने के लिए मैंने अपने शिड्यूल में बदलाव किए – जिससे मुझे अपने गहन कार्य में उल्लेखनीय बढ़ोत्तरी करने में मदद मिली। अगर मैं हर सप्ताह समीक्षा नहीं करता, तो यह संभव नहीं हो पाता।

----

4 डीएक्स की रूपरेखा इस मूल बात पर आधारित है कि कार्य पर अमल करना, रणनीतियाँ बनाने से ज़्यादा मुश्किल होता है। सैकड़ों मामलों का अध्ययन करने के बाद इसके आविष्कारक ऐसे कुछ मूल अनुशासनों को पहचानने में कामयाब हो गए, जो इस मुश्किल से पार पाने में कारगर नज़र आ रहे थे। इसीलिए इसमें कोई आश्चर्य की बात नहीं है कि यही सारे अनुशासन गहन कार्य की आदत विकसित करने के आपके व्यक्तिगत लक्ष्य पर भी समान प्रभाव डाल सकते हैं।

आखिर में, एक बार फिर मेरा उदाहरण लेते हैं। जैसा कि मैंने पहले भी कहा था, जब मैंने पहली बार 4 डीएक्स को अपनाया, तो 2013-2014 के शैक्षणिक वर्ष में पाँच ऐसे शोधपत्र प्रकाशित करने का लक्ष्य रखा, जिनकी समीक्षा मेरे कार्यक्षेत्र के साथी कर चुके हों। पिछले साल मेरे द्वारा प्रकाशित चार शोधपत्रों (मेरी एक ऐसी उपलब्धि जिस पर मुझे गर्व था) के मुकाबले यह एक महत्वाकांक्षी लक्ष्य था। 4 डीएक्स प्रयोग के दौरान लक्ष्य को लेकर मेरी स्पष्टता और मेरे लीड मेजर स्कोरबोर्ड के सरल लेकिन अपरिहार्य फीडबैक के चलते, मैं गहनता के उस स्तर तक पहुँच गया, जिसे मैंने पहले कभी हासिल नहीं किया था। आज जब मैं उस पर विचार करता हूँ, तो मुझे लगता है कि ऐसा नहीं था कि मेरे गहन

कार्यसत्र की तीव्रता बहुत बढ़ गई थी बल्कि अगर कुछ बढ़ा था, तो वह थी गहन कार्यसत्रों की नियमितता। हालाँकि शोधपत्र जमा कराने की अंतिम तिथि के आसपास मेरा गहन सोच-विचार ज़रूरत से ज़्यादा सघन हो जाता था, पर 4 डीएक्स की आदत ने मुझे पूरे शैक्षणिक वर्ष में एकाग्र बनाए रखा। मुझे स्वीकार करना होगा कि यह एक थका देनेवाला साल रहा (खासतौर पर इसलिए क्योंकि मैं उसी समय अपनी यह किताब भी लिख रहा था)। इसके साथ-साथ इसी साल यह भी स्पष्ट हो गया कि मैं 4 डीएक्स की रूपरेखा का समर्थक हूँ: सन 2014 की गर्मियाँ आते-आते मेरे नौ शोधपत्र प्रकाशन के लिए चुने गए थे। यह संख्या पिछले साल मेरे द्वारा प्रकाशित शोधपत्रों से दोगुनी थी।

आलसी बनें

सन 2012 में निबंधकार और कार्टूनिस्ट टिम क्रेडर ने न्यू यॉर्क टाइम्स ब्लॉग के लिए एक लेख लिखा, जिसमें उन्होंने अपना वर्णन एक यादगार अंदाज में किया: 'मैं व्यस्त व्यक्ति नहीं हूँ। मैं सबसे आलसी महत्वाकांक्षी व्यक्ति हूँ।' हालाँकि इस लेख के बाद अगले कुछ महीनों में उन्मादपूर्ण ढंग से काम करने के प्रति क्रेडर की यह अरुचि मुश्किल में आ गई। वे इस अवधि का वर्णन कुछ इस प्रकार करते हैं: व्यावसायिक दायित्वों के चलते मैं बहुत बुरी तरह व्यस्त रहने लगा... हर रोज सुबह मेरा इन-बॉक्स ऐसे ई-मेल्स से भरा मिलता, जिनमें मुझे ऐसे काम करने के लिए कहा जाता, जिन्हें मैं नहीं करना चाहता था या फिर ई-मेल्स में ऐसी समस्याओं का वर्णन होता, जिनका समाधान अब मेरी जिम्मेदारी होती।

तो अपनी इस परेशानी का उन्होंने क्या हल निकाला? वे एक 'अज्ञात स्थान' पर चले गए, जहाँ न टीवी थी, न इंटरनेट (वहाँ इंटरनेट के लिए एक लाइब्रेरी में जाना पड़ता था, जो इतनी दूर थी कि वहाँ पैदल नहीं जाया जा सकता था)। वहाँ वे अपना जीना मुश्किल करनेवाले उन छोटे-छोटे वाहियात किस्म के दायित्वों से बच सकते थे, जो यूँ तो हानिरहित नज़र आते थे, पर आखिरकार उनकी गहन कार्य की आदत के लिए बहुत नुकसानदेह साबित हो रहे थे। अपने उस अनुभव के बारे में बताते हुए वे कहते हैं, 'मुझे वहाँ के बटरकप्स (पीले रंग के फूलोंवाला एक पौधा, जो मूलत: उत्तरी यूरोप में पाया जाता है), खटमल और आसमान में चमकते सितारे आज भी याद हैं। उस दौरान मैंने खूब पढ़ा और महीनों

बाद सच्चे ढंग से लेखन किया।'

हमारे उद्देश्यों के संदर्भ में यह समझना ज़रूरी है कि कार्टूनिस्ट टिम क्रेडर, अमेरिकी निबंधकार और दार्शनिक हेनरी डेविड थोरो जैसे नहीं हैं। डेविड थोरो प्रकृति की गोद में सरल जीवन जीने के उद्देश्य से दो साल के लिए जंगल में रहने चले गए थे। अपने इस अनुभव पर उन्होंने 'वॉल्डेन-लाइफ इन द वुड्स' शीर्षक से एक किताब भी लिखी। क्रेडर, थोरो की तरह एक जटिल सामाजिक समालोचना को रेखांकित करने के लिए अपना व्यस्त शहरी जीवन छोड़कर नहीं गए थे। क्रेडर का एक 'अज्ञात स्थान' पर जाना वास्तव में उनकी एक आश्चर्यजनक पर व्यावहारिक अंतर्दृष्टि से प्रेरित था, जिसकी मदद से वे अपने काम के मामले में बेहतर हो गए। इस बारे में क्रेडर का स्पष्टीकरण कुछ इस प्रकार है :

> आलस कोई अवकाश, भोग-विलास या दोष नहीं है। यह हमारे मस्तिष्क के लिए उतना ही अनिवार्य है, जितना हमारे शरीर के लिए विटामिन डी। जब हम इससे वंचित रह जाते हैं, तो हमें ऐसी मानसिक यातना से गुज़रना पड़ता है, जो रिकेट्स (सूखा रोग, जिसमें हड्डियाँ कमजोर हो जाती हैं) की तरह ही भयावह होती है... भले ही यह बात विरोधाभासी लगे, पर किसी भी काम को पूरा करने के लिए आलस ज़रूरी है।

जब क्रेडर काम पूरा करने की बात करते हैं, तो निश्चित रूप से वे सतही कामों के संदर्भ में बात नहीं कर रहे होते हैं। आमतौर पर आप सतही काम को पूरा करने में जितने ज़्यादा समय तक डूबे रहेंगे, उतना ही ज़्यादा काम पूरा कर सकेंगे। हालाँकि एक लेखक और कलाकार होने के नाते क्रेडर की चिंता गहन कार्य को लेकर है। वे गहन कार्य यानी गंभीर प्रयास जिनसे उन चीज़ों की रचना होती है, जिन्हें दुनिया महत्त्व देती है। वे इस बात को लेकर आश्वस्त हैं कि इन प्रयासों के लिए ऐसे दिमाग की ज़रूरत होती है, जिसे नियमित रूप से आराम मिलता हो।

इस रणनीति के पीछे तर्क यह है कि आपको क्रेडर के दिखाए रास्ते पर चलते हुए, अपने कामकाजी दायित्वों से नियमित रूप से मुक्त होकर स्वतंत्रता का अनुभव करते रहना चाहिए। इससे आपको उस आलस का अनुभव मिलता है, जो विरोधाभासी ढंग से गहन कार्य पूरा करने के लिए ज़रूरी है। इस उद्देश्य को पूरा करने के कई तरीके हैं। उदाहरण के लिए आप क्रेडर के नक्शे कदम पर चलते

हुए कुछ समय के लिए भीड़-भाड़वाली दुनिया और सतही कार्यों से बिलकुल दूर किसी 'अज्ञात स्थान' पर जाकर रह सकते हैं। पर यह विकल्प अधिकतर लोगों के लिए व्यावहारिक नहीं है। इसके बजाय मैं आपके सामने एक व्यावहारिक और काफी शक्तिशाली किस्म का विकल्प रखना चाहता हूँ: हर रोज शाम को अपना काम खत्म करने के बाद अगली सुबह तक कामकाजी जीवन से जुड़ी सारी चीज़ों को भूल जाइए। डिनर के बाद मेल चेक करना, काम से जुड़ी चर्चाओं और संवादों को बार-बार याद करना और किसी आनेवाली चुनौती से निपटने की योजना पर विचार करना... दिन का अंत होते ही इन सब चीज़ों का भी अंत कर दें। काम से जुड़े हर मसले पर सोचना बंद कर दें। अगर आपको काम निपटाने के लिए और अधिक समय चाहिए, तो ले लें, पर दिन खत्म होने के बाद आपके मन को कामकाज संबंधी विचारों से पूरी तरह मुक्त होना चाहिए, ताकि आप भी क्रेडर की तरह बटरकप्स, खटमल और आसमान में चमकते सितारों का आनंद ले सकें।

इस रणनीति की सहयोगी युक्तियों का वर्णन करने से पहले मैं यह पता लगाना चाहता हूँ कि दिन के अंत में कामकाज बंद कर देना महत्वपूर्ण परिणाम हासिल करने की आपकी क्षमता के लिए लाभदायक क्यों होगा। हाँ! यह सही है कि हमारे पास टिम क्रेडर का उदाहरण है, पर यह समझना भी महत्वपूर्ण है कि इस लाभ के पीछे कौन सा विज्ञान काम करता है। संबंधित साहित्य की पड़ताल से इस लाभ के तीन संभावित स्पष्टीकरण सामने आते हैं, जो इस प्रकार हैं-

कारण 1: दिन के अंत में सुकूनभरा समय बिताना अंतर्दृष्टि विकसित करने में सहायक होता है।

साइंस नामक पत्रिका में प्रकाशित सन 2006 के एक शोधपत्र के इस अंश पर गौर करें?

> वैज्ञानिक साहित्य निर्णय लेने से पहले विचार-विमर्श करने के फायदों पर हमेशा से जोर देता आया है... यहाँ इसी सवाल पर चर्चा हो रही है कि क्या यह उचित दृष्टिकोण है? हमारा अनुमान है कि यह उचित दृष्टिकोण नहीं है।

इस सीधे से कथन के पीछे एक साहसिक दावा छिपा हुआ है। डच मनोवैज्ञानिक ए.पी. डेजकेस्टरहुइस के नेतृत्व में इस अध्ययन के लेखकों ने यह साबित करने का उद्देश्य तय किया कि कुछ निर्णय ऐसे होते हैं, जिन्हें अचेतन

मन के भरोसे छोड़ देना चाहिए। दूसरे शब्दों में कहें, तो कुछ निर्णय ऐसे होते हैं, जिस पर सक्रिय विचार-विमर्श करने से बदतर परिणाम ही सामने आते हैं। इसीलिए बेहतर है कि ऐसे निर्णयों से संबंधित सारी महत्वपूर्ण जानकारियों को अपने मन में बिठाकर किसी और काम में व्यस्त हो जाएँ और बाकी सब अचेतन मन पर छोड़ दें।

मनोवैज्ञानिक ए.पी. डेजकेस्टरहुइस ने इस विषय पर एक प्रयोग किया। उन्होंने प्रयोग में हिस्सा लेनेवालों को कार खरीदने जैसा जटिल निर्णय लेने के लिए सारी ज़रूरी जानकारी उपलब्ध कराई। उन्होंने प्रयोग में हिस्सा लेनेवाले आधे प्रतिभागियों को इस जानकारी पर सोच-विचार करने के बाद ही निर्णय लेने को कहा। जबकि बाकी आधे प्रतिभागियों को ये सारी जानकारी देने के बाद कुछ आसान पहेलियाँ दे दी गईं, ताकि उनका ध्यान भटकाया जा सके और फिर उन्हें बिना देर किए इस बारे में अपना आखिरी निर्णय लेने को कहा गया। प्रतिभागियों के दोनों समूहों में से उस समूह ने बेहतर प्रदर्शन किया, जिसका ध्यान भटकाया गया था।

इस प्रकार के प्रयोगों से सामने आए निरीक्षणों की मदद से मनोवैज्ञानिक ए.पी. डेजकेस्टरहुइस और उनकी टीम ने अचेतन विचारों का सिद्धांत (यूटीटी - अनकॉन्शस थॉट थ्योरी) को सामने रखा। यह सिद्धांत ये समझने का प्रयास करता है कि निर्णय लेने की प्रक्रिया में चेतन व अचेतन विचार-विमर्श क्या भूमिका निभाता है। एक उच्च स्तर पर यह सिद्धांत कहता है, 'जिन निर्णयों के मामले में सख्त नियम लागू करना ज़रूरी होता है, उसमें चेतन मन को शामिल होना पड़ता है।' उदाहरण के लिए अगर आपको कोई गणना करनी है, तो सही परिणाम हासिल करने के लिए ज़रूरी गणितीय नियम का उपयोग सिर्फ आपका चेतन मन ही कर सकता है। दूसरी ओर जिन निर्णयों में बहुत सारी जानकारी और कई अस्पष्ट व शायद परस्पर विरोधी नियम-कायदों का ध्यान रखना पड़ता है, उनसे आपका अचेतन मन ही सबसे अच्छी तरह निपट सकता है। अचेतन विचारों के सिद्धांत की परिकल्पना के अनुसार इसका कारण यह है कि आपके दिमाग के इन क्षेत्रों की न्यूरोनल बैंडविड्थ ज़्यादा होती है। इसीलिए इन क्षेत्रों में सोच-विचार के चेतन क्षेत्रों के मुकाबले अधिक सूचनाओं और जानकारियों का स्थानांतरण संभव हो जाता है। जिसके चलते अपेक्षाकृत कहीं अधिक कारगर समाधान मिलने की

संभावना होती है। इस सिद्धांत के अनुसार आपका चेतन मन आपके घर में मौजूद उस कंप्यूटर के समान है, जिसमें आप कुछ सीमित समस्याओं के सही जवाब देनेवाले सॉफ्टवेयर प्रोग्राम्स चला सकते हैं। जबकि आपका अचेतन मन गूगल के विशाल डाटा केंद्रों की तरह है, जहाँ साँख्यिकीय एल्गोरिद्म आश्चर्यजनक ढंग से कई टेराबाइट की असंगठित सूचनाओं और जानकारियों को खंगालकर मुश्किल सवालों के उपयोगी जवाब आपके सामने प्रस्तुत कर देती है।

इस किस्म के शोध का निहितार्थ यही है कि अपने चेतन मन को विश्राम देने से आपका अचेतन मन आपके व्यावसायिक जीवन की सबसे जटिल चुनौतियों का सामना करने में सक्षम हो जाता है। इसीलिए यह ज़रूरी नहीं है कि दिन के अंत में कामकाज बंद कर देने की आदत से उत्पादक कार्य करने की समयावधि कम हो रही हो। बल्कि आप जो भी करते हैं, उसमें इसके चलते विविधता आती है।

कारण 2: दिन के अंत में सुकूनभरा समय बिताने से गहन कार्य के लिए ज़रूरी ऊर्जा दोबारा बढ़ जाती है।

सन 2008 में साइकोलॉजिकल साइंस नामक पत्रिका में प्रकाशित एक शोधपत्र में एक आसान प्रयोग का वर्णन है। इस शोधपत्र का हवाला अक्सर दिया जाता है। इस प्रयोग में शामिल प्रतिभागियों को दो समूहों में बाँट दिया गया। पहले समूह को मिशिगन के एन आर्बर शहर में स्थित एक वनस्पति वाटिका के परिसर में बने लकड़ी के रास्ते पर चहलकदमी के लिए कहा गया। यह प्रयोग भी इसी स्थान पर किया जा रहा था। जबकि प्रतिभागियों के दूसरे ग्रुप को शहर के एक व्यस्त इलाके के रास्ते पर चहलकदमी के लिए कहा गया। दोनों समूहों को बैकवर्ड डिजिट-स्पैन नामक एक ऐसा कार्य सौंपा गया था, जिसमें एकाग्रता भंग होती रहती है। इस अध्ययन से सामने आया मुख्य निष्कर्ष यह था कि प्रकृति के बीच चहलकदमी करनेवाले समूह का प्रदर्शन 20 फीसदी बेहतर रहा। इसके बाद अगले सप्ताह इन्हीं प्रतिभागियों को एक बार फिर से बुलाकर यही प्रयोग किया गया। बस फर्क यह था कि जिस समूह को पिछले सप्ताह प्रकृति के बीच चहलकदमी करते हुए काम करने को कहा गया था, उसे इस बार शहर के व्यस्त इलाके में भेज दिया गया और जिस समूह को पिछली बार शहर भेजा गया था, उसे इस बार प्रकृति के बीच रहने को कहा गया। इस बार भी उसी समूह ने बेहतर प्रदर्शन किया, जिसने प्रकृति के बीच काम किया। स्पष्ट था कि प्रदर्शन कैसा होगा, इस

पर प्रतिभागियों का नहीं बल्कि इस वास्तविकता का नियंत्रण था कि किस समूह को प्रकृति के बीच चहलकदमी करते हुए काम करने का मौका मिलता है।

यह उन तमाम अध्ययनों में से एक है, जो अटेंशन रीस्टोरेशन थ्योरी (एआरटी – ध्यान बहाली का सिद्धांत) को मान्यता देता है। इस सिद्धांत के अनुसार, प्रकृति के बीच समय बिताने से आपकी ध्यान केंद्रित करने की क्षमता में सुधार आता है। ध्यान के कमज़ोर पड़ने की अवधारणा से जुड़े सिद्धांत का प्रतिपादन सबसे पहले 1980 के दशक में मिशिगन यूनिवर्सिटी की मनोवैज्ञानिक रेचेल केपलॉन और स्टीफेन केपलॉन ने किया था। स्टीफेन ने मार्क बर्मेन और जॉन जॉनाएड्स के साथ मिलकर 2008 के उस अध्ययन का सह-लेखन भी किया था, जिसका उल्लेख यहाँ किया गया है। ध्यान बहाली सिद्धांत के अनुसार एकाग्रता के लिए निर्देशित ध्यान की ज़रूरत होती है। यह एक सीमित संसाधन है: अगर आप इसे खत्म कर देंगे, तो फिर आपको एकाग्र होने के लिए संघर्ष करना पड़ेगा। (अपने उद्देश्यों के संदर्भ में निर्देशित ध्यान के इस संसाधन को हम इस नियम की शुरुआत में उल्लेखित मनोवैज्ञानिक रॉय बेमिस्टर द्वारा बताए गए इच्छा शक्ति के सीमित भंडार की तरह देख सकते हैं।[13]) सन 2008 के उस अध्ययन के अनुसार, शहर के व्यस्त इलाके में चहलकदमी करने के लिए आपको निर्देशित ध्यान की ज़रूरत होती है क्योंकि वहाँ आपके दिमाग को कई जटिल काम करने होते हैं, जैसे ट्रैफिक से बचते हुए सड़क कैसे पार की जाए या रास्ते को घेरकर खड़े लोगों के बीच से कैसे निकला जाए वगैरह। सिर्फ 50 मिनट तक एकाग्रता के साथ यह कार्य करने के बाद पाया गया कि प्रतिभागियों का निर्देशित ध्यान कम हो गया था।

इसके विपरीत प्रकृति के बीच टहलने से आपका सामना उस चीज़ से होता है, जिसे मार्क बर्मेन सूर्यास्त के उदाहरण का उपयोग करते हुए 'स्वाभाविक रूप से आकर्षक उत्तेजना' कहते हैं। यह उत्तेजना 'ध्यान को सामान्य रूप से आकर्षित करती है, जिससे निर्देशित ध्यान विधि को पुन: पूर्ति का मौका मिलता रहता है।' इसी बात को दूसरे ढंग से कहें तो जब आप प्रकृति के बीच चहलकदमी कर

---

13 इससे संबंधित साहित्य में इस बात को लेकर एक बहस भी छिड़ी हुई है कि क्या इच्छा शक्ति के सीमित भंडार की मात्रा उतनी ही है, जितनी बताई गई है। हालाँकि हमारे उद्देश्यों के संदर्भ में यह बहस महत्वपूर्ण नहीं है। इसका प्रमुख अवलोकन यही है कि एकाग्रता के लिए ज़रूरी यह संसाधन सीमित मात्रा में उपलब्ध होता है, जिसे संरक्षित करने की ज़रूरत होती है।

रहे होते हैं, तो अपने ध्यान को किसी निश्चित दिशा में निर्देशित करने से मुक्त होते हैं क्योंकि वहाँ आपको चुनौतियों का सामना कम ही करना पड़ता है। जैसे भीड़-भाड़वाले रास्ते को पार करना। साथ ही वहाँ अनुभव हो रहीं कई दिलचस्प उत्तेजनाएँ आपके मन को इतना व्यस्त तो रखती ही हैं कि वह सक्रिय रूप से ध्यान केंद्रित करने की ज़रूरत को अनदेखा कर सके। इस अवस्था में आपके निर्देशित ध्यान के संसाधन को पुनः पूर्ति का समय मिलता रहता है। इस प्रकार 50 मिनट तक पुनः पूर्ति करने के बाद प्रयोग में शामिल प्रतिभागियों की एकाग्रता बढ़ी हुई पाई गई।

(आप निश्चित रूप से यह तर्क दे सकते हैं कि घर के बाहर रहकर सूर्यास्त का आनंद उठाने से लोगों का मूड अच्छा हो जाता है और जब मूड अच्छा होता है, तो इंसान इस तरह के कार्यों में अच्छा प्रदर्शन ही करता है। पर प्रयोगकर्ताओं ने परपीड़क अंदाज में एन आर्बर शहर की भीषण सर्दी में यह प्रयोग दोबारा करके इस अवधारणा को खारिज कर दिया। बर्फीली सर्दी में बाहर चहलकदमी करने से प्रतिभागियों का मूड अच्छा नहीं हुआ, पर इसके बावजूद उन्होंने एकाग्रता संबंधी कार्यों में अच्छा प्रदर्शन किया।)

हमारे उद्देश्यों के संदर्भ में यह निरीक्षण करना महत्वपूर्ण है कि अटेंशन रीस्टोरेशन थ्योरी (एआरटी - ध्यान बहाली का सिद्धांत) में निहित अर्थों का विस्तार प्रकृति के लाभों से परे होता है। इस सिद्धांत का मुख्य तंत्र यह विचार है कि अगर आप यह गतिविधि बंद कर दें, तो ध्यान को निर्देशित करने की अपनी क्षमता को दोबारा हासिल कर सकते हैं। इसमें कोई दोराय नहीं कि प्रकृति के बीच चहलकदमी करने से मानसिक राहत मिलती है पर यह भी सच है कि ऐसी राहत हर उस आरामदेह गतिविधि में मिलती है, जिसमें आपको 'स्वाभाविक रूप से आकर्षक उत्तेजना' और निर्देशित एकाग्रता से मुक्ति मिलती है। किसी दोस्त के साथ यूँ ही गपशप करना, संगीत सुनते हुए अपना डिनर तैयार करना, अपने बच्चों के साथ खेलना, सेहत के लिए हर रोज नियमित रूप से दौड़ने जाना - वे सारी चीज़ें जो आप दिन के अंत में कामकाज बंद कर देने के बाद करते हैं - ऐसी हर गतिविधि की आपके ध्यान को सुधारने में वही भूमिका है, जो प्रकृति के बीच चहलकदमी करने की है।

दूसरी ओर अगर आप बार-बार ई-मेल चेक करके और जवाबी ई-मेल

भेजकर अपनी आनंददायी शाम में खलल डालते हैं या डिनर के बाद किसी डेडलाइन के चक्कर में घंटों बैठकर काम करते हैं, तो इसका अर्थ है कि आप अपने निर्देशित ध्यान केंद्रों को निरंतर होनेवाले आराम से वंचित कर रहे हैं, जबकि यह आराम ध्यान की पूर्वावस्था की प्राप्ती के लिए ज़रूरी है। भले ही आराम के क्षणों में भी काम का यह खलल कुछ ही देर के लिए पड़े, पर इससे आप आराम के उस गहनतम स्तर पर पहुँचने से वंचित रह जाते हैं, जहाँ ध्यान की पुनः वापसी संभव हो सकती है। जब आप इस बात को लेकर निश्चिंत होते हैं कि अब आपको अगला दिन शुरू होने से पहले काम करने की ज़रूरत नहीं है, सिर्फ तभी आप अपने दिमाग को उस गहन स्तर पर आराम के लिए राजी कर सकते हैं, जहाँ वह अगले दिन के लिए खुद को रीचार्ज करता है। दूसरे शब्दों में कहें, तो शाम को आराम करने के बजाय थोड़ा-बहुत काम निपटाने की कोशिश से अगले दिन आपकी प्रभावशीलता इस हद तक कम हो सकती है कि आप सामान्य से भी कम काम करते हैं।

कारण 3 : शाम को आराम के बजाय आप जो काम करते हैं वह आमतौर पर बहुत महत्वपूर्ण नहीं होता

दिनभर काम करने के बाद शाम को काम करने के पीछे जो आखिरी तर्क है, उसके लिए हमें एक बार फिर सुविचारित अभ्यास का सिद्धांत (डेलिबरेट प्रैक्टिस थ्योरी) के आविष्कारक एंडर्स एरिक्सन की ओर लौटना होगा। शायद आपको याद होगा, इस किताब के खंड 1 में हमने इस विषय पर चर्चा की थी कि डेलिबरेट प्रैक्टिस थ्योरी का अर्थ है, कोई कौशल विकसित करने के लिए अपनी क्षमताओं को व्यवस्थित रूप से उनकी आखिरी सीमा तक बढ़ाना। किसी भी कार्य में महारत हासिल करने के लिए यह गतिविधि ज़रूरी होती है। जैसा कि मैंने पहले भी कहा था, गहन कार्य और सुविचारित अभ्यास, ये दोनों एक-दूसरे को अक्सर ओवरलैप करते रहते हैं। अपने उद्देश्यों के संदर्भ में हम यहाँ सुविचारित अभ्यास को, ज्ञान के लिहाज से मुश्किल कार्यों के लिए सामान्य उद्देश्य के विकल्प के रूप में इस्तेमाल कर सकते हैं।

सन 1993 में एरिक्सन ने इसी विषय पर 'द रोल ऑफ डेलिबरेट प्रैक्टिस इन द एक्कजिशन ऑफ एक्सपर्ट परफॉर्मेंस' शीर्षक से एक मौलिक शोधपत्र प्रकाशित किया। जिसका एक भाग इस बात की समीक्षा के लिए समर्पित था कि 'वैज्ञानिक

साहित्य के अनुसार मानसिक रूप से मुश्किल कार्य करने की व्यक्ति की क्षमता क्या है।' एरिक्सन ने स्पष्ट किया कि कोई नौसिखिया एक दिन की अवधि में सिर्फ एक घंटे तक ही गहनता से एकाग्र रह सकता है। जबकि एक विशेषज्ञ करीब चार घंटे तक गहन रूप से एकाग्र रह सकता है। इससे ज़्यादा समय तक एकाग्र रहना दुर्लभ मामलों में ही संभव हो पाता है।

उदाहरण के लिए इस विषय पर हुए एक अध्ययन में बर्लिन यूनिवर्सिटी ऑफ आर्ट में प्रशिक्षण ले रहे समाज के अभिजात वर्ग के वॉयलिन वादकों के एक समूह की अभ्यास संबंधी आदतों को सूचीबद्ध किया गया। इस अध्ययन से पता चला कि ये वॉयलिन वादक प्रतिदिन औसतन साढ़े तीन घंटे का समय विचारपूर्वक अभ्यास करते हुए बिताते हैं और यह अवधि आमतौर पर दो हिस्सों में बँटी होती है। जबकि इनके मुकाबले कम निपुण वादक गहनता की अवस्था में अपेक्षा से कम समय बिताते हैं।

इन परिणामों का अर्थ यह है कि आपके पास एक दिन की अवधि में गहन कार्य करने की एक सीमित क्षमता होती है। अगर आप अपने शिड्यूल को लेकर सावधानी बरतते हैं (उदाहरण के लिए उस किस्म की उत्पादकता संबंधी रणनीतियों का उपयोग करना, जिनका उल्लेख नियम 4 में किया गया है) तो अपने कार्यदिवस के दौरान ही गहन कार्य करने की अपनी प्रतिदिन की क्षमता का पूरा उपयोग कर सकेंगे। जिसका अर्थ यह हुआ कि शाम होने के बाद आप प्रभावशाली ढंग से गहन कार्य जारी रखने की अपनी सीमा पार कर चुके होंगे। यानी रात के समय आप जो भी कार्य करेंगे, वह उस अति-मूल्यवान गतिविधि की श्रेणी में नहीं आएगा, जिससे आपको अपने कॅरियर में वाकई लाभ मिलता है। बल्कि रात के समय काम करने के आपके सारे प्रयास उन सतही कार्यों तक ही सीमित रह जाएँगे, जो कम मूल्यवान हैं (जिन्हें निम्न-ऊर्जा स्तर के साथ पूरा किया जा रहा होगा)। दूसरे शब्दों में कहें, तो शाम को काम करने की योजना स्थगित करके आप किसी महत्वपूर्ण चीज़ से नहीं चूक रहे हैं।

यहाँ जिन तीन कारणों का वर्णन किया गया है, वे एक निश्चित बिंदु पर अपना कार्यदिवस समाप्त करने की सहज रणनीति का सहयोग करते हैं। आइए,

अब कार्य पर अमल करने संबंधी कुछ बातों पर विस्तार से चर्चा करके अपने निष्कर्ष तक पहुँचना शुरू करते हैं।

इस रणनीति के साथ सफल होने के लिए सबसे पहले आपको इस वचनबद्धता को स्वीकार करना पड़ेगा कि अपना कार्यदिवस समाप्त होने के बाद आप अपने काम से जुड़ी किसी भी छोटी सी चीज़ को अपने ध्यान क्षेत्र में आने नहीं देंगे। इसमें खासतौर पर ई-मेल चेक करना और काम से जुड़ी वेबसाइट्स विजिट करना भी शामिल है। दोनों ही मामलों में काम से जुड़ी चीज़ों द्वारा आपके ध्यान क्षेत्र में की गई छोटी सी भी घुसपैठ से आपका ध्यान भटकने का एक सिलसिला शुरू हो सकता है। जो दिन के अंत में कामकाज बंद कर देने के उन फायदों को बाधित कर सकता है, जिनके बारे में आपको पहले बताया गया था (उदाहरण के लिए ज़्यादातर लोग इस अनुभव से परिचित होंगे, जिसमें हम रविवार को छुट्टी के बावजूद कामकाजी जीवन से जुड़ा कोई चेतावनी भरा ई-मेल देख लेते हैं और फिर पूरे सप्ताह उसके संभावित परिणामों के बारे में सोच-सोचकर घबराते रहते हैं)।

इस रणनीति के साथ सफल होने की एक और महत्वपूर्ण वचनबद्धता है- अपनी सफलता की संभावना बढ़ाने के उद्देश्य से, आपने दिन के अंत में कामकाज बंद कर देने का जो नियम बना रखा है, उसका सहयोग करने की वचनबद्धता। विस्तार से कहें, तो इस नियम से यह सुनिश्चित हो जाना चाहिए कि हर अधूरे कार्य, लक्ष्य या प्रोजेक्टस् की समीक्षा करने के बाद आपने इस बात की पुष्टि की है कि या तो (1) आपके पास उसे पूरा करने की एक दृढ़ योजना है या फिर (2) सही समय आने पर उस पर एक बार फिर से विचार किया जाएगा। यह प्रक्रिया एक एल्गोरिद्म होनी चाहिए यानी एक के बाद एक ऐसे कई चरणों की श्रृंखला, जिन्हें आप हमेशा उठाते हैं। जब आप यह कर लें, तो इसके पूरा होने का संकेत देनेवाला एक वाक्य कहें (जैसे मैं अपने इस नियम की समाप्ति पर कहता हूँ, 'आखिरकार आज का काम खत्म हुआ')। हालाँकि यह आखिरी चरण ज़रा बनावटी किस्म का लगता है, लेकिन इससे आपके दिमाग को यह संकेत मिलता है कि अब अगला दिन शुरू होने में जितना समय बचा है, उतने समय के लिए कामकाज संबंधी विचारों को भुलाया जा सकता है।

इस सुझाव को और अधिक ठोस बनाने के लिए मैं आपको दिन के अंत

में कामकाज बंद कर देने के अपने नियम के बारे में बताता हूँ (जिसे मैंने अपनी डॉक्टरेट का विवरण लिखने के दौरान विकसित किया था। इसके बाद मैंने इसे अपने जीवन में किसी न किसी रूप में हमेशा ही लागू किया है)। अपने इस नियम में मैं काम बंद करने से पहले अपने ई-मेल पर आखिरी बार गौर कर लेता हूँ, ताकि अगर कोई ऐसा महत्वपूर्ण ई-मेल है, जिसका जवाब तत्काल भेजना ज़रूरी है, तो भेजा जा सके। इसके बाद मैं अपने दिमाग में चल रहे सभी कार्यों और दिनभर में बताए गए उन सारे कार्यों को अपनी अगले दिन की आधिकारिक कार्यसूची में जोड़ देता हूँ, जिन्हें अभी पूरा किया जाना बाकी है। (अपने कार्यों की सूची बनाने के लिए मैं गूगल डॉक्स का इस्तेमाल करता हूँ क्योंकि इससे मुझे यह सुविधा रहती है कि इसे मैं किसी भी कंप्यूटर पर कभी भी खोलकर देख सकता हूँ - हालाँकि इस मामले में टेक्नॉलॉजी हर बार उचित नहीं हो सकती।) ऐसी सभी सूचियों को खोलने के बाद मैं उनमें उल्लेखित हर कार्य को गौर से पढ़ लेता हूँ और फिर अपने कैलेंडर में अगले कुछ दिनों के कार्यक्रम पर नज़र डालता हूँ। इन दोनों चीज़ों से यह सुनिश्चित हो जाता है कि मैं कोई ऐसी चीज़ भूल तो नहीं रहा, जिस पर तत्काल ध्यान देने की ज़रूरत हो और फिर कोई ऐसी महत्वपूर्ण डेडलाइन या अपॉइंटमेंट तो नहीं है, जिसे अभी निपटाना ज़रूरी हो। इस बिंदु तक आते-आते मैं अपने कामकाजी समय सारिणी की हर चीज़ की समीक्षा कर चुका होता हूँ। अंत में मैं इस पूरी जानकारी का इस्तेमाल करके अपने अगले दिन की योजना बना लेता हूँ। एक बार जब यह योजना बन जाती है, उसके बाद आखिर में मैं कहता हूँ, 'आखिरकार आज का काम खत्म हुआ' और इस तरह मैं अगला दिन शुरू होने तक के लिए व्यावसायिक जीवन से जुड़े सारे विचारों से मुक्त हो जाता हूँ।

दिन के अंत में कामकाज बंद करने का नियम बनाना चाहिए, यह धारणा पहली नज़र में चरमपंथी किस्म की लग सकती है, पर इसके पीछे एक ठोस कारण है: जिगार्निक प्रभाव। इस प्रभाव को यह नाम बीसवीं शताब्दी के शुरुआती दौर के मनोवैज्ञानिक ब्लूमा जिगार्निक के प्रायोगिक कार्यों के लिए दिया गया था। यह प्रभाव इस बात का वर्णन करता है कि अधूरे कार्य हमारा सारा ध्यान खींच लेते हैं और हम पर हावी हो जाते हैं। यह प्रभाव बताता है कि भले ही आप कोई भी काम कर रहे हों, अगर शाम के पाँच बजते ही आप अपना काम बंद करके यह घोषित कर दें कि 'अब कल तक के लिए मैं अपने काम से मुक्त हूँ' तो शायद

आपको अपने व्यावसायिक मसलों से पूरी तरह ध्यान हटाने के लिए संघर्ष करना पड़े। क्योंकि ब्लूमा जिगार्निक के प्रयोगों के अनुसार, आपके जो काम अभी अधूरे हैं, उनसे जुड़े विचार पूरी रात आपका ध्यान पाने के लिए संघर्ष करते रहेंगे (और यह ऐसा संघर्ष है, जिसमें अकसर उन्हीं की जीत होती है)।

शुरुआत में ये चुनौती मुश्किल लग सकती है। जैसा कि हर नॉलेज वर्कर[14] बता सकता है, कोई न कोई काम हमेशा ही अधूरा रह ही जाता है। यह विचार सिर्फ एक खुशनुमाँ कल्पना ही है कि एक बिंदु पर आकर आप अपने सारे काम निपटा लेंगे। सौभाग्य से, किसी कार्य से अपना ध्यान हटाने के लिए यह ज़रूरी नहीं है कि उसे पूरा किया जाए। इस मामले में हमारा बचाव करने की क्षमता सिर्फ एक ही व्यक्ति में है, मनोवैज्ञानिक रॉय बेमिस्टर, जिनका उल्लेख पहले भी किया जा चुका है। दरअसल रॉय बेमिस्टर ने ई.जे. मेसिकेम्पो के साथ मिलकर एक शोधपत्र लिखा था, जिसे उन्होंने एक मजेदार शीर्षक 'कंसिडर इट डन' दिया था। दोनों शोधकर्ताओं ने अपने इस अध्ययन की शुरुआत इसमें हिस्सा लेनेवालों पर जिगार्निक प्रभाव डालकर की (दरअसल दोनों शोधकर्ताओं ने उन्हें एक कार्य सौंपा और फिर बड़ी ही कठोरता से उस कार्य में बाधाएँ डालते रहें)। पर फिर उन्होंने पाया कि अगर वे शोध में हिस्सा लेनेवालों से किसी बाधा का सामना करने के तुरंत बाद यह कहें कि 'एक ऐसी योजना बनाएँ, जिससे स्पष्ट हो कि इस अधूरे कार्य को बाद में कैसे पूरा करेंगे,' तो इस तरह जिगार्निक प्रभाव का असर काफी हद तक कम किया जा सकता है। इस शोधपत्र के अनुसार, 'किसी उद्देश्य को पूरा करने के लिए एक विशिष्ट योजना तय करने से न सिर्फ उस उद्देश्य को पूरा करने में मदद मिल सकती है बल्कि आप अन्य कार्यों पर विचार करने के लिए खुद को मानसिक रूप से स्वतंत्र भी महसूस कर सकते हैं।

दिन के अंत में कामकाज बंद करने के जिस नियम का पहले उल्लेख किया गया था, वह जिगार्निक प्रभाव का सामना करने के लिए इस रणनीति का लाभ उठाती है। हालाँकि यह आपको अपनी कार्यसूची (एक ऐसी चीज़ जिसे बनाना बोझ लगता है पर जो ज़रूरी भी है) में शामिल हर कार्य के लिए एक योजना बनाने को मज़बूर तो नहीं करती। पर यह आपको अगले दिन की योजना बनाने से पहले अपनी मौजूदा कार्यसूची में शामिल हर कार्य पर गौर करने और फिर उन

14 ऐसा कर्मचारी जिसकी मुख्य पूँजी उनका ज्ञान होता है, जैसे प्रोग्रामर, डॉक्टर, इंजीनियर, अकाउंटेंट, आर्किटेक्ट, वैज्ञानिक और वकील वगैरह

सभी की समीक्षा करने के लिए मज़बूर ज़रूर करती है। यह नियम इस बात को सुनिश्चित करता है कि आप गलती से किसी कार्य को भूल न जाएँ: हर कार्य की प्रतिदिन समीक्षा होगी और जब सही समय आएगा तो उसे पूरा भी किया जाएगा। दूसरे शब्दों में, ऐसा करने से आपका दिमाग हर वक्त सारे कार्यों के बारे में सोचने की झंझट से मुक्त रहता है - क्योंकि दिन के अंत में कामकाज बंद करने का नियम यह जिम्मेदारी अपने कंधों पर ले लेता है।

हो सकता है कि दिन के अंत में कामकाज बंद करने के नियम से आप खीझा हुआ महसूस करें क्योंकि इसके चलते आपका कार्यदिवस खत्म होने के बाद भी 10 से 15 मिनट का (और कभी-कभी तो इससे ज़्यादा भी) अतिरिक्त समय लग जाता है। पर जिस पद्धतिबद्ध आलस के बारे में आपको पहले बताया जा चुका है, उसका फायदा उठाने के लिए ये नियम ज़रूरी है। मेरा अनुभव कहता है कि दिन के अंत में कामकाज बंद करने का नियम बनाने की आदत विकसित होने में एक से दो सप्ताह का समय लगता है - यानी इतनी अवधि में आपका मन इन नियमों पर इतना भरोसा करने लगता है कि वह दिन खत्म होने के बाद शाम को काम से संबंधित विचारों को भुलाना शुरू कर देता है। पर एक बार जब ये आदत विकसित हो जाती है, तो फिर यह आपके जीवन का एक स्थाई हिस्सा बन जाती है - और वह भी इस हद तक कि अगर आप किसी दिन इस नियम का पालन न करें, तो बेचैनी की भावना से भर जाएँगे।

मनोविज्ञान के विभिन्न उपक्षेत्रों में दशकों तक हुए सारे शोध और अध्ययन इसी निष्कर्ष की ओर इशारा करते हैं कि अपने दिमाग को नियमित रूप से आराम देने से आपके गहन कार्य की गुणवत्ता बढ़ जाती है। तो जब भी काम करें, पूरी मेहनत और लगन से करें और जब काम खत्म करें, तो पूरी तरह खत्म करें यानी उससे जुड़े सारे विचारों को भुला दें। हो सकता है कि अब आपको जवाबी ई-मेल भेजने में पहले के मुकाबले औसत से अधिक समय लगे, पर जब आप अपने थके हुए सहकर्मियों की तुलना में अधिक गहनता में जाने की अपनी तरोताजा क्षमता की मदद से, ज़्यादा से ज़्यादा महत्वपूर्ण कार्यों को पूरा करने लगेंगे, तो इस नुकसान की भरपाई भी आसानी से हो जाएगी।

नियम 2

बोर्डम को गले लगाएँ

गहन कार्य करने में महारत कैसे हासिल की जाती है, इस बात को बेहतर ढंग से समझने के लिए मैं आपको सुझाव दूँगा कि आप सप्ताहांत में सुबह छह बजे न्यू यॉर्क की स्प्रिंग वैली में स्थित केनेस यिसरेल सिनेगॉग (एक यहूदी पूजाघर) जाएँ। वहाँ बाहर पार्किंग लॉट में आपको करीब बीस कारें खड़ी दिखाई देंगी। अंदर जाने पर आपको इस मंडली के दर्जनों सदस्य यहूदी धार्मिक ग्रंथों का अध्ययन करते मिलेंगे - जिनमें से कुछ प्राचीन भाषा के शब्द बोलते हुए ग्रंथ पढ़ने में व्यस्त होंगे, जबकि बाकी के लोग जोड़ियाँ बनाकर एक-दूसरे से बहस करते नज़र आएँगे। वहीं कमरे के एक छोर पर एक रब्बी (यहूदी धर्मगुरु) चर्चा में व्यस्त एक बड़े समूह का नेतृत्व कर रहा होगा। स्प्रिंग वैली में सुबह-सुबह एकत्रित होनेवाले ये लोग उन हज़ारों रूढ़िवादियों के एक छोटे से हिस्से का प्रतिनिधित्व करते हैं, जो हर दिन की तरह सप्ताहांत में भी सुबह जल्दी उठकर अपने धर्म की केंद्रीय रीति का अभ्यास करते हैं। केंद्रिय रीति यानी रब्बानियों के यहूदी धर्म की जटिल लिखित परंपराओं का प्रतिदिन अध्ययन करना।

इस दुनिया से मेरा परिचय एडम मार्लिन ने कराया था, जो केनेस यिसरेल मंडली के सदस्य हैं और सुबह-सुबह अध्ययन करनेवाले समूह में नियमित रूप से सक्रिय रहते हैं। जैसा कि मार्लिन ने मुझे बताया, "इस अभ्यास का उद्देश्य है, अपनी समझ को आखिरी सीमा तक बढ़ाने के लिए अध्ययन के एक साथी के साथ मिलकर हर रोज तालमुद[1] के एक पन्ने का अर्थ समझना (हालाँकि कभी-कभी वे एक पन्ने को भी पूरा करने में विफल रहते हैं)।

मार्लिन के बारे में जो चीज़ मुझे सबसे ज़्यादा दिलचस्प लगती है, वह प्राचीन ग्रंथों का उनका ज्ञान नहीं बल्कि इस अध्ययन को हासिल करने के लिए

[1] रब्बानियों के यहूदी धर्म का मुख्य धार्मिक ग्रंथ और यहूदी धार्मिक कानून का मुख्य स्रोत

उनके द्वारा की जानेवाली मेहनत है। जब मैंने उनका इंटरव्यू लिया, तो उन्होंने सुबह-सुबह निभाई जानेवाली अपनी इस रस्म की मानसिक तीव्रता पर काफी जोर दिया। इस इंटरव्यू में उन्होंने मुझसे कहा, 'यह एक सख्त और गंभीर अनुशासन है, जिसमें ज़्यादातर गहन कार्य की ज़रूरत पड़ती है (जिसके बारे में आप लिखते हैं)। मैं एक फलता-फूलता व्यवसाय चलाता हूँ पर आमतौर मुझे सबसे कठिन मानसिक मेहनत इस धार्मिक अध्ययन में ही करनी पड़ती है।' हालाँकि ऐसा नहीं है कि ये मेहनत सिर्फ मार्लिन को ही करनी पड़ती हो। बल्कि यह तो इस धार्मिक अभ्यास का एक हिस्सा है - जैसा कि उनके रब्बी ने एक बार कहा था, 'जब तक तुम अपनी मानसिक क्षमता की आखिरी सीमा तक नहीं पहुँच जाते, तब तक इस दैनिक दायित्व को पूरा करने का विचार खुद नहीं कर सकते।'

कई रूढ़िवादी यहूदियों के विपरीत मार्लिन काफी समय बाद एक धार्मिक व्यक्ति बने। उन्होंने बीस की उम्र बाद यहूदी धर्म का मुख्य धार्मिक ग्रंथ तालमुद का कठोर प्रशिक्षण शुरू किया। हमारे लिए यह एक उपयोगी जानकारी है। क्योंकि इससे यह तुलना करना आसान हो जाता है कि मार्लिन पहले कैसे थे और इस मानसिक व्यायाम के बाद कैसे हैं - इस तुलना से सामने आए परिणाम मार्लिन के लिए चौंकानेवाले थे। हालाँकि यह धार्मिक अभ्यास शुरू करने से पहले ही मार्लिन असाधारण रूप से शिक्षित व्यक्ति थे - उनके पास तीन अलग-अलग आइवी लीग[2] डिग्रियाँ हैं। जल्द ही उनकी मुलाकात ऐसे साथी अनुयायिओं से हुई, जो सिर्फ छोटे-मोटे धार्मिक स्कूलों में ही पढ़े थे, पर फिर भी वे उनके चारों ओर 'बौद्धिक घेरा बनाकर नृत्य[3]' कर सकते थे। वे कहते हैं, 'इनमें से कई लोग व्यावसायिक रूप से बड़े सफल हैं पर वे किसी शानदार स्कूल के चलते बुद्धिमान नहीं बने। स्पष्ट है कि इसके पीछे उनका धार्मिक अध्ययन था, जो पाँचवीं कक्षा से ही शुरू हो गया था।'

एक समय के बाद मार्लिन ने गहनता से सोच-विचार करने की अपनी क्षमता में आ रहे सकारात्मक बदलावों पर गौर किया। उन्होंने मुझे बताया, 'हाल ही

---

2 आइवी लीग एक एथिलेटिक सम्मेलन है, जिसमें पूर्वोत्तर संयुक्त राज्य अमेरिका के उच्च शिक्षा के आठ निजी संस्थान शामिल हैं। इस शब्द का प्रयोग अब केवल एथिलेटिक्स तक ही सीमित नहीं है और अब देश के सबसे पुराने स्कूलों में निहित शैक्षिक दर्शन का प्रतिनिधित्व करता है। आइवी लीग के स्कूलों को दुनियाभर के सबसे प्रतिष्ठित विश्वविद्यालयों के रूप में भी माना जाता है।

3 यहूदियों के बीच प्रचलित एक धार्मिक प्रथा।

में मुझे अपने व्यावसायिक जीवन में कई अंतर्दृष्टियाँ हासिल हुईं और मुझे पूरा भरोसा है कि इनका संबंध मेरे दैनिक मानसिक अभ्यास से है। धार्मिक अध्ययन के लिए सालों से की जा रही नियमित मेहनत के चलते मेरी मानसिक माँसपेशियाँ मज़बूत हो गई हैं। हालाँकि जब मैंने शुरुआत की थी, तब मेरा यह उद्देश्य नहीं था पर अब इसका प्रभाव मेरे सामने है।'

एडम मार्लिन का अनुभव गहन कार्य के बारे में एक महत्वपूर्ण वास्तविकता को रेखांकित करता है: तीव्रता के साथ ध्यान केंद्रित करने की क्षमता एक कौशल है, जिसे विकसित करने के लिए प्रशिक्षण की ज़रूरत होती है। एक बार जब यह विचार हमारे सामने आ जाता है, तो बड़ा ही स्वाभाविक लगता है, पर इस विषय को लोग जिस ढंग से देखते और समझते हैं, यह उससे बिलकुल अलग है। मेरा अनुभव कहता है कि बिना ध्यान भटके एकाग्र रहने की आदत को, सुबह-सुबह दाँत साफ करने जैसी दैनिक-क्रिया की तरह देखना एक सामान्य बात है - यानी यह एक ऐसी चीज़ है, जिसके बारे में आपको पता है कि इसे कैसे करना है। साथ ही आप यह भी जानते हैं कि यह आपके लिए लाभदायी है पर अभी तक प्रेरणा की कमी के चलते आप इसकी उपेक्षा कर रहे थे। यह मानसिक आकर्षक है क्योंकि इसका तात्पर्य यह है कि अगर आप अपने अंदर पर्याप्त प्रेरणा जुटा लें, तो ध्यान भटकने की समस्या को दूर कर अपने व्यावसायिक जीवन में सकारात्मक बदलाव ला सकते हैं। पर यह समझ, एकाग्रता में होनेवाली समस्या और उस घंटों के अभ्यास को नज़रअंदाज कर देती है, जो आपकी मानसिक माँसपेसियाँ मज़बूत बनाने के लिए ज़रूरी है। दूसरे शब्दों में कहें, तो आज एडम मार्लिन अपने व्यावसायिक जीवन में जिन रचनात्मक अंतर्दृष्टियों का अनुभव करते हैं, वे गहनता से सोच-विचार करने का निर्णय एक बार लेने से संबंधित नहीं हैं। बल्कि उनका संबंध तो हर सुबह जल्दी उठकर अपनी यह क्षमता बढ़ाने की वचनबद्धता से है।

हालाँकि इस विचार का एक स्वाभाविक परिणाम है: अपनी एकाग्रता को गहन बनाने का प्रयास करना आपके लिए मुश्किल होगा, अगर आप इसके साथ-साथ अपने दिमाग को ध्यान भटकानेवाली चीज़ों से दूर नहीं करते। जिस तरह एथलीट्स को अपने प्रशिक्षण सत्रों से परे भी अपने शरीर का ध्यान रखना

पड़ता है, उसी तरह अगर आप जरा सी बोर्डम महसूस होते ही उससे बचने की कोशिश में अपना समय बरबाद करेंगे, तो एकाग्रता का गहनतम स्तर हासिल करने में आपको मुश्किलों का सामना करना पड़ेगा।

इस दावे को सही साबित करनेवाले साक्ष्य देखने के लिए हमें स्टैनफोर्ड यूनिर्वर्सिटी के कम्युनिकेशन प्रोफेसर स्वर्गीय क्लिफर्ड नैस के शोध पर गौर करना होगा। प्रोफेसर नैस आज के डिजिटल युग में इंसानी व्यवहार पर अपने अध्ययन के लिए मशहूर रहे हैं। उनके इस शोध से कई महत्वपूर्ण बातें सामने आईं। उन्हीं में से एक ये है कि ऑनलाइन रहते हुए जब आपकी एकाग्रता का स्तर निरंतर घटता-बढ़ता रहता है, तो इससे आपके दिमाग पर स्थाई नकारात्मक प्रभाव पड़ता है। सन 2010 में नेशनल पब्लिक रेडियो की ईरा फ्लैटो को दिए अपने एक इंटरव्यू में उन्होंने इस शोध के निष्कर्षों का सारांश कुछ इस तरह प्रस्तुत किया था:

> हमारे पास ऐसे पैमाने हैं, जिनकी मदद से हम लोगों को दो श्रेणियों में बाँट सकते हैं। पहली श्रेणी ऐसे लोगों की, जो हमेशा मल्टीटास्किंग करते हैं और दूसरी श्रेणी उनकी, जो कभी-कभार ही मल्टीटास्क करते हैं। इन दोनों श्रेणियों के लोगों के बीच जो अंतर पाए गए, वे उल्लेखनीय हैं। जो लोग हमेशा मल्टीटास्किंग करते हैं, वे अप्रांसगिक/अतार्किक चीज़ों को अलग करके नहीं देख पाते। उनकी याद्दाश्त अक्सर सामान्य से कमजोर बनी रहती है। उनका ध्यान बुरी तरह भटका रहता है। वे अपने दिमाग के उन बड़े हिस्सों को भी सक्रिय कर लेते हैं, जिनका उस काम से कोई संबंध नहीं होता, जो वे फिलहाल कर रहे होते हैं... दूसरे शब्दों में कहें, तो वे मानसिक रूप से काफी हद तक विचलित रहते हैं।

इसी बिंदु पर नेशनल पब्लिक रेडियो की ईरा फ्लैटो ने प्रोफेसर नैस से पूछा कि जिन लोगों का ध्यान बुरी तरह भटका रहता है, क्या वे अपने दिमाग में हुए इस बदलाव को समझ जाते हैं?

> हमने जिन लोगों से बात की, उनका लगातार यही कहना है कि 'देखो, जब मुझे सचमुच ध्यान केंद्रित करने की ज़रूरत पड़ती है, तो मैं बाकी सारी चीज़ें छोड़ देता हूँ और फिर पूरी तरह एकाग्र हो जाता हूँ।' जबकि दुर्भाग्यवश ये लोग ऐसी मानसिक आदतें विकसित कर

चुके होते हैं, जिनके चलते उनके लिए पूरी तरह एकाग्र होना असंभव हो चुका होता है। वे अंजाने में ही अप्रासंगिक/अतार्किक चीज़ों की ओर आकर्षित होते रहते हैं। वे लगातार एक ही काम करने में असमर्थ होते हैं।

नैस ने पाया कि एक बार जब आपके दिमाग को सामने मौजूद हर उस चीज़ की आदत पड़ जाती है, जो ध्यान भटका सकती है, तो इस लत से छुटकारा पाना मुश्किल हो जाता है, भले ही आप खुद अपनी एकाग्रता बढ़ाना चाहते हों। इसे और स्पष्ट ढंग से समझें - किसी कतार में पाँच मिनट तक इंतजार करना या जब तक आपके दोस्त नहीं आ जाते, तब तक रेस्त्रां में अकेले बैठना, इस प्रकार का जिंदगी का हर वह संभावित पल जो बोर्डम से भरा हो सकता है, उससे छुटकारा पाने के लिए आप फौरन अपने मोबाइल फोन में व्यस्त हो जाते हैं। इसका अर्थ है कि आप नैस के शोध से सामने आए उन लोगों की तरह हैं, जो मानसिक रूप से विचलित हो चुके हैं - आपके दिमाग में इस हद तक बदलाव आ चुका है कि अब वह गहन कार्य के लिए तैयार नहीं है। भले ही आप एकाग्र होने के लिए बार-बार समय निर्धारित करते रहें।

नियम-1 से आपने सीखा कि अपने शिड्यूल में गहन कार्य को कैसे शामिल करें। साथ ही इसके लिए उन रस्मों व दिनचर्या का सहयोग कैसे लें, जो आपको अपनी एकाग्रता क्षमता की वर्तमान सीमा तक नियमित रूप से ले जाने में सहयोग करने के लिए बनाई गई हैं।

नियम-2 इस सीमा को आगे बढ़ाने में आपकी काफी मदद करेगा। इसमें बताई गईं रणनीतियाँ इस मुख्य विचार से प्रेरित हैं कि गहन कार्य करने की आदत का अधिकतम लाभ उठाने के लिए प्रशिक्षण की ज़रूरत होती है। और जैसा कि पहले भी स्पष्ट किया जा चुका है, इस प्रशिक्षण में दो उद्‌देश्यों को सामने रखना चाहिए: पहला, तीव्रता के साथ ध्यान केंद्रित करने या एकाग्र होने की अपनी क्षमता में सुधार करना और दूसरा, ध्यान भटकानेवाली चीज़ों के प्रति अपने आकर्षण पर काबू पाना। इन रणनीतियों को लागू करने के कई तरीके हैं, जैसे ध्यान भटकानेवाली चीज़ों से दूर रहना और ध्यान के एक विशेष रूप में महारत हासिल करना, जो कि बार-बार ध्यान भटकने से विचलित हो चुके आपके दिमाग द्वारा न सिर्फ आपकी आगे की यात्रा के लिए एक व्यावहारिक रोडमैप

प्रस्तुत करता है बल्कि वास्तव में तीव्र एकाग्रता सुनिश्चित करने का एक जरिया भी उपलब्ध कराता है।

ध्यान भटकानेवाली चीज़ों को विराम न दें बल्कि ध्यान केंद्रित करने को विराम दें

बहुत से लोगों को ऐसा लगता है कि वे ज़रूरत पड़ने पर भटके हुए ध्यान की अवस्था से एकाग्रता की अवस्था में जा सकते हैं। पर जैसा कि मैंने आपको बताया, यह धारणा कुछ ज़्यादा ही आशावादी है: एक बार जब आपको ध्यान भटकने की आदत पड़ जाती है, तो फिर आपके अंदर ध्यान भटकने की लालसा पैदा हो जाती है। यह रणनीति इसी वास्तविकता से प्रेरित है। इसे बनाने का उद्‌देश्य यही है कि इसकी मदद से आपके दिमाग को उस अवस्था में लाया जा सके, जो किसी कार्य को पूरा करने के लिए जुटे रहने में आपकी सहायक हो।

इससे जुड़े विवरणों पर चर्चा करने से पहले उस प्रसिद्ध सुझाव पर गौर करें, जो ध्यान भटकने की लत से छुटकाने पाने के लिए अक्सर दिया जाता है, पर जिससे यह समस्या हल नहीं होती, वह है : इंटरनेट सैबथ या इंटरनेट से छुट्‌टी लेना (जिसे कभी-कभी डिजिटल डिटॉक्स भी कहा जाता है)। मूलत: इसके लिए आपको नियमित रूप से एक ऐसा समय यानी आमतौर पर सप्ताह में एक दिन निर्धारित करना होता है, जिसमें आप इंटरनेट से दूर रहेंगे। जिस तरह हिब्रु बाइबिल में उल्लेखित सैबथ शांति और चिंतनवाली एक ऐसी अवधि है, जो ईश्वर की आराधना के लिए उपयुक्त होती है, उसी तरह इंटरनेट सैबथ आपको यह याद दिलाने के लिए है कि जब आप अपनी स्क्रीन से चिपके होते हैं, तब वास्तव में आप किन चीज़ों से चूक रहे होते हैं।

यह स्पष्ट नहीं है कि इंटरनेट सैबथ या इंटरनेट से छुट्‌टी लेने का विचार सबसे पहले किसने दिया था। हालाँकि इसे प्रसिद्धि दिलाने का श्रेय पत्रकार विलियम पॉवर्स को जाता है, जिन्होंने सन 2010 में प्रौद्योगिकी और इंसानी खुशी पर चिंतन करनेवाली अपनी किताब 'हैमलेट्स ब्लैकबेरी' द्वारा इंटरनेट से छुट्‌टी लेने के विचार को बढ़ावा दिया। इस किताब के प्रकाशन के बाद दिए अपने एक इंटरव्यू में विलियम पॉवर्स कहते हैं, 'आप भी वही करिए, जो थोरो ने किया था यानी सांसरिक जीवन से दूर मत भागिए पर हर वक्त एक-दूसरे के संपर्क में रहनेवाले इस संसार में थोड़ा अलग-थलग रहना भी सीखिए।'

ध्यान भटकने की समस्या से जुड़े अधिकतर सुझाव आमतौर पर एक ही नजरिए पर आधारित होते हैं कि आपको कभी-कभार अपने आसपास की फालतू चीज़ों से दूर जाने का समय निकालना चाहिए। यही कारण है कि कुछ लोग साल में एक या दो महीने का समय ज़रूर निकालते हैं, जबकि कुछ लोग पॉवर्स की सप्ताह में एक दिन का समय निकालने वाले सुझाव पर अमल करते हैं, वहीं कुछ लोग इसके लिए हर दिन एक-दो घंटे का समय निकालकर रखते हैं। ये सुझाव किसी न किसी प्रकार से हर रूप में लाभदायक हैं पर एक बार जब हम ध्यान भटकने की समस्या को दिमाग के अंदर होनेवाले बदलावों के तौर पर देखने लगते हैं, तो स्पष्ट हो जाता है कि इंटरनेट सैबथ या इंटरनेट से छुट्टी लेना अपने आपमें एक भटके हुए ध्यानवाले दिमाग का इलाज नहीं है। जैसे अगर आप सप्ताह में सिर्फ एक दिन ही ऐसा भोजन करें, जो स्वास्थ्य के लिए अच्छा हो और बाकी दिन भारी वसावाला गरिष्ठ भोजन करें, तो ऐसे में आपका वजन घटना मुश्किल है क्योंकि ज़्यादातर समय आपका पेट गले तक भरा होगा। ठीक इसी तरह अगर आप सप्ताह का एक दिन अपना ध्यान भटकने से बचाने में लगाते हैं, तो इस बात की संभावना कम ही है कि आप अपने दिमाग को इस प्रकार की लालसाओं से पूरी तरह छुटकारा दिला पाएँगे। क्योंकि आपका ज़्यादातर समय इन लालसाओं के जाल में फँसे हुए ही बीतेगा।

मैं आपको इंटरनेट सैबथ का एक विकल्प बताता हूँ। ध्यान भटकने को कभी-कभार विराम देकर एकाग्र होने के बजाय, कभी-कभार एकाग्रता को विराम देकर अपना ध्यान भटकने दें। चलिए अब इस सुझाव को और अधिक ठोस ढंग से प्रस्तुत करने के लिए एक सहज अनुमान लगाते हैं कि इंटरनेट का इस्तेमाल करने का अर्थ है, ध्यान भटकने के मौके तलाशना। (इसमें कोई दोराय नहीं कि आप इंटरनेट का इस्तेमाल इस ढंग से भी कर सकते हैं, जो एकाग्र और गहन हो। पर जिस व्यक्ति को ध्यान भटकने की लत है, उसके लिए एकाग्र और गहन ढंग से इंटरनेट का इस्तेमाल करना मुश्किल है।) इसी तरह, ज़रा इस बात पर विचार करें कि इंटरनेट की गैरमौजूदगी में काम करना, एकाग्रता के साथ काम करने के बराबर है। (इसमें कोई दोराय नहीं कि बिना इंटरनेट के भी कई अन्य चीज़ों के चलते आपका ध्यान भटक सकता है, पर इन चीज़ों से निपटना अन्य चीज़ों से कहीं आसान होता है।)

मोटे तौर पर ऐसी श्रेणियाँ बनने के बाद यह रणनीति कुछ इस तरह काम करती है: आप इंटरनेट का इस्तेमाल कब-कब करेंगे, इसका एक शिड्यूल बना लें। फिर केवल उसी तयशुदा समय में ही इसका इस्तेमाल करें और बाकी समय इससे पूरी तरह दूर रहें। मेरा सुझाव है कि आप अपने कंप्यूटर के पास एक छोटा सा नोटपैड रखें। इस नोटपैड पर यह दर्ज करें कि अब आप अगली बार कब खुद को इंटरनेट के इस्तेमाल की अनुमति देंगे। जब तक वह समय न आए, तब तक आप कतई इंटरनेट का इस्तेमाल न करें - भले ही आपके मन में बार-बार इसका इस्तेमाल करने का लालच आ रहा हो।

इस रणनीति को प्रेरित करने के पीछे यह विचार है कि इंटरनेट जैसी ध्यान भटकानेवाली सुविधा का इस्तेमाल अपने आपमें कोई ऐसी चीज़ नहीं है, जो एकाग्र होने की आपकी दिमागी क्षमता को कम कर देती हो। बल्कि यह क्षमता तो इसलिए कम होती है क्योंकि आप बोर्डम महसूस होते ही या मानसिक रूप से चुनौतीपूर्ण स्थिति के सामने आते ही बार-बार 'निम्न उत्तेजना/उच्च-मूल्य'वाली गतिविधियों और 'उच्च उत्तेजना/निम्न-मूल्य' वाली गतिविधियों के बीच झूलने लगते हैं। जिससे आपका दिमाग यह सीख जाता है कि उसे ऐसी किसी भी स्थिति को बरदाश्त नहीं करना है, जिसमें नएपन का अभाव हो। इन दो गतिविधियों के बीच लगातार झूलते रहने को तुलनात्मक रूप से दिमाग की उन माँसपेशियों को कमजोर बनानेवाले कारण के रूप में देखा जा सकता है, जो आपका ध्यान पाने की होड़ में लगे कई स्रोतों को व्यवस्थित करती हैं। सिर्फ तयशुदा समय पर ही इंटरनेट का इस्तेमाल करने से ध्यान भटकानेवाले कारण कम हो जाते हैं। इससे आप उन स्थितियों की संख्या भी घटा देते हैं, जिनमें आपका ध्यान भटक सकता है और साथ ही ध्यान केंद्रित करनेवाली दिमागी माँसपेशियाँ मज़बूत होने लगती हैं।

उदाहरण के लिए ऐसा समझें कि आपका अगला तयशुदा इंटरनेट सत्र 30 मिनट बाद शुरू होनेवाला है और अचानक आपको अभी से बोर्डम महसूस होने लगी है, आपके अंदर उन चीज़ों की लालसा बढ़ती जा रही है, जो आपका ध्यान भटकाती हैं। ऐसे में अगले 30 मिनट तक खुद को इंटरनेट के इस्तेमाल से रोकना आपके लिए एकाग्रता के व्यायाम जैसा हो जाएगा। जब आप एक दिन में कई बार ऐसा करेंगे, तो इसका अर्थ होगा कि कि आप दिन में कई बार एकाग्रता का

व्यायाम कर रहे हैं।

हालाँकि इस रणनीति के पीछे का मूल विचार सीधा सा है पर इसे व्यवहार में लाना मुश्किल हो सकता है। आगे तीन ऐसे महत्वपूर्ण बिंदु दिए जा रहे हैं, जो आपको सफलता हासिल करने में मदद करेंगे।

बिंदु 1: यह रणनीति तब भी कारगर है जब इंटरनेट का अधिक इस्तेमाल और ई-मेल का जवाब तुरंत देना आपके व्यवसाय की ज़रूरत हो।

अगर आपका काम ऐसा है कि आपको हर रोज घंटों ऑनलाइन रहना पड़ता है और हर ई-मेल का जवाब तुरंत भेजना पड़ता है, तब भी परेशानी की कोई बात नहीं है: इसका सीधा सा अर्थ यह है कि आपके इंटरनेट सत्रों की संख्या उस व्यक्ति के इंटरनेट सत्रों के मुकाबले ज़्यादा होगी, जिसे अपने व्यवसाय में इंटरनेट की ज्यादा ज़रूरत नहीं पड़ती। यह बात बहुत महत्त्व नहीं रखती कि दिनभर में आपके कितने इंटरनेट सत्र आते हैं या आप दिनभर में इंटरनेट के इस्तेमाल पर कितना समय खर्च करते हैं। बल्कि असली महत्त्व तो यह सुनिश्चित करने का है कि आपके ऑफलाइन सत्र की शुद्धता बनी रहे यानी इस दौरान आप इंटरनेट से बिलकुल दूर रहें।

उदाहरण के लिए कल्पना कीजिए कि आपको अपने ऑफिस की कई मीटिंग्स के बीच दो घंटे का खाली समय मिला है। पर इन दो घंटों के दौरान आपको हर पंद्रह मिनट बाद ई-मेल चेक करने की ज़रूरत है, जिसमें हर बार करीब पाँच मिनट का समय लग जाता है। ऐसे में इस दो घंटे की अवधि के दौरान हर पंद्रह मिनट में एक इंटरनेट सत्र तय करना काफी होगा और बाकी का बचा हुआ समय ऑफलाइन सत्र होगा। यानी इस तरह दो घंटे की इस अवधि में आप कुल नब्बे मिनट ऑफलाइन रहेंगे और सक्रिय तौर पर अपना ध्यान भटकने से बचा सकेंगे। यह इंटरनेट से बहुत लंबे समय तक दूर रहे बिना ही अच्छे-खासे एकाग्रता प्रशिक्षण जैसा होगा।

बिंदु 2: आपके इंटरनेट सत्र चाहे जैसे हों, बस यह सुनिश्चित करें कि इन सत्रों से परे आप इंटरनेट के इस्तेमाल से बिलकुल दूर रहेंगे।

इस उद्देश्य को सिद्धांत रूप में जाहिर करना बहुत आसान है पर एक सामान्य कार्यदिवस की अस्त-व्यस्त वास्तविकता के सामने आते ही यह मुश्किल

हो जाता है। इस रणनीति को व्यवहार में लाने पर जो समस्या अनिवार्य रूप से सामने आती है, वह है : ऑफलाइन सत्र में जल्द ही कोई ऐसी स्थिति बनना, जब अपने वर्तमान कार्य को पूरा करने के लिए आपको इंटरनेट पर मौजूद कोई महत्वपूर्ण जानकारी प्राप्त करनी हो। ऐसे में अगर अगला तयशुदा इंटरनेट सत्र शुरू होने में थोड़ा समय बाकी है, तो आपका काम बीच में अटक सकता है। इस स्थिति में सबसे बड़ा प्रलोभन यही होगा कि अपने ऑफलाइन सत्र को बीच में छोड़कर इंटरनेट से आवश्यक जानकारी हासिल की जाए और इसके बाद अपने ऑफलाइन सत्र में दोबारा वापस आया जाए। आपको इस प्रलोभन से बचना होगा! इंटरनेट बहुत मोहक होता है: हो सकता है कि आपको ऐसा लगे कि आप तो बस अपने इनबॉक्स में जाकर ई-मेल से आई एक महत्वपूर्ण जानकारी प्राप्त कर रहे हैं, पर ऐसे में यह बहुत मुश्किल हो जाएगा कि आप हाल ही में आए अपने अन्य 'अति आवश्यक' ई-मेल्स को देखने से खुद को रोक सकें। जब दो-चार बार ऐसी अपवाद स्थितियाँ सामने आती हैं, तो आपके दिमाग को लगने लगता है कि इंटरनेट सत्र और ऑफलाइन सत्र के बीच की रुकावट को कभी भी तोड़ा जा सकता है - जिससे इस रणनीति से मिलनेवाले लाभ कम हो जाते हैं।

ऐसे में यह महत्वपूर्ण है कि भले ही आपका काम अटक रहा हो, पर फिर भी आप अपने किसी भी ऑफलाइन सत्र को अचानक यूँ ही न छोड़ दें। अगर संभव हो, तो ऑफलाइन सत्र खत्म होने में जितना समय बचा है, उतने समय के लिए किसी अन्य ऑफलाइन गतिविधि में जुट जाएँ (या फिर उतने समय तक थोड़ा आराम कर लें)। पर अगर यह संभव न हो तो सबसे बेहतर होगा कि आप अपना शिड्यूल बदल लें ताकि आपका अगला इंटरनेट सत्र जल्दी शुरू हो सके। हालाँकि इस बदलाव की सबसे महत्वपूर्ण बात यह है कि आप अगला इंटरनेट सत्र इस तरह शिड्यूल न करें कि वह फौरन शुरू हो जाए। बल्कि वर्तमान क्षण और अगली बार इंटरनेट का इस्तेमाल शुरू करने के बीच कम से कम पाँच मिनट का अंतर रखें। यह एक मामूली सा अंतर है इसलिए यह आपकी प्रगति में बाधा नहीं बनेगा पर अगर व्यावहारिक दृष्टिकोण से देखें, तो यह आपके लिए काफी होगा। क्योंकि यह ऑनलाइन होने की चाहत से जुड़ी उत्तेजना को और असल में ऑनलाइन होने से मिलनेवाले लाभ को एक-दूसरे से अलग कर देता है।

बिंदु 3: घर और ऑफिस में इंटरनेट इस्तेमाल करने का शिड्यूल बनाने से

आपका एकाग्रता-प्रशिक्षण और अधिक बेहतर हो सकता है।

अगर आप पूरा सप्ताहांत और बाकी दिनों में अपनी पूरी शाम फोन या लैपटॉप से चिपके हुए बिता देते हैं, तो संभव है कि अपने कामकाजी दिनों में आप अपने दिमाग में नए बदलाव लाने के लिए जो कोशिशें कर रहे हैं, वे आपके कामकाजी जीवन से परे आपके व्यवहार के चलते व्यर्थ जा रही हों (क्योंकि आपका दिमाग इन दो अलग-अलग स्थितयों के बीच ज़्यादा अंतर नहीं कर पाता)। इसलिए मैं आपको यही सुझाव दूँगा कि आप शाम को काम खत्म करने के बाद भी इंटरनेट इस्तेमाल करने का शिड्यूल बनाने की अपनी रणनीति पर कायम रहें।

जब आप शाम को काम निपटाने के बाद इंटरनेट के इस्तेमाल का शिड्यूल बनाएँ, तो चीज़ों को आसान बनाने के लिए अपने ऑफलाइन सत्र में सीमित संवाद भी कर सकते हैं (जैसे अपने दोस्त को टेक्स्ट मैसेज भेजकर यह तय करना कि आप दोनों डिनर के लिए कहाँ मिलेंगे)। साथ ही कोई जानकारी भी प्राप्त कर सकते हैं (जैसे अपने फोन में उस रेस्त्राँ का पता देखना, जहाँ आप डिनर पर जानेवाले हैं।) हालाँकि इन व्यावहारिक अपवादों से परे, जब आप अपने ऑफलाइन सत्र में हों, तो फोन को दूर रख दें, टेक्स्ट मैसेजेस को अनदेखा करें और इंटरनेट का इस्तेमाल करने से बचें। आपके ऑफिस से अलग इसी रणनीति के दूसरे संस्करण की बात करें, तो अगर आप हर शाम अपने मनोरंजन के लिए इंटरनेट पर बहुत ज़्यादा निर्भर रहते हैं, तो इसमें कोई बुराई नहीं है: बस कई लंबे-लंबे इंटरनेट सत्र शिड्यूल कर लें। यहाँ महत्त्व इस बात का नहीं है कि आप ध्यान भटकानेवाली गतिविधियों को नज़रअंदाज करें या उनमें कम समय बिताएँ। बल्कि महत्त्व तो इस बात का है कि आप पूरी शाम के दौरान खुद को ऐसे कई मौके दें, जहाँ ज़रा सी बोर्डम महसूस होने पर ध्यान भटकानेवाली चीज़ों की ओर आकर्षित होने से खुद को रोक सकें।

कामकाजी जीवन से परे सिर्फ एक ही स्थिति ऐसी है, जहाँ इस रणनीति के अनुसार व्यवहार करना मुश्किल होता है। ऐसा तभी होता है, जब आप इंतजार करने के लिए मजबूर हों (जैसे जब आप किसी स्टोर की लाइन में खड़े होते हैं)। ऐसी स्थिति में यह महत्वपूर्ण है कि अगर आप ऑफलाइन सत्र में हैं, तो अस्थाई बोर्डम का सामना करने के लिए मानसिक रूप से तैयार हो जाएँ मगर इंटरनेट का

इस्तेमाल शुरू न करें। आज के आधुनिक जीवन में किसी चीज़ का इंतजार करते हुए बोर होना दुर्लभ हो गया है पर एकाग्रता के प्रशिक्षण के दृष्टिकोण से इस प्रकार बोर होना बहुत महत्वपूर्ण है।

संक्षेप में कहें, तो गहन कार्य के साथ सफलता हासिल करने के लिए आपको अपने दिमाग में अंदरूनी बदलाव लाने होंगे ताकि आप ध्यान भटकानेवाली उत्तेजनापूर्ण चीज़ों से बचने की प्रक्रिया में सहज महसूस करें। इसका यह अर्थ नहीं है कि आपको ध्यान भटकने से जुड़ी हर चीज़ को पूरी तरह खत्म करना है; बल्कि ध्यान खींचने की इन चीज़ों की क्षमता खत्म करना ही काफी होगा। इंटरनेट सत्रों का शिड्यूल बनाने की जो सहज रणनीति यहाँ बताई गई है, वह ध्यान के मामले में आपको स्वयं अधिकार देने में काफी मददगार है।

थियोडोर रूजवेल्ट की तरह काम करें

अगर आप सन 1876-77 के शैक्षणिक सत्र में हार्वर्ड कॉलेज के छात्र होते, तो कभी न कभी आपने मोटे गालोंवाले एक मज़बूत, ढीठ और हद से ज़्यादा ऊर्जावान छात्र पर ज़रूर गौर किया होता, जिसका नाम था थियोडोर रूजवेल्ट। और अगर आपने इस युवक से दोस्ती कर ली होती, तो जल्द ही आपको एक विरोधाभास भी नज़र आने लगता।

एक प्रकार से उनका ध्यान बुरी तरह भटका हुआ नज़र आता था – जिस पर उनके एक सहपाठी ने कहा था कि उन्हें 'कई चीज़ों में दिलचस्पी' है। उनके जीवनीकार एडमंड मॉरिस ने इन चीज़ों की एक सूची बनाई थी, जिसमें मुक्केबाजी, कुश्ती, सुगठित शरीर के लिए व्यायाम, नृत्य प्रशिक्षण, कविता पाठ और आजीवन उनका जुनून रहा प्रकृतिवाद भी शामिल था। (मृत जानवरों के शरीर की चीरफाड़ करना – चर्मपूरण या टेक्सीडर्मी की विधा करना, जिसमें मृत जानवरों के शरीर को सुरक्षित रखने और उन्हें सजीव दिखाने के लिए उनका संरक्षण किया जाता है – इस प्रकार के रूजवेल्ट के शौक से उनकी मकान मालकिन कतई खुश नहीं थीं।) प्रकृतिवाद में उनकी दिलचस्पी इस हद तक बढ़ गई थी कि कॉलेज में अपना पहला साल बिताने के बाद गर्मियों का मौसम आते-आते रूजवेल्ट ने 'द समर बर्ड्स ऑफ एडिरॉन्डैक्स' शीर्षक से अपनी पहली किताब भी प्रकाशित कर ली। उनकी इस किताब को बुलेटिन ऑफ न्यूटॉल ऑर्निथोलॉजिकल क्लब नामक प्रकाशन में काफी पसंद किया गया। इस क्लब के नाम से ही स्पष्ट है कि

यह चिड़ियों से जुड़ी किताबों को बहुत गंभीरता से लेता था। इसी किताब के चलते बाद में उनके जीवनीकार एडमंड मॉरिस ने इतनी कम उम्र में ही रूजवेल्ट को 'यूनाइटेड स्टेट्स के सबसे जानकार युवा प्रकृतिवादियों में से एक' करार दिया था।

अपनी विभिन्न दिलचस्पियों के कारण उनके पास हार्वर्ड में अपनी पढ़ाई-लिखाई के लिए ज़्यादा समय नहीं बचता था। रूजवेल्ट के दौर की डायरियों और पत्रों का अध्ययन करने के बाद जीवनीकार एडमंड मॉरिस का अनुमान था कि उस समय देश के भावी राष्ट्रपति रूजवेल्ट अपनी पढ़ाई-लिखाई पर दिन के चौथाई हिस्से के बराबर ही समय खर्च करते थे। जिससे ऐसा लग सकता है कि शायद रूजवेल्ट के ग्रेड्स कम रहे होंगे, पर वास्तव में उनके साथ ऐसा कुछ नहीं हुआ। हालाँकि वे ग्रेड्स के मामले में अपनी कक्षा के उभरे हुए विद्यार्थी नहीं थे, पर ऐसा भी नहीं था कि उन्हें अच्छे ग्रेड्स के लिए संघर्ष करना पड़ रहा हो: अपने पहले साल में सात में से पाँच विषयों में उन्होंने ऑनर ग्रेड्स हासिल किए थे। उनकी जीवनशैली और उनके अच्छे ग्रेड्स के बीच के इस विराधाभास को समझने के लिए हमें पढ़ाई-लिखाई के उनके अलबेले तरीके पर नज़र डालनी होगी। दरअसल रूज़वेल्ट सुबह 8:30 बजे से लेकर शाम को 4:30 बजे तक का शिड्यूल बनाते थे। इन आठ घंटों में वे कॉलेज की कक्षाओं में, दिन में एक बार होनेवाले अपने एथलेटिक प्रशिक्षण में और लंच में खर्च होनेवाले समय को अलग कर लेते थे। इसके बाद जितना भी समय बचता था, उसे वे पढ़ाई-लिखाई पर खर्च करते थे। हालाँकि यह समय बहुत ज़्यादा नहीं होता था पर इस दौरान वे पूरी गहनता के साथ सिर्फ पढ़ाई पर ही एकाग्र रहते थे। इस तरह वे इस छोटी सी अवधि का भी भरपूर फायदा उठाते थे। जीवनीकार एडमंड मॉरिस कहते हैं, 'वे पढ़ाई-लिखाई में अन्य सहपाठियों की तुलना में बहुत कम समय बिताते थे, पर इस दौरान उनकी एकाग्रता बहुत तीव्र होती थी। साथ ही उनकी पढ़ने की गति भी बहुत तेज थी। जिसके चलते उनके पास अन्य गतिविधियों के लिए बाकी लोगों की तुलना में अधिक समय रहता था।'

इस रणनीति का लाभ उठाने के लिए ज़रूरी है कि आप कभी-कभार अपने काम में रूजवेल्ट जैसी गहनता दिखाएँ। कोई ऐसा गहन कार्य चुन लें, जो आपकी

प्राथमिता सूची में सबसे ऊपर हो। फिर यह अनुमान लगाएँ कि आप इस कार्य को पूरा करने के लिए कितना समय निकाल सकते हैं। इसके बाद आपके अनुमान से वह कार्य पूरा करने में जितना समय लगना हो, उससे कम समयवाली एक डेडलाइन तय कर लें। अगर संभव हो, तो सार्वजनिक तौर पर यह घोषणा कर दें कि आप इस डेडलाइन में काम पूरा कर लेंगे - उदाहरण के लिए जो व्यक्ति आपका काम पूरा होने का इंतजार कर रहा है, उसे बता दें कि आप यह काम उसे कब पूरा करके देंगे (और अगर आप ऐसा न कर सके, तो संभव है कि इससे आपकी जीविका खतरे में पड़ जाए)। इसके बाद खुद को प्रेरित रखने के लिए अपने फोन पर उलटी गिनतीवाला टाइमर सेट कर लें और ऐसी तैयारी करें कि फिर आप उस काम को चाहकर भी अनदेखा न कर सकें।

अब उस काम को समय रहते पूरा करने का सिर्फ एक ही रास्ता बचता है कि आप उसे तीव्र एकाग्रता के साथ पूरा करने में जुट जाएँ - यानी ई-मेल, फ ेसबुक या इंटरनेट ब्राउजिंग करने में या यूँ ही बैठे-बैठे खुली आँखों से सपने देखने में या फिर बार-बार कॉफी ब्रेक लेने में ज़रा भी समय बरबाद न करें। ठीक वैसे ही जैसे थियोडोर रूज़वेल्ट हार्वर्ड के दिनों में जब भी कोई कार्य करते थे, तो अपना शत-प्रतिशत ध्यान उसी पर केंद्रित कर लेते थे। जिसके चलते उन्हें वह काम पूरा करने में काफी आसानी होती थी।

पहले यह प्रयोग एक सप्ताह तक करके देखें - अपने दिमाग को गहनता का अभ्यास कराएँ, पर साथ ही इसे बीच-बीच में आराम करने का समय भी देते रहें ताकि आपके तनाव का स्तर बढ़ने न पाए। फिर जब आपके अंदर यह आत्मविश्वास विकसित हो जाए कि आप निरंतर पूरे समय ध्यान केंद्रित रख सकते हैं, तो इसके बाद अक्सर रूजवेल्ट जैसी गहनता दिखाना शुरू कर दें। हालाँकि यह याद रखें कि आपकी डेडलाइन ऐसी हो, जो व्यावहारिक तो हो पर आसान न हो यानी आप अपना लक्ष्य तो हासिल कर सकें, पर इसके लिए आपको तीव्र एकाग्रता की ज़रूरत हो।

इस रणनीति के पीछे मुख्य प्रेरणा सीधी सी है। गहन कार्य करने के लिए जिस स्तर की एकाग्रता आवश्यक होती है, उसे हासिल करना ज़्यादातर नॉलेज वर्कर्स[4] के लिए आसान नहीं होता। रूजवेल्ट जैसी गहनता दिखाने से आपके लिए

---

[4] ऐसा काम करनेवाले, जिनकी मुख्य पूँजी उनका ज्ञान होता है, जैसे प्रोग्रामर्स, इंजीनियर्स,

अपनी कृत्रिम डेडलाइन का फायदा उठाना आसान हो जाता है, जिससे आपको अपनी एकाग्रता का स्तर इस हद तक बढ़ाने में सहायता मिलती है, जिसे आप नियमित रूप से हासिल कर सकते हैं - बस इसके लिए बीच-बीच में अपने दिमाग में मौजूद ध्यान-केंद्रों को प्रशिक्षण देने की ज़रूरत होती है। यहाँ आपका एक अतिरिक्त लाभ यह है कि रूजवेल्ट जैसी गहनता दिखाने से ध्यान भटकने की गुंजाइश बहुत कम हो जाती है (अगर आपका ध्यान बार-बार भटकता हो, तो डेडलाइन पर कार्य पूरा करना असंभव है।) रूजवेल्ट जैसी गहनता दिखाने पर संभव है कि आप हर बार एक ऐसी मानसिक अवस्था में पहुँच जाएँ, जहाँ आपको बोर्डम महसूस हो। इससे बचने के लिए आप कोई ऐसी नई चीज़ चाहेंगे, जो आपको उत्तेजना का एहसास कराए - इसके बावजूद आपको अपनी इस इच्छा का विरोध करना है। जैसा कि पिछली रणनीति में बताया गया था, आप उत्तेजना महसूस करानेवाली चीज़ों की इच्छा का जितना विरोध करेंगे, आपके लिए इसे करना उतना ही आसान होता जाएगा।

इस रणनीति को लागू करने के कुछ ही महीनों बाद इस विषय पर आपकी समझ पूरी तरह रूपांतरित हो जाएगी कि एकाग्र होने का अर्थ क्या होता है। क्योंकि आप गहनता के ऐसे उच्चतम स्तर तक पहुँच चुके होंगे, जिसकी आपने आज तक कभी कल्पना भी नहीं की होगी। और अगर आपके और युवा रूजवेल्ट के व्यक्तित्व में थोड़ी सी भी समानता है, तो आप, इस रणनीति के चलते बचे हुए अतिरिक्त खाली समय का इस्तेमाल, अपने शौक पूरे करने में कर सकते हैं, जैसे - न्यूटॉल ऑर्निथोलॉजिकल क्लब के विचारशील सदस्यों को प्रभावित करने की कोशिश करना।

उत्पादक चिंतन करें

एक पीएचडी धारी एसोसिएट के तौर पर मैंने मैसाचुसेट्स इंस्टीट्यूट ऑफ टेक्नोलॉजी (एमआईटी) में जो दो साल का समय बिताया, उस दौरान मैं और मेरी पत्नी ऐतिहासिक महत्त्ववाली बीकॉन हिल में पिंकनी स्ट्रीट पर स्थित एक छोटे लेकिन आकर्षक घर में रहते थे। मेरा घर बॉस्टन में था और मैं कैंम्ब्रिज (मैसाचुसेट्स) में काम करता था। चार्ल्स नदी के दो विपरीत किनारों पर बसे ये दोनों स्थान एक-दूसरे के बिलकुल पास यानी सिर्फ एक मील की दूरी पर स्थित

अकाउंटेंट, आर्किटेक्ट और वकील वगैरह।

थे। इसीलिए अपनी सेहत बनाने के उद्देश्य से मैंने तय किया कि मैं न्यू इंग्लैंड की लंबी, कठिन सर्दियों में भी अपने घर से ऑफिस के बीच की यह एक मील की दूरी पैदल ही तय किया करूँगा।

भले ही मौसम कैसा भी हो, पर मैं अपने इस तयशुदा रूटीन के हिसाब से हर रोज सुबह पैदल लॉन्गफेलो पुल पार करते हुए कैंपस पहुँचता था (इस शहर की सबसे निराशाजनक बात यह थी कि यहाँ बर्फीले तूफान के बाद पैदल रास्ते पर भरी बर्फ को हटाने के पुख्ता इंतजाम नहीं थे और रास्ता साफ होने में काफी समय लग जाता था)। फिर लंच के समय मैं दौड़ने के लिए उपयुक्त जूते और टोपी वगैरह पहनता और घर जाने के लिए एक अन्य रास्ता लेता, जो मैसाचुसेट्स एवेन्यू पुल से होकर जाता था। यह रास्ता पहले रास्ते की तुलना में ज़्यादा लंबा था, जिस पर दौड़ लगाते हुए मैं घर पहुँचता था। फिर मैं फटाफट स्नान करने और खाना खाने के बाद आमतौर पर सबवे लेकर वापस कैंपस पहुँचता था (इस तरह मुझे करीब एक तिहाई मील कम यात्रा करनी पड़ती) शाम को काम खत्म होने के बाद भी मैं पैदल ही घर लौटता था। दूसरे शब्दों में कहूँ, तो इस दौरान मैं काफी पैदल चला। मेरे इस अनुभव ने ही मुझे एक नया अभ्यास विकसित करने के लिए प्रेरित किया। मैं आपको सुझाव दूँगा कि आप भी अपने गहन कार्य प्रशिक्षण में इस अभ्यास को अपनाएँ, जिसे मैं उत्पादक चिंतन कहता हूँ।

उत्पादक चिंतन का लक्ष्य है, ऐसी गतिविधि के लिए समय निकालना, जहाँ आप शारीरिक रूप से तो व्यस्त हों पर मानसिक रूप से नहीं – जैसे टहलना, दौड़ना, गाड़ी चलाना और शॉवर के नीचे खड़े होकर स्नान करना वगैरह। ताकि इस अवधि में आप अपना सारा ध्यान कामकाज संबंधी किसी स्पष्ट समस्या पर चिंतन करने में लगा सकें। आपके व्यवसाय के आधार पर यह समस्या कुछ भी हो सकती है, जैसे अपने अगले लेख का खाका तैयार करना, किसी संभावित चर्चा पर विचार करना या व्यवसाय संबंधी किसी रणनीति को और कारगर बनाने के नए तरीके सोचना। इस सचेत चिंतन के दौरान अगर आपका ध्यान भटकता है, तो आपको उसे बार-बार उस समस्या पर केंद्रित करना होगा, जिस पर आपको चिंतन करना है।

जब मैं बॉस्टन में रहता था, तो पुल के रास्ते नदी पार करते हुए कैंपस आते-जाते समय प्रतिदिन कम से कम एक बार उत्पादक चिंतन का अभ्यास

करता था। जैसे-जैसे मेरा यह अभ्यास बेहतर हुआ, वैसे-वैसे मुझे बेहतर परिणाम भी मिलने लगे। उदाहरण के लिए अपनी पिछली किताब के ज़्यादातर अध्यायों का खाका मैंने कैंपस का रास्ता पैदल तय करते हुए ही तैयार किया था। इसके अलावा मुझे अपने अकादमिक शोध से जुड़ी कई तकनीकी कठिनाइयों का हल निकालने में भी इससे काफी मदद मिली थी।

मेरा सुझाव है कि आप भी अपने जीवन में उत्पादक ध्यान का यह अभ्यास अपनाएँ। हालाँकि आपको हर रोज उत्पादक ध्यान के एक गंभीर सत्र की ज़रूरत नहीं है। पर आपका लक्ष्य यह होना चाहिए कि आप आमतौर पर सप्ताह में कम से कम दो या तीन सत्रों में हों। सौभाग्य से इस रणनीति के लिए अलग से समय निकालना काफी आसान है। क्योंकि यह ऐसी समय-अवधि का भी लाभ उठाने में सक्षम है, जो आमतौर पर व्यर्थ चली जाती है (जैसे अपने पालतू कुत्ते को हर रोज बाहर घुमाने ले जाना या हर रोज ऑफिस पहुँचने के लिए कुछ किलोमीटर की यात्रा करना)। और अगर इसे सही ढंग से किया जाए, तो इसके चलते आपका समय व्यर्थ नहीं जाता बल्कि आपकी व्यावसायिक उत्पादकता बढ़ जाती है। असल में हो सकता है कि आप अपने कार्यदिवस के बीच में खासतौर पर इसके लिए समय निकालने पर विचार करें और फिर उस समय आपके सामने जो सबसे मुश्किल समस्या हो, उसका हल उत्पादक चिंतन से निकाल सकें।

हालाँकि मैं आपको इस अभ्यास का सुझाव इसलिए नहीं दे रहा हूँ क्योंकि यह उत्पादकता के स्तर पर लाभदायक है (इस लाभ का भी स्वागत है)। मेरी दिलचस्पी तो इस बात में हैं कि यह अभ्यास आपकी गहन सोच-विचार की क्षम ता बढ़ाता है। मेरा अनुभव कहता है कि उत्पादक चिंतन इस नियम की शुरुआत में बताए गए दो मुख्य विचारों पर आधारित है। पहला, ध्यान भटकानेवाली चीज़ों से बचने के लिए आपको मज़बूर करना और दूसरा, ध्यान भटकने पर हर बार उसे वापस उसी स्पष्ट समस्या पर केंद्रित करना, जिस पर आपने चिंतन करने का लक्ष्य लिया है...। ऐसा करने से न सिर्फ ध्यान भटकने से बचानेवाली आपकी माँसपेशियाँ मज़बूत होती हैं बल्कि एक स्पष्ट समस्या पर बार-बार ध्यान केंद्रित करने के लिए मज़बूर करके, यह आपकी एकाग्रता भी बढ़ा देता है।

सफलतापूर्वक उत्पादक चिंतन करने के लिए यह समझना महत्वपूर्ण है कि चिंतन के हर रूप की तरह ही, इसमें भी अच्छा प्रदर्शन करने के लिए अभ्यास की

ज़रूरत होती है। अपनी पीएचडी के बाद शुरुआती सप्ताहों में जब मैंने पहली बार इस रणनीति पर चलने का प्रयास किया, तो पाया कि मेरा ध्यान बहुत बुरी तरह भटका हुआ है - ध्यान के लंबे-लंबे सत्रों के बाद भी मेरे पास ऐसा कुछ भी नया नहीं होता था, जो मेरी कोशिशों को सही ठहरा सके। आखिरकार उत्पादक चिंतन के करीब एक दर्जन सत्रों के बाद मुझे इस अभ्यास के असली परिणाम मिलने शुरू हुए। आपके साथ भी कुछ हद तक ऐसा ही होगा और ऐसे में आपको धैर्य की ज़रूरत पड़ेगी। हालाँकि इस प्रक्रिया में तेजी लाने के लिए मेरे पास आपके लिए दो विशेष सुझाव हैं।

सुझाव 1: ध्यान भटकानेवाली चीज़ों और लूप (फंदे) से सावधान रहें

जब आप एक नौसिखिए के तौर पर उत्पादक चिंतन का अपना सत्र शुरू करेंगे, तो आपके दिमाग का पहला विरोध होगा, इस विषय से बिलकुल अलग लेकिन दिलचस्प नज़र आनेवाले विचार लाना। उदाहरण के लिए मेरा दिमाग अक्सर किसी ऐसे ई-मेल का खाका तैयार करने लगता था, जो मुझे जल्द ही किसी को भेजना हो। इस तरह वह मेरा ध्यान भटकाने में अक्सर सफल हो जाता था। निष्पक्ष रूप से कहूँ, तो ऐसे विचारों की श्रृंखला यूँ तो बड़ी नीरस लगती है, लेकिन मन में विचार आते समय यह बेहद आकर्षक लगा करती है। जब भी आपको लगे कि आपका ध्यान असली समस्या से भटक रहा है, तो धीरे से खुद को याद दिलाएँ कि आप ध्यान भटकानेवाले विचारों के बारे में बाद में भी सोच-विचार कर सकते हैं। इसके बाद अपने ध्यान को वापस उसी समस्या पर केंद्रित कर लें, जिसे सुलझाने के लिए आप चिंतन कर रहे हैं।

ध्यान भटकानेवाली चीज़ें दरअसल कई मायनों में उत्पादक चिंतन की आदत विकसित करने के रास्ते में आनेवाली उन स्वाभाविक बाधाओं जैसी हैं, जिन्हें आपको पार करना होता है। ऐसी ही एक अन्य बाधा, जो तुलना में अधिक सूक्ष्म पर उतनी ही प्रभावी है, वह है लूप (फंदा)। जब भी कोई कठिन समस्या आपके सामने आकर खड़ी हो जाती है, तो आपका दिमाग जब भी संभव हो, अतिरिक्त ऊर्जा खर्च करने से बचने का प्रयास करता है। क्योंकि इंसानी दिमाग ऐसा करके ही क्रमिक रूप से विकसित हुआ है। अतिरिक्त ऊर्जा खर्च करने से बचने का इसका एक तरीका यह होता है कि ये समस्या की गहनता में जाने के बजाय उससे जुड़ी परिचित चीज़ों के इर्द-गिर्द बार-बार घूमते हुए एक फंदा सा

बना लेता है। उदाहरण के लिए जब मैं किसी साक्ष्य/प्रमाण पर काम कर रहा होता हूँ, तो बार-बार शुरुआत में आनेवाले सरल परिणामों को इसमें मिलाने की प्रवृत्ति मुझ पर हावी हो जाती है। जिससे समस्या का हल ढूँढ़ने के लिए इन परिणामों के आधार पर और अधिक कठिन काम न करना पड़े। लूप (फंदे) की इस समस्या से बचने के लिए आपको हमेशा सचेत रहना पड़ता है क्योंकि यह उत्पादक चिंतन के पूरे सत्र को बरबाद कर सकता है। जब भी आपको इसका एहसास हो, तो खुद से कहें कि 'लगता है कि मैं लूप (फंदे) में फँस गया हूँ। इसलिए अब अपना ध्यान एक बार फिर समस्या को सुलझानेवाले अगले कदम की ओर केंद्रित करना होगा।'

सुझाव 2: गहन सोच विकसित करें

किसी समस्या के बारे में 'गहनता से सोच-विचार करना' स्वाभाविक सा लगता है पर वास्तव में ऐसा नहीं है। जब किसी कठिन समस्या पर सोच-विचार करने के लिए पर्याप्त समय हो और फिर उस पर बिना ध्यान भटकाए सोच-विचार किया जाता है, तो उसे हल करने की दिशा में उठाया गया अगला कदम आश्चर्यजनक रूप से अस्वाभाविक सा होता है। मेरा अनुभव कहता है कि अगर आपके पास गहन सोच-विचार करने का एक स्पष्ट तरीका हो, तो इससे काफी मदद मिलती है। मेरा सुझाव है कि आपको समस्या सुलझाने की शुरुआत पूरी सावधानी बरतते हुए उचित कारकों (प्रभावित करनेवाली वस्तुएँ) की समीक्षा से करनी चाहिए। फिर आपको इनके महत्त्व को अपने दिमाग में बिठा लेना चाहिए ताकि ये आपको याद रहें। उदाहरण के लिए अगर आप अपनी किताब के किसी अध्याय का खाका तैयार कर रहे हैं, तो इसके प्रमुख कारक वे मुख्य बिंदु होंगे, जिनका उल्लेख आप उस अध्याय में करनेवाले हैं। वहीं अगर आप गणित का कोई सवाल हल कर रहे हैं, तो या तो वास्तविक कारक ही उचित कारक होंगे या फिर गणितीय अनुमान या प्रमेय उचित कारक होंगे। एक बार जब उचित कारकों की पहचान हो जाए तो फिर अगले चरण के उस सवाल को स्पष्ट करें, जिसे आपको इन कारकों का उपयोग करके हल करना है। किताब के अध्याय वाले उदाहरण में अगले चरण का यह सवाल कुछ ऐसा हो सकता है - 'मैं इस अध्याय की प्रभावी शुरुआत कैसे करूँगा?' और साक्ष्य के रूप में यह सवाल होगा, 'अगर मैं ये अनुमान न लगाऊँ कि यह विशिष्टता कारगर है, तो इससे

क्या गड़बड़ हो सकती है?' अगले चरण के सवाल की पहचान करने और उचित कारकों को याद रखने के बाद अब आपके पास ध्यान केंद्रित करने के लिए एक स्पष्ट लक्ष्य मौजूद है।

अगर यह मान लिया जाए कि आप अगले चरण के सवाल को हल करने में सक्षम हैं, तो गहन सोच-विचार के इस ठोस दृष्टिकोण का आखिरी चरण यह होगा कि आपने जिस जवाब की पहचान की है, उसकी स्पष्टतापूर्वक समीक्षा करके अपने लाभों को संघटित करें। इस बिंदु पर आकर आप यह प्रक्रिया शुरू करके गहनता के अगले स्तर पर जा सकते हैं। कारकों की समीक्षा करके उन्हें अपने दिमाग में बिठाना, अगले चरण के सवाल की पहचान कर उससे निपटना और फिर अपने लाभों को संघटित करना, वास्तव में ये सब आपकी एकाग्रता बढ़ानेवाले व्यायाम की तरह हैं। इससे आपको अपने उत्पादक चिंतन सत्र का ज़्यादा से ज़्यादा लाभ उठाने में मदद मिलेगी। साथ ही आप जिस गति से गहनता में जाने की अपनी क्षमता में सुधार कर रहे हैं, वह भी बढ़ जाएगी।

ताश की गड्डी के सारे पत्ते याद कर लें

ऑस्ट्रेलियाई मेंटल एथलीट डेनियल किलोव की स्मृति इतनी जबर्दस्त है कि वे सिर्फ पाँच मिनट की अवधि में आगे बताई गई कोई भी चीज़ याद कर सकते हैं: ताश की एक पूरी गड्डी, सौ क्रमरहित अंक या 115 अमूर्त आकार (उनका यह तीसरा कारनामा ऑस्ट्रेलिया में राष्ट्रीय रिकार्ड के तौर पर दर्ज है)। इसीलिए इस बात पर किसी को हैरानी नहीं होनी चाहिए कि किलोव ने हाल ही में ऑस्ट्रेलिया की मेमोरी चैम्पियनशिप में लगातार कई सिल्वर मेडल जीते हैं। हालाँकि किलोव के अतीत को देखकर सबसे ज़्यादा हैरानी इसी बात पर होती है कि आखिर वे एक मेंटल एथलीट कैसे बन गए।

किलोव ने मुझे बताया, 'मेरी यह असाधारण स्मृति कोई जन्मजात चीज़ नहीं है।' वास्तव में हाईस्कूल के समय तो वे खुद को एक भुलक्कड़ और अव्यवस्थित व्यक्ति मानते थे। उन्हें पढ़ाई में भी संघर्ष करना पड़ता था और आखिरकार उन्हें पता चला कि वे अटेंशन डेफिसिट डिसऑर्डर (एक किस्म का मानसिक विकार) के शिकार हैं। पर संयोगवश एक बार उनकी मुलाकात ऑस्ट्रेलिया के सबसे सफल मेमोरी चैम्पियंस में से एक तंसेल अली से हुई। जिसके बाद किलोव ने पूरी

गंभीरता से अपना स्मृति-प्रशिक्षण शुरू कर दिया। जब उन्होंने कॉलेज की डिग्री हासिल की, तब तक वे राष्ट्रीय प्रतियोगिता में मेडल जीत चुके थे।

वे बहुत तेजी के साथ एक भुलक्कड़ व्यक्ति से तब्दील होकर विश्वस्तरीय मेंटल एथलीट बन गए। लेकिन वे अकेले ही ऐसे अभूतपूर्व एथलीट नहीं हैं। सन 2006 में अमेरिकी विज्ञान लेखक जॉशुआ फोएर सिर्फ एक साल के प्रबल प्रशिक्षण के बाद ही यूएसए मेमोरी चैम्पियनशिप जीतने में सफल हुए थे। अपनी इस यात्रा पर उन्होंने 'मूनवॉकिंग विथ आइंस्टाइन' शीर्षक से एक बेस्टसेलर किताब भी लिखी है। पर किलोव की कहानी में जो बात हमारे लिए वाकई महत्वपूर्ण है, वह है, अपनी स्मृति को गहनतापूर्वक विकसित करने के दौरान उनके अकादमिक प्रदर्शन में आया असाधारण सुधार। अपने दिमाग को प्रशिक्षित करते-करते वे अटेंशन डेफिसिट डिसऑर्डर से ग्रस्त और अच्छे अंक पाने के लिए हमेशा संघर्षरत रहनेवाले छात्र से तब्दील होकर ऑस्ट्रेलिया की एक शानदार यूनिवर्सिटी में फर्स्ट क्लास ऑनर्स के साथ ग्रेजुएट होनेवाले छात्र बन गए। इसके बाद जल्द ही उन्हें देश की एक सर्वोच्च यूनिवर्सिटी में पीएचडी छात्र के रूप में दाखिला मिल गया, जहाँ वे फिलहाल एक प्रसिद्ध दार्शनिक के मार्गदर्शन में अध्ययन कर रहे हैं।

उनके इस रूपांतरण का एक स्पष्टीकरण हेनरी रोएडिगर के नेतृत्व में हुए एक शोध से पता चलता है। रोएडिगर सेंट लुईस स्थित वॉशिंगटन यूनिवर्सिटी में एक मेमोरी लैब चलाते हैं। सन 2014 में रोएडिगर और उनके सहयोगियों ने सैन डिएगो में आयोजित हो रहे एक्स्ट्रीम मेमोरी टूर्नामेंट में हिस्सा लेने के लिए एक टीम भेजी, जो ज्ञान संबंधी परीक्षणों के लिए आवश्यक क्षमताओं से सुसज्जित थी। वे यह जानना चाहते थे कि वह क्या है, जो तेज स्मृति क्षमतावाले इन लोगों को आम लोगों से अलग करता है। रोएडिगर ने न्यू यॉर्क टाइम्स की एक ब्लॉग पोस्ट में इस बारे में बताते हुए कहा, 'इस प्रयोग से हमें पता चला कि मेमोरी एथलीट्स और बाकी लोगों के बीच सबसे बड़ा अंतर होता है ज्ञान संबंधी (संज्ञानात्मक) क्षमता का, जो सीधे तौर पर आपकी स्मृति का नहीं बल्कि ध्यान केंद्रित करने का पैमाना होता है।' इसे असल में 'ध्यान केंद्रित करने की क्षमता' कहा जाता है, जो व्यक्ति द्वारा आवश्यक जानकारी पर अपना ध्यान केंद्रित रखने की क्षमता का पैमाना होता है।

दूसरे शब्दों में कहें, तो स्मृति-प्रशिक्षण का एक अन्य प्रभाव यह है कि इससे आपकी ध्यान केंद्रित करने की क्षमता में सुधार आता है। फिर इस क्षमता का इस्तेमाल किसी भी गहन कार्य में किया जा सकता है। इसलिए हम यह अनुम ान लगा सकते हैं कि डेनियल किलोव अपनी इनाम जितानेवाली तेज स्मृति के चलते सितारा हैसियतवाले छात्र नहीं बने। बल्कि इसका कारण था, अपनी स्मृति को बेहतर बनाने की उनकी निरंतर कोशिशें, जिसके चलते (संयोगवश) उनके अंदर गहन कार्य करने की वह क्षमता विकसित हो गई, जो शैक्षणिक विकास के लिए ज़रूरी होती है।

यहाँ आपको जो रणनीति बताई गई है, वह आपसे डेनियल किलोव के प्रशिक्षण से जुड़े एक विशेष पहलू को दोहराने की माँग करती है, ताकि आपकी एक़ाग्रता में भी कुछ वैसा ही सुधार हो, जैसा कि डेनियल किलोव के मामले में हुआ था। यह रणनीति आपसे मुख्यत: एक साधारण पर काफी प्रभावशाली कौशल विकसित करने को कहती है, जो ज़्यादातर मेमोरी एथलीट्स के पास होता है: जैसे ताश की गड्डी के सारे पत्ते याद रखना, वह भी तब, जब वे एक क्रम में न लगे हों।

मैं आपको ताश के पत्ते याद रखने की जो तकनीक सिखाऊँगा, वह मुझे एक ऐसे व्यक्ति से पता चली, जो इस विशेष करतब के बारे में बहुत कुछ जानता है। उस व्यक्ति का नाम है रॉन व्हाइट। वे न सिर्फ अमेरिका के पूर्व मेमोरी चैम्पियन हैं बल्कि ताश के पत्ते याद रखने का विश्व रिकॉर्ड भी उनके नाम है।[5] रॉन व्हाइट जिस बात पर सबसे पहले जोर देते हैं, वह ये है कि व्यावसायिक मेमोरी एथलीट कभी किसी चीज़ को रटकर याद नहीं करते। रटने का अर्थ है, किसी चीज़ को बार-बार देखकर उसे अपने मन में दोहराना। चीज़ों को याद करने का यह ढंग कमजोर छात्रों के बीच काफी लोकप्रिय होता है, पर वास्तव में यह दिमाग के काम करने के तरीके को लेकर गलतफहमियों से उपजा है। हमारे अंदर अमूर्त

---

[5] मैंने यहाँ जिन चरणों का उल्लेख किया है, वे रॉन व्हाइट के एक लेख से लिए गए हैं। इस लेख को इंटरनेट पर भी देखा जा सकता है : रॉन व्हाइट, 'हाउ टू मेमोराइज ए डेक ऑफ काड्र्स विथ सुपरह्यूमन स्पीड' गेस्ट पोस्ट, द आर्ट ऑफ मैनलीनेस, जून 1, 2012 - http://www.artofmanliness.com/2012/06/01/how-to- memorize-a-deck-of-cards/.

जानकारी को फौरन अपने भीतर समा लेने की क्षमता नहीं होती। पर दृश्यों को याद रखने के मामले में हम काफी तेज होते हैं। अब ज़रा अपने जीवन में हाल ही में घटी किसी यादगार घटना पर विचार करें: जैसे किसी सम्मेलन के उद्घाटन सत्र में हिस्सा लेना या किसी ऐसे दोस्त से मुलाकात करना, जिससे आप काफी लंबे समय से न मिले हों वगैरह। अब इन घटनाओं के दृश्यों की जितनी हो सके, उतनी सजीव कल्पना करें। ऐसा करने पर अधिकतर लोग उस घटना से जुड़े दृश्यों को आश्चर्यजनक सजीवता के साथ याद करने में सक्षम होते हैं – जबकि उन्होंने घटना के समय उसके दृश्यों को याद रखने के लिए कोई विशेष प्रयास नहीं किए थे। अगर आप ऐसी किसी घटना की स्मृति से जुड़े अलबेले विवरणों को व्यवस्थित ढंग से गिनते हैं, तो इन विवरणों की कुल संख्या देखकर आप सचमुच हैरान रह जाएँगे। दूसरे शब्दों में कहें, तो आपका दिमाग बहुत सी विस्तृत जानकारी फौरन याद कर सकता है – बस वह आपकी स्मृति में सही ढंग से संग्रहीत होनी चाहिए। ताश के सारे पत्ते याद रखने की रॉन व्हाइट की तकनीक भी इसी अंतर्दृष्टि पर आधारित है।

ताश के सारे पत्ते याद करने के इस विस्तृत कार्य पर रॉन व्हाइट की सिफारिश है कि आपको इसकी शुरुआत, अपने घर के पाँच कमरों को एक के बाद एक पार करने से जुड़ी मानसिक छवि को, दिमाग में स्थापित करते हुए करनी चाहिए। जैसे इस मानसिक छवि में आप दरवाजे के रास्ते घर के अंदर आते हैं और सामनेवाले दालान को पार करके, नीचे स्थित बाथरूम की ओर मुड़ जाते हैं। वहाँ से आगे बढ़ते हुए आप दरवाजा पार करके गेस्ट बेडरूम में जाते हैं और फिर वहाँ से सीढ़ियों से उतरते हुए अपने तहखाने में पहुँच जाते हैं। इस प्रक्रिया में आपने हर कमरे में जो कुछ भी देखा, अपने मन में उसकी एक स्पष्ट छवि बना लें।

इस तरह जब आपको एक जाने-पहचाने स्थान पर होनेवाली मानसिक चहलकदमी अच्छी तरह याद हो जाए तो इनमें से हर कमरे की दस मुख्य चीज़ों को अपनी स्मृति में दर्ज कर लें। रॉन व्हाइट कहते हैं कि ये सभी चीज़ें बड़े आकार की होनी चाहिए (क्योंकि बड़े आकार की चीज़ों को याद रखना आसान होता है)। जैसे कोई मेज या कुर्सी वगैरह, न कि कोई पेंसिल या पेन। इसके बाद हर कमरे में इन चीज़ों को देखने का क्रम याद कर लें। उदाहरण के लिए सामनेवाले दालान

पर आपको फर्श पर पड़ा गलीचा दिखाई दिया है और फिर उस गलीचे के बगल में रखे जूते नज़र आए हैं और इसके बाद जूतों के ऊपर रखी एक मेज दिखी है। यह क्रम इसी तरह आगे बढ़ता जाएगा। हर कमरे की दस-दस चीज़ें मिलकार कुल संख्या पचास हो जाती है। अब हम इसमें दो और चीज़ें जोड़ देते हैं, जो शायद आपके घर के पिछवाड़े में रखी हुई चीज़ें होंगी, ताकि इन चीज़ों की संख्या बावन हो जाए। क्योंकि ताश की एक गड्डी में भी कुल बावन पत्ते होते हैं। आखिरकार आप इन बावन चीज़ों को ताश के बावन पत्तों से जोड़कर देख सकते हैं।

चहलकदमी करते हुए कमरों को पार करने और वहाँ रखी चीज़ों को एक क्रम में देखने के इस मानसिक व्यायाम का अभ्यास करें। चूँकि यह तरीका जाने-पहचाने स्थानों और चीज़ों की दृश्य छवियों पर आधारित है, इसलिए आप देखेंगे कि किसी चीज़ को इस तरह याद करना, उसे रटकर याद करने के मुकाबले ज़्यादा आसान होता है। ताश की गड्डी के सारे पत्ते याद करने की तैयारी का दूसरा चरण है, सभी बावन पत्तों से किसी यादगार व्यक्ति या चीज़ को जोड़कर देखना। इस प्रक्रिया को आसान बनाने के लिए ज़रूरी है कि आप ताश के पत्तों और उससे जुड़ी छवि के बीच कोई तार्किक संबंध रखें। जैसे व्हाइट के अनुसार, ताश के पत्तों में किंग ऑफ डायमंड को डोनाल्ड ट्रंप के साथ जोड़कर देखा जा सकता है क्योंकि डायमंड यानी हीरा धन का प्रतीक होता है। ताश के पत्तों और उससे छुड़ी इन छवियों का अभ्यास आपको तब तक करना है, जब तक ताश की गड्डी में से, कहीं से भी, कोई भी पत्ता निकालकर देखने पर उससे जुड़ी छवि फौरन याद न आने लगे। यादगार दृश्य छवियों और उनसे जुड़ी चीज़ों का इस्तेमाल करने से आपके लिए उनके बीच का संबंध तय करना आसान हो जाएगा।

यहाँ जो दो चरण आपको बताए गए हैं, वे वास्तव में उन्नत चरण हैं - यानी ऐसी चीज़ें, जिन्हें सिर्फ एक बार याद करके आप बार-बार उनका फायदा उठा सकते हैं और ताश की विशिष्ट गड्डियों को याद कर सकते हैं। इन चरणों में महारत हासिल करने के बाद आप मुख्य चीज़ के लिए तैयार हो जाते हैं, वह है - हाल ही में फेंटी गई ताश की गड्डी में सभी बावन पत्तों के क्रम को जल्द से जल्द याद करना। यह तरीका सीधा सा है। अपने घर के कमरों को पार करने की मानसिक चहलकदमी शुरू करें। घर के हर कमरे में रखी चीज़ें एक-एक करके आपको मानसिक रूप से नज़र आएँगी और आप ताश की गड्डी के अगले कार्ड

को देखकर उससे जुड़े इंसान या चीज़ की छवि की ऐसी कल्पना करेंगे, जिसमें वह कमरे में रखी चीज़ के पास कोई यादगार कार्य कर रहा होगा। उदाहरण के लिए अगर पहला स्थान आपके घर का दालान है और पहली चीज़ दालान के फर्श पर पड़ा गलीचा है, जबकि ताश की गड्डी का पहला पत्ता किंग ऑफ डायमंड है, तो आप कल्पना करेंगे कि दालान की फर्श पर पड़े गलीचे के पास डोनाल्ड ट्रंप अपने महँगे जूतों पर लगी मिट्टी साफ कर रहे हैं।

आपको मानसिक रूप से घर के कमरे पार करते समय सावधानी बरतनी होगी। साथ ही ताश के पत्तों को उचित मानसिक छवियों के साथ सही क्रम में जोड़कर देखना होगा। किसी कमरे को पार करने के बाद हो सकता है कि आप उसमें से दो-चार बार और गुज़रना चाहें, ताकि उससे जुड़ी छवियों को अपनी स्मृति में अच्छी तरह संग्रहीत कर सकें। इस तरह सारे कमरों से गुज़रने के बाद आपका काम पूरा हो जाता है। अब आप अपने किसी दोस्त को ताश की गड्डी थमाकर उसके साथ अपने करतब का अभ्यास कर सकते हैं। इसके लिए भी आपको मानसिक रूप से उन पाँचों कमरों से गुज़रना होगा और यादगार लोगों या चीज़ों को ताश के पत्तों के साथ जोड़कर देखना होगा।

जब आप इस रणनीति के साथ लगातार अभ्यास करेंगे, तो अन्य एथलीट्स की तरह ही आप भी देखेंगे कि आप ताश की गड्डी के एक-एक पत्ते को सिर्फ कुछ ही मिनटों में याद कर सकते हैं। अपने इस हुनर से दोस्तों को प्रभावित करने की क्षमता से भी ज़्यादा ज़रूरी यह है कि इन गतिविधियों से आपके दिमाग का अच्छा प्रशिक्षण हो जाता है। यहाँ इस प्रक्रिया के जिन चरणों का उल्लेख किया गया है, उनसे गुज़रने के लिए आपको बार-बार अपना ध्यान एक स्पष्ट लक्ष्य पर केंद्रित करना पड़ता है। जिस तरह शरीर की कोई माँसपेशी वजन उठानेवाले व्यायाम से मज़बूत बनती है, उसी तरह इससे आपकी एकाग्रता की क्षमता और दृढ़ हो जाएगी - जिससे आपके लिए गहनता में जाना और आसान हो जाएगा।

हालाँकि इस बिंदु पर जोर देना होगा कि ताश के पत्तों को याद रखना कोई खास बात नहीं है। कोई भी दृढ़ विचार प्रक्रिया, जिसके लिए अटूट एकाग्रता की ज़रूरत पड़ती है, वह ऐसा प्रभाव पैदा कर सकती है - फिर चाहे यह नियम-२ के परिचय में उल्लेखित एडम मार्लिन की तरह तालमुद (रब्बानियों के यहूदी धर्म

का मुख्य धार्मिक ग्रंथ और यहूदी धार्मिक कानून का मुख्य स्रोत) का अध्ययन करना हो या उत्पादक चिंतन का अभ्यास करना हो या फिर किसी गाने को सुनकर उसकी गिटार की धुन याद करना हो (एक जमाने में यह मेरा पसंदीदा काम था)। दूसरे शब्दों में कहें, तो अगर आपको ताश के पत्ते याद करना अजीब लगता है, तो इसकी जगह कोई ऐसा विकल्प चुन लें, जिसकी ज्ञान संबंधी ज़रूरत इसी के समान हों। इस रणनीति की कुंजी इससे जुड़ी विशिष्टताएँ नहीं हैं बल्कि इस विचार को प्रेरित करना है कि ध्यान केंद्रित करने की आपकी क्षमता उतनी ही विकसित होती है, जितना आप उसे प्रशिक्षित करते हैं।

नियम 3

सोशल मीडिया का इस्तेमाल बंद कर दें

सन 2013 में लेखक और डिजिटल मीडिया सलाहकार बारटेंड थर्स्टन ने एक प्रयोग शुरू किया। उन्होंने तय किया कि वे अगले पच्चीस दिनों तक अपने ऑनलाइन जीवन से दूर रहेंगे: न फेसबुक, न ट्विटर, न ई-मेल और न ही फोरस्क्वायर (एक मोबाइल ऐप, जिसकी ओर से थर्स्टन को सन 2011 में 'मेयर ऑफ द ईयर' पुरस्कार से सम्मानित किया गया था।) थर्स्टन को इस ब्रेक की ज़रूरत भी थी। उनके दोस्त उन्हें 'दुनिया का सबसे अधिक कनेक्टेड व्यक्ति' कहते हैं। थर्स्टन खुद भी कहते हैं कि वे अब तक जी-मेल के माध्यम से 59 हजार से भी ज़्यादा बार बातचीत कर चुके हैं और यह प्रयोग शुरू करने से पहले वे एक साल की अवधि में अपनी फेसबुक वॉल पर करीब पंद्रह सौ पोस्ट डाल चुके हैं। वे कहते हैं, 'मैं थककर चूर हो चुका था, मेरी ऊर्जा खत्म हो चुकी थी और मेरी हिम्मत जवाब देने लगी थी।'

हमें थर्स्टन के प्रयोग के बारे में इसलिए पता चला क्योंकि उन्होंने फास्ट कंपनी नामक एक पत्रिका में इस पर एक लेख लिखा था। विडंबना यह थी कि उन्होंने इस लेख का शीर्षक रखा था, '#UnPlug'। अपने इस लेख में थर्स्टन ने खुलासा किया कि बिना इंटरनेटवाले जीवन के साथ सामंजस्य बिठाने में उन्हें ज़्यादा समय नहीं लगा। वे कहते हैं, 'पहला सप्ताह खत्म होते-होते मैंने पाया कि अब ऐसा बहुत कम ही होता है कि मुझे मेरे दिन अजीब से लगें। मेरे समय की लय-ताल बदल चुकी थी। अब इस बात को लेकर मेरा तनाव बहुत कम हो गया था कि मुझे नई चीज़ों के बारे में कुछ पता नहीं चल रहा है। मुझे महसूस हुआ कि जिंदगी के हर पहलू को इंटरनेट पर साझा न करने के बावजूद भी मेरा एक अलग अस्तित्व है। अब थर्स्टन को अजनबियों से बातचीत करने में भी आनंद आता था। अब वे अपने खाने की तस्वीरें इंस्टाग्राम पर साझा किए बिना भी उसका

आनंद उठा सकते थे। उन्होंने एक बाइक खरीद ली ('जब आप बाइक चलाते हुए बार-बार ट्विटर चेक नहीं करते, तो उसे चलाना आसान हो जाता है') 'पर वे पच्चीस दिन बहुत जल्द बीत गए' थर्स्टन ज़रा उदास होकर कहते हैं। उन पर बहुत सी व्यावसायिक जिम्मेदारियाँ हैं, जैसे अपनी स्टार्ट-अप कंपनियाँ चलाना और नई किताबों को बाजार में जगह दिलाना। इसलिए जब पच्चीस दिन गुजर गए, तो वे बड़े बेमन से अपने ऑनलाइन जीवन में दोबारा सक्रिय हो गए।

फेसबुक, ट्विटर व इंस्टाग्राम जैसी सोशल नेटवर्किंग वेबसाइट्स और बिजनेस इनसाइडर व बज़फीड जैसी खबरिया वेबसाइट्स के साथ फिलहाल हमारी संस्कृति का क्या रिश्ता है, इस बारे में बारटेंड थर्स्टन का यह प्रयोग दो महत्वपूर्ण बिंदुओं को बड़े ही करीने से हमारे सामने रखता है। ये दोनों किस्म की वेबसाइट्स दरअसल ध्यान भटकानेवाली ऑनलाइन सुविधाओं की दो श्रेणियाँ हैं, जिन्हें मैंने आगे के पृष्ठों में संयुक्त रूप से 'नेटवर्क टूल्स' का नाम दिया है। थर्स्टन के प्रयोग से सामने आनेवाले दो महत्वपूर्ण बिंदुओं में से पहला यह है कि हमें अच्छी तरह पता है कि ये दोनों टूल्स न सिर्फ हमारा बहुमूल्य समय बरबाद करते हैं बल्कि ध्यान केंद्रित करने की हमारी क्षमता भी घटा देते हैं। हम सब यह महसूस करते हैं कि इस गंभीर सच्चाई पर ज़्यादा विचार-विमर्श या बहस नहीं होती। ऐसे बहुत से लोग हैं, जिनके लिए यह प्रवृत्ति एक समस्या बन चुकी है पर अगर आप गहनता से कार्य करने की अपनी क्षमता बढ़ाने की कोशिश कर रहे हैं, तो यह समस्या और भी गंभीर हो जाती है। उदाहरण के लिए पिछले नियम में मैंने ऐसी कई रणनीतियों का वर्णन किया था, जिससे आपको अपनी एकाग्रता बेहतर बनाने में मदद मिले। अगर आप प्रयोग से पहलेवाले बारटेंड थर्स्टन की तरह ही व्यवहार करते रहेंगे और मोबाइल ऐप्स व इंटरनेट ब्राउजर टैब्स के जाल में उलझे रहेंगे, तो ऐसे प्रयास करना आपके लिए और कठिन होता जाएगा। चूँकि इंसान की इच्छाशक्ति सीमित होती है इसलिए अगर आपके पास ध्यान भटकानेवाले टूल्स की भरमार रहेगी, तो किसी महत्वपूर्ण चीज़ पर ध्यान केंद्रित करना आपके लिए लगातार मुश्किल होता जाएगा। इसीलिए गहन कार्य की कला में महारत हासिल करने के लिए आपको ध्यान भटकानेवाली तमाम चीज़ों से बचते हुए अपने समय और ध्यान को दोबारा अपने नियंत्रण में लेना होगा।

हालाँकि ध्यान भटकानेवाली इन चीज़ों के खिलाफ युद्ध शुरू करने से पहले

आपको इस युद्ध के मैदान को और बेहतर ढंग से समझना होगा। इस तरह अब हम दूसरे बिंदु तक आ पहुँचे हैं: नेटवर्क टूल्स और ध्यान की इस समस्या पर नॉलेज वर्कर्स फिलहाल जिस कायरता से चर्चा करते हैं, वही वह दूसरा बिंदु है, जो बारटेंड थर्स्टन की कहानी से सामने आया था। इन टूल्स के चक्कर में जितना समय खर्च हो जाता था, उसे लेकर थर्स्टन परेशान थे। इसीलिए उन्हें लगा कि अब उनके पास सिर्फ यही एक विकल्प बचा है कि वे इंटरनेट का इस्तेमाल करना (अस्थाई रूप से) बंद कर दें।

आज हमारे सांस्कृतिक संवाद का एक प्रचलित विचार यह है कि सोशल मीडिया और इन्फोटेनमेंट[1] जैसी ध्यान भटकानेवाली चीज़ों से निपटने का सिर्फ एक ही विकल्प है, एक कठोर इंटरनेट सबैटिकल[2] या इंटरनेट से पूर्ण विश्राम लेना। इस मुद्दे पर ऐसी दोहरी प्रतिक्रिया की भी एक समस्या है कि ये दोनों ही विकल्प उपयोग के लिहाज से अधूरे हैं। आप इंटरनेट का इस्तेमाल बंद कर सकेंगे, यह धारणा निश्चित ही अपने आपमें दोषपूर्ण है और अधिकतर लोगों के लिए व्यावहारिक भी नहीं है (हाँ, अगर आप ध्यान भटकानेवाली चीज़ों पर लिखनेवाले पत्रकार हैं, तो फिर अलग बात है)। वास्तव में बारटेंड थर्स्टन के नक्शे-कदम पर चलनेवाला कोई नहीं है - यह एक ऐसी सच्चाई है, जो हमारे सामने मौजूद इकलौते विकल्प यानी ध्यान भटकने की अपनी मौजूद अवस्था को अपरिहार्य मान लेने का औचित्य सिद्ध कर देती है।

उदाहरण के लिए अपने इंटरनेट सबैटिकल या इंटरनेट से पूर्ण विश्राम लेने की अवधि में थर्स्टन को भले ही जो भी स्पष्टता या अंतर्दृष्टि प्राप्त हुई पर इस प्रयोग के खत्म होने के बाद उन्हें अपनी उसी पुरानी खंडित अवस्था में जाने में ज़्यादा समय नहीं लगा, जिससे निकलने के लिए उन्होंने यह प्रयोग शुरू किया था। जिस दिन मैंने यह अध्याय लिखना शुरू किया, तब तक थर्स्टन के लेख

---

[1] इन्फॉरमेशन और एंटरटेनमेंट को मिलाकर बना एक शब्द, जिसका अर्थ है ऐसा मीडिया, जो सूचना के साथ-साथ मनोरंजन भी प्रदान करे। जैसे टेलीविजन और इंटरनेट वेबसाइट्स आदि।

[2] यहाँ ध्यान दें कि इंटरनेट सबैटिकल और नियम-२ में उल्लेखित इंटरनेट सैबथ का अर्थ समान नहीं हैं। इंटरनेट सैबथ का अर्थ होता है, इंटरनेट से नियमित रूप से छोटे-छोटे ब्रेक या छुट्टी लेना (आमतौर पर सप्ताह में एक दिन), जबकि इंटरनेट सबैटिकल का अर्थ होता है, अपने ऑनलाइन जीवन से एक लंबा ब्रेक लेना, जो कई सप्ताहों या उससे भी ज़्यादा लंबी अवधि तक चल सकता है।

को फास्ट कंपनी पत्रिका में प्रकाशित हुए छह महीने बीत चुके थे। मैंने देखा कि थर्स्टन - जो अपने प्रयोग के बाद तथाकथित रूप से सुधर गए थे - उस दिन सुबह से कुछ ही घंटों के भीतर करीब पंद्रह बार ट्वीट कर चुके थे।

यह नियम हमें इस उन्मादी शिकंजे से आज़ाद कराने के लिए एक तीसरा विकल्प भी सामने रखता है: यह स्वीकार करना कि ये टूल्स स्वाभाविक रूप से बुरे नहीं हैं और इनमें से कुछ आपकी खुशी और सफलता के लिए काफी महत्वपूर्ण भी हो सकते हैं। साथ ही यह भी स्वीकार करना कि किसी वेबसाइट को नियमित रूप से अपना सारा समय व ध्यान (और व्यक्तिगत डाटा भी) देने से बचना चाहिए। इसीलिए ज़्यादातर लोगों को ऐसे टूल्स का कम से कम उपयोग करना चाहिए। दूसरे शब्दों में कहें, तो सन 2013 में थर्स्टन जिस तरह पच्चीस दिनों के लिए इंटरनेट से दूर चले गए थे, मैं आपसे उस तरह इंटरनेट का इस्तेमाल पूरी तरह बंद करने के लिए नहीं कह रहा हूँ। लेकिन मैं आपसे यह ज़रूर कह रहा हूँ कि भटके हुए ध्यान के साथ इंटरनेट के जरिए हर समय दुनिया के संपर्क में रहनेवाली अवस्था को ठुकरा दें। यही वह अवस्था थी, जिसके चलते थर्स्टन ने वह कठोर प्रयोग किया था। इस मामले में एक बीच का रास्ता भी मौजूद है और आपको उसी पर आगे बढ़ना है। अगर आप गहन कार्य की आदत विकसित करने में दिलचस्पी रखते हैं, तो इसके लिए आपको संघर्ष ज़रूर करना चाहिए।

नेटवर्क टूल्स के चयन से जुड़ा बीच का रास्ता खोजने की दिशा में हमारा पहला कदम है, इंटरनेट इस्तेमाल करनेवाले अधिकतर लोगों द्वारा लागू की गई वर्तमान निर्णय प्रक्रिया को समझना। सन 2013 की शरद ऋतु में मैंने एक लेख लिखा था, जिसमें मैंने बताया था कि मैंने कभी फेसबुक पर अपना अकाउंट क्यों नहीं बनाया। इसी के चलते मुझे इस प्रक्रिया के बारे में एक अंतर्दृष्टि प्राप्त हुई। हालाँकि मैंने अपनी ओर से एक व्याख्यात्मक लेख लिखा था, न कि कोई ऐसा लेख, जो फेसबुक अकाउंटवालों पर कोई दोषारोपण करता हो। पर इसके बावजूद कई पाठक इसे पढ़ने के बाद रक्षात्मक मुद्रा में आ गए और जवाबी पत्रों में अपने फेसबुक इस्तेमाल करने को तर्कसंगत ठहराने का प्रयास करने लगे। ये रहे उनके कुछ उदाहरण:

* मैं तो मनोरंजन के चलते पहली बार फेसबुक की ओर आकर्षित हुआ था। वहाँ मैं मजेदार तस्वीरें पोस्ट कर सकता हूँ, फटाफट कमेंट्स कर सकता हूँ और साथ ही देख सकता हूँ कि मेरे दोस्तों के जीवन में क्या चल रहा है।
* जब मैंने पहली बार फेसबुक का इस्तेमाल शुरू किया (पता नहीं क्यों)... तब मेरी जिज्ञासा फेसबुक पर मौजूद लघु कहानियों के एक फोरम (मंच) से जुड़ने को लेकर थी। यहाँ मैंने अपना लेखन सुधारा (सिर्फ एक बार) और साथ ही कई अच्छे दोस्त भी बनाए।
* मैं तो फेसबुक का इस्तेमाल इसलिए करता हूँ क्योंकि मेरे हाईस्कूल के जमाने के बहुत से लोग फेसबुक पर हैं।

ये प्रतिक्रियाएँ, इस विषय पर मुझे मिली ढेरों प्रतिक्रियाओं का प्रतिनिधित्व करती हैं। इन प्रतिक्रियाओं को देखकर मेरे मन में आया कि ये आश्चर्यजनक रूप से मामूली हैं। उदाहरण के लिए मुझे कोई संदेह नहीं है कि इन तीनों में से पहली प्रतिक्रिया देनेवाले के लिए फेसबुक का उपयोग कुछ हद तक मनोरंजक अनुभव है। पर साथ ही मेरा मानना है कि शायद फेसबुक अकाउंट बनाने से पहले इस व्यक्ति की जिंदगी में मनोरंजन के अन्य स्रोतों का गंभीर अभाव रहा हो। साथ ही मैं शर्त लगाकर कह सकता हूँ कि अगर किसी कारणवश फेसबुक अचानक हमेशा के लिए बंद हो जाए, तब भी इस व्यक्ति को अपने बोर्डम से निपटने में कोई समस्या नहीं होगी। दरअसल फेसबुक आपके जीवन में मौजूद मनोरंजन साधनों की सूची में सिर्फ एक और विकल्प है (और वह भी काफी औसत दर्जे का)।

दूसरी प्रतिक्रियावाले ने फेसबुक के एक लेखन संबंधी फोरम (मंच) पर दोस्त बनाने की बात कही। मुझे इन दोस्तों के अस्तित्व पर कोई संदेह नहीं है पर हम यह मान सकते हैं कि ये मित्रता सतही हैं – क्योंकि ये एक कंप्यूटर नेटवर्क पर संक्षिप्त संदेश भेजने और पाने पर आधारित हैं। हालाँकि ऐसी सतही मित्रता में कोई बुराई नहीं है पर यह संभव नहीं है कि ये मित्रता फेसबुक का इस्तेमाल करनेवाले उस व्यक्ति के सामाजिक जीवन का केंद्र हों। लगभग यही बात उस व्यक्ति के बारे में भी कही जा सकती है, जो फेसबुक पर एक बार फिर अपने हाईस्कूल के दोस्तों के संपर्क में आ गया है: यह एक अच्छा बदलाव है पर उसके सामाजिक जुड़ाव या उसकी खुशी में फेसबुक के माध्यम से जुड़े इन दोस्तों की कोई केंद्रीय भूमिका नहीं है।

मैं स्पष्ट कर दूँ कि मैं यहाँ इसके उन लाभों को नकारने की कोशिश नहीं कर रहा हूँ, जिनकी पहचान पहले की गई थी – इनमें कुछ भी भ्रामक नहीं है। दरअसल मैं तो बस इस बात पर जोर दे रहा हूँ कि ये सारे लाभ बड़े ही मामूली और अनियमित हैं (इसके विपरीत अगर आप किसी से सामान्य तौर पर वर्ल्ड वाइड वेब के इस्तेमाल का औचित्य सिद्ध करने को कहेंगे, तो जो भी तर्क सामने आएँगे, वे कहीं अधिक ठोस व अकाट्य होंगे।) संभव है कि इस अवलोकन पर आपकी प्रतिक्रिया यह हो कि महत्त्व तो महत्त्व होता है, चाहे वह जैसा भी हो: अगर आपको फेसबुक का इस्तेमाल करने से कोई अतिरिक्त लाभ मिल रहा है – भले ही यह लाभ कितना भी छोटा हो – तो फिर इसे इस्तेमाल करने में क्या हर्ज है? मैं इस सोच को 'कोई भी लाभ काफी है' वाली सोच कहता हूँ। क्योंकि यह एक नेटवर्क टूल के उपयोग का औचित्य सिद्ध करने के लिए हर संभावित लाभ को पर्याप्त मान लेती है। विस्तार से कहें तो:

नेटवर्क टूल्स के चयन का 'कोई भी लाभ काफी है' दृष्टिकोण : किसी भी नेटवर्क टूल का इस्तेमाल उचित है, बस आप उसके इस्तेमाल के पीछे कोई संभावित लाभ खोज लें या फिर उसका इस्तेमाल न करने से होनेवाले किसी संभावित नुकसान की पहचान कर लें।

जाहिर है कि इस दृष्टिकोण के साथ यह समस्या है कि ये नेटवर्क टूल्स से जुड़ी सभी नकारात्मक चीज़ों को अनदेखा कर देता है। इन सुविधाओं को कुछ इस प्रकार तैयार किया गया है कि आपको इनकी लत लग जाए – जिसके चलते आप उन गतिविधियों पर अपना समय व ध्यान केंद्रित नहीं कर पाते, जो आपके व्यक्तिगत व व्यावसायिक लक्ष्यों को पूरा करने में सीधे तौर पर सहायक होती हैं (जैसे गहन कार्य करना)। आखिरकार अगर आप इन टूल्स का पर्याप्त इस्तेमाल करते हैं, तो एक ऐसी अवस्था में पहुँच जाएँगे, जहाँ आप न सिर्फ खुद को बुरी तरह थका हुआ महसूस करेंगे बल्कि इंटरनेट डिवाइसेस के जरिए हर वक्त हर किसी के संपर्क में रहने के चलते आपका ध्यान भी बुरी तरह भटका हुआ रहेगा। बारटेंड थर्स्टन और उनके जैसे लाखों लोग इन्हीं समस्याओं से ग्रस्त रहे हैं। यही वह बिंदु है, जहाँ हमारा सामना 'कोई भी लाभ काफी है' दृष्टिकोण की धूर्त और कपटी प्रवृत्ति से होता है। नेटवर्क टूल्स का इस्तेमाल हानिकारक हो सकता है। अगर आप इसके लाभ और हानियों की तुलना करने के बजाय संभावित लाभ की एक झलक पाकर, उस बहाने इन टूल्स के असंयमित इस्तेमाल का औचित्य

सिद्ध करने में लगे रहेंगे, तो इसका अर्थ यही होगा कि आप नॉलेज वर्क के इस संसार में सफल होने की अपनी क्षमता को अनजाने में ही पंगु बना रहे हैं।

अगर इस निष्कर्ष को तटस्थता से देखा जाए, तो इसमें कोई हैरानी की बात नहीं है। नेटवर्क टूल्स के संदर्भ में हम 'कोई भी लाभ काफी है' दृष्टिकोण के साथ सहज हो गए हैं। पर अगर इसके बजाय हम ज़रा गौर करें और इस दृष्टिकोण को कुशल श्रम के व्यापक संदर्भ में देखें, तो अचानक ही टूल्स के चुनाव का यह दृष्टिकोण इतना विचित्र लगने लगता है, जिसका कोई ऐतिहासिक नज़रिया भी नहीं है। दूसरे शब्दों में कहें, तो एक बार जब आप इंटरनेट से संबंधित क्रांतिकारी शब्द-आडंबर को किनारे रख देते हैं - खंड 1 में उल्लेखित यह बोध कि या तो आप इस 'क्रांति' के प्रति पूरी तरह प्रतिबद्ध हैं या फिर नई तकनीकों का विरोध करनेवाले एक झक्की व्यक्ति हैं - तो जल्द ही आपको एहसास हो जाता है कि नेटवर्क टूल्स कोई असाधारण चीज़ नहीं बल्कि सिर्फ ऐसे टूल्स हैं, जो किसी लोहार के हथौड़े से या किसी चित्रकार के ब्रश से अलग नहीं हैं। इन्हें कुशल श्रमिक अपने काम को बेहतर ढंग से पूरा करने के लिए (और कभी-कभार काम को सुविधाजनक बनाने के लिए) इस्तेमाल करते हैं। इतिहास में ऐसे अनगिनत उदाहरण मिलते हैं, जहाँ कुशल श्रमिकों ने नए टूल्स अपनाने को लेकर संशय का सामना भी किया है और उन्हें विशेषज्ञता के साथ इस्तेमाल भी किया है। इसीलिए ऐसा कोई कारण नज़र नहीं आता, जिसके चलते इंटरनेट के मामले में नॉलेज वर्कर्स ऐसा नहीं कर सकते - वह भी सिर्फ इसलिए क्योंकि यहाँ कुशल श्रम एक डिजिटल भूमिका निभा रहा है।

इन टूल्स का इस्तेमाल व रख-रखाव अधिक सावधानी से करना कैसा रहेगा, यह समझने के लिए बेहतर है कि किसी ऐसे व्यक्ति से बात की जाए, जो (गैर डिजिटल) टूल्स का इस्तेमाल करके अपनी जीविका कमाता हो और जिसकी सफलता उन टूल्स के साथ एक जटिल संबंध पर निर्भर हो। सौभाग्य से अपने इस उद्देश्य की पूर्ति के लिए मैंने एक ऐसे व्यक्ति को खोज भी लिया है। अंग्रेजी में डिग्री हासिल करने के बाद सस्टेनेबल (दीर्घकालिक या टिकाऊ - जमीन की उर्वरक क्षमता को नुकसान पहुँचाए बिना) खेती करके एक सफल किसान बने इस व्यक्ति का नाम है फॉरेटर प्रिचर्ड।

फॉरेस्ट प्रिचर्ड वॉशिंग्टन डी.सी. से पश्चिम दिशा की ओर एक घंटे की दूरी पर स्थित अपने पारिवारिक खेत का कामकाज सँभालते हैं। इस खेत को स्मिथ मीडोज के नाम से जाना जाता है, जो ब्लू रिज पर्वत श्रृंखला की घाटियों में स्थित कई खेतों में से एक है। अपने माता-पिता से विरासत में मिले इस खेत की जिम्मेदारी सँभालने के बाद प्रिचर्ड ने जल्द ही पारंपरिक मोनोकल्चर (एकल कृशि) फसलों को छोड़कर ग्रासफिनिश्ड मीट[3] जैसी नई अवधारणा अपना ली। आपको अमेरिकी सुपरमार्केट में स्मिथ मीडोस में उत्पादित माँस से बने खाद्य पदार्थ कहीं नहीं मिलेंगे। प्रिचर्ड अपने खेत में तैयार उत्पादों की थोक बिक्री से दूर ही रहे ताकि इन उत्पादों को वॉशिंग्टन डी.सी. में स्थित सबसे व्यस्त बाजारों में सीधे उपभोक्ता तक पहुँचाया जा सके। इसके बावजूद उनका खेत खासी उन्नति कर रहा है और वह भी एक ऐसे उद्यम क्षेत्र में, जहाँ छोटे स्तर के व्यवसाय बहुत कम मौकों पर ही फायदेमंद साबित होते हैं।

प्रिचर्ड से मेरी पहली मुलाकात मैरीलैंड स्थित टैकोमा पार्क के स्थानीय किसानोंवाले बाजार में हुई थी, जहाँ उनकी दुकान अच्छा व्यवसाय कर रही थी। अपने अधिकतर उपनगरीय ग्राहकों से करीब एक फीट लंबे प्रिचर्ड अक्सर फीके रंगवाली ढीली-ढाली शर्ट में नज़र आते हैं, जिसे आमतौर पर किसानों की पोशाक के तौर पर देखा जाता है। प्रिचर्ड से मिलने का अर्थ है, एक ऐसे शिल्पकार से मुलाकात करना, जो अपने व्यवसाय को लेकर पूरी तरह आश्वस्त है। मैं उनसे मिला क्योंकि खेती करना एक ऐसा कौशल है, जो टूल्स के सावधानीपूर्ण प्रबंधन पर निर्भर करता है और मैं यह समझना चाहता था कि गैर-डिजिटल क्षेत्र से जुड़ा एक शिल्पकार अपने महत्वपूर्ण कार्यों को किस नज़रिये से करता है।

इस विषय पर बातचीत करते हुए उन्होंने मुझे बताया, 'चारा या सूखी घास तैयार करना इसका एक अच्छा उदाहरण है। यह ऐसा विषय है, जिसमें अंतर्निहित आर्थिक पहलू को छिपाए बिना, मैं आपको इससे जुड़ी बुनियादी जानकारी दे सकता हूँ।'

वे बताते हैं कि जब उन्होंने अपने खेत का काम सँभाला, तब सर्दियों के मौसम में उनके मवेशियों को चरने के लिए घास मिलना असंभव हो जाता था।

---

[3] ऐसे मवेशियों का माँस जिन्हें हमेशा कृत्रिम कीटनाशकों के बिना उगाई गई घास खिलाई गई हो व हार्मोन्स और एंटी-बायोटिक न दिए गए हों।

इसलिए मवेशियों का चारा तैयार करने के लिए अपने खेत की सूखी घास का ही उपयोग किया जाता था। चारा तैयार करने के लिए बेलर नामक एक मशीन का इस्तेमाल किया जाता है। इसे ट्रैक्टर के पीछे लगाकर खींचा जाता है और यह जमीन पर मौजूद सूखी घास को दबोचकर उसे घास के गट्ठर के रूप में मोड़ते हुए बाँधती चली जाती है। अगर आप पूर्वी तटीय क्षेत्र में मवेशी यानी गाय, बैल, भैंस, बकरी जैसे खेती में इस्तेमाल होनेवाले पालतू जानवर पालते हैं, तो आपके पास बेलर नामक –यह मशीन रखने का स्पष्ट कारण है कि आपके मवेशियों को चारे की ज़रूरत है। ऐसे में अगर आपके खेत में ही बढ़िया घास उगती है, तो फिर बाजार से मवेशियों का चारा खरीदने में पैसे बरबाद करने की क्या ज़रूरत है? इसलिए अगर नॉलेज वर्कर्स की ही तरह कोई किसान 'कोई भी लाभ काफी है' दृष्टिकोण रखता है, तो इसका अर्थ है कि वह अपने मवेशियों का चारा तैयार करने के लिए एक बेलर मशीन ज़रूर खरीद लेगा। फिर प्रिचर्ड ने मुझे बताया कि क्या वाकई एक किसान की मानसिकता इतनी एकतरफा होती है। मैं तो बस उस दिन के इंतजार में हूँ, जब मैं ये बेलर मशीन बेच दूँगा। दरअसल इस व्यवसाय से जुड़े अधिकतर लोगों की तरह प्रिचर्ड भी जब अपने टूल्स पर विचार करते हैं, तो उनकी मानसिकता कहीं अधिक व्यापक व प्रगतिशील होती है। आखिरकार अपनी बेलर मशीन पर इसी मानसिकता के साथ विचार करने के बाद प्रिचर्ड ने जल्द ही उसे बेच दिया: अब उनके खेत के मवेशियों के लिए सारा चारा बाजार से खरीदा जाता है।

और इसका कारण ये है कि...

'चलिए सबसे पहले यह पता करते हैं कि चारा तैयार करने के लिए साधारण कितना खर्च आता है' प्रिचर्ड ने कहा। 'पहले तो इसमें ट्रैक्टर के ईंधन, मशीन की मरम्मत और उसे सुरक्षित रखने के लिए एक गैरेज का खर्च आता है। इसके साथ ही आपको इसका टैक्स भी देना पड़ता है।' हालाँकि इस खर्च का प्रत्यक्ष अनुमान लगाया जा सकता है और इसे वहन करना आसान होता है। पर जिस खर्च पर सबसे ज़्यादा ध्यान देने की ज़रूरत होती है, वह है, 'अवसर का मूल्य।' प्रिचर्ड ने विस्तार से बताते हुए आगे कहा, 'अगर मैं गर्मियों का पूरा मौसम चारे के गट्ठर तैयार करने में ही लगा दूँगा, तो फिर कोई और कार्य पूरा नहीं कर पाऊँगा। उदाहरण के लिए अब मैं इस समय का इस्तेमाल मुर्गियाँ पालने में करता

हूँ, जिससे मुझे पैसा कमाने का एक अच्छा अवसर मिल जाता है। क्योंकि मैं उन मुर्गियों को कभी भी बेच सकता हूँ। इसके साथ ही ये मुर्गियाँ खाद का उत्पादन भी करती हैं, जिसका इस्तेमाल मैं अपने खेत में कर सकता हूँ।' इसके बाद आता है, बाजार से खरीदे गए चारे के गट्ठरों के अप्रत्यक्ष मूल्य का मूल्यांकन करना। यह भी पिछले मूल्यांकन जितना ही गूढ़ मुद्दा है।

जैसा कि प्रिचर्ड बताते हैं, जब मैं बाजार से चारा खरीदता हूँ, तो इसका अर्थ ये है कि मैं न सिर्फ मवेशियों की प्रोटीन की ज़रूरत पूरी करने के लिए पैसे खर्च कर रहा हूँ बल्कि (वह चारा खाने के बाद मवेशियों द्वारा मिलनेवाले बेकार पदार्थ से) अपने खेत की खाद की ज़रूरत भी पूरी कर रहा हूँ। जिसका अर्थ है कि उसी पैसे से मुझे अपने खेत की मिट्टी को और अधिक उत्पादक बनाने के लिए ज़रूरी पोषक तत्त्व भी मिल रहे हैं। साथ ही गर्मियों के मौसम में खेत की जमीन पर बड़ी और भारी मशीन न चलने से अब उसकी मिट्टी का संहनन[4] भी नहीं होता है।'

बेलर मशीन को बेचने का निर्णय लेकर प्रिचर्ड प्रत्यक्ष होनेवाले खर्च से बच गए, जो कि वास्तव में पहले व्यर्थ ही जा रहा था। इसके बजाय अब वे खेती की जमीन की दीर्घकालीन उत्पादक शक्ति जैसे गूढ़ मुद्दे पर ध्यान केंद्रित कर रहे थे। प्रिचर्ड का निष्कर्ष था कि बाजार से चारा खरीदने के चलते उनकी खेती की जमीन की उत्पादक शक्ति बेहतर हुई है। जिसका कारण पहले ही स्पष्ट किया जा चुका है। और जैसा कि उन्होंने आखिर में कहा, 'मेरे व्यवसाय के लिए मिट्टी की उत्पादकता ही सब कुछ है।' इस लिहाज से विचार करें, तो बेलर मशीन को बेचना ज़रूरी था।

प्रिचर्ड के टूल्स संबंधी निर्णय की जटिलता पर गौर करें। यह जटिलता एक महत्वपूर्ण वास्तविकता को रेखांकित करती है: प्रिचर्ड के व्यवसाय में लगे लोगों को यह धारणा हास्यास्पद लगती है कि किसी टूल पर अपना ध्यान, समय और पैसा निवेश करने के लिए, उसमें फ्री लाभ की एक गुंजाइश ढूँढ़ लेना ही काफी है। इसमें कोई दोराय नहीं है कि चारे के गट्ठर तैयार करनेवाली मशीन के अपने

[4] मिट्टी का संहनन वह प्रक्रिया है, जिसमें मिट्टी पर रोड रोलर जैसी मशीन चलाकर उस पर तनाव उत्पन्न किया जाता है, जिससे मिट्टी में घनत्व बढ़ जाता है और मिट्टी के दानों के बीच की हवा छिद्रों से बाहर निकल जाती है।

कुछ लाभ होते हैं – खेती–किसानी से जुड़े सारे टूल्स किसी न किसी रूप में उपयोगी तो होते ही हैं। पर साथ ही उनके साथ कुछ नकारात्मक पहलू भी जुड़े होते हैं। प्रिचर्ड ने अपने निर्णय पर पहुँचने के लिए मुद्दे की गूढ़ता और बारीकियों पर ध्यान दिया। उन्होंने इस विचार के साथ शुरुआत की कि उनके व्यवसाय में उन्नति करने के लिए खेती के जमीन की उत्पादक शक्ति सबसे महत्वपूर्ण है – इसके बाद ही वे इस निर्णय पर पहुँचे कि बेलर मशीन को बेच दिया जाए।

मेरा प्रस्ताव है कि अगर आप एक नॉलेज वर्कर हैं – खासकर एक ऐसे नॉलेज वर्कर, जो गहन कार्य की आदत विकसित करने में दिलचस्पी रखता है – तो आपको भी अपने टूल्स का चयन करते समय वही सावधानी बरतनी चाहिए, जो किसान जैसे कुशल श्रमिक बरतते हैं। इसके पीछे मेरी कोशिश यह है कि इस मूल्यांकन रणनीति को सामान्य कैसे बनाया जाए। मैं इसे उपकरणों के चयन का शिल्पकार दृष्टिकोण कहता हूँ। यह ऐसा नाम है, जो इस बात पर जोर देता है कि किसी व्यक्ति के शिल्प या कौशल से जुड़े विस्तृत लक्ष्यों को पूरा करने के मामले में टूल्स ही उसके मुख्य सहायक होते हैं।

टूल्स के चयन का शिल्पकार दृष्टिकोण: अपनी व्यक्तिगत व व्यावसायिक जिंदगी में सफलता और प्रसन्नता का निर्धारण करनेवाले मुख्य कारकों की पहचान करें। सिर्फ उसी टूल को अपनाएँ, जो इन कारकों पर नकारात्मक प्रभाव के मुकाबले कहीं अधिक सकारात्मक प्रभाव डालता हो।

ध्यान दें कि टूल्स के चयन का यह शिल्पकार दृष्टिकोण, 'कोई भी लाभ काफी है' दृष्टिकोण से बिलकुल विपरीत है। एक ओर जहाँ 'कोई भी लाभ काफी है' दृष्टिकोण किसी भी संभावित सकारात्मक प्रभाव की पहचान करके किसी टूल के इस्तेमाल का औचित्य सिद्ध करता है, वहीं दूसरी ओर शिल्पकार दृष्टिकोण में यह ज़रूरी है कि ये सकारात्मक प्रभाव उस बात के मूल कारकों को प्रभावित करते हों, जो आपके लिए सबसे ज़्यादा ज़रूरी है। साथ ही उनका सकारात्मक प्रभाव, नकारात्मक प्रभाव के मुकाबले ज़्यादा होना चाहिए।

शिल्पकार दृष्टिकोण, 'कोई भी लाभ काफी है' दृष्टिकोण की सरलता को अस्वीकार कर देता है, लेकिन यह उन लाभों को अनदेखा नहीं करता, जो वर्तमान में लोगों को नेटवर्क संबंधी टूल्स की ओर आकर्षित कर रहे हैं या फिर 'अच्छी' या 'बुरी' प्रौद्योगिकी क्या है जैसी कोई अग्रिम घोषणा कर रहे हैं।

शिल्पकार दृष्टिकोण सिर्फ यह माँग करता है कि आप नेटवर्क संबंधी हर टूल का मूल्यांकन भी उसी बारीकी और संतुलन के साथ करें, जिससे हमेशा कुशल श्रम संबंधी टूल्स का मूल्यांकन किया जाता रहा है।

इस नियम की तीन रणनीतियाँ इसलिए तैयार की गई हैं ताकि आप सुविधाजनक ढंग से 'कोई भी लाभ काफी है' दृष्टिकोण से छुटकारा पाकर टूल्स का संग्रह करने की प्रक्रिया में शिल्पकार दृष्टिकोण अपना सकें। क्योंकि उन पर आपको अपना काफी ध्यान और समय खर्च करना पड़ता है। यह मार्गदर्शन महत्वपूर्ण है क्योंकि शिल्पकार दृष्टिकोण भी पूर्णत: स्पष्ट नहीं होता। अपने जीवन में सबसे ज़्यादा महत्त्व रखनेवाली चीज़ों की पहचान करने और फिर इन कारकों पर विभिन्न टूल्स के प्रभावों का आँकलन करने का कोई सीधा और स्पष्ट सूत्र नहीं है। इस कार्य के लिए पर्याप्त अभ्यास और प्रयोगों की ज़रूरत होती है। ये रणनीतियाँ आपको अपने नेटवर्क टूल्स पर फिर से विचार करने के लिए मज़बूर करके इस अभ्यास व प्रयोग को एक किस्म का ढाँचा प्रदान करती हैं। संयुक्त रूप से वे आपको अपने टूल्स के साथ विवेकपूर्ण संबंध बनाने में मदद करती हैं, जिससे आपको अपने समय और ध्यान पर दोबारा नियंत्रण हासिल करने का मौका मिलता है, ताकि खंड – 2 के बाकी विचारों को सफल बनाया जा सके।

अपनी इंटरनेट संबंधी आदतों पर 'चुनिंदा महत्वपूर्ण चीज़ों' का नियम लागू करें

कनाडा के मशहूर लेखक और पत्रकार मैल्कम ग्लैडवेल ट्विटर का इस्तेमाल नहीं करते। सन 2013 में दिए गए अपने एक इंटरव्यू में उन्होंने इसका कारण बताया: 'कौन कहता है कि मेरे प्रशंसक ट्विटर पर मेरी बातें सुनना चाहते हैं?' इसके बाद उन्होंने मज़ाक में कहा, 'मुझे पता है, कई लोग तो यह चाहते हैं कि मैं कम ही नज़र आऊँ।' इसी तरह बेस्टसेलिंग अमेरिकी लेखक व पत्रकार माइकल लुईस भी ट्विटर का इस्तेमाल नहीं करते। द वायर से हुई बातचीत में उन्होंने कहा, 'मैं ट्वीट नहीं करता। मैं ट्विटर पर हूँ ही नहीं। मैं तो आपको यह भी नहीं बता सकता कि ट्विटर पर कोई संदेश कैसे ढूँढ़ा या पढ़ा जाता है।' और जैसा कि खंड-1 में बताया गया था, द न्यूयॉर्कर के लिए लिखनेवाले पुरस्कार विजेता पत्रकार व उपन्यासकार जॉर्ज पेकर भी ट्विटर से बचते हैं। उन्होंने तो स्मार्टफोन भी हाल ही में

खरीदा है क्योंकि अब यह एक ऐसी ज़रूरत बन गया है, जिससे बचना मुश्किल है।

हालाँकि ये तीनों लेखक ट्विटर को अनुपयोगी नहीं मानते। वे यह स्वीकार करते हैं कि अन्य लेखकों को यह उपयोगी लगता है। दरअसल जॉर्ज पेकर ने ट्विटर का इस्तेमाल न करने की अपनी आदत का खुलासा एक लेख पर अपनी प्रतिक्रिया देते हुए किया था। यह लेख न्यू यॉर्क टाइम्स के दिवंगत मीडिया आलोचक डेविड कार्र ने लिखा था, जिसमें उन्होंने खुलकर ट्विटर का समर्थन किया था। डेविड ने अपने इस लेख में लिखा था :

> करीब एक साल तक ट्विटर का इस्तेमाल करने के बाद क्या अब मेरा दिमाग किसी काम का नहीं रहा? जी नहीं! आज मैं एक समय में इतनी चीज़ों पर सोच-विचार कर रहा होता हूँ, जितना मैंने पहले कभी सोचा भी नहीं था। लगातार आधे घंटे तक इंटरनेट सर्च करते हुए किसी काम की चीज़ की तलाश में जुटे रहने के बजाय अब मैं स्टारबक्स में अपनी कॉफी का इंतजार करते वक्त ट्विटर खोलकर देख सकता हूँ, जिससे मुझे दिनभर की खबरों का अंदाजा हो जाता है और यह भी समझ में आ जाता है कि उन खबरों पर लोग कैसी प्रतिक्रियाएँ दे रहे हैं।

हालाँकि इसके बावजूद ग्लैडवेल, लुईस और पेकर को नहीं लगता कि ट्विटर से उन्हें कोई ऐसा लाभ होता है, जिससे उसके नकारात्मक पहलुओं की भरपाई होती हो। उदाहरण के लिए लुईस की चिंता यह है कि अगर उन्होंने ट्विटर पर अपनी उपलब्धता को और बढ़ाया तो इससे उनकी ऊर्जा व्यर्थ ही खर्च होगी और अच्छी कहानियाँ लिखने व उनके लिए शोध करने की उनकी क्षमता कमजोर हो जाएगी। वे कहते हैं, 'यह सचमुच हैरानी की बात है कि आज लोग ज़रूरत से ज़्यादा ही उपलब्ध रहते हैं। मेरे जीवन में ऐसा बहुत सा संवाद होता है, जो मुझे समृद्ध नहीं बनाता बल्कि और अधिक दरिद्र बना देता है।' जबकि पेकर की चिंता ध्यान भटकने से जुड़ी है। वे कहते हैं, 'मीडिया के लती लोगों के लिए ट्विटर एक सस्ते नशे जैसा है।' ट्विटर के समर्थन में डेविड कार्र द्वारा लिए गए लेख के बारे में तो वे यहाँ तक कहते हैं कि 'इस नए दशक में मैंने भविष्य की इससे ज़्यादा भयावह तस्वीर नहीं देखी।'

हमें इस बात पर बहस नहीं करनी चाहिए कि ट्विटर (और ऐसे ही अन्य टूल्स) का इस्तेमाल न करने का इन लेखकों का व्यक्तिगत निर्णय सही है या नहीं क्योंकि उनकी किताबों का बेस्टसेलर होना और उन्हें मिले ढेरों पुरस्कार खुद ही उनकी सफलता की कहानी बयाँ कर रहे हैं। हमें तो उनके इन निर्णयों को टूल्स का चुनाव करने के शिल्पकार दृष्टिकोण के साहसी चित्रण के रूप में देखना चाहिए। आज जहाँ बहुत से नॉलेज वर्कर्स - खासकर वे जो रचनात्मक क्षेत्रों से जुड़े हैं - अब भी 'कोई भी लाभ काफी है' की मानसिकता में फँसे हुए हैं। ऐसे में इन क्षेत्रों में अपेक्षाकृत अधिक परिपक्व दृष्टिकोण का सामने आना एक नए किस्म का अनुभव है। पर इन उदाहरणों की दुर्लभता हमें यह याद दिलाती है कि ऐसा परिपक्व और आत्मविश्वास से भरपूर आंकलन करना आसान नहीं है। ज़रा पिछले पन्नों में उल्लेखित उस विचार प्रक्रिया की जटिलता को याद कीजिए, जिसमें फॉरेस्ट प्रिचर्ड को अपनी बेलर मशीन बेचने का निर्णय लेने से पहले लंबे समय तक सोच-विचार करना पड़ा। कई नॉलेज वर्कर्स के लिए और उनके जीवन में मौजूद कई टूल्स के लिए ये निर्णय भी उतने ही जटिल होंगे। इसीलिए इस रणनीति का लक्ष्य है, इस विचार प्रक्रिया को एक ठोस रूप देना। इस बात से जुड़े निर्णयों की जटिलता को कम करने का एक तरीका है, यह जानना कि अपने लिए सचमुच महत्वपूर्ण टूल्स कौन से हैं।

इस रणनीति का पहला चरण है, अपने व्यावसायिक व व्यक्तिगत जीवन में मुख्य उच्च-स्तरीय लक्ष्यों की पहचान करना। उदाहरण के लिए अगर आपका एक परिवार है, तो शायद आपका व्यक्तिगत लक्ष्य होगा- अपने बच्चों की बढ़िया परवरिश करना और अपना घर अच्छी तरह चलाना। वहीं व्यावसायिक जीवन के लक्ष्य इस बात पर निर्भर करते हैं कि आप किस व्यवसाय में हैं या जीवनयापन के लिए आप क्या करते हैं। उदाहरण के तौर पर एक प्रोफेसर के रूप में मेरे व्यावसायिक जीवन के दो मुख्य लक्ष्य हैं। मेरा पहला लक्ष्य अपनी कक्षा में एक प्रभावी शिक्षक और अपने ग्रेजुएट छात्रों के लिए एक विश्वसनीय सलाहकार बनने पर केंद्रित है। जबकि दूसरा लक्ष्य एक प्रभावी शोधकर्ता बनने पर केंद्रित है। हालाँकि आपके लक्ष्य इससे अलग होंगे पर उन्हें भी पूरा करने की मुख्य कुंजी है, अपनी इस सूची को सिर्फ महत्वपूर्ण लक्ष्यों तक ही सीमित रखना और

उन्हें उच्च-स्तरीय बनाए रखना। (अगर आपके लक्ष्य का एक विशिष्ट प्रयोजन है, जैसे 'सेल्स के क्षेत्र में एक मिलियन डॉलर्स के बिंदु तक पहुँचना' या 'एक साल की अवधि में आधा दर्जन रिसर्च पेपर्स प्रकाशित कराना' तो इसका अर्थ है कि यह हमारे इन उद्देश्यों के लिहाज से कुछ ज़्यादा ही विशिष्ट है)। जब इनसे निपटने के बाद आपको अपने व्यावसायिक और व्यक्तिगत, दोनों क्षेत्रों के लिए कुछ लक्ष्य तय कर लेने चाहिए।

इन लक्ष्यों की पहचान करने के बाद हर लक्ष्य के लिए ऐसी दो या तीन मुख्य गतिविधियों की सूची बनाएँ, जो उसे पूरा करने में सहायक हों। ये सभी गतिविधियाँ इतनी स्पष्ट होनी चाहिए कि आप उनमें अपनी भागीदारी की स्पष्ट कल्पना कर सकें। साथ ही वे इतनी सामान्य भी होनी चाहिए कि 'एकल परिणामों' के दायरे में न बँधी हों। उदाहरण के लिए 'बेहतर शोध करो' कुछ ज़्यादा ही साधारण है (भला 'बेहतर शोध करो' की स्पष्ट कल्पना क्या होगी?) दूसरी ओर 'आगामी सम्मेलन में प्रस्तुत करने के लिए अपने शोध-पत्र को समय पर पूरा करो' यह कुछ ज़्यादा ही स्पष्ट है (यह एकल परिणाम है)। इस संदर्भ में एक अच्छी गतिविधि कुछ इस प्रकार होगी, 'अपने कार्यक्षेत्र से जुड़े अत्याधुनिक परिणामों का नियमित अध्ययन करके उन्हें समझो।'

इस रणनीति का अगला कदम है, उन नेटवर्क-टूल्स पर विचार करना, जिनका आप इस्तेमाल करते हैं। ऐसे हर एक टूल के मामले में उस मुख्य गतिविधि पर गौर करें, जिसकी आपने पहचान की थी और यह समझने का प्रयास करें कि गतिविधि में आपकी नियमित व सफल भागीदारी पर उस टूल के इस्तेमाल का प्रभाव सकारात्मक है, नकारात्मक है या फिर नगण्य है। अब बारी आती है महत्वपूर्ण निर्णय की: इस टूल का उपयोग केवल तभी जारी रखें, जब आपका निष्कर्ष यह हो कि इसके सकारात्मक प्रभाव, इसके नकारात्मक प्रभावों से कहीं ज़्यादा हैं।

आइए अब यह समझने का प्रयास करते हैं कि व्यवहार में लाने पर यह रणनीति किस प्रकार काम करेगी। मान लीजिए कि अगर माइकल लुईस से ऐसा करने को कहा जाता, तो वे बतौर लेखक अपने कॅरियर के लिए आगे दिए गए लक्ष्य तय करते व संबंधित महत्वपूर्ण गतिविधियों में हिस्सा लेते।

व्यावसायिक लक्ष्य: बेहतरीन ढंग से लिखी गई ऐसी कथात्मक कहानियाँ तैयार

करना, जो लोगों का दुनिया को देखने और समझने का नज़रिया बदल दें।

इस लक्ष्य को पूरा करने से जुड़ी मुख्य गतिविधियाँ:

* धैर्य व गहनता के साथ शोध करना
* स्पष्ट उद्देश्य के साथ सावधानीपूर्वक लिखना

अब कल्पना करें कि लुईस अपने इस लक्ष्य पर विचार करते हुए यह तय करने का प्रयास कर रहे थे कि उन्हें ट्विटर का इस्तेमाल करना चाहिए या नहीं। हमारी रणनीति के लिए ज़रूरी है कि वे उन प्रमुख गतिविधियों पर ट्विटर के प्रभाव की जाँच करें, जो उनके लक्ष्य को पूरा करने में सहयोगी हैं। यह तर्क देने का कोई ठोस तरीका नहीं है कि ट्विटर इन दोनों में से किसी भी गतिविधि में लुईस को काफी बेहतर बना देगा। मेरा मानना है कि गहन शोध करने के लिए लुईस को अपने कुछेक स्रोतों को जानने में ही महीनों का समय बिताना पड़ता होगा। (वे अपने स्रोत के साथ कई सत्र बिताकर उसकी कहानी को चित्रित करने के पत्रकारीय कौशल के विशेषज्ञ हैं।) सावधानीपूर्वक किए जानेवाले लेखन के लिए निश्चित ही ध्यान भटकानेवाली चीज़ों से मुक्त रहना ज़रूरी है। इन दोनों ही मामलों में ट्विटर का वास्तव में कोई प्रभाव नहीं है पर सबसे बदतर स्थितियों में इसका प्रभाव बुरी तरह नकारात्मक भी हो सकता है। दरअसल इसका प्रभाव क्या होगा, यह इस बात पर निर्भर करता है कि लुईस ट्विटर की उन विशेषताओं के प्रति कितने संवेदनशील हैं, जो लोगों को इसका लती बना देती हैं। इसलिए इसका निष्कर्ष यह होगा कि लुईस को ट्विटर का इस्तेमाल नहीं करना चाहिए।

इस बिंदु पर आकर आप यह तर्क दे सकते हैं कि हमारे उदाहरण को इस एकल लक्ष्य तक सीमित रखना बनावटी होगा। क्योंकि यह उन क्षेत्रों को नज़रअंदाज कर देता है, जिनमें ट्विटर जैसी सोशल नेटवर्किंग सर्विस सकारात्मक योगदान दे सकती है। विशेष रूप से लेखकों के लिए ट्विटर को अक्सर एक ऐसे टूल के रूप में प्रस्तुत किया जाता है, जिसका उपयोग करके वे अपने पाठकों के साथ सीधा संपर्क स्थापित कर सकते हैं, जो अंतत: उनकी किताबों की बिक्री बढ़ा सकता है। हालाँकि जब माइकल लुईस जैसा लेखक इस बात का आंकलन करता है कि उसके व्यावसायिक जीवन में कौन सी चीज़ें सबसे अधिक महत्वपूर्ण हैं, तो इसकी संभावना कम ही होती है कि उन चीज़ों में मार्केटिंग जैसा कोई लक्ष्य भी शामिल हो। क्योंकि एक सफल और प्रसिद्ध लेखक के रूप में उनकी प्रतिष्ठा

इस बात की गारंटी होती है कि अगर उनकी अगली किताब वाकई अच्छी हुई, तो मीडिया के सबसे प्रभावशाली माध्यमों में उन्हें बड़े पैमाने पर जगह ज़रूर मिलेगी। इसीलिए अयोग्य लेखकोंवाले हथकंडे अपनाकर अपनी किताबों की बिक्री में इजाफा करने के बजाय उनका सारा ध्यान एक शानदार किताब लिखने की ओर केंद्रित होता है। दूसरे शब्दों में कहें, तो सवाल यह नहीं है कि लुईस के लिए ट्विटर वाकई उपयोगी है या नहीं; बल्कि सवाल तो ये है कि ट्विटर का इस्तेमाल, उनके व्यावसायिक जीवन की सबसे महत्वपूर्ण गतिविधियों को सकारात्मक रूप से प्रभावित करता है या नहीं।

और एक ऐसे लेखक का क्या, जो अन्य लेखकों की तुलना में कम प्रसिद्ध हो? ऐसे लेखक के व्यावसायिक लक्ष्य को पूरा करने में किताब के अच्छे मार्केटिंग की मुख्य भूमिका हो सकती है। पर अगर उसे अपने लक्ष्य को पूरा करने में सहयोगी दो या तीन मुख्य गतिविधियों को पहचानने के लिए मज़बूर किया जाए, तो इस बात की संभावना कम ही है कि ट्विटर जैसे हल्के-फुल्के संपर्क माध्यम को उसकी मुख्य गतिविधियों की सूची में कोई जगह मिलेगी। बात बिलकुल सीधी सी है। मान लीजिए कि हमारा यह काल्पनिक लेखक सप्ताह में पाँच दिन, हर रोज पूरी मेहनत से दस-दस ट्वीट करता है - अपने हर ट्वीट के जरिए वह किसी नए संभावित पाठक के साथ सीधा संपर्क करता है। अब कल्पना कीजिए कि इस प्रकार उसने जितने लोगों से संपर्क किया, उनमें से आधे उसके वफादार प्रशंसक बन जाते हैं। ये प्रशंसक लेखक की अगली किताब निश्चित रूप से खरीदेंगे। यानी अगले दो सालों में जब वह लेखक अपनी किताब लिखकर पूरी करने में लगा हो, उस अवधि में उसने ट्विटर की मदद से अपनी किताब खरीदनेवाले पाठकों की संख्या में दो हज़ार पाठकों का इजाफा कर लिया। एक ऐसे बाजार में जहाँ किसी किताब को बेस्टसेलर बनने के लिए हर सप्ताह इससे दो या तीन गुना ज़्यादा की बिक्री करनी होती है, वहाँ दो हज़ार अतिरिक्त किताबों की बिक्री होना साधारण सी बात है। एक बार फिर सवाल यह नहीं है कि ट्विटर से कोई लाभ मिलता है या नहीं बल्कि सवाल तो यह है कि ट्विटर पर जितना समय और ध्यान खर्च किया जाता है, क्या उसके मुकाबले इससे मिलनेवाले लाभ पर्याप्त हैं? वैसे किसी भी लेखक के लिए समय और ध्यान ये दोनों चीज़ें खासतौर पर महत्वपूर्ण होती हैं।

हमने एक व्यावसायिक क्षेत्र पर इस दृष्टिकोण को लागू करने का उदाहरण

देख लिया। आइए अब हम व्यक्तिगत लक्ष्य तय करने के संभावित रूप से अधिक हानिकारक तरीके पर विचार करते हैं। आइए अब इस दृष्टिकोण को विशेष तौर पर अपनी संस्कृति के उस सर्वव्यापी टूल पर लागू करके देखते हैं, जिसका अक्सर जमकर बचाव किया जाता है। जी हाँ, हम बात कर रहे हैं फेसबुक की।

फेसबुक (या ऐसी ही अन्य सोशल नेटवर्क वेबसाइट्स) के इस्तेमाल को सही ठहराते समय अधिकतर लोग यही कहते हैं कि ये उनके सामाजिक जीवन के लिए बहुत महत्वपूर्ण है। इस बात को ध्यान में रखें और हमारी रणनीति को यह समझने के लिए लागू करें कि क्या फेसबुक हमारे व्यक्तिगत लक्ष्यों पर अपने सकारात्मक प्रभाव के चलते सहयोगी मुख्य गतिविधियों की सूची में शामिल हो सकेगा? इसके लिए हम एक बार फिर एक काल्पनिक लक्ष्य और मुख्य सहयोगी गतिविधियों के साथ काम करेंगे।

व्यक्तिगत लक्ष्यः महत्वपूर्ण लोगों के साथ घनिष्ठ और लाभप्रद दोस्ती बनाए रखना।

इस लक्ष्य को सहयोग करनेवाली प्रमुख गतिविधियाँ:

* जो लोग मेरे लिए महत्वपूर्ण हैं, उनके साथ एक सार्थक संबंध बनाए रखने के लिए नियमित रूप से समय निकालना (जैसे देर तक साथ टहलना, एक साथ भोजन करना, मिलकर कोई काम करना वगैरह)।
* खुद से पहले उन लोगों के बारे में सोचना, जो मेरे लिए महत्वपूर्ण हैं (उनके जीवन को बेहतर बनाने के लिए ज़रूरत पड़ने पर महत्वपूर्ण बलिदान देने से भी पीछे न हटना)।

इस लक्ष्य या इसकी सहायक गतिविधियों का हिस्सा हर कोई नहीं बनेगा, लेकिन उम्मीद है कि आप इस बात से सहमत होंगे कि ये कई लोगों पर लागू होते हैं। आइए अब अपनी रणनीति के तर्क को इस व्यक्तिगत लक्ष्य के संदर्भ में फेसबुक के उदाहरण पर लागू करके देखते हैं। निश्चित ही फेसबुक आपके सामाजिक जीवन के लिए कई प्रकार से लाभदायी है। इनमें से कुछ लाभ इस प्रकार हैं: यह आपको उन लोगों के संपर्क में रहने का मौका देता है, जिनसे आप काफी दिनों से मिल नहीं सके हैं... यह उन लोगों के साथ हल्का-फुल्का संपर्क बनाकर रखने में आपकी सहायता करता है, जिनसे आप नियमित रूप से नहीं

मिलते हैं... इससे आपको लोगों के जीवन में घटनेवाली महत्वपूर्ण घटनाओं की जानकारी मिलती रहती है... (जैसे उनकी शादी हुई या नहीं और उनका नवजात बच्चा कैसा दिखता है वगैरह) साथ ही फेसबुक के जरिए आपको उन ऑनलाइन समुदायों के साथ जुड़ने का मौका मिलता है, जिनकी पसंद और दिलचस्पियाँ आपसे मेल खाती हैं...।

निश्चित रूप से ये कुछ ऐसे लाभ हैं, जो सिर्फ फेसबुक के जरिए ही मिलते हैं, पर इनमें से कोई भी लाभ उन दो महत्वपूर्ण गतिविधियों पर कोई खास सकारात्मक प्रभाव नहीं डालते, जिनका उल्लेख पहले किया गया था। ये दोनों ही ऑफलाइन गतिविधियाँ हैं और इनके लिए गहन प्रयासों की ज़रूरत होती है। इसीलिए हमारी रणनीति शायद इस आश्चर्यजनक लेकिन स्पष्ट निष्कर्ष पर पहुँचेगी: फेसबुक निश्चित रूप से हमारे सामाजिक जीवन के लिए लाभप्रद है पर इनमें से कोई भी लाभ उन चीज़ों के लिए इतना महत्वपूर्ण नहीं है, जो इस क्षेत्र में आपके लिए वाकई मायने रखती हैं। इनमें से कोई भी लाभ इतना महत्वपूर्ण नहीं है, जो फेसबुक पर समय व ध्यान खर्च करने का औचित्य साबित कर सके।[5]

मैं स्पष्ट कर दूँ कि मैं हर किसी को फेसबुक का इस्तेमाल बंद करने को नहीं कह रहा हूँ। बल्कि मैं तो सिर्फ यह बता रहा हूँ कि इस केस स्टडी के लिए यहाँ प्रस्तावित रणनीति यही कहेगी कि फेसबुक को छोड़ दिया जाए। हालाँकि मैं ऐसे अन्य प्रशंसनीय कथानक या परिदृश्यों की कल्पना कर सकता हूँ, जिनका निष्कर्ष इसके विपरीत होगा। उदाहरण के लिए ज़रा किसी ऐसे छात्र पर विचार करें, जिसने अभी-अभी कॉलेज में दाखिला लिया हो। इस स्थिति में वह छात्र शायद मौजूदा रिश्तों के बजाय नए दोस्त बनाने को अधिक महत्त्व देगा। एक संपन्न सामाजिक जीवन जीने के अपने उद्‌देश्य की पूर्ति के लिए यह छात्र जिन गतिविधियों की पहचान करेगा, वे कुछ इस तरह की हो सकती हैं, 'ढेर सारे कार्यक्रमों में शामिल होना और ढेर सारे अलग-अलग लोगों के साथ मेलजोल बढ़ाना।' अगर यह मुख्य गतिविधि है और आप एक कॉलेज परिसर में हैं, तो फेसबुक जैसा एक टूल इस स्थिति में आपके मामले में काफी सकारात्मक प्रभाव डाल सकता है और

[5] वास्तव में इस प्रकार के विश्लेषण ही फेसबुक पर मेरे न होने का औचित्य सिद्ध करते हैं। मैंने कभी फेसबुक पर अपना अकाउंट नहीं बनाया और इसीलिए मैं इसके उन सभी छोटे-मोटे लाभों से वंचित रहा हूँ, जिनका उल्लेख अब तक किया गया है। पर इससे एक संपन्न और लाभप्रद सामाजिक जीवन जीने की मेरी इच्छा किसी भी तरह प्रभावित नहीं हुई है।

इसका इस्तेमाल ज़रूर किया जाना चाहिए।

आइए अब एक अन्य उदाहरण के तौर पर फौज में काम करनेवाले एक ऐसे व्यक्ति पर गौर करते हैं, जो विदेश में तैनात हो। यह काल्पनिक फौजी अपने देश में जिन दोस्तों और परिवार के सदस्यों को छोड़कर विदेश गया है, उनके साथ हल्का-फुल्का संपर्क बनाकर रखना उसकी प्राथमिकता है और इस संपर्क का सबसे अच्छा जरिया सोशल मीडिया साइट्स ही हैं।

इन उदाहरणों से यह स्पष्ट हो जाना चाहिए कि अगर इस रणनीति को ठीक उसी तरह लागू किया जाए, जिस तरह यहाँ बताया गया है, तो बहुत से लोग फ ेसबुक या ट्विटर जैसी सोशल मीडिया वेबसाइट्स का इस्तेमाल बंद कर देंगे - हालाँकि हर कोई ऐसा नहीं करेगा। अब आप यह शिकायत कर सकते हैं कि इन टूल्स से जुड़े अपने निर्णयों पर सिर्फ कुछेक मुख्य गतिविधियों को हावी होने का मौका देना अपने आपमें बहुत ही मनमाना तरीका है। उदाहरण के लिए जैसा कि हम पहले ही स्पष्ट कर चुके हैं कि आपके सामाजिक जीवन में फेसबुक के कुछ लाभ भी हैं; तो फिर भला कोई इसे सिर्फ इसलिए क्यों छोड़ेगा क्योंकि यह उन कुछेक गतिविधियों में सहायक नहीं है, जिन्हें हम महत्वपूर्ण मानते हैं? दरअसल इस मामले की जटिलता को समझने की कुंजी ये है कि अपनी प्राथमिकताओं की संख्या को तेजी से कम करना मनमाना तरीका नहीं है बल्कि यह एक ऐसे विचार से प्रेरित हुआ तरीका है, जो सामाजिक समानता से लेकर ग्राहकों के लाभ और कंप्यूटर प्रोग्राम्स को क्रैश होने से रोकने जैसे कई विभिन्न क्षेत्रों में बार-बार उभरकर सामने आया है।

चुनिंदा महत्वपूर्ण चीज़ों का नियम -: अधिकतर स्थितियों में 80 प्रतिशत नतीजे केवल 20 प्रतिशत के प्रयासों से ही प्राप्त होते हैं।[6]

उदाहरण के लिए हो सकता है कि किसी व्यवसाय का 80 प्रतिशत लाभ उसके सिर्फ 20 प्रतिशत ग्राहकों से ही आ रहा हो... किसी देश की 80 फीसदी संपत्ति उसके 20 फीसदी सबसे अमीर नागरिकों के पास हो... या कंप्यूटर सॉफ्टवेयर क्रैश होने के 80 प्रतिशत मामलों के लिए 20 प्रतिशत बग्स जिम्मेदार

---

[6] इस विचार को कई नामों से जाना जाता है, जैसे 80/20 का नियम, पारेतो का सिद्धांत वगैरह और अगर आप खासतौर पर ज़रा धूर्त महसूस कर रहे हैं, तो इसे कारक विरलता का सिद्धांत भी कह सकते हैं।

हों...। इस तथ्य का एक गणितीय आधार है (जब आप किसी प्रभाव पर पॉवर लॉ यानी सांख्यिकी के क्षेत्र से संबंधित एक नियम के डिस्ट्रीब्यूशन का वर्णन करते हैं, तो 80/20 के विभाजन की उम्मीद के साथ ही करते हैं। यह एक ऐसा डिस्ट्रीब्यूशन है, जो वास्तविक संसार में मापन के दौरान अक्सर सामने आता है)। पर संभवत: यह तब सबसे अधिक उपयोगी होता है, जब इसे यह याद दिलाने के जरिये के रूप में उपयोग किया जाता है, कई मामलों में परिणाम हासिल करने के लिए दिए गए योगदान एक-दूसरे के बराबर नहीं होते।

मान लीजिए कि यह नियम आपके जीवन के महत्वपूर्ण लक्ष्यों के लिए है। जैसा कि हमने पहले उल्लेख किया था, इन लक्ष्यों को पूरा करने में कई गतिविधियाँ योगदान दे सकती हैं। हालाँकि चुनिंदा महत्वपूर्ण चीज़ों का नियम हमें यह याद दिलाता है कि सबसे महत्वपूर्ण 20 प्रतिशत गतिविधियाँ ही सबसे अधिक लाभदायी होती हैं। अगर यह मान लें कि आपके पास जीवन के हर लक्ष्य को पूरा करने के लिए संभावित रूप से लाभदायी गतिविधियों की संख्या दस से पंद्रह है, तो यह नियम कहता है कि इनमें से सिर्फ दो या तीन महत्वपूर्ण गतिविधियाँ ही ऐसी हैं, जो तय करेंगी कि आप अपना लक्ष्य हासिल करने में सफल होंगे या नहीं। यह रणनीति आपको सिर्फ इतनी ही गतिविधियों पर ध्यान केंद्रित करने के लिए कहती है।

इस निष्कर्ष को स्वीकार करने के बाद आप यह तर्क भी दे सकते हैं कि हमें संभावित रूप से लाभदायी अन्य 80 प्रतिशत गतिविधियों को नज़रअंदाज नहीं करना चाहिए। यह सच है कि ये कम महत्वपूर्ण गतिविधियाँ आपके लक्ष्य को पूरा करने में उतना योगदान नहीं देतीं, जितना महत्वपूर्ण दो या तीन गतिविधियाँ देती हैं, पर ये थोड़ा-बहुत लाभ तो दे ही सकती हैं, तो भला इनका उपयोग क्यों न किया जाए? दरअसल जब तक आप अधिक महत्वपूर्ण गतिविधियों को नज़रअंदाज नहीं कर रहे हैं, तब तक इन कम महत्वपूर्ण गतिविधियों का समर्थन करने में कोई हानि नहीं है।

हालाँकि यह तर्क इस मुख्य बिंदु पर गौर नहीं करता कि हर गतिविधि में आपका उतना ही समय व ध्यान खर्च होता है, भले ही उसका महत्त्व ज्यादा हो या कम। इसीलिए अगर आप कम प्रभावी गतिविधियों में उलझे रहेंगे, तो इसका अर्थ होगा कि आप वह बहुमूल्य समय बरबाद कर रहे हैं, जिसे आप अधिक

प्रभावी गतिविधियों में लगा सकते थे। यह एक जीरो-सम गेम है, जहाँ लाभ और हानि एक बराबर है। और चूँकि कम प्रभावी गतिविधियों के बजाय अधिक प्रभावी गतिविधियों में अपने समय का निवेश करने से आपको अपेक्षा से अधिक लाभ मिलता है। इसलिए आप कम प्रभावी गतिविधियों की ओर जितना अधिक बढ़ेंगे, आपका समग्र लाभ उतना ही कम होता जाएगा।

कारोबारी दुनिया इस गणित को अच्छी तरह समझती है। इसीलिए कंपनियों द्वारा अपने अनुत्पादक ग्राहकों से पीछा छुड़ा लेना सामान्य बात है। अगर उनका 80 प्रतिशत मुनाफा 20 प्रतिशत ग्राहकों से आता है, तो इसका अर्थ यही हुआ कि कम मुनाफा देनेवाले ढेर सारे ग्राहकों के बजाय, अधिक मुनाफा देनेवाले कुछेक ग्राहकों को बेहतर सेवा देने में अपनी ऊर्जा लगाकर कंपनी ज़्यादा पैसा कमाएगी। अधिक मुनाफा देनेवाले ग्राहक की सेवा में खर्च किया गया एक घंटा, कम मुनाफा देनेवाले ग्राहक को दिए गए एक घंटे से अधिक लाभदायी होगा। ठीक यही बात आपके व्यावसायिक और व्यक्तिगत, दोनों किस्म के लक्ष्यों पर लागू होती है। फेसबुक पर पुराने दोस्तों को ढूँढ़ने जैसी कम प्रभावी गतिविधियों में खर्च किए जानेवाले समय में कटौती करके उसका उपयोग; अपने किसी पक्के दोस्त को लंच पर ले जाने जैसी अधिक प्रभावी गतिविधियों में करने से आपकी सफलता की संभावना बढ़ जाती है। इसीलिए इस तर्क के अनुसार किसी नेटवर्क-टूल को त्यागने का अर्थ इसके संभावित छोटे लाभों से वंचित रहना नहीं है बल्कि इसका अर्थ तो ये है कि आप उन गतिविधियों का अधिकतम उपयोग करें, जिनसे आप पहले से परिचित हैं ताकि इससे आपको बड़े लाभ प्राप्त हों।

चलिए वापस उसी बिंदु पर लौटते हैं, जहाँ से हमने शुरुआत की थी। मैल्कम ग्लैडवेल, माइकल लुईस और जॉर्ज पेकर के लिए ट्विटर उनकी उन 20 प्रतिशत गतिविधियों में सहयोगी नहीं है, जो उनके लेखन कॅरियर की सफलता में सबसे अधिक योगदान देते हैं। हालाँकि अपने आपमें ट्विटर के कुछ छोटे-मोटे लाभ हो सकते हैं, लेकिन अगर इन तीनों के कॅरियर्स को उनकी संपूर्णता में देखा जाए, तो ट्विटर का इस्तेमाल करने के बजाय उस समय को किसी अन्य लाभदायी गतिविधि में निवेश करने से उनकी सफलता की संभावना बढ़ जाती है। आपको भी यह निर्णय लेने में पूरी सावधानी बरतनी चाहिए कि अपने सीमित समय और ध्यान को किस टूल में खर्च करना आपके लिए सबसे अधिक लाभदायी होगा।

सोशल मीडिया का इस्तेमाल बंद कर दें

जब रेयान निकोडेमस ने अपने जीवन को आसान बनाने का फैसला किया, तो उनका पहला लक्ष्य था, अपने साजो-सामान से छुटकारा पाना। उस समय रेयान तीन बेडरूम्सवाले एक अपार्टमेंट में अकेले रहते थे। उपभोगवादी म ानसिकता के चलते वे कई सालों से अपने उस विशाल अपार्टमेंट को तरह-तरह के सामान से भरने में लगे हुए थे। अब समय गया था कि वे इस ढेर सारे कीमती सामान के बीच फँसी अपनी जिंदगी को वापस अपने नियंत्रण में लें। इसके लिए उन्होंने जो रणनीति अपनाई, वह पढ़ने में तो बहुत साधारण लगती है, पर वास्तव में उनका विचार परिवर्तनवादी था। दरअसल एक दिन उन्होंने अपने अपार्टमेंट के सारे सामान को कार्डबोर्ड के बड़े-बड़े बक्सों में पैक करके रख दिया, मानों वे यह घर छोड़कर किसी और घर में शिफ्ट हो रहे हों। अपने इस 'कठिन उपक्रम' को थोड़ा कम कष्टदायी बनाने के लिए उन्होंने इसे 'पैकिंग पार्टी' का नाम दिया। उनका कहना था, 'काम कैसा भी हो, अगर उसे पार्टी बना लिया जाए, तो वह ज़्यादा दिलचस्प हो जाता है। है ना?'

सामान की पैकिंग पूरी होने के बाद निकोडेमस ने अगला सप्ताह सामान्य दिनचर्या के साथ बिताया। इस दौरान अगर उन्हें किसी ऐसी चीज़ की ज़रूरत पड़ती, जो पैक करके रखी हुई हैं, तो वे उसे बाहर निकालकर वापस उसी जगह पर रख देते, जहाँ वह पहले रखी हुई थी। सप्ताह के अंत में उन्होंने पाया कि ज़्यादातर सामान पैक ही रखा हुआ है क्योंकि उन्हें उसकी कोई ज़रूरत महसूस ही नहीं हुई।

इसलिए उन्होंने वह सारा सामान बेच दिया, जो अभी तक पैक रखा हुआ था। दरअसल लोगों के घरों में धीरे-धीरे ढेर सारा सामान इसलिए जमा हो जाता है क्योंकि जब भी उस सामान से छुटकारा पाने की बारी आती है, तो वे यह सोचकर चिंतित हो उठते हैं कि 'अगर किसी दिन इस सामान की ज़रूरत पड़ गई तो?' अपनी इस चिंता की वजह से वे आवश्यकता से अधिक सामान को जमा करके रखते हैं। निकोडेमस को अपनी पैकिंग पार्टी से यह बात स्पष्ट रूप से समझ में आ गई कि उनके अपार्टमेंट में ज़्यादातर सामान ऐसा है, जिसकी उन्हें कोई ज़रूरत ही नहीं है। इस समझ से जिंदगी को आसान बनाने के उनके विचार को समर्थन मिला।

पिछली रणनीति ने एक ऐसा व्यवस्थित तरीका उपलब्ध कराया, जिससे आपको उन नेटवर्क-टूल्स की छँटनी शुरू करने का मौका मिले, जिन्होंने आपके बहुमूल्य समय और ध्यान पर अधिकार जमा रखा है। यह रणनीति इन मुद्दों के लिए आपको एक अलग लेकिन पूरक दृष्टिकोण प्रदान करती है। यह अपने घर के फालतू सामान से छुटकारा पाने के रेयान निकोडेमस के दृष्टिकोण से प्रेरित है।

विस्तार से कहें, तो यह रणनीति आपसे माँग करती है कि जिस तरह निकोडेमस ने अपने घर के फालतू सामान से छुटकारा पाने के लिए पैकिंग पार्टी की, आपको भी उन सोशल मीडिया वेबसाइट्स के मामले में वैसा ही कुछ करना होगा, जिनका आप वर्तमान में उपयोग कर रहे हैं। आपको 'पैकिंग' के बजाय अगले तीस दिनों के लिए हर सोशल मीडिया वेबसाइट का उपयोग बंद करना है: फेसबुक, इंस्टाग्राम, ट्विटर, स्नैपचैट, वाइन, गूगल प्लस और ऐसी हर सोशल मीडिया वेबसाइट, जो इस किताब को लिखे जाने के बाद मशहूर हुई हो। आपको औपचारिक तौर पर इन वेबसाइट्स में अपना अकाउंट बंद करने की ज़रूरत नहीं है और साथ ही (यह अगला बिंदु महत्वपूर्ण है) इन वेबसाइट्स पर जाकर यह घोषणा करने की ज़रूरत नहीं है कि आप अगले कुछ दिनों के लिए इनसे दूर रहेंगे। बस इनका उपयोग बंद कर दें। अगर कोई व्यक्ति किसी और तरीके से आपसे संपर्क करके यह पूछता है कि 'अब आप इन वेबसाइट्स पर सक्रिय क्यों नहीं दिखते', तो आप उसे इसका कारण बता सकते हैं। लेकिन आपको हर किसी को यह बताने की कोई ज़रूरत नहीं है कि आप ऐसा क्यों कर रहे हैं।

इन नेटवर्क टूल्स से तीस दिन तक दूर रहने के बाद आपको अपने आपसे हर उस वेबसाइट के बारे में ये दो सवाल पूछने हैं, जिसका इस्तेमाल आपने बंद किया था:

1. अगर मैं इन तीस दिनों में भी सोशल मीडिया वेबसाइट्स का इस्तेमाल जारी रखता, तो क्या ये तीस दिन मेरे लिए पहले की तुलना में बेहतर होते?
2. क्या लोगों को इस बात की कोई परवाह थी कि मैं सोशल मीडिया वेबसाइट्स का इस्तेमाल नहीं कर रहा हूँ।

अगर इन दोनों सवालों पर आपका जवाब 'ना' है, तो इन वेबसाइट्स का

इस्तेमाल स्थाई रूप से बंद कर दें। अगर इन दोनों सवालों पर आपका जवाब स्पष्ट रूप से 'हाँ' है, तो इनका इस्तेमाल फिर से शुरू कर दें। वहीं अगर इन दोनों सवालों पर आपके जवाब अस्पष्ट से हैं, तो फिर यह तय करना पूरी तरह आप पर निर्भर है कि आप इन वेबसाइट्स का इस्तेमाल फिर से शुरू करेंगे या नहीं। हालाँकि मैं आपको इनका इस्तेमाल बंद करने के लिए ही प्रोत्साहित करूँगा (आप बाद में जब चाहें, इनका इस्तेमाल शुरू कर सकते हैं)।

यह रणनीति आपके समय और ध्यान पर अपना दावा पेश करनेवाले विभिन्न नेटवर्क-टूल्स में से खासतौर पर सोशल मीडिया वेबसाइट्स से दूर होने की बात कहती है। क्योंकि अगर सोशल मीडिया वेबसाइट्स का इस्तेमाल सीमा से बाहर जाकर या फिर ज़रूरत से अधिक किया जाए, तो यह गहन कार्य करने के आपके प्रयासों के लिए खासतौर पर विनाशकारी हो सकता है। सोशल मीडिया वेबसाइट्स आपके सामने अप्रत्याशित रूप से लगातार आपकी पसंद की सूचनाएँ प्रस्तुत करती रहती हैं - जो आपके लिए किसी खतरनाक नशे जैसा है। इसीलिए इन वेबसाइट्स में, ध्यान केंद्रित करने के आपके प्रयासों को गंभीर नुकसान पहुँचाने की क्षमता होती है। इन खतरों के चलते शायद आपको लगे कि ज़्यादातर नॉलेज वर्कर्स इन टूल्स को पूरी तरह नज़रअंदाज करते होंगे - खासकर कंप्यूटर प्रोग्रामर्स और लेखकों जैसे नॉलेज वर्कर्स, जिनकी आजीविका स्पष्ट रूप से गहन कार्य से निकले परिणामों पर निर्भर होती है। लेकिन जो बात सोशल मीडिया वेबसाइट्स को खासतौर पर घातक बनाती है, वह ये है कि इन्हें चलानेवाली वे कंपनियाँ, जो आपका ध्यान पाकर मुनाफा कमाती हैं, उनकी सफलता के पीछे एक शानदार मार्केटिंग का छलावा है: हमारी पूरी संस्कृति को उन्होंने यह विश्वास दिला दिया है कि अगर आप उनकी इन सेवाओं का इस्तेमाल नहीं कर रहे हैं, तो इसका अर्थ है कि आप कुछ खास चीज़ों का अनुभव करने से वंचित हो रहे हैं।

वंचित रह जाने का यह डर, निश्चित रूप से रेयान निकोडेमस के उस डर के समान ही है कि उनके घर पर रखा ढेर सारा सामान न जाने कब काम आ जाए। इसीलिए मैं आपको एक ऐसी सुधारात्मक रणनीति अपनाने का सुझाव दे रहा हूँ, जो उनकी पैकिंग पार्टी से मिलती-जुलती है। सोशल मीडिया वेबसाइट्स का इस्तेमाल किए बिना एक महीने का समय बिताने से आपको वास्तविकता की

जो खुराक मिलेगी, उसकी मदद से आप इस डर से मुक्त हो सकते हैं कि इनसे दूर रहकर आप विशेष कार्यक्रमों, चर्चाओं और साझा सांस्कृतिक अनुभव जैसी खास चीज़ों के अनुभव से वंचित रह जाएँगे। अधिकतर लोगों के लिए वास्तविकता की यह खुराक इस बात की पुष्टि करेगी कि सोशल मीडिया वेबसाइट्स का आपके जीवन में कोई खास महत्त्व नहीं है। यह बात आपके सामने सिर्फ तभी स्पष्ट होती है, जब आप इन टूल्स से जुड़े मार्केटिंग संदेशों के जाल से खुद को मुक्त करने के लिए कड़ी मेहनत कर चुके होंगे।

मैंने आपसे कहा था कि आपको तीस दिनों के अपने इस प्रयोग की सार्वजनिक घोषणा करने की कोई ज़रूरत नहीं है। इसका कारण यह है कि जिस भ्रम के चलते लोग सोशल मीडिया वेबसाइट्स से बँध से जाते हैं, कुछ लोगों के लिए उस भ्रम का एक पहलू यह विचार है कि लोगों को उनकी बातें या टिप्पणियाँ सुनने में बड़ी दिलचस्पी है और अगर वे अचानक सोशल मीडिया पर ये टिप्पणियाँ करना बंद कर देंगे, तो लोग निराश हो जाएँगे। शायद मेरे शब्दों से आपको ऐसा लगा हो कि मैं इन लोगों का मज़ाक उड़ा रहा हूँ पर यह अंतर्निहित भावना बहुत आम है और इससे निपटना ज़रूरी है। उदाहरण के लिए ये शब्द लिखे जाने तक ट्विटर इस्तेमाल करनेवाले हर व्यक्ति के औसतन 208 फॉलोअर्स होते हैं। तो जब आपको यह पता हो कि दो सौ से ज़्यादा लोग स्वेच्छा से आपकी बातें और टिप्पणियाँ सुनना चाहते हैं, तो आपको बड़ी आसानी से यह गलतफहमी हो सकती है कि इन वेबसाइट्स पर आपकी सक्रियता वाकई एक महत्वपूर्ण चीज़ है। मेरा काम भी दूसरों को अपने विचार बेचना ही है और मैं अपने अनुभव से कह सकता हूँ कि यह किसी नशे की लत से कम नहीं है!

पर सोशल मीडिया के इस युग में दर्शकों से जुड़ी वास्तविकता भी ज़रा अलग हो गई है। दरअसल इन वेबसाइट्स के अस्तित्व में आने से पहले अपने दोस्तों और परिवार के सदस्यों से परे अपने लिए किसी भी आकार का दर्शक-वर्ग तैयार करने के लिए प्रतिस्पर्धी ढंग से कड़ी मेहनत करने की ज़रूरत पड़ती थी। उदाहरण के लिए 2000 के दशक की शुरुआत में कोई भी व्यक्ति अपना ब्लॉग शुरू कर सकता था, लेकिन उस समय हर महीने कुछेक नए विजिटर्स हासिल करने के लिए भी खासी मेहनत करनी होती थी। इसके लिए आपको अपने ब्लॉग में ऐसी महत्वपूर्ण सूचनाएँ प्रस्तुत करना ज़रूरी था, जो लोगों का ध्यान खींच सकें। मैं इस कठिनाई से अच्छी तरह वाकिफ हूँ। मैंने अपना पहला ब्लॉग सन

2003 की शरद ऋतु में शुरू किया था। इसका नाम था, 'इंस्पायरिंग मॉनिकर'। मैंने यह ब्लॉग अपने जीवन के किस्सों को डायरी की तरह लिखने के लिए शुरू किया था। उस समय मेरी उम्र 20 साल थी और मैं कॉलेज का छात्र था। मुझे यह स्वीकार करते हुए ज़रा शर्मिंदगी हो रही है कि उस समय कई बार ऐसा हुआ, जब कई–कई दिनों तक मेरे ब्लॉग पर कोई विजिटर नहीं आया। इसके बाद अगले एक दशक में मैंने काफी धीरज रखते हुए बड़ी मुश्किल से अपने वर्तमान ब्लॉग 'स्टडी हैक्स' के लिए एक दर्शक वर्ग तैयार किया। शुरुआत में जहाँ इसके मुट्ठीभर ही दर्शक थे, वहीं बाद में जाकर इसे हर महीने लाखों लोग देखने लगे। इस एक दशक में ही मैंने सीखा कि इंटरनेट पर लोगों का ध्यान अर्जित करने के लिए कड़ी मेहनत की ज़रूरत होती है।

पर अब ऐसा नहीं है।

मेरा मानना है कि सोशल मीडिया की बढ़ती स्वीकार्यता के पीछे का एक कारण ये है कि इसने वास्तविक मूल्य उत्पादन के पीछे छिपी कड़ी मेहनत और लोगों द्वारा आप पर ध्यान दिए जाने के सकारात्मक प्रतिफल के बीच के संबंध को तोड़ दिया है। सोशल मीडिया ने इस शाश्वत पूँजीवादी आदान–प्रदान को हटाकर इसका एक सतही सामूहिक विकल्प पैदा कर दिया है कि अगर तुम मेरी बात पर ध्यान दोगे, तो मैं भी तुम्हारी बात पर ध्यान दूँगा – भले ही हमारी बातों का कोई वास्तविक मूल्य और महत्त्व हो या नहीं। उदाहरण के लिए ऐसा ब्लॉग, मैग्जीन या टेलीविजन प्रोग्राम का कंटेंट, जो आमतौर पर फेसबुक या ट्विटर पर बड़ी संख्या में मौजूद रहता है, उसे औसतन कोई दर्शक नहीं मिलते। पर जब यही कंटेंट सोशल मीडिया की सामान्य रुचियों व व्यवहार के दायरे के अंतर्गत प्रस्तुत किया जाता है, तो यह लाइक्स और कमेंट्स के रूप में दर्शकों का ध्यान खींचने में कामयाब हो जाता है। इस व्यवहार को प्रेरित करने के पीछे यह समझौता है कि अपने दोस्तों और फॉलोअर्स का ध्यान पाने के एहसान के बदले में आप भी उनके कंटेंट पर ध्यान देंगे। (जबकि आप अपने दोस्तों और फॉलोअर्स का ध्यान पाने के योग्य नहीं हैं, वे भी आपका ध्यान पाने योग्य नहीं हैं।) यानी यह कुछ ऐसा है कि तुम सोशल मीडिया पर मेरा स्टेटस अपडेट 'लाइक' करो और मैं तुम्हारा स्टेटस अपडेट 'लाइक' करूँगा। इस आपसी समझौते के चलते हर किसी को बहुत अधिक प्रयास किए बिना ही पर्याप्त महत्त्व दे दिया जाता है।

बिना किसी को सूचना दिए या बिना कोई सार्वजनिक घोषणा किए सोशल मीडिया वेबसाइट्स का इस्तेमाल बंद करके आप एक कंटेंट प्रोड्यूसर के रूप में अपनी वास्तविक हैसियत का भी पता लगा सकते हैं। अधिकांश लोगों और सेवाओं के लिए यह खबर शांत करनेवाली होगी - आपके करीबी दोस्तों और परिवार के अलावा कोई और व्यक्ति यह गौर भी नहीं करेगा कि आप सोशल मीडिया वेबसाइट्स से दूर हो गए हैं। मैं जानता हूँ कि इस मुद्दे पर ये सब कहते हुए मैं आपको किसी खूसट और कठोर व्यक्ति जैसा लग रहा हूँ - पर क्या इससे निपटने का कोई और तरीका है? इस बारे में चर्चा करना ज़रूरी है क्योंकि दूसरों की नज़रों में अपना महत्त्व पहचानने की यह भूख, लोगों को बिना सोचे-समझे अपना कीमती समय बरबाद करने और अपना ध्यान भटकाने की ओर धकेलती रहती है।

जाहिर है कि कुछ लोगों के लिए 30 दिनों का यह प्रयोग मुश्किल होगा और कई परेशानियाँ खड़ी करेगा। उदाहरण के लिए अगर आप कॉलेज के छात्र हैं या एक इंटरनेट-पर्सनैलिटी हैं, तो सोशल मीडिया से परहेज करना आपके जीवन को ज़रा जटिल बना देगा, जो स्पष्ट रूप से नज़र भी आएगा। पर मुझे लगता है कि अधिकांश लोगों के लिए इस प्रयोग का परिणाम यह होगा कि दैनिक जीवन में सोशल मीडिया की भूमिका के बारे में आपका दृष्टिकोण अधिक बुनियादी किस्म का हो जाएगा। यह प्रयोग करने से भले ही आपकी इंटरनेट संबंधी आदतों में कुछ खास बदलाव न आए हों। सोशल मीडिया वेबसाइट्स का प्रचार कुछ यूँ किया जाता है, मानों वे इस आधुनिक रूप से संबंद्ध संसार में हमारी जीवन रेखा जैसी हैं, जबकि यह सच नहीं है। सोशल मीडिया वेबसाइट्स भी सिर्फ कुछ कंपनियों द्वारा तैयार किए गए ऐसे प्रोडक्ट हैं, जिन्हें बेहिसाब फंडिग मिली, जिनकी बड़ी सावधानी से मार्केटिंग की गई और जिन्हें अंततः इस प्रकार डिजाइन किया गया कि वे आपका ध्यान और आपकी व्यक्तिगत जानकारी हासिल करके उसे विज्ञापनदाताओं को बेच सकें। सोशल मीडिया का इस्तेमाल करना मजेदार हो सकता है पर जब आपके जीवन और महत्वाकांक्षाओं की बात हो, तो वे आपका ध्यान भटकानेवाली उन महत्वहीन चीज़ों से ज़्यादा कुछ नहीं हैं, जो आपको गहनता में जाने से रोकती हैं। या फिर हो सकता है कि सोशल मीडिया टूल्स ही आपके अस्तित्व का केंद्र हों। वास्तविकता क्या है, यह आपको तब तक पता नहीं चलेगा, जब तक अपना जीवन उनके बिना जीकर नहीं देखते।

इंटरनेट का इस्तेमाल अपने मनोरंजन के लिए न करें

अंग्रेज लेखक आर्नल्ड बेनेट बीसवीं सदी शुरू होने से कुछ साल पहले पैदा हुए थे। यह उनकी मातृभूति इंग्लैंड की अर्थव्यवस्था के लिए एक बुरा दौर था। औद्योगिक क्रांति की आहट पिछले कई दशकों से सुनाई दे रही थी और अब इसके चलते एक नया वर्ग - व्हाइट कॉलर वर्कर - तैयार हो रहा था, जिसके लिए ब्रिटिश साम्राज्य के खजाने से पर्याप्त मात्रा में अतिरिक्त पूँजी खींची जा चुकी थी। अब एक ऐसी नौकरी संभव थी, जहाँ आप किसी ऑफिस में हर सप्ताह एक निश्चित अवधि तक काम करेंगे और इसके बदले में आपको एक स्थाई वेतन मिलेगा, जो घर चलाने के लिए पर्याप्त होगा। वर्तमान युग में हम सब ऐसी नौकरीवाली जीवनशैली से अच्छी तरह परिचित हैं पर बेनेट और उनके समकालीनों के लिए यह एक बिलकुल नई और कई मायनों में परेशान करनेवाली चीज़ थी। इस बारे में बेनेट की मुख्य चिंताओं में से सबसे पहली यह थी कि इस नए वर्ग के लोग तत्कालीन स्थितियों में जीवन को संपूर्णता के साथ जीने के मौकों से वंचित हो रहे हैं।

सन 1910 में प्रकाशित अपनी क्लासिक सेल्फ हेल्प किताब 'हाउ टू लिव ऑन 24 ऑवर्स ए डे' में बेनेट लिखते हैं, 'उदाहरण के लिए एक औसत लंदन निवासी किसी ऑफिस में हर रोज सुबह दस बजे से शाम छह बजे तक काम करता है और उसे हर रोज ऑफिस आने-जाने में लगभग 50 मिनट लगते हैं। उसके पास ऑफिस आने-जाने और वहाँ काम करने के बाद रोज करीब-करीब 16 घंटे का समय बचता है।' बेनेट के लिए यह समय काफी था पर त्रासद बात ये है कि इस लंदन निवासी की ही तरह बहुत से लोगों को इस ढेर सारे समय में छिपी संभावनाओं का एहसास ही नहीं होता। इसके बारे में बेनेट कहते हैं, 'यह औसत लंदन निवासी सबसे बड़ी गलती ये करता है कि अपने काम में आनंद न आने के बावजूद भी (काम उसके लिए एक ऐसी चीज़ है, जिसे उसे निपटाना है) वह सुबह दस से शाम छह तक के काम के समय को ही अपना दिन मानता है और इस अवधि से पहले के दस घंटे और बाद के छह घंटे उसके लिए सिर्फ आरंभ और अंत जैसे होते हैं।' बेनेट इस दृष्टिकोण की निंदा करते हुए इसे पूर्णतः अतार्किक और हानिकारक करार देते हैं।

इसका विकल्प क्या है? बेनेट सुझाव देते हैं कि यह व्यक्ति ऑफिस

के काम के बाद बचे दिन के 16 घंटों को भी 'एक दिन' की तरह देखे। 'इस दौरान वह स्वतंत्र रहता है; रोजी-रोटी कमाने में नहीं जुटा होता; कमाई से जुड़ी चिंताओं में नहीं उलझा होता; इस दौरान वह किसी ऐसे व्यक्ति जैसा होता है, जो ऑफिस में काम करने के बजाय किसी और तरीके से अपनी जीविका कमाता हो।' इसीलिए उस व्यक्ति को अपना यह समय किसी अभिजात्य वर्ग के व्यक्ति की तरह बिताना चाहिए यानी आत्म-विकास के कड़े प्रयास करते हुए। बेनेट के अनुसार आत्म-विकास के कार्यों में सबसे महत्वपूर्ण हैं, शानदार साहित्य और कविताएँ पढ़ना।

बेनेट इन मुद्दों पर एक सदी पहले ही बहुत कुछ लिख चुके थे। इसलिए शायद आपको लगे कि इसके बाद के दशकों में जब पूरी दुनिया में मध्यम-वर्ग का आकार विस्फोटक गति से बढ़ा, तो शायद अपने खाली समय के बारे में हमारी सोच भी काफी विकसित हो गई होगी। लेकिन ऐसा कुछ नहीं हुआ। अगर कुछ हुआ है, तो ये कि इंटरनेट के उदय और सतही ध्यान से जुड़े कार्यों की अर्थव्यवस्था को इंटरनेट पूरा सहयोग करता है और इस अर्थव्यवस्था में सप्ताह में चालीस घंटे काम करनेवाले औसत कर्मचारी ने खाली समय की गुणवत्ता को घटते देखा है। ये कर्मचारी खासकर मेरी तकनीक-प्रेमी मिलेनियल जनरेशन के हैं। अब इस खाली समय में हर कोई मुख्यत: अपने भटके हुए ध्यान के साथ डिजिटल मनोरंजन से जुड़े कंटेंट पर क्लिक करता रहता है। अगर बेनेट आज जिंदा होते, तो इस क्षेत्र में इंसानी विकास की यह हालत देखकर निराश हो गए होते।

मैं स्पष्ट कर दूँ कि बेनेट के सुझावों के पीछे के नैतिक आधारों से मेरा कोई वास्ता नहीं है। महान किताबें और कविताएँ पढ़कर मध्यम-वर्ग के लोगों के मन और आत्मा के उत्थान की बेनेट की कल्पना कुछ हद तक प्राचीन और उच्च-वर्गीय सोच से ग्रसित लगती है। पर उनकी इस बात का तार्किक आधार कि आपको अपने खाली समय का उपयोग सोच-समझकर करना चाहिए - आज भी उचित है। खासकर इस नियम के उद्देश्य के संदर्भ में, जो कुछ इस प्रकार है: गहन कार्य करने की आपकी क्षमता पर नेटवर्क टूल्स का प्रभाव कम करना।

विस्तार से कहें, तो अब तक इस नियम में हमने जिन रणनीतियों पर चर्चा की है, उनमें से किसी में भी हमने नेटवर्क टूल्स के ऐसे वर्ग को ज़्यादा समय नहीं दिया है, जो गहनता की इस लड़ाई में खासतौर पर प्रासंगिक हैं। मैं बात कर रहा

हूँ, मनोरंजन-केंद्रित वेबसाइट्स की, जिन्हें आपका ध्यान आकर्षित करने और जितना हो सके, उतना लंबे समय तक उसे जकड़कर रखने के लिए ही डिजाइन किया गया है। ये शब्द लिखे जाने तक, ऐसी सबसे मशहूर वेबसाइट्स की सूची में हफिंग्टन पोस्ट, बज़फीड, बिजनेस इनसाइडर और रेडिट सबसे ऊपर थीं। ये सूची निश्चित ही बदलती रहेगी पर इस श्रेणी की वेबसाइट्स में मुख्य समानता यह होती है कि ये सब आसानी से ग्रहण किए जानेवाले कंटेट को सावधानी से तैयार किए गए शीर्षकों के साथ आपके सामने प्रस्तुत करती हैं। इसके साथ ही ज़्यादा से ज़्यादा दर्शकों का ध्यान आकर्षित करने के लिए इस कंटेट को इंटरनेट एल्गोरिद्म से खासी मदद भी मिलती है।

जैसे ही आप इनमें से किसी भी वेबसाइट्स के किसी लेख के पेज पर पहुँचते हैं, तो पेज के किनारों पर और नीचे की ओर मौजूद ढेर सारे लिंक आपको अपनी ओर आकर्षित करने लगते हैं। जब आप उनमें से किसी लिंक पर क्लिक करते हैं, तो उसके पेज पर पहुँचने के बाद एक बार फिर ढेर सारे अन्य लिंक आपको अपनी ओर आकर्षित करने में जुट जाते हैं। शीर्षकों को 'लोकप्रिय' और 'ट्रेंडिंग' के तौर पर सूचीबद्ध करने से लेकर, आकर्षक तस्वीरों के इस्तेमाल तक, ये वेबसाइट्स आपका मन लगाकर रखने के लिए इंसानी मनोविज्ञान की सारी चालें चलती हैं। उदाहरण के लिए जिस समय ये शब्द लिखे जा रहे हैं, बज़फीड पर मौजूद सबसे लोकप्रिय लेखों में से कुछ लेखों का शीर्षक इस प्रकार था, '17 ऐसे शब्द जिन्हें उल्टा लिखने पर उनका अर्थ बिलकुल बदल जाता है' और '33 ऐसे पालतू कुत्ते जो हर मामले में विजेता साबित हो रहे हैं।'

ये वेबसाइट्स खासतौर पर तब और हानिकारक हो जाती हैं, जब आप दिनभर अपना काम निपटाने के बाद इनका इस्तेमाल करते हैं क्योंकि तब ये आपके खाली समय का केंद्र बन जाती हैं। इसी तरह अगर आप किसी लाइन में लगे हुए हैं या खाना खा रहे हैं या फिर किसी टीवी शो के क्लाइमेक्स का इंतजार कर रहे हैं, तो उस समय ऐसी वेबसाइट्स आपके लिए एक मानसिक बैसाखी का काम करने लगती हैं ताकि आपके बोर होने की किसी भी संभावना को खत्म किया जा सके। और जैसा कि मैंने नियम-2 में कहा था, यह खतरनाक है क्योंकि यह ध्यान भटकने से रोकने की आपकी सहज दिमागी क्षमता पर नकारात्मक प्रभाव डालता है और बाद में जब आप वास्तव में अपना ध्यान केंद्रित करना

चाहते हैं तो आपके लिए गहन कार्य करना मुश्किल हो जाता है। इससे भी बदतर यह है कि ये सारे नेटवर्क टूल्स कोई ऐसी चीज़ नहीं हैं, जिनके इस्तेमाल के लिए आपको इनका सदस्य बनना पड़ता हो। इसीलिए ये ऐसी चीज़ें नहीं हैं, जिन्हें छोड़ने भर से आप उन्हें अपने जिंदगी से निकाल सकें (इससे पिछली दोनों रणनीतियाँ अनुचित हो जाती हैं)। ये वेबसाइट्स ऐसी चीज़ हैं, जो हमेशा उपलब्ध रहती हैं और जिनके लिए आपको सिर्फ एक बार क्लिक करना होता है।

सौभाग्य से आर्नल्ड बेनेट ने इस समस्या का समाधान भी सौ साल पहले ही खोज लिया था, जो कुछ इस प्रकार था, 'अपने खाली समय पर समझदारी से विचार करें।' दूसरे शब्दों में कहें, तो यह रणनीति कहती है कि जब खाली समय को सुकून से बिताने की बात आए, तो उन चीज़ों के चक्कर में न पड़ें, जो उस समय यूँ ही आपका ध्यान आकर्षित करने में कामयाब हो जाती हैं बल्कि इस बारे में ज़रा समझदारी से विचार करें कि आपको अपना यह खाली समय कैसे बिताना है। याद रखें कि आपको अपना लती बनानेवाली ये वेबसाइट्स एक शून्य या निर्वात की स्थिति में फलती-फूलती हैं। यानी अगर आपके पास कोई काम नहीं है और आप खाली बैठे हैं, तो ये वेबसाइट्स हमेशा एक आकर्षक विकल्प के रूप में आपको अपनी ओर खींच रही होती हैं। जबकि अगर आप इनका इस्तेमाल करने के बजाय अपने खाली समय में किसी अन्य गुणवत्तापूर्ण चीज़ में व्यस्त हो जाएँ, तो आपके ध्यान पर इनकी पकड़ ढीली पड़ने लगती है।

इसीलिए यह महत्वपूर्ण है कि आप पहले से ही यह निर्धारित कर लें कि आप हर रोज काम निपटाने के बाद अपना शाम का वक्त और अपना सप्ताहांत कैसे बिताएँगे। अपने शौक पूरे करना इस खाली समय को बिताने का एक बढ़िया विकल्प है क्योंकि हर शौक के पीछे एक स्पष्ट लक्ष्य होता है, जिसे पूरा करने के लिए आप कोई निश्चित कार्य करते हैं। जैसे हर रात सोने से पहले किताबें पढ़ना। इसके लिए हर रात एक निश्चित अवधि पहले से तय होनी चाहिए, जहाँ आप खासतौर पर अपनी पसंद की किताबों का चुनाव करें। नियमित रूप से ऐसा करने पर आप बहुत सी शानदार किताबें पढ़ सकते हैं। यह वाकई एक कमाल का विकल्प है क्योंकि किताबें आपकी सबसे बढ़िया दोस्त साबित हो सकती हैं। उदाहरण के लिए मैंने अपने जीवन में हर साल ढेरों किताबें पढ़ी हैं क्योंकि मैं एक प्रोफेसर और लेखक हूँ इसलिए किताबें पढ़ना मेरे पेशे की ज़रूरत है (मैं एक

समय में औसतन तीन से पाँच किताबें एक साथ पढ़ रहा होता हूँ)। यह इसलिए संभव हो पाता है क्योंकि हर रात अपने बच्चों को सुलाने के बाद मेरी पसंदीदा गतिविधि है, कोई दिलचस्प किताब पढ़ना। इसके परिणामस्वरूप मेरा स्मार्टफोन और कंप्यूटर अगली सुबह तक मुझसे दूर पड़े रहते हैं और इसीलिए मेरा ध्यान भी नहीं भटकता।

इस बिंदु पर आकर शायद आपको यह चिंता सताने लगे कि अपने खाली समय को इतने योजनाबद्ध और व्यवस्थित ढंग से बिताने से आपको आराम महसूस नहीं होगा, जबकि खाली समय का मुख्य उद्देश्य आराम ही है। दरअसल अधिकतर लोगों को यही लगता है कि खाली समय में आराम करने के लिए पूर्ण स्वतंत्रता ज़रूरी है और आपको वह समय बिना किसी योजना के बिताना चाहिए, वरना खाली समय का क्या फायदा। जैसे अगर शाम का वक्त बिना किसी योजना के आराम फरमाते हुए बिताने के बजाय व्यवस्थित और योजनाबद्ध ढंग से बिताया जाए, तो अगले दिन भी थकान महसूस होती रहती है। तो फिर भला अपने खाली समय को योजनाबद्ध तरीके से क्यों बिताया जाए? वास्तव में बेनेट ने बहुत पहले ही इस शिकायत को पहचान लिया था। इसलिए उनका कहना था कि इस तरह की चिंताएँ इसलिए पैदा होती हैं क्योंकि इंसान इस बात को लेकर गलतफहमी में है कि उसकी मानवीय भावना को कौन सी चीज़ सक्रिय और ऊर्जावान बनाती है:

क्या? तुम्हें लगता है कि काम के आठ घंटों के बाद तुम्हारे पास जो सोलह घंटे का समय बचता है, उस समय को पूर्णत: ऊर्जावान बनाने से उन आठ घंटों का मूल्य कम हो जाता है? नहीं। बल्कि इससे तो उन आठ घंटों का मूल्य बढ़ जाएगा। मैंने जिस औसत लंदन निवासी की कल्पना की है, उसके लिए यह सीखना सबसे महत्वपूर्ण होगा कि इंसानी दिमाग निरंतर कठिन गतिविधियों के लिए पूरी तरह सक्षम होता है; वह इंसान के अन्य अंगों की तरह थकता नहीं है। अगर उसकी नींद की स्वाभाविक ज़रूरत पूरी हो रही हो, तो उसके बाद उसे किसी आराम की नहीं बल्कि सिर्फ बदलाव की ज़रूरत होती है।

मेरा अनुभव कहता है कि बेनेट का यह विश्लेषण बिलकुल सही है। अगर आप काम के आठ घंटों के दौरान अपने दिमाग को कोई सार्थक कार्य करने देते

हैं, तो दिन के अंत में आप खुद को अधिक परिपूर्ण महसूस करते हैं और अगले दिन की शुरुआत भी अधिक मानसिक शांति के साथ करते हैं। जबकि अगर आपने दिनभर अपना दिमाग अर्थहीन ढंग से यूँ ही बेकार की वेबसर्फिंग करने में लगाया होगा, तो दिन के अंत में और अगली सुबह आप खुद को परिपूर्ण और शांत महसूस नहीं करेंगे।

आखिर में अगर मैं इसका सारांश प्रस्तुत करूँ, तो यही कहूँगा कि अगर आप मनोरंजक वेबसाइट्स के उस आकर्षण को खत्म करना चाहते हैं, जो किसी नशे की लत जैसा होता है और आपका ढेर सारा समय व ध्यान खर्च करवा देता है, तो अपने दिमाग को इसका एक बेहतर और गुणवत्तापूर्ण विकल्प दें। इससे न सिर्फ आपकी ध्यान केंद्रित करने की और ध्यान भटकने से रोकने की क्षमता बची रहेगी बल्कि हो सकता है कि आप अपने जीवन में पहली बार आर्नल्ड बेनेट के उस महत्वाकांक्षी लक्ष्य को भी पूरा कर लें कि जिंदगी चलाने के बजाय जिंदगी जीने का अनुभव महसूस करना क्या होता है।

नियम 4

सतही कार्यों से छुटकारा पाएँ

सन 2007 की गर्मियों में '37 सिगनल्स' नामक सॉफ्टवेयर कंपनी (जिसे अब बेसकैम्प के नाम से जाना जाता है) ने एक प्रयोग शुरू किया। कंपनी ने अपने कर्मचारियों को निर्देश दिया कि अब उन्हें सप्ताह में पाँच दिन के बजाय सिर्फ चार दिन ही ऑफिस आना होगा। इसके बाद जल्द ही कंपनी को एहसास हुआ कि उनके कर्मचारी जितना काम पाँच दिनों में पूरा करते थे, अब वे उतना ही काम चार दिनों में कर लेते हैं। इसलिए कंपनी ने इस बदलाव को स्थाई कर दिया। अब हर साल मई से अक्टूबर तक 37 सिगनल्स के कर्मचारी हर सप्ताह सोमवार से गुरुवार तक ही काम करते हैं (सिर्फ कस्टमर केयर विभाग को छोड़कर, जो अब भी सप्ताह भर चलता है।) कंपनी के सह-संस्थापक जेसन फ्राइड इसके बारे में अपनी एक ब्लॉग पोस्ट में चुटकी लेते हुए कहते हैं, 'गर्मियों में लोगों को मौसम का आनंद लेने का मौका मिलना चाहिए।'

जल्द ही व्यावसायिक खबरें प्रकाशित करनेवाले मीडिया में इस मसले पर तरह-तरह की बातें शुरू हो गईं। चार दिन के कामकाजी सप्ताह को स्थाई रूप देने की घोषणा के कुछ ही महीनों बाद तारा विज़ नामक एक पत्रकार ने फोर्ब्स पत्रिका में इस निर्णय की आलोचना करते हुए एक लेख लिखा, जिसका शीर्षक था : 'चार दिन का कामकाजी सप्ताह कारगर क्यों नहीं है!' कंपनी की इस रणनीति से तारा विज़ को जो समस्या थी, उसे उन्होंने इस प्रकार प्रस्तुत किया:

> चालीस घंटों के कार्य को चार दिनों की अवधि में ठूँस देना काम करने का कोई कारगर तरीका नहीं है। अधिकतर लोगों को आठ घंटे का कार्यदिवस ही खासा कठिन लगता है; ऐसे में हर रोज दो घंटे ज़्यादा काम करने से उनका मनोबल और उत्पादकता, दोनों में कमी आ सकती है।

जेसन फ्राइड ने तारा विज़ की इस आलोचना का जवाब देने में ज़रा भी देर नहीं की। उन्होंने इसके जवाब में एक ब्लॉग पोस्ट लिखी, जिसका शीर्षक था, 'चार दिन के कामकाजी सप्ताह का विचार फोर्ब्स की समझ से बाहर है!' उन्होंने अपनी इस ब्लॉग पोस्ट की शुरुआत तारा विज़ की बात से सहमति जताते हुए की : 'इसमें कोई दोराय नहीं कि चालीस घंटे के काम को चार दिनों की अवधि में ठूँस देना कई कर्मचारियों के लिए तनावपूर्ण हो सकता है।' पर साथ ही उन्होंने स्पष्ट किया कि उन्होंने तो अपने कर्मचारियों से ऐसा कुछ करने के लिए कहा ही नहीं है। अपनी ब्लॉग पोस्ट में उन्होंने आगे लिखा, 'चार दिनों के कामकाजी सप्ताह का मुख्य उद्देश्य दरअसल काम के घंटों में कमी लाना है। इसका अर्थ सप्ताह में चार दिन दस-दस घंटे काम करना नहीं है बल्कि चार दिनों तक रोज आठ-आठ घंटे काम करना है।'

हो सकता है कि पहली बार में यह बात भ्रामक लगे। इससे पहले फ्राइड का कहना था कि उनके कर्मचारी जितना काम पाँच दिनों में पूरा करते थे, उतना ही काम वे चार दिनों में भी कर लेते हैं। जबकि अब वे यह दावा कर रहे थे कि चार दिन के कामकाजी सप्ताह का अर्थ है कम घंटों तक काम करना। भला ये दोनों बातें एक साथ सच कैसे हो सकती हैं? आखिरकार स्पष्ट हुआ कि यह पूरा मामला सतही यानी कम महत्वपूर्ण लगनेवाले कार्यों से जुड़ा हुआ है। इसे फ्राइड ने विस्तारपूर्वक समझाया :

> किसी भी कंपनी में बहुत कम कर्मचारी ही ऐसे होते हैं, जो वाकई हर रोज आठ घंटे काम करते हैं। एक सामान्य कार्यदिवस में ऑफिस की तमाम मीटिंग्स्, रुकावटों, वेब सर्फिंग, व्यक्तिगत कार्यों और ऑफिस की राजनीति के बीच अगर आपको काम करने के लिए कुछेक घंटों का समय मिल जाता है, तो आपको भाग्यशाली ही कहा जाएगा।
>
> कामकाजी घंटों की संख्या कम करने से ऐसी व्यर्थ की गतिविधियों पर अंकुश लगता है। दरअसल जब हर किसी के पास अपना काम निपटाने के लिए अपेक्षाकृत कम समय होता है, तो उन्हें यह एहसास हो जाता है कि उनका समय कितना महत्वपूर्ण है। इससे लोग अपने समय को व्यर्थ चीज़ों में खर्च करने के मामले में ज़रा कंजूस हो जाते हैं, जो कि एक अच्छी बात है। फिर वे अपना समय महत्वहीन चीज़ों

में बरबाद नहीं करते। जब आपके पास कम समय होता है, तो आप उसका इस्तेमाल भी अधिक समझदारी से करते हैं।

दूसरे शब्दों में कहें, तो 37 सिगनल्स के कामकाजी सप्ताह में दिनों की संख्या घटने से कंपनी के कर्मचारी सतही कार्यों के बजाय गहन कार्यों पर अधिक ध्यान देने लगे। जिसके चलते सारे महत्वपूर्ण कार्य अपनी गति से पूरे होते रहें। पहले जिन सतही कार्यों को तत्काल पूरा करने पर जोर दिया जाता था, अब हर किसी को अपनेक्षित रूप से वे कार्य महत्वहीन लगने लगे।

'अगर 37 सिगनल्स इससे भी एक कदम आगे चली गई होती, तो क्या होता?' यह इस प्रयोग पर सामने आनेवाली एक स्वाभाविक प्रतिक्रिया है। अगर सतही कार्यों पर खर्च होनेवाले समय में कटौती करने से, कंपनी के परिणामों पर कोई असर नहीं पड़ता है, तो तब क्या होता, जब कंपनी ने सतही कार्यों को खत्म करके, बचे हुए खाली समय का इस्तेमाल और अधिक गहन कार्य करने में किया होता? सौभाग्य से हमारी यह जिज्ञासा भी अगली कुछ पंक्तियों में शांत हो जाएगी। क्योंकि कंपनी ने जल्द ही इस साहसी विचार पर भी प्रयोग करना शुरू कर दिया।

फ्राइड को हमेशा से ही गूगल जैसी टेक-कंपनियों की नीतियों में खासी दिलचस्पी थी, जो कर्मचारियों को स्व-निर्देशित प्रोजेक्ट्स पर काम करने के लिए अपना 20 प्रतिशत समय देती है। हालाँकि फ्राइड को यह विचार आकर्षक लगा, लेकिन उन्हें यह भी लगा कि एक व्यस्त कामकाजी सप्ताह से एक दिन घटा देना, सच्ची सफलता देनेवाले गहन कार्यों को सहयोग करने के लिए काफी नहीं है। वे कहते हैं, 'अगर मुझे किसी कार्य के लिए 'लगातार पाँच दिन' और 'पाँच सप्ताह की अवधि में पाँच अलग-अलग दिन' जैसे दो विकल्प दिए जाएँ, तो मैं निश्चित ही 'लगातार पाँच दिन' का विकल्प चुनूँगा। इसलिए हमारा मानना है कि अगर हमारे कर्मचारियों को बिना किसी रुकावट के एक साथ लंबा समय मिले, तो इससे हमें बेहतर परिणाम देखने को मिलेंगे।'

इस मान्यता का परीक्षण करने के लिए 37 सिगनल्स ने एक विलक्षण प्रयोग किया : कंपनी ने अपने कर्मचारियों को जून के पूरे महीने का अवकाश दे दिया ताकि वे अपने व्यक्तिगत प्रोजेक्ट्स में गहनता से कार्य कर सकें। यह अवधि ऑफिस के किसी भी सतही कार्य से मुक्त थी – न कोई स्टेट्स मीटिंग, न कोई

मेमो और न कोई पावर पॉइंट प्रेजेन्टेशन, जो अपने आपमें किसी आशीर्वाद से कम नहीं था। महीने के आखिर में कंपनी ने एक 'पिच-डे' यानी प्रस्तुति-दिवस का आयोजन किया, जिसमें कर्मचारी उन विचारों को प्रस्तुत कर सकते थे, जिन पर उन्होंने इस एक महीने की अवधि में काम किया था।

इंक पत्रिका में अपनी कंपनी के इस साहसिक प्रयोग का सारांश प्रस्तुत करते हुए फ्राइड ने इसे सफल करार दिया। कंपनी द्वारा आयोजित 'पिच-डे' से दो ऐसे प्रोजेक्ट सामने आए, जिन पर जल्द ही काम शुरू कर दिया गया : इनमें से पहला प्रोजेक्ट था, कुछ कारगर टूल्स के एक समूह का विकास करना, जिसकी मदद से ग्राहक सेवा को बेहतर बनाया जा सके। जबकि दूसरा प्रोजेक्ट था, एक ऐसा डाटा विजुअलाइजेशन सिस्टम तैयार करना, जिससे कंपनी को यह समझने में मदद मिले कि ग्राहक उसके प्रोडक्ट्स का उपयोग कैसे करते हैं। कंपनी का अनुमान था कि इन दोनों प्रोजेक्ट्स से उसे काफी लाभ होगा पर यह तब तक संभव नहीं था, जब तक कर्मचारियों को बिना किसी रुकावट के गहन कार्य करने का समय न दिया जाए। वे अपनी क्षमता के अनुसार काम कर सकें, इसके लिए ज़रूरी था कि उन्हें दर्जनों घंटों तक बिना रुकावट के लगातार कोशिश करने दी जाए।

'नए विचारों के साथ प्रयोग करने के लिए अपने व्यवसाय को अस्थाई रूप एक महीने के लिए बंद कैसे किया जा सकता है?' फ्राइड अपने शाब्दिक आडंबर के साथ पूछते हैं और फिर अपने ही सवाल का जवाब देते हुए कहते हैं, 'भला ऐसा क्यों नहीं किया जा सकता!'

----

37 सिगनल्स के इन प्रयोगों ने एक महत्वपूर्ण वास्तविकता को उजागर किया : वह सतही कार्य (कम महत्वपूर्ण कार्य), जो नॉलेज वर्कर्स के समय और ध्यान पर लगातार हावी रहता है, वह जितना महत्वपूर्ण नज़र आता है, उतना महत्वपूर्ण नहीं होता। अधिकतर व्यवसायों में अगर आप अधिकांश सतहीपन से छुटकारा पा लें, तब भी आमतौर पर इस बात की पूरी संभावना होती है कि कंपनी का मूल आधार इससे अप्रभावित रहेगा। और जैसा कि जेसन फ्राइड को पता चला, अगर आप सतही कार्यों से छुटकारा पाने के बाद बचे हुए खाली समय में अधिक गहन कार्य करते हैं, तो न सिर्फ आपका व्यवसाय चलता रहेगा बल्कि वह और अधिक सफल भी हो जाएगा।

यह नियम आपसे इन अंतर्दृष्टियों को अपनी व्यावसायिक जिंदगी में भी लागू करने की माँग करता है। आगे जो भी रणनीतियाँ बताई गई हैं, उन्हें इस प्रकार डिजाइन किया गया है कि आप उनकी मदद से अपने वर्तमान कार्य की गंभीरता की पहचान कर सकें और फिर उसे घटाते हुए निम्नतम स्तर पर ला सकें - जिससे आपके पास उन गहन प्रयासों के लिए अधिक समय बचेगा, जो वास्तव में सबसे अधिक महत्वपूर्ण होते हैं।

हालाँकि इन रणनीतियों की गहराई में जाने से पहले हमें इस वास्तविकता का सामना करना होगा कि इस सतहीपन-विरोधी सोच की अपनी एक सीमा भी है। गहन कार्य का महत्त्व, सतही कार्य के महत्त्व से कहीं ज़्यादा है, पर इसका अर्थ ये नहीं है कि आप जानते-बूझते अपना शिड्यूल ऐसा बना लें, जहाँ आप अपना सारा समय सिर्फ गहन कार्यों में ही लगा रहे हों। नॉलेज वर्क के क्षेत्र से जुड़ी अधिकतर नौकरियों में ढेर सारा सतही कार्य करना ज़रूरी होता है। हो सकता है कि सतही काम से छुटकारा पाकर आप हर दस मिनट में अपना ई-मेल चेक करने से बच जाएँ पर अगर आप महत्वपूर्ण ई-मेल्स का जवाब देना ही बंद कर देंगे, तो संभव है कि कुछ ही दिनों में आपको अपनी नौकरी गँवानी पड़ जाए। इसीलिए हमें इस नियम को इस प्रकार देखना चाहिए कि यह हमसे अपने शिड्यूल में सतही कार्य की मात्रा कम करने को कहता है, न कि उसे पूरी तरह खत्म करने को कहता है।

फिर मानसिक क्षमता का मुद्‌दा भी है। गहन कार्य करना थकानभरा होता है क्योंकि इसमें आप अपनी क्षमताओं का संपूर्ण उपयोग करते हैं। उद्‌देश्यपूर्ण-प्रदर्शन के विशेषज्ञ मनोविज्ञानिकों ने इस विषय पर विस्तृत अध्ययन किए हैं कि एक औसत व्यक्ति के लिए एक दिन की अवधि में ऐसे प्रयास करना कितनी देर तक संभव होगा।[1] एंडर्स एरिक्सन और उनके सहयोगियों ने अपने एक अत्यंत प्रभावशाली शोधपत्र में इन अध्ययनों पर अपने सर्वेक्षण का सार प्रस्तुत किया है। इसमें उन्होंने बताया कि जिस व्यक्ति ने नया-नया ऐसा करना शुरू किया हो, वह एक दिन में उचित रूप से अधिकतम एक घंटे तक गहन प्रयास कर सकता

---

1 मैंने जिन अध्ययनों का हवाला दिया है, वे उद्‌देश्यपूर्ण-प्रदर्शन संबंधी गतिविधियों पर गौर करनेवाले अध्ययन हैं - जो हमारी गहन कार्य की परिभाषा को काफी हद तक (लेकिन पूरी तरह नहीं) ओवरलैप करते हैं। हमारे उद्‌देश्यों के संदर्भ में उद्‌देश्यपूर्ण-प्रदर्शन वास्तव में मानसिक रूप से मुश्किल कार्यों की सामान्य श्रेणी का एक अच्छा विकल्प है। गहन कार्य इसी से जुड़ा होता है।

है। इसके उदाहरण के तौर पर उन्होंने ऐसे बच्चे के बारे में बताया है, जिसने कम उम्र में ही विशेषज्ञ-स्तर का कौशल दिखाना शुरू कर दिया था। जबकि जो लोग गहन प्रयासों की स्वाभाविक कठोरता का अनुभव पहले भी कई बार कर चुके हैं, उनके लिए यह सीमा आमतौर पर एक दिन में चार घंटे की होती है। बहुत कम लोग ही ऐसे होते हैं, जो एक दिन में चार घंटे से ज़्यादा गहन प्रयास कर सकते हैं।

इसका अर्थ ये है कि जब आप एक दिन की अवधि में गहन कार्य करने की अपनी क्षमता की अधिकतम सीमा तक पहुँच जाते हैं, उसके बाद भी अगर आप और अधिक गहन कार्य करने की कोशिश करते हैं, तो उससे आपको कम लाभ होता है। जबकि सतही कार्य तब तक बुरा नहीं होता, जब तक वह एक दिन की अवधि में हुए गहन कार्य की जगह न लेने लगे। शुरू-शुरू में यह चेतावनी कुछ आशावादी किस्म की लग सकती है। एक सामान्य कार्यदिवस आमतौर पर आठ घंटे का होता है और सबसे कुशल गहन विचारक भी इन आठ घंटों की अवधि के दौरान सच्ची गहनता की अवस्था में चार घंटे से ज़्यादा नहीं बिता सकता। यानी आप अपने आठ घंटे के कार्यदिवस का आधा समय बड़ी आसानी से सतही कार्य करते हुए बिता सकते हैं और इसका कोई नकारात्मक प्रभाव भी नहीं पड़ेगा। हालाँकि यह विश्लेषण जिस खतरे को पहचानने में असफल रहा है, वह ये है कि अगर आप मीटिंग्स, अपॉइंटमेंट्स, फोन कॉल्स और अन्य तयशुदा कार्यक्रमों को ध्यान में रखें तो यह समझना मुश्किल नहीं है कि ये समय-अवधि भी कितनी आसानी से खर्च हो सकती है। ऐसी कई नौकरियाँ हैं, जिनमें इन गतिविधियों में इतना समय खर्च हो जाता है कि लोगों के पास काम करने के लिए आश्चर्यजनक रूप से बहुत ही कम समय बचता है।

उदाहरण के लिए एक प्रोफेसर के रूप में मेरे काम में इस प्रकार की सतही वचनबद्धताएँ पारंपरिक रूप से कम ही रहती हैं, इसके बावजूद इनमें मेरा बहुत सा समय खर्च हो जाता है, खासकर शैक्षणिक वर्ष के दौरान। उदाहरण के लिए अगर मैं पिछले सत्र में से किसी एक दिन की बात करूँ (यह अध्याय गर्मियों के महीने में लिखा गया था) तो मैं देखता हूँ कि उस दिन मैंने दोपहर 11:00 से 12:00 बजे के बीच और दोपहर 1:00 से 2:30 बजे के बीच दो मीटिंग्स् में हिस्सा लिया और फिर 3:00 से 5:00 बजे के बीच अपनी कक्षाएँ लीं। इस तरह देखा

जाए तो मेरा आठ घंटे का दिन अपने आप स्वत: ही चार घंटे का हो गया। अब अगर मैं इसमें से आधे घंटे का समय ई-मेल चेक करने और ऐसे ही अन्य सतही कार्यों के लिए ले लूँ, तब भी अपने प्रतिदिन के लक्ष्य के अनुसार मेरे पास गहन कार्य करने के लिए चार घंटे का समय नहीं बचेगा। दूसरे शब्दों में कहें, तो भले ही हमारे अंदर यह क्षमता नहीं होती कि हम अपना पूरा दिन गहनता की अवस्था में बिता सकें, लेकिन इससे सतही कार्य को कम करने की हमारी कोशिशें कम नहीं होनी चाहिए। क्योंकि एक नॉलेज वर्कर का सामान्य दिन जितना बिखरा हुआ होता है, अधिकांश लोगों के लिए उसकी कल्पना करना भी मुश्किल है।

संक्षेप में कहा जाए, तो मैं आपसे सतही काम को संदेहपूर्वक करने को कह रहा हूँ क्योंकि इससे होनेवाले नुकसान को अक्सर बहुत कम करके आँका जाता है और इसके महत्त्व को अक्सर बहुत बढ़ा-चढ़ाकर पेश किया जाता है। इस प्रकार के कार्य करना अनिवार्य होता है पर आपको इन्हें एक सीमा में ही रखना चाहिए ताकि ये गहन प्रयासों से लाभ प्राप्त करने की आपकी क्षमता को प्रभावित न कर सकें। क्योंकि अंतत: गहन कार्य ही इस बात को निर्धारित करता है कि आप अपने क्षेत्र में कितने प्रभावी साबित होंगे। आगे आपको इससे जुड़ी जिन रणनीतियों से परिचित कराया जाएगा, वे इस वास्तविकता के बीच कार्य करने में आपका सहयोग करेंगी।

अपने दिन के एक-एक मिनट का शिड्यूल बना लें

अगर आपकी उम्र पच्चीस से चौतीस वर्ष के बीच है और आप ब्रिटेन में रहते हैं, तो आप अपने अनुमान से कहीं अधिक टी.वी. देखते हैं। सन 2013 में ब्रिटेन के टी.वी. लाइसेंसिंग प्राधिकरण ने दर्शकों की टी.वी. देखने से जुड़ी आदतों पर एक सर्वेक्षण किया। इस सर्वेक्षण में हिस्सा लेनेवाले पच्चीस से चौतीस वर्ष के बीच की उम्र के लोगों का अनुमान था कि वे हर सप्ताह करीब पंद्रह से सोलह घंटे टी.वी. देखते हैं। सुनने में यह काफी ज़्यादा लगता है, पर वास्तव में इन लोगों ने अपनी टी.वी. देखने की अवधि को बहुत कम करके आँका था। हम यह बात इसलिए जानते हैं क्योंकि टी.वी. देखने संबंधी आदतों के मामले में हम वास्तविकता से अच्छी तरह परिचित हैं। ब्रॉडकास्टर ऑडियंस रिसर्च बोर्ड टी. वी. देखनेवाले परिवारों में से कुछेक को प्रतिनिधि नमूने के तौर पर चुनकर उनके घरों में एक-एक मीटर लगा देता है। ये मीटर बिना किसी पूर्वाग्रह के यह रिकॉर्ड

करते हैं कि लोग वास्तव में कितना टी.वी. देखते हैं। पच्चीस से चौतीस वर्ष की उम्र के बीच के लोग, जिन्हें लगता था कि वे हर सप्ताह लगभग पंद्रह से सोलह घंटे टी.वी. देखते हैं, वास्तव में हर सप्ताह करीब अट्ठाइस घंटे टी.वी. देखते थे, जो उनके अनुमान से कहीं ज़्यादा था।

दरअसल समय का यह गलत अनुमान सिर्फ ब्रिटेन के टी.वी. दर्शकों तक ही सीमित नहीं है। जब भी कोई समूह अपने विभिन्न व्यवहारों के संदर्भ में आत्म-मूल्यांकन करता है, तो उससे अक्सर यही गलती होती है। व्यवसाय-लेखिका लॉरा वेंडरकम ने वॉल स्ट्रीट जर्नल के लिए इसी विषय पर एक लेख लिखा था, जिसमें उन्होंने ऐसे ही अन्य कई उदाहरणों की ओर इशारा किया था। नेशनल स्लीप फाउंडेशन के एक सर्वेक्षण से पता चला कि अमेरिकियों को लगता है कि वे हर रात औसतन 07 घंटे सोते हैं। पर अमेरिकन टाइम यूज़ सर्वे से जुड़े लोगों ने अपनी नींद को सचमुच मापकर देखा और बताया कि वास्तव में हर रात औसतन नींद का आँकड़ा 07 घंटे का नहीं बल्कि 8.6 घंटे का है। एक अन्य सर्वेक्षण से पता चला कि जो लोग प्रति सप्ताह औसतम 60 से 64 घंटे काम करने का दावा करते हैं, वे वास्तव में हर सप्ताह औसतन करीब 44 घंटे ही काम करते हैं। जबकि जो लोग प्रति सप्ताह 75 घंटे से ज्यादा काम करने का दावा करते हैं, वे हर सप्ताह औसतन सिर्फ 55 घंटे ही काम करते हैं।

ये सारे उदाहरण एक महत्वपूर्ण बिंदु को रेखांकित करते हैं : हम दिनभर में अधिकतर समय ऑटो-पायलट मोड में रहते हैं - यानी हम इस बात पर ज़्यादा ध्यान नहीं दे रहे होते कि हम अपने समय को किस प्रकार खर्च कर रहे हैं। यह अपने आपमें एक समस्या है। अगर गहन कार्य और सतही कार्य के बीच आपका वर्तमान संतुलन सही नहीं है और अगर आप अपने काम शुरू करने से पहले पलभर के लिए ठहरकर यह पूछने की आदत विकसित नहीं करते कि 'इस समय क्या करना सबसे बेहतर होगा' तो महत्वहीन चीज़ों को अपने शिड्यूल पर हावी होने से रोकना मुश्किल हो जाएगा। आगे के पैराग्राफ में वर्णित रणनीति आपको ये सारे व्यवहार अपनाने के लिए मज़बूर करने के उद्देश्य से तैयार की गई है। शुरुआत में ये विचार ज़रा अतिवादी किस्म का लग सकता है, लेकिन जल्द ही यह साबित हो जाएगा कि गहन कार्य के महत्त्व का पूरा लाभ उठाने की आपकी कोशिश के लिए यह विचार आवश्यक है कि अपने दिन के एक-एक मिनट का

शिड्यूल बना लें।

मेरा एक सुझाव है : इस उद्देश्य की पूर्ति के लिए अपने पास लाइनोंवाली एक नोटबुक रखें और हर रोज अपने कार्यदिवस की शुरुआत में इसका एक नया पेज खोलें। पेज के बाईं ओर हर दूसरी लाइन को दिन के एक घंटे के तौर पर चिन्हित करें। इन घंटों की संख्या उतनी ही होनी चाहिए, जितने घंटे आप आमतौर पर रोज काम करते हैं। अब आता है इसका सबसे महत्वपूर्ण हिस्सा: अपने कार्यदिवस के घंटों को अलग-अलग ब्लॉक्स में विभाजित कर लें। उदाहरण के लिए अपने किसी ग्राहक की प्रेस रिलीज लिखने के लिए सुबह 09 से 11 बजे के बीच के समय को एक ब्लॉक में रख लें। इसके लिए आप उस पेज पर एक ऐसा ब्लॉक बनाएँ, जो इन घंटों को चिन्हित करनेवाली लाइन्स को कवर करता हो। इसके बाद उस ब्लॉक के अंदर 'प्रेस रिलीज' लिख दें। हालाँकि यह ज़रूरी नहीं है कि आपका हर ब्लॉक किसी निश्चित कार्य के लिए ही आरक्षित किया जाए। आप लंच और चाय-नाश्ते के ब्रेक्स के लिए भी ब्लॉक्स आरक्षित कर सकते हैं। नोटबुक के पेज पर उल्लेखित चीज़ों को स्पष्ट रखने के लिए हर ब्लॉक कम से कम तीस मिनट का होना चाहिए (यानी आपके पेज की एक लाइन पर चिन्हित होना चाहिए) इसका अर्थ है कि अपने हर छोटे-छोटे काम के लिए - जैसे बॉस के ई-मेल का जवाब देना, प्रतिपूर्ति (Reimbursement) फॉर्म जमा करना, अपने सहकर्मी से किसी महत्वपूर्ण रिपोर्ट के बारे में पूछना वगैरह। एक-एक ब्लॉक बनाने के बजाय आप समान चीज़ों को किसी एक ब्लॉक में भी रख सकते हैं। साथ ही पेज पर बने किसी एक ब्लॉक से पेज के दाईं ओर तक एक लाइन खींचकर आप उन सभी चीज़ों की सूची भी बना सकते हैं, जो आपको उस ब्लॉकवाले कार्य को पूरा करने के लिए ज़रूरी हैं। यह आपके लिए काफी उपयोगी साबित हो सकता है।

अपने दिनभर का शिड्यूल तैयार करते समय यह सुनिश्चित करें कि आपके समय का एक-एक मिनट किसी न किसी ब्लॉक का हिस्सा ज़रूर हो। ऐसा करके आप दरअसल अपने कार्यदिवस के हर मिनट के लिए कोई न कोई कार्य तय कर रहे होते हैं। यह शिड्यूल तैयार होने के बाद हर रोज इसका पालन करें।

यही वह बिंदु है, जहाँ अधिकांश लोगों को समस्या हो सकती है। जैसे-जैसे आपका कार्यदिवस आगे बढ़ता है, आपके शिड्यूल की दो चीज़ें ऐसी हैं, जो

गड़बड़ हो सकती हैं (या यूँ कहें कि ज़रूर गड़बड़ होंगी)। इनमें से पहली ये है कि आपका अनुमान गलत साबित होगा। उदाहरण के लिए, हो सकता है कि आपने एक प्रेस रिलीज लिखने के लिए दो घंटे का समय आरक्षित कर रखा हो, जबकि वास्तव में जब आप प्रेस रिलीज लिखने बैठें, तो उसे पूरा करने में आपको दो घंटे के बजाय ढाई घंटे का समय लग जाए। वहीं दूसरी गड़बड़ ये है कि आपने जिस समय जो काम करना निर्धारित किया है, उसमें कोई बाधा आ जाए या आपके सामने अचानक ही कोई नया महत्वपूर्ण कार्य आ जाए, जिसे तत्काल पूरा करना ज़रूरी हो। इस तरह की चीज़ों से आपका शिड्यूल गड़बड़ा सकता है।

अगर आपका शिड्यूल गड़बड़ा गया है, तो जैसे ही मौका मिले, थोड़ा सा समय निकालकर आपको उसमें ज़रूरी बदलाव कर लेना चाहिए। आप चाहें, तो नोटबुक का एक नया पेज खोल सकते हैं या फिर पुराने ब्लॉक्स को मिटाकर नए ब्लॉक्स बना सकते हैं। या फिर आप वह कर सकते हैं, जो मैं करता हूँ: अपने कार्यदिवस के बाकी घंटों के लिए बने ब्लॉक्स पर क्रॉस का निशान लगाकर उन्हें काट देना और उनके दाईं ओर पेज के खाली हिस्से में नए ब्लॉक्स बना लेना (मैं अपने ब्लॉक्स बहुत पतली-पतली लाइन्स के साथ बनाता हूँ ताकि ज़रूरत पड़ने पर उनमें बदलाव करना आसान रहे)। हो सकता है कि कभी-कभी आपको अपने शिड्यूल में कई बार बदलाव करना पड़े। अगर ऐसा हो, तो परेशान न हों। आपका उद्देश्य किसी भी कीमत पर किसी एक शिड्यूल से चिपके रहना नहीं है बल्कि आपका उद्देश्य ये है कि आप सोच-विचार के साथ अपने समय का सही इस्तेमाल करें - भले ही जैसे-जैसे आपका कार्यदिवस बीते, वैसे-वैसे आपको अपने निर्णयों पर बार-बार फिर से काम करना पड़े।

अगर आपको लगे कि आपको अपने शिड्यूल में बार-बार बदलाव करने की ज़रूरत पड़ रही है, तो कुछ ऐसी युक्तियाँ हैं, जो इससे निपटने में आपकी मदद कर सकती हैं। सबसे पहले आपको समझ लेना चाहिए कि किस काम के लिए कितने समय की ज़रूरत पड़ेगी, इस बारे में आपका अनुमान शुरू-शुरू में अक्सर गलत साबित होगा। जब लोगों में यह आदत नई-नई विकसित होती है, तब वे अपने शिड्यूल के बारे में जो भी अनुमान लगाते हैं, वह वास्तविकता कम और उनकी मनचाही कल्पना अधिक होता है। इसीलिए समय के साथ आपकी कोशिश यह होनी चाहिए कि आप इस बात का सही अनुमान लगा सकें कि किस काम के लिए कितने समय की ज़रूरत पड़ेगी।

दूसरी युक्ति जो आपके लिए मददगार साबित हो सकती है, वह है अतिरिक्त ब्लॉक्स का इस्तेमाल। अगर आप इस बात को लेकर निश्चिंत नहीं हैं कि कोई कार्य करने में कितना समय लगेगा, तो आपको उसमें जितना समय लगने की उम्मीद हो, उसका ब्लॉक बना लें और साथ ही अतिरिक्त उद्देश्य के लिए एक अन्य ब्लॉक भी बना लें। अगर आपको पिछली गतिविधि के लिए और अधिक समय की ज़रूरत हो, तो इस पर आगे काम करते रहने के लिए इस अतिरिक्त ब्लॉक का इस्तेमाल करें। जबकि कार्य निश्चित समय पर खत्म होने की स्थिति में, उस अतिरिक्त ब्लॉक के लिए पहले से ही एक वैकल्पिक उपयोग तय करके रखें (जैसे कुछ ऐसे कार्य, जिन्हें तत्काल पूरा करना ज़रूरी न हो)। इससे शिड्यूल में कोई बदलाव किए बिना ही यह तय हो सकेगा कि आपके सामने अनपेक्षित स्थितियाँ न बनें। जैसे अगर हम अपने प्रेस रिलीज वाले पिछले उदाहरण पर वापस लौटें, तो भले ही आपने प्रेस रिलीज लिखने के लिए दो घंटे का समय आरक्षित किया हो पर साथ ही एक घंटे का एक अतिरिक्त ब्लॉक भी बना लें, ताकि ज़रूरत पड़ने पर आप उस अतिरिक्त एक घंटे को भी प्रेस रिलीज लिखने पर खर्च कर सकें। अगर इसकी ज़रूरत न पड़े, तो उस अतिरिक्त समय को आप अपने ई-मेल्स चेक करने और जवाबी ई-मेल भेजने के लिए इस्तेमाल कर सकते हैं।

तीसरी युक्ति है, कार्य संबंधी ब्लॉक्स के इस्तेमाल को लेकर उदार रहें। अपने पूरे कार्यदिवस में कई ब्लॉक्स लागू करें और सुबह के कार्यों को पूरा करने के लिए बनाए गए ब्लॉक्स को, जितनी ज़रूरत हो, उससे थोड़ा ज़्यादा बड़ा बनाएँ। एक साधारण नॉलेज वर्कर के कार्यदिवस के दौरान कई सारी अनपेक्षित चीज़ें सामने आती रहती हैं: इन अनपेक्षित कार्यों के लिए अगर आप पहले से ही कुछ अतिरिक्त ब्लॉक्स के रूप में थोड़ा सा अतिरिक्त समय आरक्षित करके रखें, तो सब कुछ सुचारू रूप से चलता रहेगा।

आप इस रणनीति को अपने जीवन में लागू करें, उससे पहले मैं इस पर उठाई जानेवाली एक आम आपत्ति पर बात करना चाहूँगा। मेरा अनुभव है कि जब भी मैं प्रतिदिन के शिड्यूल का महत्त्व बताता हूँ, तो बहुत से लोगों को यह चिंता सताने लगती है कि इस किस्म की लंबी-चौड़ी योजना बनाना उनके लिए किसी अतिरिक्त बोझ जैसा होगा और साथ ही इसके चलते उनका जीवन ढेर सारे

प्रतिबंधों से घिर जाएगा। उदाहरण के लिए इसी विषय पर मेरे द्वारा लिखी गई एक ब्लॉग पोस्ट पर जोसेफ नामक एक पाठक ने एक कमेंट किया था। मैं उस कमेंट का एक हिस्सा यहाँ प्रस्तुत कर रहा हूँ:

> मुझे लगता है कि आप इस मामले में अनिश्चितता की भूमिका को बहुत कम करके आँक रहे हैं... मुझे तो उन पाठकों की चिंता है, जो आपके द्वारा प्रस्तुत इन बातों को अपने जीवन में गंभीरता से लागू करेंगे। इससे उनके और उस शिड्यूल के बीच एक जुनूनी किस्म का संबंध बनने का खतरा है, जो काम में डूबने के बजाय, काम पर खर्च किए गए एक-एक पल की गिनती करने को अधिक महत्वपूर्ण बनाकर पेश करता है। जबकि अगर कलाकारों की बात करें, तो उनके लिए अपने काम में डूबना न सिर्फ सबसे ज़रूरी होता है बल्कि अपने काम में गुणवत्ता की ऊँचाइयाँ छूने के लिए उनके पास यही इकलौता विकल्प भी होता है।

मैं इन चिंताओं को समझता हूँ और निश्चित ही जोसेफ ऐसे पहले व्यक्ति नहीं हैं, जिन्होंने इन चिंताओं को सामने रखा है। हालाँकि सौभाग्य की बात ये है कि इन चिंताओं को दूर करना भी आसान है। मैं खुद जब रोज अपना दिनभर का शिड्यूल बनाता हूँ, तो न सिर्फ चिंतन और चर्चा के लिए नियमित रूप से समय तय करने के लिए ब्लॉक्स बनाता हूँ बल्कि मेरा एक नियम है कि अगर इस दौरान मुझे अचानक कोई महत्वपूर्ण अंतर्दृष्टि मिलती है, तो अपने बाकी के दिन के सारे शिड्यूल को नज़रअंदाज करने के लिए यह एक कारण काफी है (स्वाभाविक रूप से इसमें वे चीज़ें अपवाद हैं, जिन्हें तत्काल निपटाना ज़रूरी है)। इसके बाद मैं अनपेक्षित रूप से मिली उस अंतर्दृष्टि के साथ तब तक व्यस्त रह सकता हूँ, जब तक उसके प्रति मेरा उत्साह खत्म नहीं हो जाता। इस बिंदु पर आकर मैं एक कदम पीछे जाकर दिन के बचे हुए समय के लिए अपना शिड्यूल फिर से बना लेता हूँ।

दूसरे शब्दों में कहें, तो मैं न सिर्फ अपने शिड्यूल में सहजता आने देता हूँ बल्कि इसे लगातार प्रोत्साहित भी करता हूँ। जोसेफ द्वारा की गई आलोचना दरअसल इस गलत विचार से प्रेरित है कि शिड्यूल का उद्देश्य आपको एक कठोर योजना के अनुसार काम करने के लिए मज़बूर करना है। जबकि असल

में इस प्रकार से शिड्यूल का संबंध आपके व्यवहार को किसी भी प्रकार से प्रतिबंधित करने से नहीं है बल्कि इसका संबंध तो विचारशीलता से है। यह एक साधारण सी आदत है, जो आपको दिन में कई बार पलभर के लिए ठहरकर खुद से यह सवाल पूछने के लिए मज़बूर करती है कि 'मेरे पास अभी जितना समय बचा है, उसमें कौन सा काम करना सबसे उचित होगा?' सवाल पूछने की यह आदत अपनाने से आपको सीधे परिणाम मिलते हैं।

मैं तो यहाँ तक कहूँगा कि जो व्यक्ति इस प्रकार का व्यापक शिड्यूल बनाकर काम करता है और ज़रूरत पड़ने पर अपनी योजना को बदलने और फिर उन बदलावों के हिसाब से आगे बढ़ने को तैयार रहता है, उसे रचनात्मक अंतर्दृष्टियों का अनुभव होने की संभावना अधिक होती है। जबकि जो व्यक्ति 'तात्कालिक' व्यवहारवाला पारंपरिक दृष्टिकोण अपनाता है यानी जिसके पास अपने दिनभर के काम के लिए कोई तयशुदा शिड्यूल या कार्यक्रम नहीं होता, उसे ऐसी अंतर्दृष्टियों का अनुभव मुश्किल से ही होता है। जब व्यक्ति के पास दिनभर के लिए कोई तयशुदा कार्यक्रम नहीं होता, तो वह अक्सर ई-मेल, सोशल मीडिया और वेब सर्फिंग जैसी सतही गतिविधियों में अपना समय बरबाद करता रहता है। इस किस्म का सतही व्यवहार क्षणिक रूप से तो संतोषजनक लगता है, पर यह आपकी रचनात्मकता के लिए कतई अनुकूल नहीं होता। जबकि अगर आपके पास दिनभर के लिए एक तयशुदा कार्यक्रम है, तो आप किसी नए विचार पर काम करने के लिए ब्लॉक्स बनाकर अपना शिड्यूल तैयार करना या किसी चुनौतीपूर्ण कार्य को निपटाने के लिए गहनतापूर्वक जुट जाना या फिर एक निश्चित अवधि तक गहन सोच-विचार करना सुनिश्चित कर सकते हैं। इस प्रकार के प्रतिबद्धतापूर्ण व्यवहार से नए व रचनात्मक कार्य करने और बेहतर परिणाम हासिल करने की संभावना बढ़ जाती है (उदाहरण के लिए नियम-1 में आपको बताया गया था कि कैसे कई महान रचनात्मक चिंतन कठोर रस्मों का पालन करते हैं) चूँकि आप कोई नया विचार आने पर अपनी तयशुदा योजना को किनारे रखने के लिए पहले से तैयार होंगे इसलिए प्रेरक शक्ति महसूस होते ही दोबारा काम में जुटने के लिए भी तैयार रहेंगे।

संक्षेप में कहें, तो इस रणनीति की प्रेरणा इस समझ से आती है कि गहन

कार्य करने की आदत के लिए यह ज़रूरी है कि आप अपने समय का महत्त्व समझें। इस महत्त्व को ध्यान में रखकर आगे बढ़ने पर आपका पहला कदम क्या होना चाहिए, इस बारे में मेरा सुझाव यह है : अपने कार्यदिवस के एक-एक मिनट की योजना पहले से ही तैयार कर लें। शुरू-शुरू में स्वाभाविक तौर पर आपको ऐसा करने में कठिनाई होगी। क्योंकि इसमें कोई दोराय नहीं है कि अपने दिनभर के शिड्यूल पर अपनी आंतरिक सनक और बाहरी ज़रूरतों जैसी दो जुड़वाँ शक्तियों को हावी होने देना, एक-एक मिनट की योजना तैयार करने के मुकाबले कहीं ज़्यादा आसान होता है। पर अगर महत्वपूर्ण रचनाएँ करनेवाले एक व्यक्ति के तौर पर आप अपनी क्षमता के उच्चतम बिंदु तक पहुँचना चाहते हैं, तो आपको तयशुदा कार्यक्रम के प्रति अपने अविश्वास से उबरना होगा।

अपनी गतिविधि की गहनता निर्धारित करें

अपने कार्यदिवस का शिड्यूल बनाने का एक लाभ ये भी है कि इसकी मदद से आप यह पता कर सकते हैं कि दिनभर में आपने सतही गतिविधियों में कुल कितना समय खर्च किया। हालाँकि अपने शिड्यूल की मदद से यह अंतर्दृष्टि हासिल करना व्यावहारिक रूप से ज़रा मुश्किल हो सकता है क्योंकि आमतौर पर यह स्पष्ट नहीं होता कि आपको किस गतिविधि या कार्य को कितना सतही मानकर चलना है। इस चुनौती का सामना कैसे किया जाए, यह समझने के लिए आइए खुद को सतही कार्य की वह औपचारिक परिभाषा याद दिलाते हैं, जिसे मैंने इस किताब की 'भूमिका' में आपके सामने प्रस्तुत किया था।

सतही कार्य : मानसिक रूप से आसान, लेकिन अन्य किसी भी लिहाज से मुश्किल ऐसा संचालन-संबंधी कार्य, जो अक्सर उस समय किया जाता है, जब ध्यान भटका हुआ होता है। इस प्रकार के कार्यों पर की गई मेहनत से कुछ भी नया या महत्वपूर्ण परिणाम नहीं मिलता और इन कार्यों को दोहराना बहुत आसान होता है।

कुछ सतही गतिविधियाँ ऐसी हैं, जो इस परिभाषा पर पूरी तरह खरी उतरती हैं। जैसे ई-मेल चेक करना या एक कान्फ्रेंस कॉल का समय निर्धारित करना निर्विवाद रूप से सतही कार्यों की श्रेणी में आता है। पर अन्य गतिविधियों का वर्गीकरण ज़रा अस्पष्ट हो सकता है, उदाहरण के लिए :

- **उदाहरण-1:** एक शैक्षणिक लेख के मसौदे का संपादन जिसे आप जल्द ही अपने सहयोगी के साथ मिलकर एक जर्नल में प्रकाशित करने के लिए भेजेंगे।
- **उदाहरण-2:** कंपनी के तिमाही बिक्री आँकड़ों के बारे में एक पावर पॉइंट प्रेजेन्टेशन तैयार करना।
- **उदाहरण-3:** किसी महत्वपूर्ण प्रोजेक्ट की वर्तमान स्थिति पर चर्चा करने और अगले चरण पर आपसी सहमति बनाने के लिए एक मीटिंग में हिस्सा लेना।

शुरुआत में यह स्पष्ट नहीं होता कि इन उदाहरणों को वर्गीकृत कैसे किया जाए। इनमें से पहले दोनों कार्य इस प्रकार के हैं, जिन्हें पूरा करना काफी मुश्किल हो सकता है। ये तीनों कार्य, कामकाज संबंधी मुख्य उद्देश्यों की पूर्ति के लिए महत्वपूर्ण नज़र आते हैं। इस रणनीति का उद्देश्य ये है कि वर्गीकरण करने से जुड़ी अस्पष्टता से उबरने के लिए आपको एक सटीक मात्रक उपलब्ध कराया जा सके - ताकि कोई कार्य सतही से गहनता तक के पैमाने पर कहाँ सटीक बैठता है, इस बारे में स्पष्ट और सुसंगत निर्णय लेने के लिए आपको एक तरीका मिल सके। आप ऐसा कर सकें, इसके लिए यह रणनीति आपसे माँग करती है कि आप अपनी गतिविधियों का मूल्यांकन करने के लिए एक सीधा सा (पर आश्चर्यजनक रूप से ज्ञानवर्धक) सवाल पूछें:

> 'हाल ही में ग्रेजुएट हुए एक बुद्धिमान कॉलेज छात्र को आज तक मेरे क्षेत्र से जुड़ा कोई प्रशिक्षण नहीं मिला है, उसे यह कार्य पूरा करने के लिए कितने महीनों का प्रशिक्षण देने की ज़रूरत पड़ेगी?'

आइए अब इस दृष्टिकोण को समझने के लिए इस सवाल को अस्पष्ट कार्यों के उदाहरण पर भी लागू करके देखते हैं।

उदाहरण-1 का विश्लेषण: एक शैक्षणिक लेख को ठीक से संपादित करने के लिए यह ज़रूरी है कि आप उस काम की बारीकियों को समझते हों (ताकि यह सुनिश्चित हो सके कि उसकी सामग्री का वर्णन ठीक से हो रहा है) और साथ ही आप उस लेख के विषय से जुड़ी बारीकियों को भी अच्छी तरह समझते हों (ताकि यह सुनिश्चित हो सके कि उसका उद्धरण ठीक से हो रहा है)। इन आवश्यकताओं की पूर्ति के लिए एक शैक्षणिक क्षेत्र का अत्याधुनिक ज्ञान होना ज़रूरी है - यह

ऐसी चीज़ है, जिसके लिए आज के विशेषज्ञतावाले युग में ग्रेजुएशन के स्तर पर और उसके बाद भी गहन अध्ययन की ज़रूरत होती है। अगर विशेष रूप से इसी उदाहरण की बात करें तो इसके लिए 50 से 75 महीनों का गहन अध्ययन ज़रूरी है।

उदाहरण-2 का विश्लेषण: इस विश्लेषण में दूसरा उदाहरण अधिक अच्छा साबित नहीं होता। कंपनी के तिमाही बिक्री के आँकड़ों का वर्णन करनेवाली पावर पॉइंट प्रेजेन्टेशन बनाने के लिए तीन चीज़ों की ज़रूरत पड़ती है: पहली, यह जानकारी होना कि पावर पॉइंट प्रेजेन्टेशन कैसे बनाई जाती है... दूसरी, अपनी कंपनी के प्रेजेन्टेशन संबंधी स्टैंडर्ड फॉर्मेट की समझ होना... और तीसरी, यह पता होना कि आपकी कंपनी बिक्री संबंधी किन मात्रकों पर नज़र रखती है और उन्हें उचित ग्राफ्स में कैसे तब्दील किया जा सकता है...। हमने अपने सवाल में जिस काल्पनिक कॉलेज ग्रेजुएट का जिक्र किया था, उसके बारे में हम यह मानकर चल सकते हैं कि उसे पावर पॉइंट का उपयोग करना आता होगा और आपकी कंपनी के प्रेजेन्टेशंस का फॉर्मेट सीखने में भी उसे एक सप्ताह से ज़्यादा का समय नहीं लगेगा। अब असली सवाल ये है कि आपकी कंपनी जिन मात्रकों पर नज़र रखती है, उन्हें समझने में, परिणामों का पता लगाने में और स्लाइड प्रेजेन्टेशन के लिए उन्हें उचित ग्राफ्स व चार्ट्स में तब्दील करने में एक योग्य कॉलेज ग्रेजुएट को कितना समय लगेगा? यह कोई आसान काम नहीं है लेकिन एक योग्य और बुद्धिमान कॉलेज ग्रेजुएट छात्र को यह सब करने के लिए ज़्यादा से ज़्यादा एक महीने के अतिरिक्त प्रशिक्षण की ज़रूरत पड़ेगी - यानी हमारे सवाल (कि इस कार्य को पूरा करने के लिए एक योग्य कॉलेज ग्रेजुएट को कितना समय लगेगा) का जवाब है, करीब दो महीना।

उदाहरण-3 का विश्लेषण: मीटिंग्स का विश्लेषण करना मुश्किल हो सकता है। मीटिंग्स कई बार थका देनेवाली भी हो सकती हैं पर आमतौर पर मीटिंग्स को ऐसे प्रस्तुत किया जाता है, जैसे उनमें हिस्सा लेना अपनी कंपनी की सबसे महत्वपूर्ण गतिविधियों में से मुख्य भूमिका निभाने जैसा हो। यहाँ जो विधि प्रस्तुत की जा रही है, वह सतही स्तर पार करके गहराई में जाने में आपकी सहायक होती है। हाल ही में ग्रेजुएट हुए एक बुद्धिमान छात्र को योजना संबंधी मीटिंग्स में आपकी जगह लेने योग्य बनाने के लिए कितना प्रशिक्षण देना होगा? इसके लिए उसे इस

प्रोजेक्ट को और इसमें हिस्सा लेनेवालों के कौशल को अच्छी तरह समझना होगा ताकि वह इसके सबसे महत्वपूर्ण बिंदुओं को जान सके। हमारे इस काल्पनिक कॉलेज ग्रेजुएट को संभवत: परस्पर व्यक्तिगत संबंधों के साथ-साथ इस बारे में भी अंतर्दृष्टि की ज़रूरत पड़ेगी कि वास्तव में कंपनी में ऐसे प्रोजेक्ट पर काम किस प्रकार से होता है। इस बिंदु पर आकर शायद आपको ऐसा लगे कि इस कॉलेज ग्रेजुएट को प्रोजेक्ट से जुड़े विषयों पर भी गहन विशेषज्ञता की ज़रूरत होगी। पर शायद योजनासंबंधी मीटिंग के लिए उसे इसकी ज़रूरत न पड़े। इस प्रकार की मीटिंग्स बहुत कम मौकों पर ही मूल मुद्दों पर केंद्रित होती हैं। आमतौर पर इनमें बहुत सारी गपशप और दिखावा होता है, इनमें हिस्सा लेनेवाले बिना किसी वास्तविक वचनबद्धता के एक-दूसरे के सामने यह जताने की कोशिश करने में लगे हैं कि वे प्रोजेक्ट्स के प्रति पूरी तरह वचनबद्ध हैं। अगर हम इस काल्पनिक कॉलेज ग्रेजुएट को ये सब सीखने के लिए सिर्फ तीन महीने का समय दे, तो वह बिना किसी दिक्कत के इन फालतू मीटिंग्स में आपकी जगह ले सकता है। इस लिहाज से, हम अपने सवाल के जवाब के तौर पर 'कॉलेज ग्रेजुएट को तीन महीने के प्रशिक्षण की ज़रूरत होगी' का उपयोग करेंगे।

यह सवाल एक किस्म का विचार संबंधी प्रयोग है (मैं आपसे अपने सतही कामों के लिए किसी कॉलेज ग्रेजुएट को नियुक्त करने के लिए नहीं कहूँगा) पर यह जो जवाब उपलब्ध कराता है, वह तटस्थ भाव से विभिन्न गतिविधियों की गहनता या सतहीपन निर्धारित करने में सहायक होता है। अगर हमारे काल्पनिक कॉलेज ग्रेजुएट को किसी कार्य में आपकी जगह लेने के लिए कई महीनों के प्रशिक्षण की ज़रूरत है, तो इससे यह संकेत मिलता है कि उस कार्य को पूरा करने के लिए ऐसी विशेषज्ञता की ज़रूरत पड़ती है, जिसे हासिल करने के लिए कड़ी मेहनत ज़रूरी है। जैसा कि पहले भी बताया गया था, जिस कार्य में आपकी विशेषज्ञता काम आती है, वह अक्सर गहन कार्य होता है और इसीलिए उससे आपको दोहरा लाभ मिल सकता है: ऐसे कार्यों में आप जितना समय खर्च करते हैं, बदले में आपको उससे कहीं अधिक परिणाम मिलते हैं। साथ ही ऐसे कार्यों से आपकी क्षमता भी बढ़ती है, परिणामस्वरूप आप बेहतर बनते हैं। दूसरी ओर हमारा काल्पनिक कॉलेज ग्रेजुएट जिस कार्य की जिम्मेदारी अपने कंधों पर तुरंत उठा सकता है, उस कार्य के लिए विशेषज्ञता की ज़रूरत नहीं होती और इसीलिए उसे सतही कार्य के तौर पर देखा जा सकता है।

इस रणनीति के मामले में आपको क्या करना चाहिए? एक बार जब आपको यह समझ में आ जाए कि सतही से लेकर गहन के पैमाने पर आपकी गतिविधियों की स्थिति क्या है, तो अपने समय को ज़्यादा से ज़्यादा उन गतिविधियों में लगाएँ, जो इस पैमाने पर गहनता के करीब हों। उदाहरण के लिए जब हम अपनी केस स्टडीज पर पुनर्विचार करते हैं, तो आप देखेंगे कि पहला कार्य कुछ ऐसा है, जिसे आप समय का सही इस्तेमाल करने के लिए अपनी प्राथमिकता सूची में सबसे ऊपर रखना चाहेंगे, जबकि दूसरा और तीसरा कार्य उस किस्म का होगा, जिसमें कम से कम समय खर्च करना है। हो सकता है कि वे आपको उत्पादक यानी प्रोडक्टिव कार्य लगें पर उनमें जितना समय खर्च होता है, उसके लिहाज से उनसे मिलनेवाला परिणाम औसत दर्जे का होता है।

हालाँकि आप सतही कार्यों से गहन कार्यों की ओर कैसे बढ़ेंगे, यह अक्सर स्पष्ट नहीं होता – भले ही आपको पता हो कि अपनी वचनबद्धताओं का सटीक वर्गीकरण कैसे करना है। आगे आपको उन रणनीतियों के बारे में बताया जाएगा, जिनसे आपको इस मुश्किल लक्ष्य को पूरा करने के लिए विशेष मार्गदर्शन मिलेगा।

अपने बॉस से सतही काम के लिए समय आरक्षित करने को कहें

एक महत्वपूर्ण सवाल, जिसे बहुत कम ही पूछा जाता है, ये है कि 'सतही काम पर मेरे समय का कितने प्रतिशत हिस्सा खर्च होना चाहिए?' यह रणनीति कहती है कि आपको यह सवाल ज़रूर पूछना चाहिए। दूसरे शब्दों में कहें, तो अगर आपका कोई बॉस है, तो उसके साथ इस सवाल पर चर्चा करें (संभवत: सबसे पहले आपको उसके सामने यह स्पष्ट करना होगा कि 'सतही कार्य' और 'गहन कार्य' क्या होता है)। और अगर आपका कोई बॉस नहीं है या आप कोई व्यक्तिगत व्यवसाय करते हैं, तब भी आपको यह सवाल अपने आपसे ज़रूर पूछना चाहिए। दोनों ही स्थितियों में आपको इस सवाल का एक स्पष्ट जवाब तय करना होगा। इसके बाद आपको उस आरक्षित समय में ही वह काम करना होगा। ऐसा करना ज़रूरी है (इससे पहले आपको जो रणनीतियाँ बताई गई थीं और आगे जो रणनीतियाँ बताई जाएँगी, वे सब इस लक्ष्य की पूर्ति में आपकी सहायक होंगी)।

नॉलेज-वर्क से जुड़ी अधिकतर नौकरियों में (जूनियर लेवल की नौकरियों को छोड़कर) अधिकांश मामलों में यह आरक्षित समय, कुल समय का 30 से 50

प्रतिशत के बीच होगा। (जिन कार्यों के लिए विशेषज्ञता या कौशल की ज़रूरत नहीं होती, उन पर अपना अधिकांश समय खर्च करने के विचार के प्रति लोगों में खासी दिलचस्पी नहीं होती। इसलिए ऐसे कामों के लिए '50 प्रतिशत समय' एक स्वाभाविक उच्चतम सीमा है। जबकि इसी के साथ अधिकांश बॉसेस इस बारे में चिंतित होने लगेंगे कि अगर यह आँकड़ा 30 प्रतिशत से भी नीचे चला गया, तो आप नॉलेज वर्क करनेवाले किसी एकांतवासी जैसे हो जाएँगे, जिसके मन में बड़े-बड़े विचार तो उठते हैं, पर वह कभी ई-मेल्स का जवाब तक नहीं देता।)

सतही कार्यों के लिए आरक्षित समय के दायरे में काम करने के लिए संभवत: आपको अपने व्यवहार में बदलाव लाने की ज़रूरत पड़ेगी। यह करीब-करीब निश्चित है कि आपको सतहीपन से भरे प्रोजेक्ट्स को 'ना' कहना पड़ेगा। साथ ही आपको अपने मौजूदा प्रोजेक्ट्स में भी सतहीपन को आक्रामक ढंग से कम करना होगा। इस बजट के कारण परिणाम-आधारित रिपोर्टिंग को प्राथमिकता मिलेगी, जिसके चलते संभवत: साप्ताहिक स्टेटस मीटिंग की ज़रूरत खत्म हो जाएगी ('जब काम में महत्वपूर्ण प्रगति हासिल हो जाए, तो मुझे इससे अवगत कराएँ। इसके बाद ही हम आगे चर्चा करेंगे') इसके चलते संभवत: आप सुबह के समय आमतौर पर किसी भी इलेक्ट्रॉनिक कम्यूनिकेशन (इलेक्ट्रॉनिक गैजेट्स की मदद से किया जानेवाला संवाद) से दूरी बनाकर रखेंगे या फिर यह तय कर लेंगे कि अपने इनबॉक्स में आनेवाले हर ई-मेल का फौरन और विस्तारपूर्वक जवाब देना इतना महत्वपूर्ण भी नहीं है, जितना आपको पहले लगता था।

अपने कामकाजी जीवन में गहन कार्य करने की इच्छा को केंद्रीय महत्त्व देने के लिहाज से ये सारे बदलाव आपके लिए सकारात्मक साबित होंगे। एक ओर जहाँ ये सारे बदलाव आपको अपने मुख्य सतही दायित्वों को त्यागने के लिए नहीं कहते और अगर ऐसा किया गया, तो इससे समस्याएँ और खीझ पैदा होगी क्योंकि इन बदलावों के बाद भी आप सतही दायित्यों को निभाने में काफी समय खर्च कर रहे होते हैं। जबकि दूसरी ओर ये बदलाव आपको इस बात के लिए मज़बूर ज़रूर करते हैं कि अपने शिड्यूल में छलपूर्वक शामिल होनेवाले उन सतही कार्यों को पूरा करने के लिए कुछ समय आरक्षित कर लें, जिन्हें तत्काल पूरा करना ज़रूरी नहीं है। यह समय आरक्षित होने से आपके पास निरंतर गहन कार्य करने के लिए पर्याप्त समय बचने लगता है।

ये निर्णय लेने से पहले अपने बॉस से इस विषय पर चर्चा करनी चाहिए क्योंकि जब आपका बॉस आपसे सहमत होगा, तो आपको भरपूर सहयोग मिलेगा। अगर आपका पेशा ऐसा है, जहाँ कोई व्यक्ति आपका बॉस है, तो इस रणनीति से आपको ये सुविधा मिलेगी कि जब आप किसी सतही दायित्व को अपने जिम्मे लेने से इनकार करेंगे या किसी प्रोजेक्ट के सतहीपन को कम करने के लिए उसे नए सिरे से तैयार करेंगे, तो इस निर्णय पर सवाल उठानेवालों को चुप कराने के लिए आप अपने बॉस का नाम ले सकते हैं। आप अपने इस कदम को इसलिए सही ठहरा सकते हैं क्योंकि यह सतही और गहन कार्य के मिश्रित लक्ष्य को पूरा करने के लिए ज़रूरी है। जैसा कि मैंने दूसरे अध्याय में बताया था, नॉलेज वर्क से जुड़ी नौकरियों में सतही कार्य की मात्रा हमेशा इसलिए ज्यादा होती है क्योंकि हम आमतौर पर उसके नकारात्मक प्रभाव पर गौर ही नहीं करते। बल्कि हम अपने इस व्यवहार का मूल्यांकन सिर्फ क्षणिक तौर पर ही करते हैं। यह ऐसा दृष्टिकोण है, जिससे हर कार्य उचित और सुविधाजनक ही लगता है। हालाँकि इस नियम में पहले बताए गए टूल्स इस प्रभाव को स्पष्ट रूप से देखने का मौका देते हैं। अब आप पूरे आत्मविश्वास के साथ अपने बॉस को यह बता सकते हैं कि 'पिछले सप्ताह मैंने सतही कार्यों पर कुल इतने प्रतिशत समय खर्च किया' और फिर आप उसी समय के रेशो को मंजूरी देने के लिए अपने बॉस को बाध्य कर सकते हैं। इन आँकड़ों से स्पष्ट होनेवाली आर्थिक वास्तविकताओं के सामने आने के बाद (उदाहरण के लिए सिर्फ ई-मेल चेक करने, उनका जवाब देने और मीटिंग्स में हिस्सा लेने के लिए किसी अच्छे-खासे प्रशिक्षित कर्मचारी को काम पर रखना व्यर्थ है) बॉस स्वत: ही इस स्वाभाविक नतीजे पर पहुँच जाएगा कि ज़रूरत पड़ने पर 'ना' कहना और दूसरों को व्यवस्थित करना आवश्यक है। आपको ऐसा करने का अधिकार होना चाहिए - भले ही इससे आपके बॉस के, आपके और सहकर्मियों के जीवन में ज़रा असुविधा बढ़ जाए। क्योंकि अंतत: एक व्यवसाय का मूल लक्ष्य लाभ कमाना होता है, न कि अपने कर्मचारियों के जीवन को ज़्यादा से ज़्यादा आसान बनाना।

दूसरी ओर अगर आप कोई व्यक्तिगत व्यवसाय करते हैं, तो यह अभ्यास आपको इस सच्चाई का सामना करने के लिए मज़बूर कर देगा कि आपके 'व्यस्त' शिड्यूल में कितना कम समय ऐसा होता है, जब आप वास्तव में किसी किस्म का लाभ कमा रहे होते हैं। इन स्पष्ट आँकड़ों से आपको अपनी उन सतही

गतिविधियों को कम करने का आत्मविश्वास मिलेगा, जिनके चलते आपका अधिकतर समय व्यर्थ हो जाता है। इन आँकड़ों के बिना किसी भी व्यवसायी के लिए ऐसी गतिविधियों को 'ना' कहना मुश्किल होता है, जिनसे वह थोड़ा-बहुत लाभ कमा सकता है। 'मुझे ट्विटर पर सक्रिय रहना है!' 'मुझे फेसबुक पर अपनी सक्रिय उपस्थिति बनाए रखनी है!' 'मुझे अपने ब्लॉग पर विजेट्स को ठीक करना होगा!' आप खुद को इस तरह की बातें बोलते रहते हैं क्योंकि इनमें से किसी भी गतिविधि को 'ना' कहना ऐसा लगता है कि जैसे आप आलसी होने के कारण इनमें हिस्सा लेने से बच रहे हैं। इसके बजाय अब आप सतही से गहन रेशो का चुनाव करके अपराध बोध से निर्माण हुई इस बेशर्त स्वीकार्यता को छोड़ सकते हैं। इसकी जगह आप, सतही कार्य के लिए आरक्षित समय का ज़्यादा से ज़्यादा लाभ उठाने (इससे आपको अन्य कोई अवसर गँवाना नहीं पड़ेगा), आरक्षित समय की मात्रा न्यूनतम रखने और व्यवसाय को आगे बढ़ानेवाले गहन कार्य पर ध्यान केंद्रित रखने की आदत अपना सकते हैं।

बेशक यह संभावना हमेशा बनी रहती है कि जब आप ये सवाल पूछें कि 'सतही काम पर मेरे समय का कितने प्रतिशत हिस्सा खर्च होना चाहिए?' तो बदले में आपको एक कड़ा जवाब मिले। कोई भी बॉस स्पष्ट शब्दों में यह जवाब नहीं देगा कि 'तुम्हारा शत-प्रतिशत समय सतही गतिविधियों के लिए आरक्षित होना चाहिए!' (बशर्ते आप एक जूनियर-लेवल कर्मचारी न हों। अगर आप सचमुच एक जूनियर-लेवल कर्मचारी हैं, तो फिर इस अभ्यास के लिए आपको तब तक इंतजार करना चाहिए, जब तक आप अपने अंदर इतना कौशल विकसित न कर लें कि अपने कामकाज से संबंधित आधिकारिक गतिविधियों में गहन प्रयासों को भी जोड़ सकें।) संभवत: आपको अपने बॉस से कुछ ऐसा जवाब मिलेगा, 'सतही गतिविधियों में तुम्हें उतना ही समय देना है, जितने में तुम वे सारे काम तुरंत पूरे कर सको, जो तुम्हें दिए गए हैं।' यह जवाब भी उपयोगी है क्योंकि यह आपको बताता है कि यह कोई ऐसी नौकरी नहीं है, जो गहन कार्य का समर्थन करती हो। और जो नौकरी गहन कार्य का समर्थन नहीं करती, वह आज की सूचना आधारित अर्थव्यवस्था में सफलता पाने में आपका सहयोग नहीं कर सकती। इसलिए आपको अपने बॉस को उनकी प्रतिक्रिया के लिए धन्यवाद देकर तुरंत एक ऐसा नया पद हासिल करने की योजना बनाना शुरू कर देना चाहिए, जो गहनता को महत्त्व देता हो।

शाम साढ़े पाँच बजे तक अपना काम खत्म कर लें

इन शब्दों को लिखे जाने से ठीक पहले मैंने सात दिनों की अवधि में पैंसठ ऐसी चर्चाओं में हिस्सा लिया, जो ई-मेल के माध्यम से हो रही थीं। इन पैंसठ चर्चाओं के दौरान मैंने शाम को साढ़े पाँच बजे के बाद सिर्फ पाँच ई-मेल भेजे। इन आँकड़ों से स्पष्ट होता है कि अगर अपवाद स्वरूप कुछ मौकों को छोड़ दिया जाए, तो शाम साढ़े पाँच बजे के बाद मैं कोई ई-मेल नहीं भेजता। आज के जमाने में ई-मेल जिस तरह हमारे कामकाजी जीवन का अभिन्न अंग बन चुका है, उस हिसाब से मेरा यह व्यवहार एक आश्चर्यजनक वास्तविकता की ओर संकेत करता है कि मैं शाम को साढ़े पाँच बजे के बाद काम नहीं करता।

मैं अपनी इस वचनबद्धता को तयशुदा शिड्यूल की उत्पादकता (प्रोडक्टिविटी) कहता हूँ क्योंकि मैंने यह तय कर रखा है कि एक निश्चित समय के बाद मैं काम नहीं करूँगा और फिर एक कदम पीछे जाकर ऐसी उत्पादकता संबंधी रणनीतियाँ खोजूँगा जिनकी मदद से अपनी इस वचनबद्धता को पूरा कर सकूँ। मुझे तयशुदा शिडयूल की उत्पादकता का खुशी-खुशी अभ्यास करते हुए करीब आधा दशक हो चुका है और गहन कार्य पर केंद्रित एक उत्पादक व्यावसायिक जीवन का निर्माण करने में यह बहुत महत्वपूर्ण साबित हुआ है। आगे के पन्नों में मैं आपको यह रणनीति अपनाने के लिए प्रेरित करने का प्रयास करूँगा।

आपके सामने तयशुदा शिड्यूल की उत्पादकता को प्रस्तुत करने की शुरुआत में ही मैं आपको बताना चाहूँगा कि मैं जिस अकादमिक दुनिया में काम करता हूँ, उसमें पारंपरिक समझ के अनुसार इस युक्ति को असफल हो जाना चाहिए था। प्रोफेसर्स – खासतौर पर जूनियर लेवल प्रोफेसर्स – ऐसा थकाऊ शिड्यूल अपनाने के लिए जाने जाते हैं, जिसमें वे रात के वक्त और सप्ताह के अंत में भी काम कर रहे होते हैं। उदाहरण के लिए एक युवा कंप्यूटर साइंस प्रोफेसर – जिसे मैं 'टॉम' नाम से संबोधित करूँगा, उसके द्वारा लिखी गई एक ब्लॉग पोस्ट पर विचार करें। सन 2014 में सर्दियों में लिखी गई इस ब्लॉग पोस्ट में इस युवा प्रोफेसर ने कहा था कि हाल ही में उसने एक दिन अपने ऑफिस में बारह घंटे बिताए और अब यही उसका शिड्यूल है। प्रतिदिन बारह घंटे के इस शिड्यूल में वह पाँच अलग-

अलग मीटिंग्स और तीन घंटे का 'प्रशासनिक' कार्य करता है, जिसे उसने 'ढेरों ई-मेल चेक करने, नौकरशाही से जुड़े फॉर्म्स भरने, मीटिंग्स के नोट्स व्यवस्थित करने और भविष्य की मीटिंग्स की योजना बनाने' के तौर पर परिभाषित किया था। उसके अपने अनुमान के मुताबिक इन बारह घंटों में सिर्फ डेढ़ घंटे का समय ऐसा होता है, जिसमें वह अपना 'असली' काम करता है। इस असली काम को उसने 'शोध पूरा करने' की दिशा में की गई कोशिशों के तौर पर परिभाषित किया। कोई आश्चर्य नहीं कि टॉम एक औसत कामकाजी दिन से ज्यादा काम करने के लिए खुद को मज़बूर महसूस करता है। अपनी एक अन्य ब्लॉग पोस्ट में टॉम लिखता है कि 'मैं इस वास्तविकता को पहले ही स्वीकार कर चुका हूँ कि मुझे सप्ताह के अंत में भी काम करना पड़ेगा। कॉलेज की जूनियर फैकल्टी में ऐसे लोगों की संख्या बहुत ही कम है, जो इस दुर्भाग्य से बच सकते हैं।'

फिर भी मेरे साथ ऐसा नहीं हुआ। भले ही मैं रात में काम नहीं करता और सप्ताहांत में भी मेरा काम करना दुर्लभ ही होता है। इसके बावजूद सन 2011 की शरद ऋतु में जॉर्जटाउन को अपना निवास स्थान बनाने से लेकर, सन 2014 की शरद ऋतु में इस अध्याय को लिखे जाने तक, मेरे लिखे करीब बीस लेख प्रकाशित हो चुके हैं। जिनकी समीक्षा मेरे सहकर्मियों द्वारा की गई है। इसके साथ ही मैंने दो प्रतिस्पर्धी अनुदान हासिल किए हैं, एक (गैर-शैक्षणिक) किताब लिख चुका हूँ और अपनी अगली किताब भी करीब-करीब पूरी कर चुका हूँ (जिसे आप फिलहाल पढ़ रहे हैं।) ये सब मैंने उन थका देनेवाले कार्यक्रमों को अनदेखा करते हुए किया है, जिन्हें अक्सर ऐरे-गैरे किस्म के लोग आवश्यक बताते रहते हैं।

इस विरोधाभास के पीछे क्या है? इस सवाल का सम्मोहक जवाब सन 2013 में प्रकाशित एक ऐसे लेख में मिल सकता है, जो खासा प्रचलित हुआ था। इसे शिक्षा के क्षेत्र में काम करनेवाली एक महिला ने लिखा था, जो कॅरियर के मामले में न सिर्फ मुझसे काफी आगे हैं बल्कि उनकी उपलब्धियाँ भी मुझसे कहीं ज़्यादा हैं। उनका नाम है राधिका नागपाल। वे हार्वर्ड यूनिवर्सिटी में कंप्यूटर साइंस की प्रोफेसर हैं। राधिका अपने लेख की शुरुआत इस दावे के साथ करती हैं कि जूनियर प्रोफेसर्स के अधिकांश तनाव का कारण वे स्वयं होते हैं। वे कहती हैं, 'रिसर्च को प्राथमिकता देनेवाली यूनिवर्सिटीज की जूनियर फैकल्टी का जीवन

डरावने मिथकों और डाटा से भरा होता है।' वे आगे बताती हैं कि कैसे उन्होंने अंतत: पारंपरिक ज्ञान की उपेक्षा का निर्णय लिया और इसके बजाय 'अपने आपको खुश रखने के विशेष प्रयास किए।' सोच-समझकर किए गए इन प्रयासों के चलते एक जूनियर प्रोफेसर के तौर पर राधिका का कार्यकाल आनंददायक हो गया।

यूँ तो वे अपने इन प्रयासों के बारे में विस्तार से बताते हुए कई उदाहरण सामने रखती हैं पर उनकी एक विशेष रणनीति है, जो आपको काफी जानी-पहचानी सी लगेगी। जैसा कि राधिका खुद स्वीकार करती हैं, अपने शैक्षणिक कॅरियर के शुरुआती दौर में उन्होंने पाया कि सुबह सात बजे से लेकर रात को बारह बजे के बीच जब भी उन्हें थोड़ा सा खाली समय मिलता, वे कोई न कोई काम लेकर बैठ जाती थीं (चूँकि कॅरियर के साथ-साथ उन्हें अपने छोटे-छोटे बच्चों की देखभाल भी करनी होती थी, इसलिए वे एक साथ काफी देर तक कभी खाली नहीं रह पाती थीं)। जल्द ही उन्हें एहसास हुआ कि उनका यह तरीका लंबे समय तक नहीं चल सकता, इसलिए उन्होंने सप्ताह में पचास घंटे की सीमा तय की। इसके बाद उन्होंने कुछ इस तरह काम किया कि वे यह तय कर सकें कि इस सीमा में रहकर काम पूरा करने के लिए किन आदतों और नियमों की ज़रूरत पड़ेगी। दूसरे शब्दों में कहें, तो राधिका ने 'तयशुदा शिड्यूल की उत्पादकता' को अपना लिया।

हम जानते हैं कि राधिका की कार्य करने की पद्धति ने उनके अकादमिक कॅरियर को कोई नुकसान नहीं पहुँचाया क्योंकि शिड्यूल के अनुसार ही उनकी पदोन्नति हुई और इसके बाद सिर्फ तीन साल के भीतर वे एक स्थाई प्रोफेसर बन गईं (कॅरियर के लिहाज से यह काफी प्रभावशाली प्रदर्शन है)। आखिर उन्होंने ये सब कैसे किया? उनके लेख के अनुसार, तयशुदा घंटों की सीमा के भीतर रहकर काम करने की मुख्य तकनीक थी, अपने अकादमिक जीवन में सतही कार्यों के मुख्य स्रोतों के लिए एक निश्चित कोटा तय करना। उदाहरण के लिए उन्होंने तय किया कि भले ही कितने भी काम हों, वे उनके लिए एक साल की अवधि में सिर्फ पाँच यात्राएँ करेंगी क्योंकि यात्राओं के चलते कई ऐसे सतही कार्य सामने आने लगते हैं, जिन्हें तत्काल पूरा करना ज़रूरी होता है। जैसे ठहरने की व्यवस्था करने से लेकर उन स्थानों पर होने जा रही चर्चाओं या भाषण वगैरह के लिए

ज़रूरी लेखन करना। एक साल में पाँच यात्राएँ भी सुनने में ज़्यादा लग सकती हैं पर अकादमिक क्षेत्र के व्यावसायिक व्यक्ति के लिए यह संख्या कोई ज़्यादा नहीं है। इस बिंदु पर जोर देते हुए मैं आपका ध्यान इस बात की ओर आकर्षित करना चाहूँगा कि हार्वर्ड के कंप्यूटर साइंस डिपार्टमेंट में राधिका नागपाल के एक पूर्व सहकर्मी मैट वेल्श (जो अब गूगल में कार्यरत हैं) ने एक बार एक ब्लॉग पोस्ट लिखी थी, जिसमें उन्होंने यह दावा किया कि एक जूनियर फैकल्टी के लिए साल में बारह से चौबीस यात्राएँ करना आम बात है। जरा कल्पना कीजिए कि ये अतिरिक्त दस से पंद्रह यात्राएँ न करके राधिका नागपाल ने खुद को कितने सारे सतही कार्यों से बचा लिया। यात्रा का यह कोटा तय करना राधिका की उन कई रणनीतियों में से एक है, जिनका इस्तेमाल करके वे अपने कार्यदिवस को अपने नियंत्रण में रखती थीं। उदाहरण के लिए उन्होंने ऐसे शोध-पत्रों की संख्या भी सीमित कर दी, जिनकी वे हर साल समीक्षा करती थीं। पर उनकी सभी रणनीतियों में यह समानता थी कि वे सतही चीज़ों को कठोरता से एक सीमा में रखने के लिए वचनबद्ध थीं। साथ ही गहन प्रयासों को सुरक्षित भी रखती थीं। उनके मामले में ये प्रयास थे मौलिक शोध करना। इसी से यह तय हुआ कि उनका आगे का व्यावसायिक जीवन कैसा होगा।

अब अगर मैं एक बार फिर अपना उदाहरण दूँ, तो ठीक यही वह वचनबद्धता है, जो मुझे तयशुदा-शिड्यूल के साथ सफल होने में सक्षम बनाती है। उत्पादकता के शब्दकोश का सबसे खतरनाक शब्द 'हाँ' है। मैं इस शब्द के इस्तेमाल को लेकर बेहद सतर्क रहता हूँ। इसीलिए मुझे किसी भी ऐसी चीज़ के लिए सहमत करना बहुत मुश्किल है, जो सतही कार्य से जुड़ी हो। अगर आप मुझे यूनिवर्सिटी से जुड़े किसी ऐसे काम में भागीदारी बनाना चाहेंगे, जो कतई आवश्यक नहीं है, तो शायद मेरा जवाब होगा, 'मुझसे इस बारे में तब बात करिएगा, जब मेरा अस्थाई कार्यकाल खत्म हो जाए।' मैंने यह जवाब अपने उस डिपार्टमेंट के हेड से सीखा था, जिन्होंने मुझे काम पर रखा था। एक और रणनीति है, जो मेरे लिए काफी कारगर सिद्ध हुई है: जब किसी चीज़ के लिए 'ना' कहना हो, तो स्पष्ट शब्दों में कहें और जब 'ना' कहने का कारण बताना हो, तो कोई अस्पष्ट सा बहाना बना दें। यहाँ मुख्य बात ये है कि 'ना' करने के पीछे आप जो भी कारण दें, उसके बारे में ऐसा कोई भी ब्यौरा देने से बचें, जिसके चलते सामनेवाला आपके कारण को अनदेखा कर सके। जैसे उदाहरण के लिए मान लीजिए कि मैं किसी

ऐसे कार्यक्रम में भाषण देने का निमंत्रण ठुकरा देता हूँ, जहाँ मेरा काफी समय बरबाद हो सकता है और इसके लिए मैं यह बहाना बनाता हूँ कि मैं उसी समय किसी और कार्यक्रम में जाने के लिए पहले ही किसी और से वादा कर चुका हूँ। ऐसे में मैं सामनेवाले को उस दूसरे कार्यक्रम का कोई ब्यौरा नहीं देता ताकि उसे यह सुझाव देने का मौका ही न मिले कि वह मेरे शिड्यूल के हिसाब से अपने कार्यक्रम में थोड़े-बहुत बदलाव कर देगा ताकि मैं उसके कार्यक्रम में भी भाषण दे सकूँ।

मैं तो बस उससे इतना ही कहता हूँ कि 'जैसा आपने बताया, उससे तो लगता है कि आपका कार्यक्रम काफी दिलचस्प होगा पर मैं उसमें शामिल नहीं हो सकूँगा क्योंकि मैं उसी दिन किसी और कार्यक्रम में जाने के लिए पहले ही हामी भर चुका हूँ।' जब मैं इस तरह किसी का निमंत्रण ठुकराता हूँ, तो उसे सांत्वना देने के चक्कर में ऐसा कोई भी कार्य करने से बचता हूँ, जिससे मेरे शिड्यूल को कोई नुकसान हो या मेरा थोड़ा सा भी समय बरबाद हो। (उदाहरण के लिए मैं ऐसा कुछ नहीं कहता कि 'मुझे खेद है कि मैं आपकी कमेटी के कार्यक्रम में शामिल नहीं हो सकूँगा, लेकिन अगर आप कहें, तो आपके सारे प्रस्ताव तैयार होने के बाद मैं उन पर एक नज़र डाल सकता हूँ और उनके बारे में आपको अपनी राय दे सकता हूँ।) बिना कोई सांत्वना दिए स्पष्ट शब्दों में मना करना ही सबसे बेहतर तरीका है। इसके अलावा अपने दायित्वों का पालन करने के लिए मैं अपना समय खर्च करने को लेकर काफी सावधानी बरतता हूँ। चूँकि मेरे पास हर रोज सीमित समय ही होता है इसलिए मैं किसी डेडलाइन को अनदेखा करने या सुबह का पूरा समय व्यर्थ की चीज़ों में बिताने जैसी गलतियाँ नहीं कर सकता और वह भी सिर्फ इसलिए क्योंकि मैंने थोड़ा समय निकालकर अपने दिन की उचित योजना नहीं बनाई। मेरी तयशुदा-शिड्यूल की उत्पादकता के चलते मेरे कार्यदिवस की अधिकतम समय-सीमा भी तय रहती है। जिसके चलते मेरे संगठनात्मक प्रयासों को बल मिलता है। इस समय-सीमा के बिना शायद मैं कुछ ज़्यादा ही शिथिल हो जाऊँगा और मेरी आदतें बिगड़ जाएँगी।

मेरे इन अवलोकनों का सार यही है कि राधिका नागपाल और मैं, दोनों ही जूनियर प्रोफेसर टॉम की तरह अकादमिक क्षेत्र में कोई अतिरिक्त बोझ उठाए बिना भी सफल हो सकते हैं। इसके दो कारण हैं, पहला कारण है कि हम दोनों

ही अपने तयशुदा शिड्यूल की वचनबद्धता के चलते व्यर्थ की चीज़ों में समय बरबाद नहीं करते। सतहीपन को कठोरता से कम करने के साथ-साथ गहनता को बचाकर रखने की रणनीति के चलते, हमारा काफी समय बच जाता है और वह भी उस ताजा मूल्य को कम किए बिना, जिसे हम पैदा करते हैं। मैं तो यहाँ तक कहूँगा कि सतहीपन में कमी लाने से काफी ऊर्जा बचती है। यह ऊर्जा गहन कार्य में लगाने से हमारी उत्पादकता बढ़ती है। जबकि अगर हम किसी ऐसे घिसे-पिटे शिड्यूल के अनुसार कार्य करते, जहाँ सतही कार्यों की कोई कमी नहीं है, तो यह संभव नहीं हो पाता। दूसरा कारण है कि समय-सीमा में काम करने के लिए अपनी संगठनात्मक आदतों के बारे में अधिक सावधानीपूर्वक सोच-विचार करना ज़रूरी हो जाता है। इससे अपेक्षाकृत अधिक मूल्य का उत्पादन होने लगता है।

इस रणनीति का मुख्य दावा ये है कि नॉलेज वर्क[2] से जुड़े क्षेत्रों में भी समान लाभ मिलता है। यानी भले ही आप पेशे से एक प्रोफेसर न हों, लेकिन तयशुदा शिड्यूल की उत्पादकता आपके लिए काफी लाभकारी साबित हो सकती है। नॉलेज वर्क से जुड़ी अधिकतर नौकरियों में तात्कालिक रूप से किसी ऐसी सतही गतिविधि में शामिल होने से इनकार करना मुश्किल हो सकता है, जो अपने आपमें हानिरहित नज़र आती हो - फिर चाहे यह कॉफी पीने का निमंत्रण स्वीकार करना हो या फिर 'ज़रूरत पड़ने पर बुलाने' के लिए सहमत होना। हालाँकि तयशुदा-शिड्यूल की उत्पादकता के प्रति वचनबद्ध होने से आपके अंदर अभावग्रस्त मानसिकता विकसित होने लगती है। यानी अपने गहन प्रयासों से परे कोई भी अन्य कार्य अचानक संदिग्ध नज़र आने लगता है और आप उसे संभावित रूप से हानिकारक चीज़ की तरह देखने लगते हैं। फिर कोई भी कार्य स्वीकार करने के सवाल पर आपका मुख्य जवाब हमेशा 'ना' ही होता है। आपका समय व ध्यान पाना ज़रूरत से ज़्यादा मुश्किल हो जाता है और आप इन रुकावटों को पार करनेवाले प्रयासों को बड़ी ही कठोर दक्षता के साथ व्यवस्थित करना शुरू कर देते हैं। हो सकता है कि अपनी कंपनी की कार्य-संस्कृति के बारे में आपकी ठोस धारणाएँ भी लचीली साबित हो जाएँ। उदाहरण के लिए देर रात को बॉस का ई-मेल मिलना एक आम बात है। अगर आप तयशुदा शिड्यूल की उत्पादकता अपनाते हैं, तो ऐसे संदेशों को अगली सुबह तक अनदेखा करके रखेंगे। कई

2 ऐसा काम जिसे करने वाले, जिनकी मुख्य पूँजी उसका ज्ञान हो, जैसे प्रोग्रामिंग, इंजीनियरिंग, अकाउंटेन्सी, आर्किटेक्चर और वकालत वगैरह।

लोगों को यह संदेह रहता है कि ऐसा करने से समस्याएँ खड़ी हो सकती हैं क्योंकि ऐसी प्रतिक्रियाएँ अपेक्षित होती हैं, पर अधिकांश मामलों में आपका बॉस देर रात अपना ई-मेल इनबॉक्स साफ कर रहा होता है और इसका अर्थ ये कतई नहीं है कि वह आपका जवाबी ई-मेल तत्काल पाने की अपेक्षा कर रहा है। यह एक ऐसी बात है, जो इस रणनीति को अपनाने से जल्द समझ में आ जाती है।

दूसरे शब्दों में कहें, तो तयशुदा शिड्यूल की उत्पादकता एक ऐसी आदत है, जिसे अपनाना आसान है पर इसका प्रभाव व्यापक होता है। अगर आपको सिर्फ एक ऐसा व्यवहार चुनना हो, जो आपके ध्यान को दोबारा गहनता की ओर केंद्रित कर दे, तो इसे संभावनाओं की सूची में सबसे ऊपर होना चाहिए। हालाँकि अगर आप अब भी इस विचार को लेकर निश्चिंत नहीं हैं कि आपके कार्यदिवस के लिए तय की गई एक कृत्रिम सीमा आपको अधिक सफल बना सकती है, तो मैं आपसे आग्रह करूँगा कि आप तयशुदा शिड्यूल की वकालत करनेवाली राधिका नागपाल के कॅरियर पर एक बार फिर गौर करें। यह अपने आपमें एक संतोषजनक संयोग ही है कि जब जूनियर प्रोफेसर के तौर पर टॉम अपने कार्यभार पर ऑनलाइन विलाप कर रहा था, उसी समय राधिका नागपाल अपने तयशुदा शिड्यूल के बावजूद कॅरियर में मिली नई सफलता का जश्न मना रही थीं: उनकी रिसर्च प्रतिष्ठित पत्रिका साइंस के मुखपृष्ठ पर प्रकाशित हुई थी।

आसानी से उपलब्ध न रहें

सतही कार्य से जुड़ी कोई भी चर्चा ई-मेल का जिक्र किए बिना पूरी नहीं हो सकती। यह सतही गतिविधि नॉलेज वर्कर्स के ध्यान पर हावी रहने के मामले में खासतौर पर छलावे से भरी होती है। क्योंकि यह ध्यान भटकानेवाली एक ऐसी चीज़ को निरंतर आपकी ओर भेजती रहती है, जिसे खासतौर पर आपके लिए तैयार किया गया है। ई-मेल का सर्वव्यापी इस्तेमाल हमारी व्यावसायिक आदतों में इतनी गहराई तक बस चुका है कि अब हम यह भी भूलने लगे हैं कि जीवन में ई-मेल की भूमिका के बारे में आखिरी निर्णय लेने का अधिकार अब भी हमारे ही पास है। जैसा कि जॉन फ्रीमैन ने सन 2009 में प्रकाशित अपनी किताब 'द टायरनी और ई-मेल' में चेतावनी देते हुए कहा था, 'धीरे-धीरे हम - सावधानीपूर्वक और जटिल ढंग से - यह स्पष्ट करने की अपनी क्षमता खत्म करते जा रहे हैं कि अपने कार्यदिवस का सही प्रबंधन करने को लेकर कोई शिकायत करना, प्रतिरोध करना

या फिर उसे एक नया रूप देना हमारे लिए इतना गलत क्यों है।' अब ई-मेल नियति है और प्रतिरोध करना निरर्थक है।

यह रणनीति इसी नियतिवाद को दूर करती है। आप ई-मेल नामक इस टूल को पूरी तरह अनदेखा नहीं कर सकते, पर इसका मतलब ये भी नहीं है कि आप अपने मानसिक परिदृश्य में इसकी भूमिका तय करने का अधिकार त्याग दें। अगले हिस्से में मैंने तीन युक्तियों का वर्णन किया है। जिनकी मदद से आपको पता चलेगा कि ई-मेल पर आपका समय और ध्यान किस तरह खर्च होना चाहिए और आपकी स्वायत्ता में आनेवाली वह कमी कैसे रोकी जाए, जिसका जिक्र जॉन फ्रीमैन ने अपनी किताब में किया था। प्रतिरोध निरर्थक नहीं है; इलेक्ट्रॉनिक डिवाइसेस के माध्यम से होनेवाले संवाद पर आपका नियंत्रण अपनी कल्पना से कहीं ज़्यादा होता है।

युक्ति-1: ई-मेल भेजनेवालों से ज़्यादा काम कराएँ

अधिकतर नॉन-फिक्शन (कहानियों से अलग साहित्य) लेखकों तक पहुँचना आसान होता है। वे अपनी वेबसाइट पर एक ई-मेल एड्रेस देते हैं, साथ ही अपने पाठकों को कोई भी अनुरोध या सुझाव करने के लिए खुला निमंत्रण देते हैं। कई लेखक तो पाठकों की प्रतिक्रियाओं को इसलिए भी प्रोत्साहित करते हैं ताकि इससे वे अपने पाठकों का एक 'समुदाय' बना सकें। लेखकों की दुनिया में इसे काफी ज़रूरी माना जाता है जबकि मैं ऐसा नहीं मानता।

अगर आप मेरी बेवसाइट के कॉन्टेक्ट पेज पर जाएँगे, तो पाएँगे कि वहाँ सामान्य इस्तेमाल के लिए कोई ई-मेल एड्रेस नहीं दिया गया है। बल्कि मैंने ऐसे व्यक्तियों की सूची दे रखी है, जिनसे आप अलग-अलग क़ार्य के लिए संपर्क कर सकते हैं। जैसे इनमें से एक है, मेरा लिटरेरी एजेंट, जिससे आप मेरी किताबों वगैरह के अधिकार लेने के लिए संपर्क कर सकते हैं या फिर मेरे स्पीकिंग एजेंट से मेरे भाषण संबंधी गतिविधियों के लिए संपर्क कर सकते हैं। अगर आप मुझसे ही संपर्क करना चाहते हैं, तो उसके लिए भी मैंने एक ई-मेल एड्रेस दे रखा है पर यह सामान्य इस्तेमाल के लिए नहीं है। मैंने यह एड्रेस सिर्फ इसलिए दे रखा है ताकि अगर कोई किसी विशेष वजह से मुझसे संपर्क करना चाहे, तो कर सकता है पर उस एड्रेस पर ई-मेल भेजनेवाले को मेरा जवाब पाने की ज़्यादा उम्मीद नहीं करनी चाहिए :

> अगर आपके पास मेरे लिए कोई ऐसा प्रस्ताव है या आप मुझे कोई ऐसा अवसर दिलवा सकते हैं या फिर किसी ऐसे महत्वपूर्ण व्यक्ति से मेरा परिचय करवा सकते हैं, जिससे मेरा जीवन और दिलचस्प बन सकता है, तो मुझे interesting [at] calnewport.com. पर ई-मेल कीजिए। ऊपर जो कारण दिए गए हैं, उनमें से मैं सिर्फ उन्हीं प्रस्तावों पर अपनी प्रतिकिया दूँगा, जो मेरे शिड्यूल और दिलचस्पियों के मुताबिक होंगे।

मैं इस दृष्टिकोण को सेन्डर फिल्टर कहता हूँ क्योंकि मैं अपने पाठकों से कह रहा हूँ कि वे मुझे ई-मेल भेजने से पहले खुद ही फिल्टर कर लें। इस फिल्टर के कारण इनबॉक्स चेक करने में खर्च होनेवाला मेरा ढेर सारा समय बच जाता है। सेन्डर फिल्टर का इस्तेमाल शुरू करने से पहले मैंने अपनी वेबसाइट पर सामान्य इस्तेमाल के लिए अपना एक ई-मेल एड्रेस दे रखा था। आश्चर्य नहीं कि मुझे ढेरों लंबे-लंबे ई-मेल मिलते थे, जिनमें खासतौर पर किसी विशिष्ट (और अक्सर जटिल किस्म के) छात्र के लिए सलाह माँगी जाती थी या फिर कॅरियर संबंधी सवाल पूछे जाते थे। मुझे लोगों की मदद करना पसंद है पर पाठकों के ये अनुरोध बहुत ज़्यादा आते थे। ऐसे ई-मेल लिखने में पाठकों को तो ज़्यादा समय नहीं लगता था पर उनका जवाब देने के लिए मुझे काफी विस्तार से लिखने की ज़रूरत होती थी। मेरे सेन्डर फिल्टर ने ऐसे ज़्यादातर संवादों को खत्म कर दिया है, जिससे मेरे इनबॉक्स में आनेवाले ई-मेल्स की संख्या उल्लेखनीय रूप से घट गई। हालाँकि मैं अपने पाठकों की मदद करना चाहता हूँ। इसीलिए मैं अपनी ऊर्जा को एक नई दिशा देकर सावधानीपूर्वक ऐसी जगहों पर लगाता हूँ, जिन्हें मैंने खुद चुना हो, ताकि मेरे कार्य का अधिकतम प्रभाव पड़ सके। जैसे दुनिया के किसी भी कोने में बैठे छात्र को यह अनुमति देने के बजाय कि वह मुझे कोई सवाल लिखकर भेजे, अब मैं कुछ छात्र-समूहों के साथ काफी करीब से काम करता हूँ। मैं इन समूहों के छात्रों के लिए आसानी से उपलब्ध रहता हूँ और उन्हें बेहतर व कहीं अधिक प्रभावी सलाहें दे सकता हूँ।

सेन्डर फिल्टर का एक अन्य लाभ यह है कि ये अपेक्षाओं को फिर से स्थापित कर देता है। मेरे विवरण में सबसे महत्वपूर्ण पंक्ति ये है: 'मैं सिर्फ उन्हीं प्रस्तावों पर प्रतिक्रिया दूँगा, जो मेरे शिड्यूल और दिलचस्पियों के मुताबिक

होंगे।' यूँ तो ये बड़ी मामूली सी बात लगती है, पर इससे इस बात पर गहरा फर्क पड़ता है कि मुझे ई-मेल भेजनेवाले अपने संदेशों के बारे में क्या सोचते हैं। अगर किसी ने आपको ई-मेल भेजा है, तो इसका अर्थ है कि आपको उसका जवाब देना पड़ेगा। ई-मेल के मामले में प्रचलित सामाजिक चलन यही है। हाँ, अगर आप एक प्रसिद्ध व्यक्ति हैं, तो बात अलग है। इसीलिए जब इनबॉक्स संदेशों से भरा हो, तो अधिकांश लोगों को ऐसा महसूस होता है कि इन संदेशों का जवाब देना उनकी जिम्मेदारी है।

इसके बजाय जब आप ई-मेल भेजनेवालों की अपेक्षाओं को इस हद तक कम कर देते हैं कि उन्हें लगने लगे कि संभवत: आप उन्हें जवाब नहीं देंगे, तो इससे पूरा अनुभव ही बदल जाता है। इस तरह आपका इनबॉक्स ऐसे अवसरों का संग्रह बन जाता है, जिन्हें आप खाली समय में देख सकते हैं - और उनमें से अपने लिए लाभप्रद अवसरों का चुनाव कर सकते हैं। इससे उन संदेशों का ढेर नहीं लगता, जिन्हें आपने अब तक नहीं पढ़ा है और न ही आपके ऊपर उन्हें पढ़कर निपटाने का कोई मानसिक दबाव है। अब आपकी इच्छा पर निर्भर होगा कि आप क्या करेंगे। पढ़ना चाहें, तो पढ़ें वरना नज़रअंदाज कर दें। ऐसा करने से आपका कोई नुकसान नहीं होगा और आप मनौवैज्ञानिक रूप से मुक्त महसूस करेंगे।

जब मैंने पहले-पहले सेन्डर फिल्टर का इस्तेमाल शुरू किया, तो मैं इस बात को लेकर ज़रा चिंतित था कि यह किसी दिखावे जैसा लगेगा - मानो मेरा समय मेरे पाठकों के समय से ज़्यादा कीमती हो - और इससे लोग बुरा मान जाएँगे। पर मेरा यह डर सच साबित नहीं हुआ। अधिकतर लोगों ने इस विचार को स्वीकार कर लिया कि अपने पास आनेवाले ई-मेल्स को नियंत्रित करना आपका अधिकार है क्योंकि लोग खुद भी अपने लिए यही अधिकार चाहते हैं। सबसे महत्वपूर्ण यह है कि लोगों ने मेरी स्पष्टता की सराहना की। चूँकि अब उन्हें मेरी प्रतिक्रिया की अपेक्षा ही नहीं थी इसलिए अधिकांश लोगों को इस बात से कोई समस्या नहीं थी कि मैं उनके ई-मेल पर कोई प्रतिक्रिया नहीं दूँगा। (आमतौर पर मामूली रूप से प्रसिद्ध लोग, खासकर लेखक, इस बात को लेकर ज़रूरत से ज़्यादा चिंतित रहते हैं कि उनके पाठकों के लिए उनकी प्रतिक्रिया कितनी महत्वपूर्ण है।)

कुछ मामलों में तो पाठकों की अपेक्षाओं को इस तरह कम करने से आपकी

साख भी बढ़ जाती है। उदाहरण के लिए एक बार एक ऑनलाइन प्रकाशन की संपादक ने मुझे उनके संगठन का मेहमान-लेखक बनने का प्रस्ताव भेजा। मेरे सेन्डर फिल्टर के चलते उन्हें लगा कि मैं शायद ही उनके प्रस्ताव पर कोई प्रतिक्रिया दूँ। पर जब मैंने उन्हें जवाबी ई-मेल भेजा, तो ये उनके लिए किसी सुखद आश्चर्य से कम नहीं था। इस बारे में उन्होंने जो कहा, उसका सारांश कुछ इस प्रकार है:

> तो जब मैंने कैल को हमारे प्रकाशन के लिए मेहमान-लेखक के तौर पर लिखने का प्रस्ताव ई-मेल किया, उस समय मेरी अपेक्षा बहुत कम थी। उन्होंने अपने सेन्डर फिल्टर में ऐसा कोई उल्लेख नहीं किया था कि वे किसी प्रकाशन का मेहमान लेखक बनने के इच्छुक हैं, इसीलिए अगर वे मेरे प्रस्ताव पर कोई प्रतिक्रिया नहीं देते, तब भी मुझे बुरा नहीं लगता। पर जब उनकी प्रतिक्रिया आई, तो मैं सचमुच रोमांचित हो उठी।

मेरा सेन्डर फिल्टर इस सामान्य रणनीति का सिर्फ एक उदाहरण है। ज़रा क्ले हर्बर्ट पर गौर करें, जो टेक्नोलॉजी क्षेत्र से जुड़ी स्टार्ट-अप कंपनियों के लिए क्राउड-फंडिंग[3] अभियान चलाने के विशेषज्ञ हैं। उनके इस हुनर के चलते बहुत से लोग उनकी सलाह लेना चाहते हैं और उनसे ई-मेल या अन्य माध्यमों से संपर्क करते रहते हैं। फोर्ब्स डॉट कॉम में सेन्डर फिल्टर्स पर प्रकाशित एक रिपोर्ट के अनुसार, 'एक समय ऐसा आया, जब हर्बर्ट की क्षमता से ज़्यादा लोग उनसे संपर्क करने लगे और उनके लिए हर ई-मेल का जवाब देना असंभव हो गया। इसीलिए उन्होंने ये फिल्टर्स तैयार किए, जो सलाह या मदद माँगनेवाले के कंधों पर ही अधिकांश जिम्मेदारी डाल देते हैं।'

हालाँकि हर्बर्ट ने भी उसी उत्साह के साथ शुरुआत की थी, जो मेरे मन में था, लेकिन उनके फिल्टर्स ने एक नया ही रूप ले लिया। हर्बर्ट के साथ संपर्क करने के लिए सबसे पहले आपको उनकी बेवसाइट पर जाना होगा, FAQ (फ्रीक्वेन्टली आस्क्ड क्वेश्चन्स या अक्सर पूछे जानेवाले सवाल) विकल्प की मदद लेनी होगी ताकि आप यह जान सकें कि आप जो सवाल पूछ रहे हैं, उसका जवाब पहले दिया जा चुका है या नहीं। (फिल्टर्स का इस्तेमाल शुरू करने से

---

[3] किसी कार्य के लिए आम लोगों से ऑनलाइन चंदा लेकर पैसा जुटाना

पहले हर्बर्ट के पास आनेवाले ज़्यादातर सवाल इसी श्रेणी के होते थे।) FAQ के इस फिल्टर से बच गए, तो फिर आपको एक सर्वे में हिस्सा लेना होगा। जिससे हर्बर्ट को यह समझने का मौका मिल जाता है कि उनके लिए किसका संदेश उचित है। हर्बर्ट से संपर्क करने की प्रक्रिया में जो लोग इस चरण को भी पार कर जाते हैं, उनसे संवाद करने के लिए हर्बर्ट एक निश्चित शुल्क लेते हैं। इस शुल्क का उद्देश्य अतिरिक्त कमाई करना नहीं है बल्कि उन व्यक्तियों का चुनाव करना है, जो हर्बर्ट से सलाह लेने और फिर उस सलाह पर अमल करने के प्रति सचमुच गंभीर होते हैं। इन सब चीज़ों के बावजूद हर्बर्ट के फिल्टर्स उन्हें दूसरों की मदद करने और दिलचस्प अवसर हासिल करने में उल्लेखनीय सहायता करते हैं। साथ ही इन फिल्टर्स ने हर्बर्ट के पास आनेवाले संदेशों की संख्या इस हद तक कम कर दी है कि अब हर्बर्ट उन्हें आसानी से संभाल सकते हैं।

दूसरा उदाहरण है, एंटोनिओ सेन्टेनो का, जो 'रियल मैन स्टाइल' नामक ब्लॉग चलाते हैं। सेन्टेनों के फिल्टर्स की प्रक्रिया दो चरणोंवाली है। अगर आप उनसे कोई सवाल पूछना चाहते हैं, तो आपको वह सवाल पोस्ट करने के लिए उनके ब्लॉग के किसी सार्वजनिक पेज पर भेज दिया जाएगा। सेन्टेनो को लगता है कि पाठकों के साथ व्यक्तिगत संवाद में बार-बार एक ही सवाल का जवाब देना व्यर्थ है। अगर आप यह चरण पार कर लेते हैं, तो वे आपसे कुछ चेक बॉक्सेस पर क्लिक करके नीचे दिए गए तीन वादों को पूरा करने के लिए कहते हैं:

1 मैं एन्टोनिओ से स्टाइल (शैली) संबंधी ऐसा कोई सवाल नहीं करूँगा, जिसका जवाब गूगल पर दस मिनट सर्च करके ढूँढ़ा जा सकता है।

2 मेरा व्यवसाय, जिसका एंटोनियो से कोई लेना देना नहीं है, उसे बढ़ावा देने के लिए मैं एंटोनियो से बार-बार कोई ऐसा अनुरोध नहीं करूँगा (इंटरनेट की भाषा में इसे स्पैमिंग कहते हैं), जो मैंने कहीं से यूँ ही कट-एंड-पेस्ट किया हो।

3 अगर एंटोनियो ने मेरे सवाल का जवाब 23 घंटे के अंदर दे दिया तो बदले में मैं अपनी ओर से कुछ अजनबियों की मदद करूँगा।

ब्लॉग के जिस मैसेज बॉक्स में आप अपना मैसेज टाइप करते हैं, वह कॉन्टेक्ट पेज पर तब तक दिखाई नहीं देता, जब तक आप इन तीनों वादों को निभाने के लिए इनके चेकबॉक्स पर क्लिक नहीं कर देते।

संक्षेप में कहें, तो ई-मेल में अंतर्निहित तकनीकें परिवर्तनकारी होती है पर हम इन तकनीकों को कैसे लागू करें, इसे दिशा दिखानेवाले वर्तमान सामाजिक चलन का विकास अभी अधूरा है। सारे ई-मेल एक ही इनबॉक्स में आते हैं, भले ही ई-मेल प्रेषक या ई-मेल का उद्देश्य जो भी हो। ऐसे में यह धारणा कि हर ई-मेल का समय पर जवाब दिया जाना चाहिए, अपने आपमें एक बेतुकी और अनुत्पादक धारणा है। इससे जुड़ी स्थितियों को बेहतर बनाने के लिए सेन्डर फिल्टर एक छोटा पर उपयोगी कदम है। यह एक ऐसा विचार है, जिसका अब समय आ चुका है। कम से कम उद्यमियों और फ्रीलांसर्स, जिनके पास अक्सर ढेरों ई-मेल आते हैं और जिनमें अपनी उपलब्धता पर नियंत्रण रखने की क्षमता है, उनके मामले में तो ऐसा ही है (मैं चाहूँगा कि बड़े संगठनों में ऑफिस के अंदर होनेवाले संवादों पर भी यही नियम लागू हों, लेकिन अध्याय-2 में दिए गए कारणों के लिहाज से देखें, तो अभी ऐसा होना दूर की कौड़ी लगता है।) अगर संभव हो, तो सेन्डर फिल्टर को एक ऐसे तरीके के रूप में देखें, जिसकी मदद से आप अपने समय और ध्यान पर दोबारा नियंत्रण पा सकते हैं।

युक्ति-2: जब आप कोई ई-मेल भेजें या जवाब दें तो अधिक काम करें

आगे प्रस्तुत किए गए ई-मेल्स पर गौर करें:

ई-मेल 1: पिछले हफ्ते आपसे मिलकर बहुत अच्छा लगा। इस मुलाकात में हमने जिन मसलों पर बातचीत की, उन पर आगे चर्चा करके मुझे बहुत खुशी होगी। तो क्या आप किसी दिन मेरे साथ कॉफी पीना चाहेंगे?

ई-मेल 2: पिछली बार हमने शोध से जुड़ी जिस समस्या पर बात की थी, हमें उस पर दोबारा गौर करना चाहिए। क्या आपको याद है कि हमारी चर्चा किस बिंदु तक पहुँची थी?

ई-मेल 3: हमारी बातचीत में जिस लेख का जिक्र हुआ था, मैंने उसे पढ़ा। मैं आपको उस लेख का अटैचमेंट में भेज रहा हूँ। इसके बारे में आपके क्या विचार हैं?

अधिकांश नॉलेज वर्कर्स इन तीनों उदाहरणों से परिचित होंगे क्योंकि उनके इनबॉक्स में अक्सर इसी किस्म के ई-मेल आते हैं, जो आमतौर पर उत्पादकता की संभावित खदान जैसे होते हैं। इन पर आपकी जो भी प्रतिक्रिया होगी, उसका

इस बात पर काफी महत्वपूर्ण प्रभाव पड़ेगा कि इनके परिणामस्वरूप होनेवाले संवादों में आपका कितना समय और ध्यान खर्च होगा।

पूछताछ से जुड़े ऐसे ई-मेल को देखकर आपमें तत्काल प्रतिक्रिया देने की सहज प्रवृत्ति उभर आती है क्योंकि आप उस ई-मेल को – अस्थाई रूप से ही सही – लेकिन जल्द से जल्द निपटाना चाहते हैं। तत्काल प्रतिक्रिया देने से आपको अस्थाई राहत मिलती है। क्योंकि इस तरह आप ई-मेल में निहित जिम्मेदारी को अपने कंधों से हटाकर वापस प्रेषक के कंधों पर डाल देते हैं। हालाँकि यह राहत अस्थाई ही होती है क्योंकि यह जिम्मेदारी आपके कंधों पर बार-बार आती रहेगी और आपका समय व ध्यान खर्च कराती रहेगी। इसीलिए मेरा सुझाव है कि जब भी आपके सामने ऐसा कोई सवाल आए, तो जवाब देने से पहले पलभर के लिए ठहरें और पहले खुद को निम्नलिखित सवाल का जवाब दें:

> यह ई-मेल किस प्रोजेक्ट का प्रतिनिधित्व करता है और इसके संदर्भ में एक सफल निष्कर्ष पर पहुँचने की सबसे प्रभावी प्रक्रिया क्या होगी?

इस सवाल का जवाब देने के बाद भी तत्काल प्रतिक्रिया न दें। बल्कि थोड़ा समय लें और उस प्रभावी प्रक्रिया का वर्णन करें, जिसकी आपने पहचान की हो, उन कदमों की ओर इशारा करें, जिन्हें वर्तमान में उठाना ज़रूरी है और अगले कदम पर जोर दें। मैं इसे ई-मेल का प्रक्रिया-केंद्रित दृष्टिकोण कहता हूँ। इसे कुछ इस तरह विकसित किया गया है कि इससे न सिर्फ आपको मिलनेवाले ई-मेल की संख्या कम हो जाएगी बल्कि ई-मेल के चलते पैदा होनेवाला मानसिक बोझ भी कम हो जाएगा।

इस प्रक्रिया को और इसके कारगर होने के पीछे के कारण को बेहतर ढंग से समझने के लिए आपको प्रक्रिया-केंद्रित प्रतिक्रियाओं पर विचार करना होगा। इन प्रक्रिया-केंद्रित प्रतिक्रियाओं के तौर पर नीचे तीन नमूने दिए जा रहे हैं, जिन पर आप विचार कर सकते हैं।

ई-मेल 1 पर प्रक्रिया-केंद्रित प्रतिक्रिया : 'मुझे आपके साथ कॉफी पीकर खुशी होगी। चलिए, यूनिवर्सिटी कैंपस में स्थित स्टारबक्स में मिलते हैं। अगले सप्ताह

मेरे पास दो दिन का समय खाली है। मुलाकात का समय क्या होगा, इसके लिए मैं हर दिन के लिए तीन-तीन विकल्प दे रहा हूँ। इसके हिसाब से आप जब भी मुझसे मिलने आना चाहें, आपका स्वागत है। मैं आपके जवाबी ई-मेल को ही इस मुलाकात के लिए आपकी 'हाँ' मान लूँगा। अगर मेरे द्वारा सुझाए गए दिन व समय पर आना आपके लिए संभव न हो, तो मुझे नीचे दिए गए नंबर पर कॉल करिए और हम मुलाकात का दिन और समय तय कर लेंगे। मुझे आपके जवाब का इंतजार रहेगा।'

ई-मेल 2 पर प्रक्रिया-केंद्रित प्रतिक्रिया : मैं आपकी इस बात से सहमत हूँ कि हमें इस पर दोबारा गौर करना चाहिए। मेरा सुझाव है कि...

'हमारे बीच इस समस्या पर हुई चर्चा के जो बिंदु आपको महत्वपूर्ण लगते हों, उन्हें अगले सप्ताह किसी दिन मुझे ई-मेल कर दीजिए। आपका यह ई-मेल मिलने के बाद मैं इस प्रोजेक्ट के लिए एक साझा डायरेक्ट्री शुरू कर दूँगा और इसमें एक विशेष दस्तावेज भी जोड़ दूँगा। आप अपने ई-मेल में जो भी लिखकर भेजेंगे, इस दस्तावेज में उसका सार होगा। साथ ही हमारी चर्चा की जो बातें मुझे महत्वपूर्ण लगती हैं, उन्हें भी इसी में जोड़ दूँगा। इस दस्तावेज के जरिये मैं अगले दो या तीन मुख्य कदमों पर प्रकाश डालूँगा।

इसके बाद हम कुछ सप्ताहों तक उन अगले कदमों पर काम करेंगे और फिर दोबारा एक-दूसरे से चर्चा करेंगे। मेरा सुझाव है कि इस बारे में फोन पर बात करने के लिए हम आज से एक महीने बाद का कोई दिन तय कर लेते हैं। मैं नीचे दिनांक और समय के कुछ विकल्प दे रहा हूँ, जब मैं फोन कॉल के लिए उपलब्ध रहूँगा। जब आप अपनी प्रतिक्रिया दें, तो इन विकल्पों में से वह दिनांक और समय चुनकर बता सकते हैं, जो आपके लिए सुविधाजनक हो। आपका जवाबी ई-मेल ही इस फोन कॉल के लिए हमारी आपसी सहमति दर्शाएगा। मुझे इस समस्या की गहराई में जाने का इंतजार रहेगा।'

ई-मेल ३ पर प्रक्रिया-केंद्रित प्रतिक्रिया : 'मुझसे संपर्क करने के लिए धन्यवाद। मैं लेख का यह ड्राफ्ट पढ़ लेता हूँ। अगले शुक्रवार को आपको इसका संपादित संस्करण भेज दूँगा, जिसमें मेरी टिप्पणियाँ भी होंगी। मैं आपको जो संस्करण भेजूँगा, उसमें जितना संभव होगा, संपादन कर दूँगा और साथ ही अपनी टिप्पणियाँ भी जोड़ दूँगा, ताकि उन स्थानों पर आपका ध्यान आकर्षित कर सकूँ, जहाँ सुधार

की ज़रूरत है। मुझे लगता है कि इसके बाद आपके पास इस लेख का ऐसा संस्करण तैयार हो जाएगा, जिसे बस थोड़ा और बेहतर बनाकर प्रकाशन के लिए जमा किया जा सकेगा। मेरे इस ई-मेल का जवाब देने की आवश्यकता नहीं है। संपादित संस्करण मिलने के बाद भी उसके बारे में मुझे बताने का कष्ट न करें - हाँ, अगर कोई समस्या आती है, तो अलग बात है।'

इन प्रतिनिधि प्रतिक्रियाओं को नमूने के तौर पर तैयार करने की शुरुआत मैंने ई-मेल में निहित प्रोजेक्ट्स की पहचान करके की। ध्यान दें, यहाँ 'प्रोजेक्ट' शब्द का इस्तेमाल ज़रा अस्पष्ट ढंग से किया जा रहा है। इसके दायरे में विशाल चीज़ों के अलावा रिसर्च संबंधी समस्या का हल ढूँढ़ने जैसे प्रोजेक्ट्स भी (उदाहरण 2) आते हैं। साथ ही यह कॉफी के बहाने मुलाकात करने (उदाहरण 1) जैसी छोटी-मोटी चुनौतियों पर भी उतनी ही आसानी से लागू होता है। इसके बाद मैंने कुछ मिनटों का समय लेकर एक ऐसी प्रक्रिया पर सोच-विचार किया, जो हमें वर्तमान अवस्था से मनचाहे परिणाम की ओर ले जाए और इसके लिए न्यूनतम ई-मेल संदेशों की ज़रूरत पड़े। इसका अंतिम चरण था, एक ऐसा जवाबी ई-मेल लिखना, जो न सिर्फ प्रक्रिया का स्पष्ट वर्णन करे बल्कि यह भी बताए कि हमारी वास्तविक स्थिति क्या है। ये सारे उदाहरण जवाबी ई-मेल पर केंद्रित हैं पर यह स्पष्ट होना चाहिए कि ठीक यही दृष्टिकोण तब भी कारगर सिद्ध होता है, जब आप जवाबी ई-मेल के बजाय सामान्य ई-मेल लिख रहे हों।

प्रक्रिया-केंद्रित प्रतिक्रिया का यह दृष्टिकोण आपके समय और ध्यान पर ई-मेल तकनीक के दुष्प्रभाव को काफी कम कर देता है। इसके दो कारण हैं। पहला ये कि इसके चलते आपके इनबॉक्स में आनेवाले ई-मेल की संख्या उल्लेखनीय ढंग से कम हो जाती है (अगर अपने जवाबी ई-मेल को लेकर सावधानी न बरती जाए, तो कॉफी पर मुलाकात तय करने जैसी मामूली सी चीज़ के कारण भी कुछ ही दिनों में दर्जनभर से भी ज़्यादा ई-मेल आए हैं)। प्रक्रिया-केंद्रित प्रतिक्रिया का दृष्टिकोण न सिर्फ इनबॉक्स पर खर्च होनेवाला समय कम कर देता है बल्कि इस दौरान आपको जो मानसिक ऊर्जा खर्च करनी पड़ती है, वह भी बच जाती है।

अगर मैं डेविड एलन से चुराए हुए शब्दों का इस्तेमाल करते हुए कहूँ, तो इसका दूसरा कारण है कि 'एक अच्छा प्रक्रिया-केंद्रित संदेश, संबंधित प्रोजेक्ट

से जुड़े विभिन्न ई-मेल के 'लूप को फौरन बंद कर देता है।' आप जो ई-मेल भेजते या प्राप्त करते हैं, जब उसके माध्यम से कोई प्रोजेक्ट शुरू करने की पहल की जाती है, तो वह ई-मेल आपके लिए मानसिक बोझ जैसा हो जाता है - वह एक ऐसी चीज़ बन जाता है, जिससे आपको निपटाना है क्योंकि उसे आपके ध्यान में लाया गया है और अंततः आपको उस पर काम करना ही होगा। हालाँकि प्रक्रिया-केंद्रित प्रतिक्रिया जैसे ही शुरू होती है, वह इस मुक्त लूप को बंद कर देती है। प्रक्रिया के जरिये काम करके, अपनी कार्यसूची में ज़रूरी कार्यों को जोड़कर और सामनेवाले को इस प्रोजेक्ट के संदर्भ में सक्रिय करके आपका मानसिक बोझ कम हो जाता है। कम मानसिक बोझ का अर्थ होता है गहन सोच-विचार के लिए अधिक मानसिक संसाधनों की उपलब्धता।

हो सकता है कि शुरू-शुरू में प्रक्रिया-केंद्रित ई-मेल्स स्वाभाविक न लगें। ऐसे ई-मेल्स लिखने के पहले उनके बारे में पर्याप्त सोच-विचार करना ज़रूरी होता है। ऐसा करते समय आपको लग सकता है कि आप ई-मेल पर कुछ ज़्यादा ही समय खर्च कर रहे हैं। पर याद रखें कि इस पर जो अतिरिक्त दो या तीन मिनट खर्च होंगे, उनके चलते आपको बाद में अनावश्यक ई-मेल्स पढ़ने और उनका जवाब देने के लिए ढेर सारा समय बरबाद नहीं करना पड़ेगा।

अगला मुद्दा ये है कि संभवतः प्रक्रिया-केंद्रित संदेश अस्वाभाविक और ज़रूरत से ज़्यादा तकनीकी किस्म के लगेंगे। ई-मेल को लेकर वर्तमान सामाजिक चलन ऐसा है, जो संवाद की एक विशेष शैली को बढ़ावा देता है। प्रक्रिया-केंद्रित संवाद में आमतौर पर इस्तेमाल होनेवाले अपेक्षाकृत अधिक व्यवस्थित शिड्यूल्स और निर्णयों से इस शैली का टकराव होता रहता है। अगर यह आपके लिए चिंता का विषय है, तो मेरा सुझाव है कि अपने संदेशों में एक लंबी संवादात्मक भूमिका जोड़ना शुरू दें। आप चाहें, तो ई-मेल लिखते समय इस शुरुआती हिस्से से प्रक्रिया-केंद्रित भाग को अलग कर दें और दोनों के बीच एक विभाजन रेखा खींच दें। या फिर आप इस पर 'प्रस्तावित अगला चरण' का लेबल भी लगा सकते हैं ताकि इसका तकनीकी स्वर संदर्भ के अनुसार अधिक उपयुक्त लगे।

ये मामूली परेशानियाँ अंततः लाभप्रद साबित होती है। इनबॉक्स में आनेवाले ई-मेल वास्तव में क्या प्रस्ताव लेकर आ रहे हैं, इस बारे में पर्याप्त सोच-विचार करने से आप महत्वपूर्ण कार्य करने की अपनी क्षमता पर इस तकनीक के

नकारात्मक प्रभाव को काफी हद तक कम कर देते हैं।

युक्ति-3: अपनी ओर से कोई प्रतिक्रिया न दें

एमआईटी का ग्रेजुएट छात्र होने के चलते मुझे कई मशहूर शिक्षाविदों के साथ संवाद करने का मौका मिला। इन संवादों के दौरान मैंने गौर किया कि ई-मेल के प्रति उनमें से अधिकतर का दृष्टिकोण काफी दिलचस्प लेकिन दुर्लभ किस्म का था: आमतौर वे अपने इनबॉक्स में आनेवाले ई-मेल्स पर कोई प्रतिक्रिया नहीं देते थे।

समय के साथ मुझे पता चला कि उनके इस व्यवहार के पीछे उनकी सोच क्या थी। उनका मानना था कि ई-मेल भेजनेवाले की यह जिम्मेदारी है कि वह अपने संदेश से आपको यह महसूस करा दे कि जवाबी ई-मेल भेजना सार्थक होगा। अगर आप इनमें से किसी प्रोफेसर को ई-मेल भेज रहे हैं और आपका संदेश उन्हें जवाबी ई-मेल लिखने के लिए प्रेरित नहीं करता और जवाबी ई-मेल लिखने में जो मेहनत लगती है, उसे कम नहीं करता तो इसका अर्थ है कि आपको अपने ई-मेल का कोई जवाब नहीं मिलेगा।

उदाहरण के लिए अगर आप इन मशहूर शिक्षाविदों को निम्नलिखित ई-मेल भेजेंगे, तो संभवत: वे आपको कोई जवाब नहीं देंगे:

हेलो प्रोफेसर,

मैं किसी दिन आपसे मिलकर फलाँ विषय पर चर्चा करना चाहता हूँ। क्या आप उपलब्ध रहेंगे?

इस प्रकार के ई-मेल का जवाब देने के लिए काफी मेहनत करनी पड़ेगी (क्योंकि 'क्या आप उपलब्ध रहेंगे?' इतना अस्पष्ट सा सवाल है कि इसका जवाब फौरन नहीं दिया जा सकता।) इसके अलावा इस ई-मेल में ऐसा कोई तर्क भी प्रस्तुत नहीं किया गया है, जिससे लगे कि इस प्रस्तावित बातचीत के लिए समय देना प्रोफेसर के लिए सार्थक होगा। इन आलोचनाओं को ध्यान में रखते हुए, मैं आपके लिए इसी ई-मेल का एक अन्य संस्करण प्रस्तुत कर रहा हूँ, जिसका जवाब आने की संभावना अपेक्षाकृत कहीं ज़्यादा होगी:

हेलो प्रोफेसर,

मैं अपने सलाहकार प्रोफेसर के साथ फलाँ विषय से जुड़े एक प्रोजेक्ट पर काम कर रहा हूँ। अगर आपकी अनुमति हो, तो मैं गुरुवार को आपका ऑफिस खत्म होने से पंद्रह मिनट पहले आकर आपसे मिलना चाहूँगा ताकि आपको विस्तार से बता सकूँ कि हम क्या करने जा रहे हैं और इससे आपके वर्तमान प्रोजेक्ट को क्या लाभ हो सकता है?

पहले ई-मेल के मुकाबले दूसरा ई-मेल स्पष्ट शब्दों में यह बताता है कि यह मुलाकात सार्थक क्यों है। साथ ही यह पूरा संदेश इस किस्म का है कि प्रोफेसर को इसका जवाब देने के लिए ज़्यादा मेहनत या सोच-विचार करने की ज़रूरत नहीं पड़ेगी।

यह युक्ति आपसे कहती है कि आपके व्यवसाय में जितना संभव हो, ई-मेल के प्रति आपका दृष्टिकोण भी इन प्रोफेसर्स की तरह मिलाजुला किस्म का होना चाहिए। इस कार्य में आपकी मदद करने के लिए नीचे तीन नियम दिए जा रहे हैं। जिनका उपयोग करके आपको यह पता लगाने में आसानी होगी कि कौन सा संदेश प्रतिक्रिया देने लायक है और कौन सा नहीं।

प्रोफेसर्स की तरह ई-मेल का वर्गीकरण: ऐसे किसी भी ई-मेल का जवाब न दें, जिन पर निम्नलिखित बातें लागू होती हों -

1 अगर आपको प्राप्त हुआ ई-मेल अस्पष्ट हो या फिर उसका उचित जवाब देना कठिन हो।

2 अगर उसमें दिए गए प्रस्ताव में आपको कोई दिलचस्पी न हो।

3 अगर जवाब देना लाभदायक न हो और जवाब न देना हानिकारक न हो।

आमतौर पर कई ई-मेल इसका अपवाद होते हैं। उदाहरण के लिए अगर आपके पास कोई ऐसा ई-मेल आता है, जो स्पष्ट नहीं है और उसमें प्रस्ताविक प्रोजेक्ट में भी आपको कोई दिलचस्पी नहीं है, पर वह ई-मेल आपकी कंपनी के सीईओ ने भेजा है। ऐसे में स्पष्ट है कि आप उसे नज़रअंदाज नहीं कर सकते और आपको उसका जवाब भेजना होगा। हालाँकि अगर ऐसे अपवादों को छोड़ दिया जाए, तो प्रोफेसर्स का यह दृष्टिकोण आपसे यह माँग करता है कि जवाबी

ई-मेल भेजने का निर्णय लेते समय आपको ज़रा बेरहमी से काम लेना चाहिए।

शुरू-शुरू में यह युक्ति आपके लिए असुविधाजनक हो सकती है क्योंकि इसके चलते ई-मेल से संबंधित एक मुख्य वर्तमान चलन बंद होने लगता है: 'संदेश की प्रासंगिकता और उपयुक्तता की परवाह किए बिना यह मान लेना कि सामनेवाला जवाबी ई-मेल भेजेगा।' अगर आप इस दृष्टिकोण को अपनाते हैं, तो कुछ ऐसी नकारात्मक चीज़ें भी होंगी, जिनसे आप बच नहीं सकते। जैसे कुछेक लोग ऐसे ज़रूर होंगे, जो आपके इस दृष्टिकोण के कारण भ्रमित या नाराज हो जाएँगे - खासकर अगर उन्होंने ई-मेल से संबंधित मानक चलन की अनदेखी या किसी को उन पर सवाल उठाते हुए न देखा हो। अगर ऐसा होता है, तो कोई बात नहीं। जैसा कि लेखक टिम फेरिस ने एक बार लिखा था: 'छोटी-मोटी नकारात्म क चीज़ें होने दें और इसे अपनी आदत बना लें। अगर आप ऐसा नहीं करेंगे, तो आपको जीवन बदल डालनेवाली बड़ी चीज़ों के लिए कभी समय नहीं मिलेगा।' आपको यह जानकर कुछ राहत मिलेगी कि एमआईटी के प्रोफेसर्स ने पाया कि लोग आपकी संवाद संबंधी आदतों के हिसाब से जल्द ही अपनी अपेक्षाओं को कम कर लेते हैं। दरअसल जल्दबाजी में लिखे गए उनके संदेश पर आपका कोई जवाब न देना उनके लिए इतना महत्वपूर्ण भी नहीं होता, जितना नज़र आता है।

इस दृष्टिकोण को अपनाने से शुरुआत में जो असुविधा होती है, एक बार जब आप उससे उबर जाएँगे, तो इससे मिलनेवाले लाभों का अनुभव करेंगे। ई-मेल्स के इस बढ़ते बोझ को कम करने के उद्द्देश्य से जब भी कोई चर्चा होती है, तो दो मुद्दे उभरकर सामने आते हैं। पहला ये कि आपका एक ई-मेल, कई और ई-मेल के अस्तित्व में आने का बहाना बन जाता है। जबकि दूसरा ये कि अस्पष्ट और अप्रासंगिक ई-मेल्स से जूझना इनबॉक्स संबंधी मानसिक तनावों का सबसे बड़ा कारण है। यहाँ आपको जिस दृष्टिकोण से परिचित कराया गया है, वह इन दोनों मुद्दों से पूरी आक्रमकता के साथ निपटता है - आप अपेक्षाकृत कम ई-मेल भेजते हैं और अपने इनबॉक्स में आनेवाले उन ई-मेल्स को नज़रअंदाज कर देते हैं, जिन्हें निपटाना आसान नहीं है - ऐसा करके आप अपने समय और ध्यान पर इनबॉक्स की पकड़ उल्लेखनीय ढंग से कमजोर कर देते हैं।

उपसंहार

माइक्रोसॉफ्ट की स्थापना की कहानी इतनी बार कही जा चुकी है कि अब यह एक आदर्श कहानी सी बन गई है। सन 1974 की सर्दियों में हार्वर्ड यूनिवर्सिटी के युवा छात्र बिल गेट्स को पॉपुलर इलेक्ट्रॉनिक्स नामक पत्रिका के मुखपृष्ठ पर दुनिया का पहला पर्सनल कंप्यूटर एल्टेयर देखने का मौका मिला। गेट्स को इसमें एक अवसर नज़र आया। उन्हें एहसास हुआ कि इस मशीन के लिए सॉफ्टवेयर बनाए जा सकते हैं। बस फिर क्या था, उन्होंने बाकी सारे काम छोड़कर, पॉल एलन और मॉँटे डेविडॉफ की मदद से अगले आठ सप्ताह में एल्टेयर के लिए 'बेसिक' (BASIC) नामक कंप्यूटर प्रोग्रामिंग लैंग्वेज का एक संस्करण तैयार किया। इस कहानी को अक्सर बिल गेट्स की गहन अंतर्दृष्टि और साहस के उदाहरण के रूप में प्रस्तुत किया जाता है पर उनके हालिया इंटरव्यू से उनकी एक अन्य विशेषता का भी पता चलता है, जिसने उनकी सफलता में महत्वपूर्ण भूमिका निभाई है। वह विशेषता है, उनकी गहन कार्य करने की अलौकिक क्षमता।

पत्रकार वॉल्टर आईजैक्सन सन 2013 में हार्वर्ड गैजेट में प्रकाशित अपने एक लेख में बताते हैं कि इन आठ सप्ताहों के दौरान बिल गेट्स बड़ी गहनता के साथ काम करते थे। वे कंप्यूटर लैंग्वेज के कोड्स लिखने में इस हद तक डूबे रहते थे कि अक्सर थककर चूर होने के बाद अपने की-बोर्ड पर ही निढाल होकर सो जाते थे। इस तरह अगले एक-दो घंटे तक सोने के बाद जब वे उठते, तो दोबारा कोड्स लिखने में जुट जाते। यह एक ऐसी क्षमता है, जिसे पॉल एलन 'एकाग्रता का विलक्षण पराक्रम' करार देते हैं। बाद में आईजैक्सन ने अपनी किताब 'द इनोवेटर्स' में गहनता के प्रति बिल गेट्स की अनोखी प्रवृत्ति को कुछ इस प्रकार प्रस्तुत किया : 'एक चीज़ जो बिल गेट्स को पॉल एलन से अलग करती है, वह है उनकी एकाग्रता। एलन का दिमाग विभिन्न विचारों और आवेगों के बीच डोलता

रहता, पर गेट्स किसी धुनी व्यक्ति की तरह निरंतर जुटे रहते।'

बिल गेट्स की जुनूनी एकाग्रता की कहानी का यही वह बिंदु है, जो गहन कार्य के बारे में मेरी दलील का सबसे बड़ा प्रमाण है। आज के सूचना युग में तेजी से बढ़ रही अशांति के बीच द्वंदपूर्ण ढंग से शिकायतें व विरोध करना बहुत आसान है। आज लोग अपने मोबाइल फोन से जिस तरह चिपके रहते हैं, उसे लेकर अधीर स्वभाव के लोग असहज महसूस करते हैं। वे धैर्यपूर्ण एकाग्रता के पुराने दौर को बार-बार याद करते हैं। जबकि हर नए डिजिटल चलन को फौरन अपनानेवाले लोग, पुराने दौर को याद करने की उनकी इस प्रवृत्ति को, बोरडम और बदलाव को स्वीकार न करने की उनकी आदत करार दे देते हैं। डिजिटल चलन को फौरन अपनानेवाले लोग मानते हैं कि डिजिटल गैजेट्स की मदद से लोगों का एक-दूसरे के साथ ज़्यादा से ज़्यादा संपर्क में रहना ही एक आदर्श भविष्य की नींव है। कनाडा के दार्शनिक मार्शल मैक्लुहन ने बताया था कि 'माध्यम ही संदेश है,' पर वर्तमान में इस विषय पर जो चर्चाएँ होती हैं, उन्हें देखकर तो ऐसा लगता है, मानो 'माध्यम ही नैतिकता है' – यानी या तो आप फेसबुक नुमाँ भविष्य के समर्थक हैं या फिर इसे अपने पतन के रूप में देखते हैं।

जैसा कि मैंने इस किताब की प्रस्तावना में जोर देकर कहा है, मुझे इस बहस में कोई दिलचस्पी नहीं है। गहन कार्य के लिए वचनबद्धता कोई नैतिकता नहीं है और न ही यह कोई दार्शनिक वचन है – बल्कि यह तो बस एक व्यावहारिक समझ है कि एकाग्र होने की क्षमता एक ऐसा कौशल है, जिससे महत्वपूर्ण कार्यों को पूरा किया जा सकता है। गहन कार्य महत्वपूर्ण है, दूसरे शब्दों में कहें, तो इसलिए नहीं क्योंकि ध्यान भटकने में कोई बुराई है बल्कि इसलिए कि इसी एकाग्रता के चलते बिल गेट्स एक सेमेस्टर से भी कम समय में अरबों डॉलर की एक इंडस्ट्री की नींव रखने में कामयाब हुए थे।

यह एक सबक भी है क्योंकि हुआ ये कि मैंने अपने कॅरियर में व्यक्तिगत रूप से कई चीज़ों को बार-बार दोबारा सीखा। मैं तो एक दशक से भी ज़्यादा समय से गहनता का उपासक हूँ पर आज भी कभी-कभी इसकी शक्ति से हैरान रह जाता हूँ। जब मैं ग्रेजुएशन कर रहा था – यही वह समय था जब मैंने इस कौशल को पहली बार जाना और इसे प्राथमिकता देना शुरू किया – तब मैंने पाया कि गहन कार्य के चलते ही मैं हर साल कम से कम दो ऐसे गुणवत्तापूर्ण

रिसर्च पेपर्स लिखने में कामयाब रहा, जिनकी समीक्षा मेरे साथियों ने की (किसी भी छात्र के लिए यह संख्या एक सम्मानजनक दर है)। जबकि इसके लिए मुझे किसी दिन शाम को पाँच बजे के बाद या सप्ताहांतों में काम भी नहीं करना पड़ा (जबकि मेरे साथियों के मामले में ऐसा होना दुर्लभ है)।

हालाँकि जैसे-जैसे मेरे प्रोफेसर बनने के दिन करीब आ रहे थे, वैसे-वैसे मैं चिंतित होने लगा। एक छात्र और डॉक्टर की उपाधि हासिल करने के बाद शोध करनेवाले शोधकर्ता के तौर पर मेरे पास इतना ज़्यादा काम नहीं होता था कि मैं हमेशा व्यस्त रहूँ। आमतौर पर मेरे पास पूरा दिन उपलब्ध होता, जिसका इस्तेमाल मैं मनचाहे ढंग से कर सकता था। मैं जानता था कि अपने कॅरियर के अगले चरण में मेरे पास यह सुविधा नहीं रहेगी। मुझे यह विश्वास भी नहीं था कि जल्द ही शुरू होनेवाले अपने कठिन शिड्यूल के साथ गहन कार्य को एकीकृत करने की वह क्षमता मेरे अंदर है, जिससे मैं अपनी उत्पादकता बनाए रख सकूँ। अपनी इस चिंता में घुलने के बजाय मैंने तय किया कि मैं इस बारे में कोई निर्णायक कदम उठाऊँगा: मैंने अपनी गहन कार्य की क्षमता बढ़ाने के लिए एक योजना बनाई।

अपने प्रशिक्षण के ये प्रयास मैंने एमआईटी में अपने आखिरी दो सालों के दौरान किए थे। उस समय मैं डॉक्टर की उपाधि हासिल करने के बाद एक शोधकर्ता के तौर पर सक्रिय था और प्रोफेसर का पद पाने की राह देख रहा था। मेरी मुख्य रणनीति थी, अपने ऊपर कुछ बंदिशें लगाना। प्रोफेसर बनने के बाद मेरे पास खाली समय की भारी कमी होनेवाली थी और मैं उसी स्थिति के लिए खुद को तैयार कर रहा था। रात को काम न करने के अपने नियम के अलावा मैं दिन में लंच ब्रेक के दौरान भी थोड़ा अतिरिक्त समय निकाल लेता। मैं इस अतिरिक्त समय का इस्तेमाल करने के लिए दौड़ने निकल जाता और लंच तभी करता, जब दौड़ने के बाद वापस घर लौट आता। इसी दौर में मैंने 'सो गुड दे कान्ट इग्नोर यू' शीर्षक से अपनी चौथी किताब लिखने का प्रस्ताव भी आधिकारिक रूप से स्वीकार कर लिया था - यह एक ऐसा प्रोजेक्ट था, जो जल्द ही मेरे अधिकांश समय पर अपना अधिकार जमानेवाला था।

खुद ही लगाई इन बंदिशों को पार करने के लिए मैंने गहनता के साथ कार्य करने की अपनी क्षमता को बढ़ाया। मैंने बड़ी सावधानी से गहन कार्य के समय की योजना बनानी शुरू की और कोई आकस्मिक कार्य आने पर भी उस समय

को बचाकर रखा, ताकि उसका उपयोग गहन कार्य में हो सके। मैं हर सप्ताह पैदल चलते हुए (मेरी उत्पादकता के लिए एक वरदान) जो समय बिताता था, उस दौरान मैंने अपने विचारों पर सावधानीपूर्वक काम करने की क्षमता भी विकसित कर ली। साथ ही मैं ऐसे स्थानों की खोज करने को लेकर भी जुनूनी हो गया, जो बाकी स्थानों से कटा हुआ हो और जहाँ एकाग्र होना आसान हो। उदाहरण के लिए मैं गर्मियों के मौसम में अक्सर बार्कर इंजीनियरिंग लाइब्रेरी में गुंबद के नीचे बैठकर काम करता था – जो गुफाओं जैसा बड़ा ही मनभावन स्थान था। हालाँकि शिक्षा सत्र के दौरान यहाँ छात्रों की भीड़ काफी बढ़ जाती थी। जबकि सर्दियों के मौसम में शांति के लिए मैं ऐसे गुप्त स्थानों की तलाश में रहता था, जो लोगों के बीच घूमने-फिरनेवाली जगह के रूप में प्रसिद्ध न हों। आखिरकार मैंने ऐसे स्थान के तौर पर लुईस म्यूजिक लाइब्रेरी को प्राथमिकता देना शुरू कर दिया। यह एक छोटा लेकिन बढ़िया स्थान था। एक बार तो मैंने गणित संबंधी प्रमाणों पर काम करने के लिए ग्रिड जैसी पंक्तियोंवाली एक महंगी लैब-नोटबुक तक खरीद ली। इसके लिए मैंने 50 डॉलर्स की रकम खर्च की थी। मेरा विश्वास था कि यह खर्च सोच-विचार के दौरान मुझे सावधानी बरतने के लिए प्रेरित करेगा।

मैं इस बात से हैरान था कि गहनता के प्रति यूँ दोबारा प्रतिबद्ध होना मेरे लिए कितना कारगर साबित हो रहा है। सन 2011 की शरद ऋतु में जॉर्जटाउन यूनिवर्सिटी में कंप्यूटर साइंस के प्रोफेसर के पद पर नियुक्त होने के बाद मेरी जिम्मेदारियाँ बहुत तेजी से बढ़ीं। पर मैं अब तक खुद को इसी के लिए प्रशिक्षित कर रहा था। मैंने न सिर्फ अपनी रिसर्च संबंधी उत्पादकता बचाकर रखी थी; बल्कि यह पहले से कहीं ज़्यादा बेहतर भी हो गई थी। व्यावसायिक जिम्मेदारियों का यह बोझ बढ़ने के बाद, प्रति वर्ष दो अच्छे रिसर्च पेपर्स लिखने की मेरी गति बढ़कर चार अच्छे रिसर्च पेपर्स प्रति वर्ष हो गई, जिसे मैंने एक छात्र के तौर पर कायम रखा था।

भले ही मेरा यह प्रदर्शन अच्छा रहा हो, लेकिन जल्द ही मुझे पता चला कि अभी भी मेरा प्रदर्शन उस स्तर तक नहीं पहुँचा है, जिस स्तर पर गहन कार्य के जरिये पहुँचना संभव है। यह एहसास मुझे एक प्रोफेसर के तौर पर काम शुरू करने के बाद तीसरे साल में हुआ। अपने प्रदर्शन को बेहतर बनाने के अवसर खोजने के उद्देश्य से मैंने सन 2013 की शरद ऋतु से लेकर 2014 की गर्मियों

तक अपने तीसरे साल के दौरान एक बार फिर अपनी गहन कार्य संबंधी आदतों पर ध्यान देना शुरू किया। गहनता के प्रति इस प्रकार दोबारा प्रतिबद्ध होने के पीछे का एक बड़ा कारण वह किताब है, जो फिलहाल आपके हाथों में है – इस किताब का अधिकांश हिस्सा इसी अवधि में लिखा गया है। सत्तर हजार शब्दों की इस किताब को लिखने के चलते मेरे व्यस्त शिड्यूल में कई नई बंदिशें जुड़ गईं। साथ ही मैं यह भी सुनिश्चित करना चाहता था कि इसके चलते अकादमिक क्षेत्र में मेरी उत्पादकता पर कोई प्रभाव न पड़े। गहनता की ओर वापस जाने का एक और कारण था, प्रोफेसर के तौर पर मेरे कार्यकाल से जुड़ी प्रक्रिया। अब मेरे पास नए रिसर्च पेपर्स लिखने के लिए सिर्फ एक या दो साल का ही समय बचा था क्योंकि उसके बाद मुझे स्थाई प्रोफेसर के तौर पर अपनी नियुक्ति के लिए संबंधित प्राधिकरण में आवेदन जमा करना था। दूसरे शब्दों में कहें, तो यही वह समय था, जिसमें अपनी क्षमताओं का भरपूर प्रदर्शन करना ज़रूरी था (खासतौर पर इसलिए भी क्योंकि मैं और मेरी पत्नी मेरा स्थाई कार्यकाल शुरू होने से पहले आखिरी साल में एक बच्चा चाहते थे, जो हमारी दूसरी संतान होता)। वहीं गहनता अपनाने के पीछे जो आखिरी कारण था, वह न सिर्फ अधिक व्यक्तिगत था बल्कि मुझे काफी परेशान करनेवाला भी था। दरअसल मैंने एक प्रतिष्ठित अनुदान के लिए आवेदन दिया था, जो मेरे कई सहकर्मियों को मिल रही थी, लेकिन मेरा आवेदन खारिज हो गया। यह मेरे लिए बहुत ही शर्मिंदगी की बात थी और इसके चलते मैं काफी परेशान रहा। इसीलिए मैंने तय किया कि शिकायतें करने या अपनी क्षमताओं पर संदेह करने के बजाय मैं अपने रिसर्च पेपर्स की संख्या और गुणवत्ता बढ़ाकर, वह अनुदान हासिल न कर पाने की क्षतिपूर्ति करूँगा। ताकि मेरी जगह उन लोगों को खुद ही एक तरह से यह घोषणा करनी पड़े कि भले ही उस एक अनुदान के लिए मेरा आवेदन खारिज कर दिया गया हो, लेकिन मेरी क्षमताओं पर संदेह नहीं किया जा सकता।

मैं पहले से ही गहन कार्य में संलग्न व्यक्ति था पर इन तीन चीज़ों ने मेरी इस आदत को चरम पर पहुँचा दिया। मैं ऐसे कार्यों को अस्वीकार करने के मामले में बहुत निष्ठुर हो गया, जिनमें बहुत ज़्यादा समय खर्च होता हो। मैं अपना अधिकांश काम अपने ऑफिस के बाहर ऐसे स्थानों पर करने लगा, जो शांत और अलग-थलग हों। मैंने गहन कार्य में बिताए गए समय का हिसाब लगाया, जो मेरी उम्मीद से कम निकला। यह बात मुझे कतई अच्छी नहीं लगी। इसलिए

मैंने एक बार फिर एमआईटी वाले दिनों की आदत अपना ली कि जब भी थोड़ा सा खाली समय मिले – जैसे ऑफिस आते-जाते समय रास्ते में या अपने पालतू कुत्ते को सैर कराते समय – तो ज़रूरी कार्यों पर सोच-विचार करके उस समय का सदुपयोग कर लूँ। इससे पहले मैं डेडलाइन पास आने पर ही अपने गहन कार्य का समय बढ़ाता था, पर इस साल मैं अपनी ओर से अथक प्रयास कर रहा था – अधिकांशतः हर सप्ताह करीब-करीब हर दिन मैं खुद को परिणामों से जूझने के लिए प्रेरित करता रहता था, भले ही कोई डेडलाइन पास आ रही हो या नहीं। मैं मेट्रो ट्रेन में सफर करते समय और अपने घर के सामने से हर रोज बर्फ हटाते समय मन ही मन में सवालों को हल करता रहता था। इसी तरह सप्ताह के अंत में अपने नन्हें बेटे को सुलाने के बाद मैं बरामदे में तेजी से चहलकदमी करते हुए सोच-विचार में जुटा रहता और ट्रैफिक जाम में फँसने पर क्रमबद्ध ढंग से उन सवालों के हल खोजने में लगा रहता, जो अपनी कठिनता के चलते मुझे लगातार हैरान करते रहते थे।

जैसे-जैसे यह साल आगे बढ़ा, मैं गहन कार्य करनेवाली किसी मशीन जैसा हो गया और इस बदलाव से मिले परिणामों ने मुझे हैरान कर दिया। इस अवधि में मैंने एक किताब लिखी। इसी अवधि के दौरान मेरा बेटा दो साल का हो गया। (वह उम्र जिसमें अधिकांश बच्चे बड़े उद्दंड हो जाते हैं, जिससे माता-पिता की मुश्किलें अचानक बढ़ जाती हैं।) इसी अवधि में मैंने अपनी अकादमिक उत्पादकता दोगुनी से भी ज़्यादा कर ली – इस दौरान मैंने नौ ऐसे रिसर्च पेपर्स लिखे, जिनकी समीक्षा मेरे सहकर्मियों ने की। जबकि इस दौरान भी शाम के समय काम न करने का मेरा निर्णय जस का तस ही रहा।

मैं यह स्वीकार करना चाहूँगा कि चरम गहनता का मेरा यह साल शायद कुछ ज़्यादा ही चरमपंथी किस्म का रहा: इसने मुझे मानसिक रूप से थका दिया था। इसलिए मैंने तय किया कि आगे से अपनी इस तीव्रता को ज़रा कम रखूँगा। पर इस अनुभव से वही बात साबित होती है, जिससे इस उपसंहार की शुरुआत हुई थी: लोगों को जितना लगता है, गहन कार्य उससे कहीं अधिक प्रभावशाली होता है। इस कौशल के प्रति अपनी प्रतिबद्धता के चलते ही बिल गेट्स एक अप्रत्याशित अवसर का अधिकतम लाभ उठा सके और उनके हाथों कंप्यूटर सॉफ्टवेयर इंडस्ट्री की शुरुआत हो सकी। इसी कौशल के चलते मैं भी उसी साल

अपनी अकादमिक उत्पादकता को दोगुना करने में कामयाब रहा, जिस साल मैंने अपनी व्यावसायिक जिम्मेदारियाँ निभाने के साथ-साथ एक किताब लिखने का निर्णय लिया। मेरा मानना है कि ध्यान केंद्रित रखनेवाले कुछेक लोगों की श्रेणी में शामिल होने के लिए, भटके हुए ध्यानवाले अधिकतर लोगों को पीछे छोड़ देना अपने आपमें एक बड़ा ही परिवर्तकारी अनुभव है।

निश्चित ही गहनताभरा ऐसा जीवन हर किसी के लिए नहीं होता। इसके लिए कड़ी मेहनत और अपनी आदतों में प्रबल बदलाव करने की ज़रूरत होती है। कई लोगों को ई-मेल के जरिये निरंतर संवाद करने और सोशल मीडिया पर दिखावा करने में ही सुकून मिलता है। जबकि गहन जीवन इनमें से अधिकांश चीज़ों को छोड़कर आगे बढ़ने की माँग करता है। अपनी सर्वश्रेष्ठ क्षमता के अनुसार कार्य करके सर्वक्षेष्ठ उत्पादन करने की सारी कोशिशों में एक किस्म की बेचैनी हावी रहती है क्योंकि ऐसा करने पर आपको इस संभावना का सामना करना पड़ता है कि शायद आपका सर्वश्रेष्ठ कार्य उतना बढ़िया भी नहीं है, जितना आपको लगता है। अपनी संस्कृति पर टिप्पणी करना, जमीनी स्तर पर उतरकर उसमें सुधार की कोशिश करने से कहीं ज़्यादा आसान और सुविधाजनक होता है।

पर अगर आप इन सुविधाओं और अपने डरों को एक किनारे रखकर आगे बढ़ने को तैयार हों और जो चीज़ें वाकई मायने रखती हैं, उनकी रचना करने के लिए अपने मन को उसकी संपूर्ण क्षमता के साथ इस्तेमाल करने को तैयार हों, तो आप पाएँगे कि गहनता आपके जीवन को उत्पादकता और अर्थ से समृद्ध कर देती है। आपसे पहले भी बहुत से लोगों ने अपने जीवन में यही किया है। इस किताब के खंड-1 में मैंने लेखिका विनीफ्रेड गैलेगर के हवाले से कहा था, 'मैं एक एकाग्रतापूर्ण जीवन जीऊँगी क्योंकि जीने का सर्वश्रेष्ठ तरीका यही है।' मैं गैलेगर की इस बात से पूरी तरह सहमत हूँ। बिल गेट्स भी इससे ज़रूर सहमत होंगे और उम्मीद करता हूँ कि आपने यह किताब पढ़ ली है इसलिए अब आप भी इससे सहमत होंगे।

यह पुस्तक पढ़ने के बाद आप अपना अभिप्राय (विचार सेवा) इस Mail ID पर भेज सकते हैं ... books.feedback@tejgyan.org

तेजज्ञान फाउण्डेशन - परिचय

तेजज्ञान फाउण्डेशन आत्मविकास से आत्मसाक्षात्कार प्राप्त करने का एक रास्ता है। इसके लिए सरश्री द्वारा एक अनूठी बोध पद्धति (System for Wisdom) का सृजन हुआ है। इस पद्धति को अन्तर्राष्ट्रीय मानक ISO 9001:2015 के आवश्यकताओं एवं निर्देशों के अनुरूप ढालकर सरल, व्यावहारिक एवं प्रभावी बनाया गया है।

इस संस्था की बोध पद्धति के विभिन्न पहलुओं (शिक्षण, निरीक्षण व गुणवत्ता) को स्वतंत्र गुणवत्ता परीक्षकों (Quality Auditors) द्वारा क्रमबद्ध तरीके से जाँचा गया। जिसके बाद इन पहलुओं को ISO 9001:2015 के अनुरूप पाकर, इस बोध पद्धति को प्रमाणित किया गया है।

फाउण्डेशन का लक्ष्य आपको नकारात्मक विचार से सकारात्मक विचार की ओर बढ़ाना है। सकारात्मक विचार से शुभ विचार यानी हॅपी थॉट्स (विधायक आनंदपूर्ण विचार) और शुभ विचार से निर्विचार की ओर बढ़ा जा सकता है। निर्विचार से ही आत्मसाक्षात्कार संभव है। शुभ विचार (Happy Thoughts) यानी यह विचार कि 'मैं हर विचार से मुक्त हो जाऊँ।' शुभ इच्छा यानी यह इच्छा कि 'मैं हर इच्छा से मुक्त हो जाऊँ।'

यदि आप ऐसा ज्ञान चाहते हैं, जो सामान्य ज्ञान के परे हो, जो हर समस्या का समाधान हो, जो सभी मान्यताओं से आपको मुक्त करे, जो आपको ईश्वर का साक्षात्कार कराए, जो आपको सत्य पर स्थापित करे तो समय आ गया है तेजज्ञान को जानने का। समय आ गया है शब्दोंवाले सामान्य ज्ञान से उठकर तेजज्ञान का अनुभव करने का।

तेजज्ञान फाउण्डेशन – परिचय

हॅपी थॉट्स तेजज्ञान यूटयूब चैनल

महाआसमानी - अल्प परिचय

Self Delelopment to Self Realization

Towords Self Stabilizaion

क्या आपको उच्चतम आनंद पाने की इच्छा है? ऐसा आनंद, जो किसी कारण पर निर्भर नहीं है, जिसमें समय के साथ केवल बढ़ोतरी ही होती है? क्या आप इसी जीवन में प्रेम, विश्वास, शांति, समृद्धि और परमसंतुष्टि पाना चाहते हैं? क्या आप शारीरिक, मानसिक, सामाजिक, आर्थिक और आध्यात्मिक इन सभी स्तरों पर सफलता हासिल करना चाहते हैं? क्या आप 'मैं कौन हूँ' इस सवाल का जवाब अनुभव से जानना चाहते हैं?

यदि आपके अंदर इन सवालों के जवाब जानने और 'अंतिम सत्य' पाने की प्यास जगी है तो तेजज्ञान फाउण्डेशन द्वारा आयोजित 'महाआसमानी परम ज्ञान शिविर' में आपका स्वागत है। यह शिविर पूर्णतः सरश्री की शिक्षाओं पर आधारित है।

महाआसमानी परम ज्ञान शिविर का उद्देश्य :

इस शिविर का उद्देश्य है, विश्व का हर इंसान 'मैं कौन हूँ' इस सवाल का जवाब जानकर सर्वोच्च आनंद में स्थापित हो जाए। उसे ऐसा ज्ञान मिले, जिससे वह हर पल वर्तमान में जीने की कला प्राप्त करे। भूतकाल का बोझ और भविष्य की चिंता इन दोनों से मुक्त हो जाए। हर इंसान को जीवन में स्थाई खुशी और सही समझ मिले। साथ ही उसे समस्याओं को विलीन करने की कला आ जाए। मनुष्य जीवन का उद्देश्य पूर्ण हो। 'मैं कौन हूँ? मैं यहाँ क्यों हूँ? मोक्ष का अर्थ क्या है? क्या इसी जन्म में मोक्ष प्राप्ति संभव है?' यदि ये सवाल आपके अंदर हैं तो महाआसमानी परम ज्ञान शिविर इसका जवाब है।

महाआसमानी– अल्प परिचय

हैपी थॉट्स सरश्री (इंग्लिश) यूट्यूब चैनल

सरश्री द्वारा रचित पुस्तकों की जानकारी

सरश्री ने विविध विषयों पर 150 से अधिक पुस्तकों का लेखन किया है, जिनमें से 'विचार नियम', 'विश्वास नियम' 'स्वसंवाद का जादू', 'स्वयं का सामना', 'स्वीकार का जादू', 'निर्णय और ज़िम्मेदारी', 'निःशब्द संवाद का जादू', 'संपूर्ण ध्यान' आदि पुस्तकें बेस्टसेलर बन चुकी हैं। इनमें से कुछ पुस्तकें दस से अधिक भाषाओं में अनुवादित की जा चुकी हैं और प्रमुख प्रकाशकों द्वारा प्रकाशित की गई हैं, जैसे पेंगुइन बुक्स, जैको बुक्स, मंजुल पब्लिशिंग हाऊस, प्रभात प्रकाशन, राजपाल ऍण्ड सन्स, पेंटागॉन प्रेस, सकाळ प्रकाशन इत्यादि।

विचार नियम
आपकी कामयाबी का रहस्य

विश्वास नियम
सर्वोच्च शक्ति के सात नियम

मौन नियम
स्वयं को जानने का निःशब्द उपाय

पुस्तकें ऑर्डर करने के लिए लॉग इन करें

- www.gethappythoughts.org

पुस्तकों की अधिक जानकारी के लिए संपर्क करें-

फोन नं.: 09011013210

तेजज्ञान फाउण्डेशन द्वारा प्रस्तुत सोशल मीडिया ऐक्टिविटिज

तेजज्ञान इंटरनेट रेडियो

२४ घंटे और ३६५ दिन सरश्री के प्रवचन

और भजनों का लाभ लें, तेजज्ञान इंटरनेट रेडियो द्वारा। देखें लिंक

http://www.tejgyan.org internetradio.aspx

Tejgyan Internet Radio on all platforms like
Android, iPhone, iPad and Amazon

यू ट्यूब द्वारा प्रार्थना में शामिल हो सकते हैं

गुड मॉर्निंग प्रेयर हर रोज़ सुबह 6.15am-6.25am

ध्यान प्रार्थना बीज :
3.30pm-3.45pm & 9pm -9.15pm

शिविर - Train & Boost Your Immunity

जितनी हमारी इम्यूनिटी स्ट्राँगर, उतना हमारा स्वास्थ्य बेहतर

शिविर – श्राद्ध और पितृदोष युक्ति

पूर्वजों के लिए मुक्ति प्रार्थना कैसे करें

Liberation from Ancestral Karmic Bondage

शिविर – हॅपीवाले रिश्ते

जीवित रिश्तों का लक्ष्य

– जितृ पक्ष

यू ट्यूब पर सरश्री के प्रवचनों का लाभ लेने के लिए आज ही यू ट्यूब चैनल को सबस्क्राइब करें।

YouTube **channels**

Happy Thoughts - Tejgyan
Sirshree - Tejgyan
Happy Thoughts - Parma Gyan

*****Voice of Happy Thoughts App**

Registration link : https://happythoughts.co/
Contact No. : 7447797317

Voice of Happy Thoughts

• Follow Us •

www.ingramcontent.com/pod-product-compliance
Lightning Source LLC
LaVergne TN
LVHW040419051026
849517LV00002B/383
* 9 7 8 9 3 9 0 1 3 2 0 3 4 *